20 世纪中国古代文化经典域外传播研究书系

张西平　　总主编

20 世纪中国古代文化经典在日本的传播编年

严绍璗　王广生　编著

中原出版传媒集团
大地传媒

大象出版社
·郑州·

图书在版编目(CIP)数据

20世纪中国古代文化经典在日本的传播编年／严绍璗，王广生编著.— 郑州：大象出版社，2018.12
（20世纪中国古代文化经典域外传播研究书系）
ISBN 978-7-5347-9523-7

Ⅰ.①2… Ⅱ.①严…②王… Ⅲ.①中华文化—文化传播—研究—日本—20世纪 Ⅳ.①G125

中国版本图书馆CIP数据核字(2017)第237469号

20世纪中国古代文化经典域外传播研究书系
20世纪中国古代文化经典在日本的传播编年
20 SHIJI ZHONGGUO GUDAI WENHUA JINGDIAN ZAI RIBEN DE CHUANBO BIANNIAN

严绍璗 王广生 编著

出版人	王刘纯
项目统筹	张前进 刘东蓬
责任编辑	张韶闻
责任校对	牛志远 安德华 毛 路
装帧设计	张 帆

出版发行 大象出版社（郑州市开元路16号 邮政编码450044）
　　　　　发行科 0371-63863551　总编室 0371-65597936
网　　址 www.daxiang.cn
印　　刷 郑州市毛庄印刷厂
经　　销 各地新华书店经销
开　　本 787mm×1092mm　1/16
印　　张 27.75
字　　数 422千字
版　　次 2018年12月第1版　2018年12月第1次印刷
定　　价 125.00元

若发现印、装质量问题，影响阅读，请与承印厂联系调换。
印厂地址　郑州市惠济区清华园路毛庄工业园
邮政编码　450044　　　　电话　0371-63784396

总 序

张西平[①]

呈现在读者面前的这套"20世纪中国古代文化经典域外传播研究书系"是我2007年所申请的教育部哲学社会科学研究重大课题攻关项目的成果。

这套丛书的基本设计是：导论1卷，编年8卷，中国古代文化域外传播专题研究10卷，共计19卷。

中国古代文化经典在域外的传播和影响是一个崭新的研究领域，之前中外学术界从未对此进行过系统研究。它突破了以往将中国古代文化经典的研究局限于中国本土的研究方法，将研究视野扩展到世界主要国家，研究中国古代文化经典在那里的传播和影响，以此说明中国文化的世界性意义。

我在申请本课题时，曾在申请表上如此写道：

> 研究20世纪中国古代文化经典在域外的传播和影响，可以使我们走出"东方与西方""现代与传统"的二元思维，在世界文化的范围内考察中国文化的价值，以一种全球视角来重新审视中国古代文化的影响和现代价值，揭示中国文化的普世性意义。这样的研究对于消除当前中国学术界、文化界所存在的对待中国古代文化的焦虑和彷徨，对于整个社会文化转型中的中国重新

[①] 北京外国语大学中国海外汉学研究中心（现在已经更名为"国际中国文化研究院"）原主任，中国文化走出去协同创新中心原副主任。

确立对自己传统文化的自信,树立文化自觉,都具有极其重要的思想文化意义。

通过了解20世纪中国古代文化经典在域外的传播与接受,我们也可以进一步了解世界各国的中国观,了解中国古代文化如何经过"变异",融合到世界各国的文化之中。通过对20世纪中国古代文化经典在域外传播和影响的研究,我们可以总结出中国文化向外部世界传播的基本规律、基本经验、基本方法,为国家制定全球文化战略做好前期的学术准备,为国家对外传播中国文化宏观政策的制定提供学术支持。

中国文化在海外的传播,域外汉学的形成和发展,昭示着中国文化的学术研究已经成为一个全球的学术事业。本课题的设立将打破国内学术界和域外汉学界的分隔与疏离,促进双方的学术互动。对中国学术来说,课题的重要意义在于:使国内学术界了解域外汉学界对中国古代文化研究的进展,以"它山之石"攻玉。通过本课题的研究,国内学术界了解了域外汉学界在20世纪关于中国古代文化经典的研究成果和方法,从而在观念上认识到:对中国古代文化经典的研究已经不再仅仅属于中国学术界本身,而应以更加开阔的学术视野展开对中国古代文化经典的研究与探索。

这样一个想法,在我们这项研究中基本实现了。但我们应该看到,对中国古代文化经典在域外的传播与影响的研究绝非我们这样一个课题就可以完成的。这是一个崭新的学术方向和领域,需要学术界长期关注与研究。基于这样的考虑,在课题设计的布局上我们的原则是:立足基础,面向未来,着眼长远。我们希望本课题的研究为今后学术的进一步发展打下坚实的基础。为此,在导论中,我们初步勾勒出中国古代文化经典在西方传播的轨迹,并从理论和文献两个角度对这个研究领域的方法论做了初步的探讨。在编年系列部分,我们从文献目录入手,系统整理出20世纪以来中国古代文化经典在世界主要国家的传播编年。编年体是中国传统记史的一个重要体裁,这样大规模的中国文化域外传播的编年研究在世界上是首次。专题研究则是从不同的角度对这个主题的深化。

为完成这个课题,30余位国内外学者奋斗了7年,到出版时几乎是用了10年时间。尽管我们取得了一定的成绩,这个研究还是刚刚开始,待继续努力的方向还很多。如:这里的中国古代文化经典主要侧重于以汉文化为主体,但中国古代文化是一个"多元一体"的文化,在其长期发展中,少数民族的古代文化经典已经逐步融合到汉文化的主干之中，成为中华文化充满活力、不断发展的动力和原因之一。由于时间和知识的限制，在本丛书中对中国古代少数民族的经典在域外的传播研究尚未全面展开，只是在个别卷中有所涉猎。在语言的广度上也待扩展，如在欧洲语言中尚未把西班牙语、瑞典语、荷兰语等包括进去，在亚洲语言中尚未把印地语、孟加拉语、僧伽罗语、乌尔都语、波斯语等包括进去。因此，我们只是迈开了第一步，我们希望在今后几年继续完成中国古代文化在使用以上语言的国家中传播的编年研究工作。希望在第二版时，我们能把编年卷做得更好，使其成为方便学术界使用的工具书。

中国文化是全球性的文化，它不仅在东亚文化圈、欧美文化圈产生过重要影响，在东南亚、南亚、阿拉伯世界也都产生过重要影响。因此，本丛书尽力将中国古代文化经典在多种文化区域传播的图景展现出来。或许这些研究仍待深化，但这样一个图景会使读者对中国文化的影响力有一个更为全面的认识。

中国古代文化经典的域外传播研究近年来逐步受到学术界的重视，据初步统计，目前出版的相关专著已经有十几本之多，相关博士论文已经有几十篇，国家社科基金课题及教育部课题中与此相关的也有十余个。随着国家"一带一路"倡议的提出，中国文化"走出去"战略也开始更加关注这个方向。应该说，这个领域的研究进步很大，成果显著。但由于这是一个跨学科的崭新研究领域，尚有不少问题需要我们深入思考。例如，如何更加深入地展开这一领域的研究？如何从知识和学科上把握这个研究领域？通过什么样的路径和方法展开这个领域的研究？这个领域的研究在学术上的价值和意义何在？对这些问题笔者在这里进行初步的探讨。

一、历史：展开中国典籍外译研究的基础

根据目前研究，中国古代文化典籍第一次被翻译为欧洲语言是在1592年，由来自西班牙的传教士高母羡（Juan Cobo，1546—1592）[①]第一次将元末明初的中国

[①] "'Juan Cobo'，是他在1590年寄给危地马拉会友信末的落款签名，也是同时代的欧洲作家对他的称呼；'高母羡'，是1593年马尼拉出版的中文著作《辩正教真传实录》一书扉页上的作者；'羡高茂'，是1592年他在翻译菲律宾总督致丰臣秀吉的回信中使用的署名。"蒋薇：《1592年高母羡（Fr.Juan Cobo）出使日本之行再议》，硕士论文抽样本，北京：北京外国语大学；方豪：《中国天主教史人物传》（上），北京：中华书局，1988年，第83—89页。

文人范立本所编著的收录中国文化先贤格言的蒙学教材《明心宝鉴》翻译成西班牙文。《明心宝鉴》收入了孔子、孟子、庄子、老子、朱熹等先哲的格言,于洪武二十六年(1393)刊行。如此算来,欧洲人对中国古代文化典籍的翻译至今已有424年的历史。要想展开相关研究,对研究者最基本的要求就是熟知西方汉学的历史。

仅仅拿着一个译本,做单独的文本研究是远远不够的。这些译本是谁翻译的?他的身份是什么?他是哪个时期的汉学家?他翻译时的中国助手是谁?他所用的中文底本是哪个时代的刻本?……这些都涉及对汉学史及中国文化史的了解。例如,如果对《明心宝鉴》的西班牙译本进行研究,就要知道高母羡的身份,他是道明会的传教士,在菲律宾完成此书的翻译,此书当时为生活在菲律宾的道明会传教士学习汉语所用。他为何选择了《明心宝鉴》而不是其他儒家经典呢?因为这个本子是他从当时来到菲律宾的中国渔民那里得到的,这些侨民只是粗通文墨,不可能带有很经典的儒家本子,而《菜根谭》和《明心宝鉴》是晚明时期民间流传最为广泛的儒家伦理格言书籍。由于这是以闽南话为基础的西班牙译本,因此书名、人名及部分难以意译的地方,均采取音译方式,其所注字音当然也是闽南语音。我们对这个译本进行研究就必须熟悉闽南语。同时,由于译者是天主教传教士,因此研究者只有对欧洲天主教的历史发展和天主教神学思想有一定的了解,才能深入其文本的翻译研究之中。

又如,法国第一位专业汉学家雷慕沙(Jean Pierre Abel Rémusat,1788—1832)的博士论文是关于中医研究的《论中医舌苔诊病》(*Dissertatio de glossosemeiotice sive de signis morborum quae è linguâ sumuntur*,*praesertim apud sinenses*,1813,Thése,Paris)。论文中翻译了中医的一些基本文献,这是中医传向西方的一个重要环节。如果做雷慕沙这篇文献的研究,就必须熟悉西方汉学史,因为雷慕沙并未来过中国,他关于中医的知识是从哪里得来的呢?这些知识是从波兰传教士卜弥格(Michel Boym,1612—1659)那里得来的。卜弥格的《中国植物志》"是西方研究中国动植物的第一部科学著作,曾于1656年在维也纳出版,还保存了原著中介绍的每一种动植物的中文名称和卜弥格为它们绘制的二十七幅图像。后来因为这部著作受到欧洲读者极大的欢迎,在1664年,又发表了它的法文译本,名为《耶稣会士卜弥格神父写的一篇论特别是来自中国的花、水果、植物和个别动物的论文》。……

荷兰东印度公司一位首席大夫阿德列亚斯·克莱耶尔（Andreas Clayer）……1682年在德国出版的一部《中医指南》中，便将他所得到的卜弥格的《中医处方大全》《通过舌头的颜色和外部状况诊断疾病》《一篇论脉的文章》和《医学的钥匙》的部分章节以他的名义发表了"①。这就是雷慕沙研究中医的基本材料的来源。如果对卜弥格没有研究，那就无法展开对雷慕沙的研究，更谈不上对中医西传的研究和翻译时的历史性把握。

这说明研究者要熟悉从传教士汉学到专业汉学的发展历史，只有如此才能展开研究。西方汉学如果从游记汉学算起已经有七百多年的历史，如果从传教士汉学算起已经有四百多年的历史，如果从专业汉学算起也有近二百年的历史。在西方东方学的历史中，汉学作为一个独立学科存在的时间并不长，但学术的传统和人脉一直在延续。正像中国学者做研究必须熟悉本国学术史一样，做中国文化典籍在域外的传播研究首先也要熟悉域外各国的汉学史，因为绝大多数的中国古代文化典籍的译介是由汉学家们完成的。不熟悉汉学家的师承、流派和学术背景，自然就很难做好中国文化的海外传播研究。

上面这两个例子还说明，虽然西方汉学从属于东方学，但它是在中西文化交流的历史中产生的。这就要求研究者不仅要熟悉西方汉学史，也要熟悉中西文化交流史。例如，如果不熟悉元代的中西文化交流史，那就无法读懂《马可·波罗游记》；如果不熟悉明清之际的中西文化交流史，也就无法了解以利玛窦为代表的传教士汉学家们的汉学著作，甚至完全可能如堕烟海，不知从何下手。上面讲的卜弥格是中医西传第一人，在中国古代文化典籍西传方面贡献很大，但他同时又是南明王朝派往梵蒂冈教廷的中国特使，在明清时期中西文化交流史上占有重要的地位。如果不熟悉明清之际的中西文化交流史，那就无法深入展开研究。即使一些没有来过中国的当代汉学家，在其进行中国典籍的翻译时，也会和中国当时的历史与人物发生联系并受到影响。例如20世纪中国古代文化经典最重要的翻译家阿瑟·韦利（Arthur David Waley，1889—1966）与中国作家萧乾、胡适的交往，都对他的翻译活动产生过影响。

历史是进行一切人文学科研究的基础，做中国古代文化经典在域外的传播研

---

① 张振辉：《卜弥格与明清之际中学的西传》，《中国史研究》2011年第3期，第184—185页。

究尤其如此。

中国学术界对西方汉学的典籍翻译的研究起源于清末民初之际。辜鸿铭对西方汉学家的典籍翻译多有微词。那时的中国学术界对西方汉学界已经不陌生,不仅不陌生,实际上晚清时期对中国学问产生影响的西学中也包括汉学。[①] 近代以来,中国学术的发展是西方汉学界与中国学界互动的结果,我们只要提到伯希和、高本汉、葛兰言在民国时的影响就可以知道。[②] 但中国学术界自觉地将西方汉学作为一个学科对象加以研究和分梳的历史并不长,研究者大多是从自己的专业领域对西方汉学发表评论,对西方汉学的学术历史研究甚少。莫东言的《汉学发达史》到1936年才出版,实际上这本书中的绝大多数知识来源于日本学者石田干之助的《欧人之汉学研究》[③]。近30年来中国学术界对西方汉学的研究有了长足进展,个案研究、专书和专人研究及国别史研究都有了重大突破。像徐光华的《国外汉学史》、阎纯德主编的《列国汉学史》等都可以为我们的研究提供初步的线索。但应看到,对国别汉学史的研究才刚刚开始,每一位从事中国典籍外译研究的学者都要注意对汉学史的梳理。我们应承认,至今令学术界满意的中国典籍外译史的专著并不多见,即便是国别体的中国典籍外译的专题历史研究著作都尚未出现。[④] 因为这涉及太多的语言和国家,绝非短期内可以完成。随着国家"一带一路"倡议的提出,了解沿路国家文化与中国文化之间的互动历史是学术研究的题中应有之义。但一旦我们翻阅学术史文献就会感到,在这个领域我们需要做的事情还有很多,尤其需要增强对沿路国家文化与中国文化互动的了解。百年以西为师,我们似乎忘记了家园和邻居,悲矣! 学术的发展总是一步步向前的,愿我们沿着季羡林先生开辟的中国东方学之路,由历史而入,拓展中国学术发展的新空间。

[①] 罗志田:《西学冲击下近代中国学术分科的演变》,《社会科学研究》2003年第1期。
[②] 桑兵:《国学与汉学——近代中外学界交往录》,北京:中国人民大学出版社,2010年;李孝迁:《葛兰言在民国学界的反响》,《华东师范大学学报》(哲学社会科学版)2010年第4期。
[③] [日]石田干之助:《欧人之汉学研究》,朱滋萃译,北京:北平中法大学出版社,1934年。
[④] 马祖毅、任荣珍:《汉籍外译史》,武汉:湖北教育出版社,1997年。这本书尽管是汉籍外译研究的开创性著作,但书中的错误颇多,注释方式也不规范,完全分不清资料的来源。关键在于作者对域外汉学史并未深入了解,仅在二手文献基础上展开研究。学术界对这本书提出了批评,见许冬平《〈汉籍外译史〉还是〈汉籍歪译史〉?》,光明网,2011年8月21日。

二、文献：西方汉学文献学亟待建立

张之洞在《书目答问》中开卷就说："诸生好学者来问应读何书，书以何本为善。偏举既嫌绠漏，志趣学业亦各不同，因录此以告初学。"①学问由目入，读书自识字始，这是做中国传统学问的基本方法。此法也同样适用于中国文化在域外的传播研究及中国典籍外译研究。因为19世纪以前中国典籍的翻译者以传教士为主，传教士的译本在欧洲呈现出非常复杂的情况。17世纪时传教士的一些译本是拉丁文的，例如柏应理和一些耶稣会士联合翻译的《中国哲学家孔子》，其中包括《论语》《大学》《中庸》。这本书的影响很大，很快就有了各种欧洲语言的译本，有些是节译，有些是改译。如果我们没有西方汉学文献学的知识，就搞不清这些译本之间的关系。

18世纪欧洲的流行语言是法语，会法语是上流社会成员的标志。恰好此时来华的传教士由以意大利籍为主转变为以法国籍的耶稣会士为主。这些法国来华的传教士学问基础好，翻译中国典籍极为勤奋。法国传教士的汉学著作中包含了大量的对中国古代文化典籍的介绍和翻译，例如来华耶稣会士李明返回法国后所写的《中国近事报道》(*Nouveaux mémoires sur l'état présent de la Chine*)，1696年在巴黎出版。他在书中介绍了中国古代重要的典籍"五经"，同时介绍了孔子的生平。李明所介绍的孔子的生平在当时欧洲出版的来华耶稣会士的汉学著作中是最详细的。这本书出版后在四年内竟然重印五次，并有了多种译本。如果我们对法语文本和其他文本之间的关系不了解，就很难做好翻译研究。

进入19世纪后，英语逐步取得霸主地位，英文版的中国典籍译作逐渐增加，版本之间的关系也更加复杂。美国诗人庞德在翻译《论语》时，既参照早年由英国汉学家柯大卫(David Collie)翻译的第一本英文版"四书"②，也参考理雅各的译本，如果只是从理雅各的译本来研究庞德的翻译肯定不全面。

20世纪以来对中国典籍的翻译一直在继续，翻译的范围不断扩大。学者研

---

① 〔清〕张之洞著，范希曾补正：《书目答问补正》，上海：上海古籍出版社，2001年，第3页。
② David Collie, *The Four Books*, Malacca: Printed at Mission Press, 1828.

究百年的《论语》译本的数量就很多,《道德经》的译本更是不计其数。有的学者说世界上译本数量极其巨大的文化经典文本有两种,一种是《圣经》,另一种就是《道德经》。

这说明我们在从事文明互鉴的研究时,尤其在从事中国古代文化经典在域外的翻译和传播研究时,一定要从文献学入手,从目录学入手,这样才会保证我们在做翻译研究时能够对版本之间的复杂关系了解清楚,为研究打下坚实的基础。中国学术传统中的"辨章学术,考镜源流"在我们致力于域外汉学研究时同样需要。

目前,国家对汉籍外译项目投入了大量的经费,国内学术界也有相当一批学者投入这项事业中。但我们在开始这项工作时应该摸清世界各国已经做了哪些工作,哪些译本是受欢迎的,哪些译本问题较大,哪些译本是节译,哪些译本是全译。只有清楚了这些以后,我们才能确定恰当的翻译策略。显然,由于目前我们在域外汉学的文献学上做得不够理想,对中国古代文化经典的翻译情况若明若暗。因而,国内现在确立的一些翻译计划不少是重复的,在学术上是一种浪费。即便国内学者对这些典籍重译,也需要以前人的工作为基础。

就西方汉学而言,其基础性书目中最重要的是两本目录,一本是法国汉学家考狄编写的《汉学书目》(*Bibliotheca sinica*),另一本是中国著名学者、中国近代图书馆的奠基人之一袁同礼1958年出版的《西文汉学书目》(*China in Western Literature：a Continuation of Cordier's Bibliotheca Sinica*)①。

从西方最早对中国的记载到1921年西方出版的关于研究中国的书籍,四卷本的考狄书目都收集了,其中包括大量关于中国古代文化典籍的译本目录。袁同礼的《西文汉学书目》则是"接着说",其书名就表明是接着考狄来做的。他编制了1921—1954年期间西方出版的关于中国研究的书目,其中包括数量可观的关于中国古代文化典籍的译本目录。袁同礼之后,西方再没有编出一本类似的书目。究其原因,一方面是中国研究的进展速度太快,另一方面是中国研究的范围在快速扩大,在传统的人文学科的思路下已经很难把握快速发展的中国研究。

当然,国外学者近50年来还是编制了一些非常重要的专科性汉学研究文献

---

① 书名翻译为《西方文学作品里的中国书目——续考狄之汉学书目》更为准确,《西文汉学书目》简洁些。

目录,特别是关于中国古代文化经典的翻译也有了专题性书目。例如,美国学者编写的《中国古典小说研究与欣赏论文书目指南》[①]是一本很重要的专题性书目,对于展开中国古典文学在西方的传播研究奠定了基础。日本学者所编的《东洋学文献类目》是当代较权威的中国研究书目,收录了部分亚洲研究的文献目录,但涵盖语言数量有限。当然中国学术界也同样取得了较大的进步,台湾学者王尔敏所编的《中国文献西译书目》[②]无疑是中国学术界较早的西方汉学书目。汪次昕所编的《英译中文诗词曲索引:五代至清末》[③]、王丽娜的《中国古典小说戏曲名著在国外》[④]是新时期第一批从目录文献学上研究西方汉学的著作。林舒俐、郭英德所编的《中国古典戏曲研究英文论著目录》[⑤]、顾钧、杨慧玲在美国汉学家卫三畏研究的基础上编制的《〈中国丛报〉篇名目录及分类索引》,王国强在其《〈中国评论〉(1872—1901)与西方汉学》中所附的《中国评论》目录和《中国评论》文章分类索引等,都代表了域外汉学和中国古代文化外译研究的最新进展。

从学术的角度看,无论是海外汉学界还是中国学术界在汉学的文献学和目录学上都仍有继续展开基础性研究和学术建设的极大空间。例如,在17世纪和18世纪"礼仪之争"后来华传教士所写的关于在中国传教的未刊文献至今没有基础性书目,这里主要指出傅圣泽和白晋的有关文献就足以说明问题。[⑥] 在罗马传信部档案馆、梵蒂冈档案馆、耶稣会档案馆有着大量未刊的耶稣会士关于"礼仪之争"的文献,这些文献多涉及中国典籍的翻译问题。在巴黎外方传教会、方济各传教会也有大量的"礼仪之争"期间关于中国历史文化研究的未刊文献。这些文献目录未整理出来以前,我们仍很难书写一部完整的中国古代文献西文翻译史。

由于中国文化研究已经成为一个国际化的学术事业,无论是美国亚洲学会的

[①] Winston L.Y.Yang, Peter Li and Nathan K.Mao, *Classical Chinese Fiction: A Guide to Its Study and Appreciation—Essays and Bibliographies*, Boston: G.K.Hall & Co., 1978.

[②] 王尔敏编:《中国文献西译书目》,台北:台湾商务印书馆,1975年。

[③] 汪次昕编:《英译中文诗词曲索引:五代至清末》,台北:汉学研究中心,2000年。

[④] 王丽娜:《中国古典小说戏曲名著在国外》,上海:学林出版社,1988年。

[⑤] 林舒俐、郭英德编:《中国古典戏曲研究英文论著目录》(上),《戏曲研究》2009年第3期;《中国古典戏曲研究英文论著目录》(下),《戏曲研究》2010年第1期。

[⑥] [美]魏若望:《耶稣会士傅圣泽神甫传:索隐派思想在中国及欧洲》,吴莉苇译,郑州:大象出版社,2006年;[丹]龙伯格:《清代来华传教士马若瑟研究》,李真、骆洁译,郑州:大象出版社,2009年;[德]柯兰霓:《耶稣会士白晋的生平与著作》,李岩译,郑州:大象出版社,2009年;[法]维吉尔·毕诺:《中国对法国哲学思想形成的影响》,耿昇译,北京:商务印书馆,2000年。

中国学研究网站所编的目录,还是日本学者所编的目录,都已经不能满足学术发展的需要。我们希望了解伊朗的中国历史研究状况,希望了解孟加拉国对中国文学的翻译状况,但目前没有目录能提供这些。袁同礼先生当年主持北平图书馆工作时曾说过,中国国家图书馆应成为世界各国的中国研究文献的中心,编制世界的汉学研究书目应是我们的责任。先生身体力行,晚年依然坚持每天在美国国会图书馆的目录架旁抄录海外中国学研究目录,终于继考狄之后完成了《西文汉学书目》,开启了中国学者对域外中国研究文献学研究的先河。今日的中国国家图书馆的同人和中国文献学的同行们能否继承前辈之遗产,为飞出国门的中国文化研究提供一个新时期的文献学的阶梯,提供一个真正能涵盖多种语言,特别是非通用语的中国文化研究书目呢?我们期待着。正是基于这样的考虑,10年前我承担教育部重大攻关项目"20世纪中国古代文化经典在域外的传播与影响"时,决心接续袁先生的工作做一点尝试。我们中国海外汉学研究中心和北京外国语大学与其他院校学界的同人以10年之力,编写了一套10卷本的中国文化传播编年,它涵盖了22种语言,涉及20余个国家。据我了解,这或许是目前世界上第一次涉及如此多语言的中国文化外传文献编年。

尽管这些编年略显幼稚,多有不足,但中国的学者们是第一次把自己的语言能力与中国学术的基础性建设有机地结合起来。我们总算在袁同礼先生的事业上前进了一步。

学术界对于加强海外汉学文献学研究的呼声很高。李学勤当年主编的《国际汉学著作提要》就是希望从基础文献入手加强对西方汉学名著的了解。程章灿更是提出了十分具体的方案,他认为如果把欧美汉学作为学术资源,应该从以下四方面着手:"第一,从学术文献整理的角度,分学科、系统编纂中外文对照的专业论著索引。就欧美学者的中国文学研究而言,这一工作显得相当迫切。这些论著至少应该包括汉学专著、汉籍外译本及其附论(尤其是其前言、后记)、各种教材(包括文学史与作品选)、期刊论文、学位论文等几大项。其中,汉籍外译本与学位论文这两项比较容易被人忽略。这些论著中提出或涉及的学术问题林林总总,如果并没有广为中国学术界所知,当然也就谈不上批判或吸收。第二,从学术史角度清理学术积累,编纂重要论著的书目提要。从汉学史上已出版的研究中国文学的专著中,选取有价值的、有影响的,特别是有学术史意义的著作,每种写一篇两三千字的书目提要,述其内容大要、方法特点,并对其作学术史之源流梳理。对这些海外汉学文献的整理,就是学术史的建设,其道理与第一点是一样的。第三,从学术术语与话语沟通的角度,编纂一册中英文术语对照词典。就中国文学研究而言,目前在世界范围内,英语与汉语是两种最重要的工作语言。但是,对于同一个中国文学专有名词,往往有多种不同的英语表达法,国内学界英译中国文学术语时,词不达意、生拉硬扯的现象时或可见,极不利于中外学者的沟通和中外学术的交流。如有一册较好的中英文中国文学术语词典,不仅对于中国研究者,而且对于学习中国文学的外国人,都有很大的实用价值。第四,在系统清理研判的基础上,编写一部国际汉学史略。"[①]

历史期待着我们这一代学人,从基础做起,从文献做起,构建起国际中国文化研究的学术大厦。

三、语言:中译外翻译理论与实践有待探索

翻译研究是做中国古代文化对外传播研究的重要环节,没有这个环节,整个研究就不能建立在坚实的学术基础之上。在翻译研究中如何创造出切实可行的中译外理论是一个亟待解决的问题。如果翻译理论、翻译的指导观念不发生变革,一味依赖西方的理论,并将其套用在中译外的实践中,那么中国典籍的外译将不会有更大的发展。

外译中和中译外是两种翻译实践活动。前者说的是将外部世界的文化经典翻译成中文,后者说的是将中国古代文化的经典翻译成外文。几乎每一种有影响的文化都会面临这两方面的问题。

中国文化史告诉我们,我们有着悠久的外译中的历史,例如从汉代以来中国对佛经的翻译和近百年来中国对西学和日本学术著作的翻译。中国典籍的外译最早可以追溯到玄奘译老子的《道德经》,但真正形成规模则始于明清之际来华的传教士,即上面所讲的高母羡、利玛窦等人。中国人独立开展这项工作则应从晚清时期的陈季同和辜鸿铭算起。外译中和中译外作为不同语言之间的转换有

[①] 程章灿:《作为学术文献资源的欧美汉学研究》,《文学遗产》2012年第2期,第134—135页。

共同性,这是毋庸置疑的。但二者的区别也很明显,目的语和源语言在外译中和中译外中都发生了根本性置换,这种目的语和源语言的差别对译者提出了完全不同的要求。因此,将中译外作为一个独立的翻译实践来展开研究是必要的,正如刘宓庆所说:"实际上东方学术著作的外译如何解决文化问题还是一块丰腴的亟待开发的处女地。"①

由于在翻译目的、译本选择、语言转换等方面的不同,在研究中译外时完全照搬西方的翻译理论是有问题的。当然,并不是说西方的翻译理论不可用,而是这些理论的创造者的翻译实践大都是建立在西方语言之间的互译之上。在此基础上产生的翻译理论面对东方文化时,特别是面对以汉字为基础的汉语文化时会产生一些问题。潘文国认为,至今为止,西方的翻译理论基本上是对印欧语系内部翻译实践的总结和提升,那套理论是"西西互译"的结果,用到"中西互译"是有问题的,"西西互译"多在"均质印欧语"中发生,而"中西互译"则是在相距遥远的语言之间发生。因此他认为"只有把'西西互译'与'中西互译'看作是两种不同性质的翻译,因而需要不同的理论,才能以更为主动的态度来致力于中国译论的创新"②。

语言是存在的家园。语言具有本体论作用,而不仅仅是外在表达。刘勰在《文心雕龙·原道》中写道:"文之为德也大矣,与天地并生者何哉？夫玄黄色杂,方圆体分,日月叠璧,以垂丽天之象；山川焕绮,以铺理地之形：此盖道之文也。仰观吐曜,俯察含章,高卑定位,故两仪既生矣。惟人参之,性灵所钟,是谓三才。为五行之秀,实天地之心。心生而言立,言立而文明,自然之道也。傍及万品,动植皆文：龙凤以藻绘呈瑞,虎豹以炳蔚凝姿；云霞雕色,有逾画工之妙；草木贲华,无待锦匠之奇。夫岂外饰,盖自然耳。至于林籁结响,调如竽瑟；泉石激韵,和若球锽：故形立则章成矣,声发则文生矣。夫以无识之物,郁然有彩,有心之器,其无文欤？"③刘勰这段对语言和文字功能的论述绝不亚于海德格尔关于语言性质的论述,他强调"文"的本体意义和内涵。

---

① 刘宓庆:《中西翻译思想比较研究》,北京:中国对外翻译出版公司,2005年,第272页。
② 潘文国:《中籍外译,此其时也——关于中译外问题的宏观思考》,《杭州师范学院学报》(社会科学版)2007年第6期。
③ 〔南朝梁〕刘勰著,周振甫译注:《文心雕龙选译》,北京:中华书局,1980年,第19—20页。

中西两种语言,对应两种思维、两种逻辑。外译中是将抽象概念具象化的过程,将逻辑思维转换成伦理思维的过程;中译外是将具象思维的概念抽象化,将伦理思维转换成逻辑思维的过程。当代美国著名汉学家安乐哲(Roger T. Ames)与其合作者也有这样的思路:在中国典籍的翻译上反对用一般的西方哲学思想概念来表达中国的思想概念。因此,他在翻译中国典籍时着力揭示中国思想异于西方思想的特质。

语言是世界的边界,不同的思维方式、不同的语言特点决定了外译中和中译外具有不同的规律,由此,在翻译过程中就要注意其各自的特点。基于语言和哲学思维的不同所形成的中外互译是两种不同的翻译实践,我们应该重视对中译外理论的总结,现在流行的用"西西互译"的翻译理论来解释"中西互译"是有问题的,来解释中译外问题更大。这对中国翻译界来说应是一个新课题,因为在"中西互译"中,我们留下的学术遗产主要是外译中。尽管我们也有辜鸿铭、林语堂、陈季同、吴经熊、杨宪益、许渊冲等前辈的可贵实践,但中国学术界的翻译实践并未留下多少中译外的经验。所以,认真总结这些前辈的翻译实践经验,提炼中译外的理论是一个亟待努力开展的工作。同时,在比较语言学和比较哲学的研究上也应着力,以此为中译外的翻译理论打下坚实的基础。

在此意义上,许渊冲在翻译理论及实践方面的探索尤其值得我国学术界关注。许渊冲在20世纪中国翻译史上是一个奇迹,他在中译外和外译中两方面均有很深造诣,这十分少见。而且,在中国典籍外译过程中,他在英、法两个语种上同时展开,更是难能可贵。"书销中外五十本,诗译英法唯一人"的确是他的真实写照。从陈季同、辜鸿铭、林语堂等开始,中国学者在中译外道路上不断探索,到许渊冲这里达到一个高峰。他的中译外的翻译数量在中国学者中居于领先地位,在古典诗词的翻译水平上,更是成就卓著,即便和西方汉学家(例如英国汉学家韦利)相比也毫不逊色。他的翻译水平也得到了西方读者的认可,译著先后被英国和美国的出版社出版,这是目前中国学者中译外作品直接进入西方阅读市场最多的一位译者。

特别值得一提的是,许渊冲从中国文化本身出发总结出一套完整的翻译理论。这套理论目前是中国翻译界较为系统并获得翻译实践支撑的理论。面对铺天盖地而来的西方翻译理论,他坚持从中国翻译的实践出发,坚持走自己的学术道路，自成体系，面对指责和批评，他不为所动。他这种坚持文化本位的精神，这种坚持从实践出发探讨理论的风格，值得我们学习和发扬。

许渊冲把自己的翻译理论概括为"美化之艺术，创优似竞赛"。"实际上，这十个字是拆分开来解释的。'美'是许渊冲翻译理论的'三美'论，诗歌翻译应做到译文的'意美、音美和形美'，这是许渊冲诗歌翻译的本体论；'化'是翻译诗歌时，可以采用'等化、浅化、深化'的具体方法，这是许氏诗歌翻译的方法论；'之'是许氏诗歌翻译的意图或最终想要达成的结果，使读者对译文能够'知之、乐之并好之'，这是许氏译论的目的论；'艺术'是认识论，许渊冲认为文学翻译，尤其是诗词翻译是一种艺术，是一种研究'美'的艺术。'创'是许渊冲的'创造论'，译文是译者在原诗规定范围内对原诗的再创造；'优'指的是翻译的'信达优'标准和许氏译论的'三势'（优势、劣势和均势）说，在诗歌翻译中应发挥译语优势，用最好的译语表达方式来翻译；'似'是'神似'说，许渊冲认为忠实并不等于形似，更重要的是神似；'竞赛'指文学翻译是原文和译文两种语言与两种文化的竞赛。"①

许渊冲的翻译理论不去套用当下时髦的西方语汇，而是从中国文化本身汲取智慧，并努力使理论的表述通俗化、汉语化和民族化。例如他的"三美"之说就来源于鲁迅，鲁迅在《汉文学史纲要》中指出："诵习一字，当识形音义三：口诵耳闻其音，目察其形，心通其义，三识并用，一字之功乃全。其在文章，则写山曰峻嶒嵯峨，状水曰汪洋澎湃，蔽芾葱茏，恍逢丰木，鱒魴鳗鲤，如见多鱼。故其所函，遂具三美：意美以感心，一也；音美以感耳，二也；形美以感目，三也。"②许渊冲的"三之"理论，即在翻译中做到"知之、乐之并好之"，则来自孔子《论语·雍也》中的"知之者不如好之者，好之者不如乐之者"。他套用《道德经》中的语句所总结的翻译理论精练而完备，是近百年来中国学者对翻译理论最精彩的总结：

　　译可译，非常译。

　　忘其形，得其意。

　　得意，理解之始；

　　忘形，表达之母。

---

① 张进：《许渊冲唐诗英译研究》，硕士论文抽样本，西安：西北大学，2011年，第19页；张智中：《许渊冲与翻译艺术》，武汉：湖北教育出版社，2006年。
② 鲁迅：《鲁迅全集》（第九卷），北京：人民文学出版社，2005年，第354—355页。

故应得意,以求其同;

故可忘形,以存其异。

两者同出,异名同理。

得意忘形,求同存异;

翻译之道。

2014年,在第二十二届世界翻译大会上,由中国翻译学会推荐,许渊冲获得了国际译学界的最高奖项"北极光"杰出文学翻译奖。他也是该奖项自1999年设立以来,第一个获此殊荣的亚洲翻译家。许渊冲为我们奠定了新时期中译外翻译理论与实践的坚实学术基础,这个事业有待后学发扬光大。

四、知识:跨学科的知识结构是对研究者的基本要求

中国古代文化经典在域外的翻译与传播研究属于跨学科研究领域,语言能力只是进入这个研究领域的一张门票,但能否坐在前排,能否登台演出则是另一回事。因为很显然,语言能力尽管重要,但它只是展开研究的基础条件,而非全部条件。

研究者还应该具备中国传统文化知识与修养。我们面对的研究对象是整个海外汉学界,汉学家们所翻译的中国典籍内容十分丰富,除了我们熟知的经、史、子、集,还有许多关于中国的专业知识。例如,俄罗斯汉学家阿列克谢耶夫对宋代历史文学极其关注,翻译宋代文学作品数量之大令人吃惊。如果研究他,仅仅俄语专业毕业是不够的,研究者还必须通晓中国古代文学,尤其是宋代文学。清中前期,来华的法国耶稣会士已经将中国的法医学著作《洗冤集录》翻译成法文,至今尚未有一个中国学者研究这个译本,因为这要求译者不仅要懂宋代历史,还要具备中国古代法医学知识。

中国典籍的外译相当大一部分产生于中外文化交流的历史之中,如果缺乏中西文化交流史的知识,常识性错误就会出现。研究18世纪的中国典籍外译要熟悉明末清初的中西文化交流史,研究19世纪的中国典籍外译要熟悉晚清时期的中西文化交流史,研究东亚之间文学交流要精通中日、中韩文化交流史。

同时,由于某些译者有国外学术背景,想对译者和文本展开研究就必须熟悉

译者国家的历史与文化、学术与传承，那么，知识面的扩展、知识储备的丰富必不可少。

  目前，绝大多数中国古代文化外译的研究者是外语专业出身，这些学者的语言能力使其成为这个领域的主力军，但由于目前教育分科严重细化，全国外语类大学缺乏系统的中国历史文化的教育训练，因此目前的翻译及其研究在广度和深度上尚难以展开。有些译本作为国内外语系的阅读材料尚可，要拿到对象国出版还有很大的难度，因为这些译本大都无视对象国汉学界译本的存在。的确，研究中国文化在域外的传播和发展是一个崭新的领域，是青年学者成长的天堂。但同时，这也是一个有难度的跨学科研究领域，它对研究者的知识结构提出了新挑战。研究者必须走出单一学科的知识结构，全面了解中国文化的历史与文献，唯此才能对中国古代文化经典的域外传播和中国文化的域外发展进行更深入的研究。当然，术业有专攻，在当下的知识分工条件下，研究者已经不太可能系统地掌握中国全部传统文化知识，但掌握其中的一部分，领会其精神仍十分必要。这对中国外语类大学的教学体系改革提出了更高的要求，中国历史文化课程必须进入外语大学的必修课中，否则，未来的学子们很难承担起这一历史重任。

五、方法：比较文化理论是其基本的方法

  从本质上讲，中国文化域外传播与发展研究是一种文化间关系的研究，是在跨语言、跨学科、跨文化、跨国别的背景下展开的，这和中国本土的国学研究有区别。关于这一点，严绍璗先生有过十分清楚的论述，他说："国际中国学（汉学）就其学术研究的客体对象而言，是指中国的人文学术，诸如文学、历史、哲学、艺术、宗教、考古等等，实际上，这一学术研究本身就是中国人文学科在域外的延伸。所以，从这样的意义上说，国际中国学（汉学）的学术成果都可以归入中国的人文学术之中。但是，作为从事于这样的学术的研究者，却又是生活在与中国文化很不相同的文化语境中，他们所受到的教育，包括价值观念、人文意识、美学理念、道德伦理和意识形态等等，和我们中国本土很不相同。他们是以他们的文化为背景而从事中国文化的研究，通过这些研究所表现的价值观念，从根本上说，是他们的'母体文化'观念。所以，从这样的意义上说，国际中国学（汉学）的学术成果，其

实也是他们'母体文化'研究的一种。从这样的视角来考察国际中国学(汉学),那么,我们可以说,这是一门在国际文化中涉及双边或多边文化关系的近代边缘性的学术,它具有'比较文化研究'的性质。"①严先生的观点对于我们从事中国古代文化典籍外译和传播研究有重要的指导意义。有些学者认为西方汉学家翻译中的误读太多,因此,中国文化经典只有经中国人来翻译才忠实可信。显然,这样的看法缺乏比较文学和跨文化的视角。

"误读"是翻译中的常态,无论是外译中还是中译外,除了由于语言转换过程中知识储备不足产生的误读②,文化理解上的误读也比比皆是。有的译者甚至故意误译,完全按照自己的理解阐释中国典籍,最明显的例子就是美国诗人庞德。1937 年他译《论语》时只带着理雅各的译本,没有带词典,由于理雅各的译本有中文原文,他就盯着书中的汉字,从中理解《论语》,并称其为"注视字本身",看汉字三遍就有了新意,便可开始翻译。例如"《论语·公冶长第五》,'子曰:道不行,乘桴浮于海。从我者,其由与?子路闻之喜。子曰:由也,好勇过我,无所取材。'最后四字,朱熹注:'不能裁度事理。'理雅各按朱注译。庞德不同意,因为他从'材'字中看到'一棵树加半棵树',马上想到孔子需要一个'桴'。于是庞德译成'Yu like danger better than I do. But he wouldn't bother about getting the logs.'(由比我喜欢危险,但他不屑去取树木。)庞德还指责理雅各译文'失去了林肯式的幽默'。后来他甚至把理雅各译本称为'丢脸'(an infamy)"③。庞德完全按自己的理解来翻译,谈不上忠实,但庞德的译文却在美国和其他西方国家产生了巨大影响。日本比较文学家大塚幸男说:"翻译文学,在对接受国文学的影响中,误解具有异乎寻常的力量。有时拙劣的译文意外地产生极大的影响。"④庞德就是这样的翻译家,他翻译《论语》《中庸》《孟子》《诗经》等中国典籍时,完全借助理雅各的译本,但又能超越理雅各的译本,在此基础上根据自己的想法来翻译。他把《中庸》翻

---

① 严绍璗:《我对国际中国学(汉学)的认识》,《国际汉学》(第五辑),郑州:大象出版社,2000 年,第 11 页。
② 英国著名汉学家阿瑟·韦利在翻译陶渊明的《责子》时将"阿舒已二八"翻译成"A-Shu is eighteen",显然是他不知在中文中"二八"是指 16 岁,而不是 18 岁。这样知识性的翻译错误是常有的。
③ 赵毅衡:《诗神远游:中国如何改变了美国现代诗》,成都:四川文艺出版社,2013 年,第 277—278 页。
④ [日]大塚幸男:《比较文学原理》,陈秋峰、杨国华译,西安:陕西人民出版社,1985 年,第 101 页。

译为 Unwobbling Pivot(不动摇的枢纽),将"君子而时中"翻译成"The master man's axis does not wobble"(君子的轴不摇动),这里的关键在于他认为"中"是"一个动作过程,一个某物围绕旋转的轴"①。只有具备比较文学和跨文化理论的视角,我们才能理解庞德这样的翻译。

从比较文学角度来看,文学著作一旦被翻译成不同的语言,它就成为各国文学历史的一部分,"在翻译中,创造性叛逆几乎是不可避免的"②。这种叛逆就是在翻译时对源语言文本的改写,任何译本只有在符合本国文化时,才会获得第二生命。正是在这个意义上,谢天振主张将近代以来的中国学者对外国文学的翻译作为中国近代文学的一部分,使它不再隶属于外国文学,为此,他专门撰写了《中国现代翻译文学史》③。他的观点向我们提供了理解被翻译成西方语言的中国古代文化典籍的新视角。

尽管中国学者也有在中国典籍外译上取得成功的先例,例如林语堂、许渊冲,但这毕竟不是主流。目前国内的许多译本并未在域外产生真正的影响。对此,王宏印指出:"毋庸讳言,虽然我们取得的成就很大,但国内的翻译、出版的组织和质量良莠不齐,加之推广和运作方面的困难,使得外文形式的中国典籍的出版发行多数限于国内,难以进入世界文学的视野和教学研究领域。有些译作甚至成了名副其实的'出口转内销'产品,只供学外语的学生学习外语和翻译技巧,或者作为某些懂外语的人士的业余消遣了。在现有译作精品的评价研究方面,由于信息来源的局限和读者反应调查的费钱费力费时,大大地限制了这一方面的实证研究和有根有据的评论。一个突出的困难就是,很难得知外国读者对于中国典籍及其译本的阅读经验和评价情况,以至于影响了研究和评论的视野和效果,有些译作难免变成译者和学界自作自评和自我欣赏的对象。"④

王宏印这段话揭示了目前国内学术界中国典籍外译的现状。目前由政府各部门主导的中国文化、中国学术外译工程大多建立在依靠中国学者来完成的基本思路上,但此思路存在两个误区。第一,忽视了一个基本的语言学规律:外语再

---

① 赵毅衡:《诗神远游:中国如何改变了美国现代诗》,成都:四川文艺出版社,2013年,第278页。
② [美]乌尔利希·韦斯坦因:《比较文学与文学理论》,刘象愚译,沈阳:辽宁人民出版社,1987年,第36页。
③ 谢天振:《中国现代翻译文学史》,上海:上海外语教育出版社,2004年。
④ 王宏印:《中国文化典籍英译》,北京:外语教学与研究出版社,2009年,第6页。

好,也好不过母语,翻译时没有对象国汉学家的合作,在知识和语言上都会遇到不少问题。应该认识到林语堂、杨宪益、许渊冲毕竟是少数,中国学者不可能成为中国文化外译的主力。第二,这些项目的设计主要面向西方发达国家而忽视了发展中国家。中国"一带一路"倡议涉及60余个国家,其中大多数是发展中国家,非通用语是主要语言形态①。此时,如果完全依靠中国非通用语界学者们的努力是很难完成的②,因此,团结世界各国的汉学家具有重要性与迫切性。

莫言获诺贝尔文学奖后,相关部门开启了中国当代小说的翻译工程,这项工程的重要进步之一就是面向海外汉学家招标,而不是仅寄希望于中国外语界的学者来完成。小说的翻译和中国典籍文化的翻译有着重要区别,前者更多体现了跨文化研究的特点。

以上从历史、文献、语言、知识、方法五个方面探讨了开展中国古代文化典籍域外传播研究必备的学术修养。应该看到,中国文化的域外传播以及海外汉学界的学术研究标示着中国学术与国际学术接轨,这样一种学术形态揭示了中国文化发展的多样性和丰富性。在从事中国文化学术研究时,已经不能无视域外汉学家们的研究成果,我们必须与其对话,或者认同,或者批评,域外汉学已经成为中国学术与文化重建过程中一个不能忽视的对象。

在世界范围内开展中国文化研究,揭示中国典籍外译的世界性意义,并不是要求对象国家完全按照我们的意愿接受中国文化的精神,而是说,中国文化通过典籍翻译进入世界各国文化之中,开启他们对中国的全面认识,这种理解和接受已经构成了他们文化的一部分。尽管中国文化于不同时期在各国文化史中呈现出不同形态,但它们总是和真实的中国发生这样或那样的联系,都说明了中国文化作为他者存在的价值和意义。与此同时,必须承认已经融入世界各国的中国文化和中国自身的文化是两种形态,不能用对中国自身文化的理解来看待被西方塑形的中国文化;反之,也不能以变了形的中国文化作为标准来判断真实发展中的

---

① 在非通用语领域也有像林语堂、许渊冲这样的翻译大家,例如北京外国语大学亚非学院的泰语教授邱苏伦,她已经将《大唐西域记》《洛阳伽蓝记》等中国典籍翻译成泰文,受到泰国读者的欢迎,她也因此获得了泰国的最高翻译奖。
② 很高兴看到中华外译项目的语种大大扩展了,莫言获诺贝尔文学奖后,中国小说的翻译也开始面向全球招标,这是进步的开始。

中国文化。

在当代西方文化理论中,后殖民主义理论从批判的立场说明西方所持有的东方文化观的特点和产生的原因。赛义德的理论有其深刻性和批判性,但他不熟悉西方世界对中国文化理解和接受的全部历史,例如,18世纪的"中国热"实则是从肯定的方面说明中国对欧洲的影响。其实,无论是持批判立场还是持肯定立场,中国作为西方的他者,成为西方文化眼中的变色龙是注定的。这些变化并不能改变中国文化自身的价值和它在世界文化史中的地位,但西方在不同时期对中国持有不同认知这一事实,恰恰说明中国文化已成为塑造西方文化的一个重要外部因素,中国文化的世界性意义因而彰显出来。

从中国文化史角度来看,这种远游在外、已经进入世界文化史的中国古代文化并非和中国自身文化完全脱离关系。笔者不认同套用赛义德的"东方主义"的后现代理论对西方汉学和译本的解释,这种解释完全隔断了被误读的中国文化与真实的中国文化之间的精神关联。我们不能跟着后现代殖民主义思潮跑,将这种被误读的中国文化看成纯粹是西方人的幻觉,似乎这种中国形象和真实的中国没有任何关系。笔者认为,被误读的中国文化和真实的中国文化之间的关系,可被比拟为云端飞翔的风筝和牵动着它的放风筝者之间的关系。一只飞出去的风筝随风飘动,但线还在,只是细长的线已经无法解释风筝上下起舞的原因,因为那是风的作用。将风筝的飞翔说成完全是放风筝者的作用是片面的,但将飞翔的风筝说成是不受外力自由翱翔也是荒唐的。

正是在这个意义上,笔者对建立在19世纪实证主义哲学基础上的兰克史学理论持一种谨慎的接受态度,同时,对20世纪后现代主义的文化理论更是保持时刻的警觉,因为这两种理论都无法说明中国和世界之间复杂多变的文化关系,都无法说清世界上的中国形象。中国文化在世界的传播和影响及世界对中国文化的接受需要用一种全新的理论加以说明。长期以来,那种套用西方社会科学理论来解释中国与外部世界关系的研究方法应该结束了,中国学术界应该走出对西方学术顶礼膜拜的"学徒"心态,以从容、大度的文化态度吸收外来文化,自觉坚守自身文化立场。这点在当下的跨文化研究领域显得格外重要。

学术研究需要不断进步,不断完善。在10年内我们课题组不可能将这样一个丰富的研究领域做得尽善尽美。我们在做好导论研究、编年研究的基础性工作之外，还做了一些专题研究。它们以点的突破、个案的深入分析给我们展示了在跨文化视域下中国文化向外部的传播与发展。这是未来的研究路径，亟待后来者不断丰富与开拓。

这个课题由中外学者共同完成。意大利罗马智慧大学的马西尼教授指导中国青年学者王苏娜主编了《20世纪中国古代文化经典在意大利的传播编年》，法国汉学家何碧玉、安必诺和中国青年学者刘国敏、张明明一起主编了《20世纪中国古代文化经典在法国的传播编年》。他们的参与对于本项目的完成非常重要。对于这些汉学家的参与，作为丛书的主编，我表示十分的感谢。同时，本丛书也是国内学术界老中青学者合作的结果。北京大学的严绍璗先生是中国文化在域外传播和影响这个学术领域的开拓者，他带领弟子王广生完成了《20世纪中国古代文化经典在日本的传播编年》；福建师范大学的葛桂录教授是这个项目的重要参与者，他承担了本项目2卷的写作——《20世纪中国古代文学在英国的传播与影响》和《中国古典文学的英国之旅——英国三大汉学家年谱：翟理斯、韦利、霍克思》。正是由于中外学者的合作，老中青学者的合作，这个项目才得以完成，而且展示了中外学术界在这些研究领域中最新的研究成果。

这个课题也是北京外国语大学近年来第一个教育部社科司的重大攻关项目，学校领导高度重视，北京外国语大学的欧洲语言文化学院、亚非学院、阿拉伯语系、中国语言文学学院、哲学社会科学学院、英语学院、法语系等几十位老师参加了这个项目，使得这个项目的语种多达20余个。其中一些研究具有开创性，特别是关于中国古代文化在亚洲和东欧一些国家的传播研究，在国内更是首次展开。开创性的研究也就意味着需要不断完善，我希望在今后的一个时期，会有更为全面深入的文稿出现，能够体现出本课题作为学术孵化器的推动作用。

北京外国语大学中国海外汉学研究中心（现在已经更名为"国际中国文化研究院"）成立已经20年了，从一个人的研究所变成一所大学的重点研究院，它所取得的进步与学校领导的长期支持分不开，也与汉学中心各位同人的精诚合作分不开。一个重大项目的完成，团队的合作是关键，在这里我对参与这个项目的所有学者表示衷心的感谢。20世纪是动荡的世纪，是历史巨变的世纪，是世界大转机的世纪。

20世纪初，美国逐步接替英国坐上西方资本主义世界的头把交椅。苏联社会主义制度在20世纪初的胜利和世纪末苏联的解体成为本世纪最重要的事件,并影响了历史进程。目前,世界体系仍由西方主导,西方的话语权成为其资本与意识形态扩张的重要手段,全球化发展、跨国公司在全球更广泛地扩张和组织生产正是这种形势的真实写照。

20世纪后期,中国的崛起无疑是本世纪最重大的事件。中国不仅作为一个政治大国和经济大国跻身于世界舞台,也必将作为文化大国向世界展示自己的丰富性和多样性,展示中国古代文化的智慧。因此,正像中国的崛起必将改变已有的世界政治格局和经济格局一样,中国文化的海外传播,中国古代文化典籍的外译和传播,必将把中国思想和文化带到世界各地,这将从根本上逐渐改变19世纪以来形成的世界文化格局。

20世纪下半叶,随着中国实施改革开放政策和国力增强,西方汉学界加大了对中国典籍的翻译,其翻译的品种、数量都是前所未有的,中国古代文化的影响力进一步增强[①]。虽然至今我们尚不能将其放在一个学术框架中统一研究与考量,但大势已定,中国文化必将随中国的整体崛起而日益成为具有更大影响的文化,西方文化独霸世界的格局必将被打破。

世界仍在巨变之中,一切尚未清晰,意大利著名经济学家阿锐基从宏观经济与政治的角度对21世纪世界格局的发展做出了略带有悲观色彩的预测。他认为今后世界有三种结局:

> 第一,旧的中心有可能成功地终止资本主义历史的进程。在过去500多年时间里,资本主义历史的进程是一系列金融扩张。在此过程中,发生了资本主义世界经济制高点上卫士换岗的现象。在当今的金融扩张中,也存在着产生这种结果的倾向。但是,这种倾向被老卫士强大的立国和战争能力抵消了。他们很可能有能力通过武力、计谋或劝说占用积累在新的中心的剩余资本,从而通过组建一个真正全球意义上的世界帝国来结束资本主义历史。
>
> 第二,老卫士有可能无力终止资本主义历史的进程,东亚资本有可能渐

---

① 李国庆:《美国对中国古典及当代作品翻译概述》,载朱政惠、崔丕主编《北美中国学的历史与现状》,上海:上海辞书出版社,2013年,第126—141页;[美]张海惠主编:《北美中国学:研究概述与文献资源》,北京:中华书局,2010年;[德]马汉茂、[德]汉雅娜、张西平、李雪涛主编:《德国汉学:历史、发展、人物与视角》,郑州:大象出版社,2005年。

渐占据体系资本积累过程中的一个制高点。那样的话,资本主义历史将会继续下去,但是情况会跟自建立现代国际制度以来的情况截然不同。资本主义世界经济制高点上的新卫士可能缺少立国和战争能力,在历史上,这种能力始终跟世界经济的市场表层上面的资本主义表层的扩大再生产很有联系。亚当·斯密和布罗代尔认为,一旦失去这种联系,资本主义就不能存活。如果他们的看法是正确的,那么资本主义历史不会像第一种结果那样由于某个机构的有意识行动而被迫终止,而会由于世界市场形成过程中的无意识结果而自动终止。资本主义(那个"反市场"[anti-market])会跟发迹于当代的国家权力一起消亡,市场经济的底层会回到某种无政府主义状态。

最后,用熊彼特的话来说,人类在地狱般的(或天堂般的)后资本主义的世界帝国或后资本主义的世界市场社会里窒息(或享福)前,很可能会在伴随冷战世界秩序的瓦解而出现的不断升级的暴力恐怖(或荣光)中化为灰烬。如果出现这种情况的话,资本主义历史也会自动终止,不过是以永远回到体系混乱状态的方式来实现的。600年以前,资本主义历史就从这里开始,并且随着每次过渡而在越来越大的范围里获得新生。这将意味着什么?仅仅是资本主义历史的结束,还是整个人类历史的结束?我们无法说得清楚。①

就此而言,中国文化的世界影响力从根本上是与中国崛起后的世界秩序重塑紧密联系在一起的,是与中国的国家命运联系在一起的。国衰文化衰,国强文化强,千古恒理。20世纪已经结束,21世纪刚刚开始,一切尚在进程之中。我们处在"三千年未有之大变局之中",我们期盼一个以传统文化为底蕴的东方大国全面崛起,为多元的世界文化贡献出她的智慧。路曼曼其远矣,吾将上下求索。

张西平

2017年6月6日定稿于游心书屋

---

① [意]杰奥瓦尼·阿锐基:《漫长的20世纪——金钱、权力与我们社会的根源》,姚乃强等译,南京:江苏人民出版社,2001年,第418—419页。

目 录

导　言　1

凡　例　1

编年正文　1

公元 1900 年（光绪二十六年）　2

公元 1901 年（光绪二十七年）　7

公元 1902 年（光绪二十八年）　11

公元 1903 年（光绪二十九年）　14

公元 1904 年（光绪三十年）　16

公元 1905 年（光绪三十一年）　19

公元 1906 年（光绪三十二年）　21

公元 1907 年（光绪三十三年）　24

公元 1908 年（光绪三十四年）　26

公元 1909 年（宣统元年）　30

公元 1910 年（宣统二年）　32

公元 1911 年（宣统三年）　34

公元 1912 年	37
公元 1913 年	38
公元 1914 年	40
公元 1915 年	42
公元 1916 年	46
公元 1917 年	48
公元 1918 年	50
公元 1919 年	53
公元 1920 年	55
公元 1921 年	59
公元 1922 年	61
公元 1923 年	63
公元 1924 年	66
公元 1925 年	70
公元 1926 年	74
公元 1927 年	76
公元 1928 年	81
公元 1929 年	83
公元 1930 年	85
公元 1931 年	90
公元 1932 年	93
公元 1933 年	97
公元 1934 年	101
公元 1935 年	103
公元 1936 年	106
公元 1937 年	109
公元 1938 年	112
公元 1939 年	115
公元 1940 年	117

公元 1941 年	122
公元 1942 年	125
公元 1943 年	128
公元 1944 年	130
公元 1945 年	134
公元 1946 年	136
公元 1947 年	139
公元 1948 年	143
公元 1949 年	147
公元 1950 年	152
公元 1951 年	155
公元 1952 年	158
公元 1953 年	159
公元 1954 年	162
公元 1955 年	165
公元 1956 年	168
公元 1957 年	170
公元 1958 年	172
公元 1959 年	177
公元 1960 年	180
公元 1961 年	187
公元 1962 年	190
公元 1963 年	194
公元 1964 年	198
公元 1965 年	200
公元 1966 年	203
公元 1967 年	207
公元 1968 年	213
公元 1969 年	217

公元 1970 年	221
公元 1971 年	225
公元 1972 年	229
公元 1973 年	232
公元 1974 年	236
公元 1975 年	240
公元 1976 年	244
公元 1977 年	247
公元 1978 年	250
公元 1979 年	253
公元 1980 年	257
公元 1981 年	263
公元 1982 年	268
公元 1983 年	272
公元 1984 年	275
公元 1985 年	279
公元 1986 年	283
公元 1987 年	286
公元 1988 年	291
公元 1989 年	295
公元 1990 年	302
公元 1991 年	306
公元 1992 年	311
公元 1993 年	315
公元 1994 年	320
公元 1995 年	326
公元 1996 年	333
公元 1997 年	341
公元 1998 年	346

公元 1999 年　　　353

人名索引（以拼音字母排序）　　359

专名索引（按汉语拼音排序）　　367

参考文献　372

附　录
　儒学经典在当代日本
　　——以《论语》和《孟子》的译介为例　　373

后　记　385

导　言

站在 20 世纪日本对中国经典文化接受与变异的立场上，我们至少应该把握以下两个基本层面：其一，应把握近代日本中国学家的学术谱系以及他们相应业绩的评估；其二，应揭示日本异化中国文化成为其主流意识形态的过程，并总结和提升其对于 21 世纪学术的警示意义。

第一个层面：应把握日本近代中国学家的学术谱系以及他们相应业绩的评估。

若从 19 世纪末叶日本对中国文化研究的"近代型"逐步形成开始到 20 世纪末期，大致可以分理出六代学人，他们彼此学术相传，勾画出"日本中国学"谱系的基本面貌。

第一代学者属于近代日本中国学创立时期的学者。在日本中国学的形成时期，事实上形成了以京都帝国大学为核心的"京都学派"和以东京帝国大学为核心的"东京学派"。他们分别以京都帝国大学的狩野直喜（Kano Naoki, 1868—

1947)、内藤湖南（Naito konan, 1866—1934）、桑原骘藏（Kuwabara Jitsuzo, 1870—1931）和以东京帝国大学的井上哲次郎（Inoue Tetsujiro, 1855—1944）、白鸟库吉（Shiratori Kurakichi, 1865—1942）等为代表。

他们的共同特点是以近代学科史的概念，进入"对中国文化的研究"，即从传统的"文"和"文学"的大概念中，区分出了"文学史""哲学史""东洋史"等，并以各自的喜好和擅长，进入"研究领域"；几乎所有的研究者，都具有在中国这一研究对象国实地考察的经验，又具有在欧美世界相关的文化活动的经验。他们从传统的只在"书斋"中"读书"获取"书面文本知识"走向获得"文本研究"的"对象国总体"的"文化体验"，并争取获得"欧美的近代文化观念"。

但是，"京都的学者"和"东京的学者"在内在精神形态上有相当大的不同。主要差异在于："京都的学者"的研究大都执着于学术研究的本体层面，即研究中国文化本身是什么就是什么的"学院派"道路（后面我们将以狩野直喜为例来阐明）；"东京的学者"大概与政治中心距离太近了吧，其研究与日本社会意识形态思潮密切关联，在一定意义上可以说，在创建时期开始的对中国文化的研究，东京学者比较"自觉"地在日本总体的社会重大思潮中充当"风雨表"（后面我们阐述的井上哲次郎和白鸟库吉的学术，正是20世纪初期，日本社会"亚细亚主义"和"脱亚入欧"这两种日本至今存在的国家主义意识形态在中国文化研究中的表现）。

我们这里介绍的日本中国学创始时期的两大学派的学术特征，只是就他们的基本状态而言的。这当然也只是一种看法，当代日本对中国文化的研究，"学派"之分正在"模糊之中"。

第二代日本中国学的研究家以京都帝国大学的青木正儿（Aoki Masaru, 1887—1964）、武内义雄（Takeuchi Yoshio, 1886—1964）、小岛佑马（kojima Sukema, 1881—1966）和东京帝国大学的服部宇之吉（Hattori Unokichi, 1867—1939）、宇野哲人（Uno-Tetsuto, 1875—1974），以及早稻田大学的津田左右吉（Tsuda Soukichi, 1873—1961）等为代表。

一般说来，战后接手的第三代中国学家，原先"京都学派"和"东京学派"的学术特征逐步融合，一直到现在，可以说以两个著名大学分割"学术"的状态基本已经消失，但个人"师承"的传统应该说还是具有学术意义的。

第三代研究家以吉川幸次郎（Yoshikawa Koujiro，1904—1980）、宫崎市定（Miyazaki Ichisada，1901—1995）[①]、岩村忍（Iwamura Shinobu，1905—1988）、榎一雄（Enoki Kazuo，1913—1989）等为代表。

第四代研究家以清水茂（Shimizu Shigeru，1925年出生）、伊藤漱平（Ito Sohei，1925—2006）、户川芳郎（Togawa Yoshio，1931年出生）、池田温（Ikeda On，1931年出生）、兴膳宏（Kozen Hiroshi，1936年出生）等为代表。

目前，正经历着第五代与第六代学者交替阶段。日本人文学术研究的"师承关系"是很明确的。我这里表述的"代际"关系是以"师承"的"代辈"为主要标志的。

在这样浩大复杂的谱系中，我们以两位学者作为研究个案，挂一漏万地评估20世纪日本的"中国学"基本业绩。

1. 狩野直喜在中国文学研究中关于"文学样式形成"的三层思考。

（1）狩野直喜对《水浒传》成型的思考。

1910年狩野直喜在日本《艺文》杂志上发表题为《〈水浒传〉与中国戏剧》的论文。这是日本中国学界第一次把对中国的俗文学研究置于文学史的观念之中，并且是运用文献实证方法开始的早期研究。

狩野直喜为什么要发表这样一个研究报告呢？

原来，在此20年前，即1887年日本著名的三位作家森鸥外、森槐南和幸田露伴，在《醒醒草》杂志第20期上共同研讨《水浒传》，他们认为中国杂剧中的"水浒戏"，其实大都是根据小说《水浒传》改编的。

狩野直喜则在20年后提出了不同的见解。在《〈水浒传〉与中国戏剧》一文中，狩野列举了明清两代戏曲谱录中有关水浒的戏，总结了它们的一般特点，并以《双献头》《燕青博鱼》《还牢末》《争报恩》和《李逵负荆》五出杂剧为例，指出这些"水浒戏"中的情节与《水浒传》相比较，显得粗糙，甚至幼稚，而今本《水浒传》中许多精彩的情节在杂剧中没有被采用。据此，狩野氏说："如果小说真的

[①] 从学术的谱系上看，宫崎市定应该归入第二代为宜。但就其在学术的影响力和地位而言，基本在战后确立，以此时间点为视角，将之归入第三代。吉川幸次郎等的学术年代划分也与此类似。

早于杂剧,那么这种情况便是不可思议的了。"他说,拿《水浒传》第七十三回"黑旋风乔捉鬼,梁山泊双献头"与《李逵负荆》《双献头》来说,"小说的情节是应该由类似的戏剧发展而来的,而并不是由《水浒传》的这一回情节,分编为几出杂剧的"。

狩野氏将"水浒戏"杂剧中的人物作了归类。他发现杂剧中所有人物,在《水浒传》中则全部属于三十六"天罡星",没有一个是属于"地煞星"的。杂剧中虽然有"一丈青闹元宵",但是对于这个"一丈青",狩野氏指出"只是张横的诨名,而不是扈三娘了"。之所以如此,是因为"水浒戏"中人物与情节的来源,不是《水浒传》,而是《宋史》和《宣和遗事》等。《宋史·侯蒙传》中有"江以三十六人横行齐魏,官军数万,无敢抗者",其后,《宣和遗事》就使用了三十六人以名,而"水浒戏"杂剧的人物则始终未能逃出此三十六人的范围。狩野氏由此认为,"在今本《水浒传》形成之前,一定存在着许多形式的小'水浒戏',现在流传的《水浒传》,当是在众多的小'水浒戏'上形成的"。

这一见解,后来为治中国文学史的中外学者所广泛接受。此种观点现在已经成为基本知识,但在当时能够贯通"历史"和"文学",又能以实证的观念和方法加以考辨论证,实属《水浒传》研究中的"首创"。

(2)狩野直喜对中国古代文学的创见,不仅仅在《水浒传》研究的层面。20世纪初期,中国敦煌文献的发现,曾给狩野直喜的中国通俗文学研究以重大的启示。

1911年秋天,当中国学者还没来得及注意敦煌文献的价值时,狩野氏赶赴欧洲,追踪察访被英国、法国和俄罗斯探险家们所攫取的文献资料。(关于狩野直喜等与敦煌文献的缘由,可参见拙文《甲骨文字与敦煌文献东传纪事》,载于《中国文化》1990年第三期。)

1916年日本《艺文》杂志上连载了狩野直喜撰写的《中国俗文学史研究的材料》,这是他在欧洲追踪斯坦因(Loreng von Stein)、伯希和等人从中国劫走的敦煌文献的初期报告。狩野直喜在文章中说:

  我从斯坦因敦煌文书中得败纸一枚,上书:
  判官懆恶不敢道名字……
  院门使人奏曰伏惟陛下且立在此容臣入报判官
  速来言讫使者到厅前拜了启判官奉大王处

> 太宗皇（无帝字——狩野注）生魂到领判官推勘
> 见在门外未取引子玉闻语惊起立唱喏

从这些残留的文字看，可以明白是唐太宗死后魂游冥府的故事。这个故事见于明代小说《西游记》第十一回"游地府太宗归魂"一节，最早唐代张氏《朝野佥载》中曾有记载，其后清代俞樾《茶香室丛钞》卷十六言其事曰"《朝野佥载》记唐太宗事，按此则小说言唐太宗入冥，乃真有其事，惜此事记载，殊不分明"。俞樾尚不知从《朝野佥载》至《西游记》故事，其间唐末已有以此为小说者了。且《水浒传》中常有"唱喏"一词，正见于此敦煌残纸。此对后世小说之影响，关系殊甚。

就20世纪初期中国小说史的研究而言，这是极其重要的发现和见解。狩野直喜在此考证的基础上，又辑录了从斯坦因处所见到的"秋胡故事""孝子董永故事"，以及从伯希和处所见到的"伍子胥故事"等，并对这些故事的源流与影响作了初步的论证。

在此基础上，狩野氏说：

> 治中国俗文学而仅言元明清三代戏曲小说者甚多，然从敦煌文书的这些残本察看，可以断言，中国俗文学之萌芽，已显现于唐末五代，至宋而渐推广，至元更获一大发展。

狩野直喜当时还不知道，他所称的这种"敦煌故事"，就是后来学术界所说的"变文"。但是，在20世纪初，当国内外学术界对"敦煌文献"与中国俗文学的关系还处在毫无知觉的状态中时，狩野氏以极大的努力，着眼于新史料的开发，并在此基础上创立新论，表现了精湛的学术造诣。

1920年，王国维先生于《东方杂志》第17卷9期上发表论文《敦煌发见唐朝之通俗诗及通俗小说》。这是我国学者首次言及敦煌文献与中国文学发展之关系。王先生论文中有相当部分的论述便是依据狩野氏在《中国俗文学史研究的材料》中所披露的"敦煌故事"作为材料而立论的。

王国维先生称赞狩野氏为"一代儒宗"，并有诗赠狩野直喜曰：

> 君山博士今儒宗，亭亭崛起东海东；
> 自言读书知求是，但有心印无雷同……
> ——王国维《送日本狩野博士游欧洲》，全诗六十句，《观堂集林》卷二十四

（3）1912年10月20日，狩野直喜从俄国彼得堡发回信件，信中称他在那里察访到了俄国柯兹洛夫探险队从中国甘肃一带所发现的文物，其中有《西夏语掌中字汇》、《西夏文字经卷》、《唐刊（当为唐人写本——笔者注）大方广华严经》、《北宋刊列子》（断片）、《宋刊吕观文进注庄子》、《杂剧零本》、《宋刊广韵》（断片）等。其中最可注目的是，狩野氏在《杂剧零本》下加的一个说明："匆忙过目，未能断言，疑为宋刊，此为海内孤本，为元曲之源流，将放一大光明也，惟惜纸多破损。"

狩野直喜在彼得堡所发现的这一《杂剧零本》，其实并不是"元杂剧"，而是我国戏曲文学史上的珍宝《刘知远诸宫调》的残本。这是1907年（光绪三十三年）俄国柯兹洛夫探险队在发掘我国西北张掖、黑水故城址时所获得的文献，共42枚，为目前世界上仅存的三种"诸宫调"之一。

当时国内外学术界对"诸宫调"这一文学样式在中国文学史上所谓上承"敦煌变文"、下启"金元杂剧"的学术地位，尚无什么认识。狩野直喜依凭他对中国文化的深厚的素养和敏锐的学术眼光，从众多的文献与文物中，发现了这一《杂剧零本》，并把这一文献公之于世。他虽然还不明白被他称为"杂剧零本"的文献就是著名的《刘知远诸宫调》，但是，他确实已经意识到它的不同寻常的学术价值，故断言这42枚破损的残纸，"为元曲之源流，将放一大光明也"。

狩野直喜的学术敏感，对中国戏曲文学的研究具有启示性的意义。他的学生青木正儿秉承师意，对这一《杂剧零本》进行了开拓性的研究，于1932年在《中国学》第6卷2期上刊出《刘知远诸宫调考》长文，全面地探索了诸宫调的内容与其在中国文学史上的地位。

在中国文学"发生学"的三个层面上，狩野直喜无疑做出了最杰出的贡献。他作为19世纪后期与20世纪初期日本文化向近代转型时期杰出的中国文化研究者，对于日本中国学具有奠基性的意义。

以他为主导而创建的"实证主义学派"中的经院学术，其学术思想和方法论，一直影响着几代人的研究，由此而传承的青木正儿、吉川幸次郎、小川环树、清水茂、兴膳宏、小南一郎等，都是在日本中国学的谱系上不可或缺的学者。

一个世纪过去了，随着时间的流逝，狩野直喜的学术也慢慢地要被人遗忘了。唯有京都大学设在北白川的人文科学研究所的老宅的庭院中，尚有一尊他的铜像竖立在绿茵茵的草坪上,春天里伴着和煦的阳光,冬天里伴着严寒的风雪,也慢慢地生出斑驳的绿锈,然而,站在铜像前细细地瞻仰这位老人,仍可窥见他一直朝前看的目光。

2. 吉川幸次郎与"吉川中国学"体系的基本构架。

从20世纪日本中国学的谱系来讲,吉川幸次郎是属于日本中国学的第三代学者。若认定狩野直喜是日本近代中国学在战前最为杰出的学者之一的话,吉川幸次郎则是属于战后最杰出的学者之一。他在20世纪40年代后期至80年代(1980年去世),即在20世纪中期以丰硕的研究业绩,成为承上启下而具有广泛影响力的学者。美国学者费正清(John King Fairbank)称他为"中国学的巨擘",这一评价至今仍为国际中国学的大多数研究者所认同。

从20世纪40年代后期开始,日本中国学进入了"反省整肃和复兴阶段"。当年在初期学术史上曾经辉煌一时的学者,如内藤湖南、狩野直喜、桑原骘藏、井上哲次郎等,或年老或去世,相继淡出了学坛;一部分研究者如鸟山喜一、驹井和爱,以及与"中国学"相关的人士如德富苏峰等,作为日本发动战争的"喉舌",或被整肃或受抨击,也退出了学坛。与此同时,一批新兴的学者开始登上学术的圣坛,吉川幸次郎是其中具有代表性的学人。他以谨严的态度与睿智的思索,历经50年辛勤劳作,撰写了2000万字的等身著作,构筑起了"吉川中国学"的宏大体系。

吉川幸次郎是狩野直喜和青木正儿的学生。狩野直喜是近代日本中国学的创始者之一,而青木正儿则是狩野直喜的嫡传弟子,他们都是战前"京都学派"的中流砥柱。从谱系的立场上叙述,吉川幸次郎正是20世纪日本中国学"京都学派"同时也是整个日本中国学界第三代学术的代表。

"吉川中国学"的标志性业绩,主要体现在三个方面。

(1)吉川幸次郎在20世纪30年代初期开始编纂《尚书正义定本》,体现了"吉川中国学"最基本的学识修养。

吉川幸次郎在1929年被他的老师狩野从中国北京大学召唤归国,担当由狩野任所长的日本东方文化学院京都研究所经学与文学研究室主任,担纲《尚书正义定本》的编纂。作为这一浩大工程的第一步,吉川把"佶屈聱牙"的《尚书》及孔颖达的注释翻译成现代日语。

要把《尚书》翻译成日文，这件事情在现在看来也是了不起的工作。吉川幸次郎花了10年的时间，于1939年出版了《尚书正义定本》。这在世界性的中国文化研究中，把《尚书正义》全部翻译为外国文字尚属首次，由此轰动了整个中国学学界。这一业绩具有两个方面的重大意义。一方面，这一尝试使日本中国学的开创者建立了一个"对中国文化的研究模式"，即研究中国文化，必须努力阅读中国经典文本；而真正"读懂"的最理想的方式，就是把一部汉文的经典文献翻译成本国文字。它在日本中国学学科中具有创建性的意义，即使在70余年之后的今天来看，无论怎样估量，都是不算过分的。

另一方面，吉川选择了甚至连中国学者也多少视为畏途的《尚书》整理研究作为他最初的学术课题，由此经受学术炼狱的洗礼，表明了日本中国学为养成高层次学者架设的起步的学术通道，是从最具有基础性意义和经典意义的文本的阅读和整理入手的。由此而形成了20世纪中期以来日本近代中国学培养高级学者的一个极有价值的"养成机制"。

（2）吉川幸次郎从20世纪40年代开始进入元曲研究，具有开拓之功，体现了"吉川中国学"中关于文学史观的核心意识。

吉川对元曲的兴趣与研究，是在狩野直喜的指导和引领下渐入其境的。

在20世纪20年代，我国国内学者对古代戏剧似乎还不太重视（王国维是个别的例子），而日本京都方面，则开始了对元曲的探索。这恐怕有三方面的原因：一是日本从江户时代中期以来，由于社会町人阶层的壮大，市民文化日趋发达；二是"京都学派"的学者在欧洲访学，受到欧洲文艺的影响，认为戏剧与小说比诗文占有更加重要的地位；三是一些研究者受中国新文化运动倡导白话文的影响，尽力在中国古文学中寻找里井市俗文学，便首先把注意力集中到了戏剧方面。吉川幸次郎先生在1974年时曾经感慨地对我说："我们是一些不愿意战争（指日本的侵华战争）的人，我们逃避战争，我们设法不服兵役。我消磨战争岁月的办法就是读元曲。"他在这里说的"我们"，是指与他志同道合的也应该列入"京都学派"第三代学者的田中谦二和入矢义高等先生。

吉川说："最初，我们是把读元曲既作为消磨战争无聊时间的方式，又作为汉语言文学学习的脚本。但是，一旦深入，我们就感受到在中国文学中，除诗歌中的士大夫生活之外，元曲中还有另一种中国人的生活。在这样混乱的年代，甚至在空袭中，我们这些不上战场的人，经常聚在一起，不管时局如何，读一段元曲，议论一番，真是获益不浅啊！"作为他们共同研究的成果，他们在社会上充塞着战争叫嚣的嘈杂声中，为了自己研究的需要，首先编纂了《元曲辞典》和《元曲选释》(二册)。

从1942年到1944年，吉川本人完成了《元杂剧研究》30万言。此书分为"背景"与"文学"两编。吉川认为，"文学是一种社会存在，因而必须首先考虑各个时代的文学特点与产生这些文学的社会之间的关系"。所以，他在《背景》中尽力考定元杂剧的观众，并详细考证元杂剧的作者70余人。这是中国文学史研究中第一次较有系统地研究元曲的作者和观众。后来，孙楷第先生在《元曲家考略》正续编中，曾经吸收了吉川的研究成果。吉川又认为，"文学史的研究不能仅仅停留在考定上，考定只是达到终极的一个必须的过程"。因此，他的下编"文学"就是为此而设立的，集中于元杂剧本身的艺术与文体的分析，并从七个方面阐述了元杂剧在中国文学史上的价值。无疑，《元杂剧研究》成为"吉川中国学"对中国古代文学研究的第一次较大规模的尝试，从中展现了吉川的文学史观和学识素养，从而开启了吉川幸次郎探索中国文学的大门。

（3）20世纪50—70年代致力于杜甫研究，体现了"吉川中国学"对中国文学最深沉的理性阐述。

1947年，吉川幸次郎以《元杂剧研究》获京都帝国大学文学博士学位，开始了他研究生涯的最繁忙的时期。在20余年的时间里，他发表的论著有1500万字左右，包括学术性论著与向日本民众普及中国文学的知识性文稿。其间，他对于中国文学的理解愈益深化。此种理性的把握，使他从20世纪50年代以来全力以赴研究杜甫。

吉川对杜甫的热情，是与他逐渐地把握"中国伦理学的人本主义"相一致的。他说："杜甫的诗始终是看着大地的，与大地离不开。从根本上讲，这是完整意义上的人的文学！"晚年的吉川，愈益从世界文学与文化的视野中观察中国文学，尽力把握杜甫的文学力量。吉川说："我并不讨厌西洋文学。但西洋文学有的时候是神的文学，英雄的文学，不是凡人的文学。歌德是伟大的，但丁是伟大的，但我觉得，杜甫这样'人的文学'更好。"

杜甫的作品在日本的流布，先后已有600余年的历史。近代以来到战争结束的80年间，研究杜甫的著作大约只有四五种，主要的如笹川临风等著的《杜甫》(『支那文學大綱』卷九，1899)、德富苏峰的《杜甫と弥耳敦》(东京民友社，1917)和上村忠治《杜甫——抑郁的诗人》(春秋社，1939)等。吉川觉得这些研究未能表达他对杜甫人格诗品的理念，决意从事《杜甫详注》及相应的杜甫研究。他从1950年刊出自己的第一部研究著作《杜甫杂记》(原名《杜甫私记》，筑摩书房刊)，到1968年在京都帝国大学退休时发表的最后的学术讲演(『杜甫の詩論と詩』，先后刊出了《杜甫杂记》、《杜甫笔记》(原名『杜甫ノート』)、《杜甫》二卷(筑摩版《世界古典文学全集》卷28—29)、《杜甫诗注》等数种著作。其杜甫研究在他去世后被编辑为《杜甫详注》(七卷)。吉川在他后期20余年中，倾注其主要的精力，阐述中国这样一位强烈表达"人本主义"精神的诗人，研究他的作品与他的思想，成为"吉川中国学"的宝贵的遗产。尽管他在杜甫的研究中存在着知识的不足和判断的失误，但他表述的研究精神和学术方向，显示了他作为一个中国学家对中国文学本质的理性的认识和把握，展示了他作为一代中国学家的代表的心路历程。

3. 从以上狩野直喜和吉川幸次郎这两位代表性学者的学术历程观之，20世纪日本中国学所获得的业绩方面，有三个学术特征是很明显的。

第一个学术特征是他们与江户幕府时代的汉学家们闭门读书、潜心研究、偶有所得辄记成篇的理念与路数不同，这些新兴的学者有一种学者文化体验的自觉，即他们意识到研究中国文化，就必须突破文献的书面记载，到中国去增长实地的文化经验。像内藤湖南便是第一个在北京刘鹗处看到甲骨文字的外国人，而狩野直喜则是第一位发起调查敦煌文献的日本学者。与此同时，他们也非常重视对欧洲文化的学习，除了欧洲中国学的研究，也相当重视对一般哲学文化的吸纳。狩野直喜于英文和法文，都有极高的造诣，而对斯宾塞（Herbert Spencer）的伦理学和孔德（A. Comet）的实证主义等，都有相当的学术兴趣。

事实上，一部分学者以接受斯坦因、盖乃斯德（Heinirich Rudolf Harmann Friedrich Geneist）等学说为主，逐步创立了"哲学主义学派"（"儒学主义学派"）；一部分学者以接受培理·拉菲特（Pierre Laffitte）等的学说为主，逐步创立了"批判主义学派"；一部分学者以接受孔德等的学说为主，逐步创立了"实证主义学派"。凭借西方学术的思想资源提升并拓宽了其学术认知，从而建立了他们观察中国文化的相当宽阔的文化视野。

第二个学术特征是，在国际中国文化研究的学术历史中，我认为日本中国学家首先倡导的"实证主义"的观念和方法论构成了"国际中国学"的"学理基础"。

提到"实证主义"，有些学者便认为这就是中国清代的考据学，是过于简单而且有点夜郎自大了。日本中国学中的"实证主义"固然与中国清代的考据学有着某些关联，但是，近代日本中国文化研究中的"实证主义"的观念和方法论，作为它创立与演进的哲学基础，则主要来源于法国孔德的"实证主义"（positivism）观念。

与中国哲学界长期把孔德理论解释为"以主观的感觉为依据"，"从而否定客观世界与客观规律的可知性"不同，日本中国学对孔德理论的表述具有日本式的阐述，他们认为，孔德的"实证主义"在于说明科学不应以抽象推理为依据，它应该以确实的事实为基础；科学是对经验的事实或经验的现象的描写或记录，只有经验的事实和经验的现象，才是确实的，或者说才是实证的。

这一理论对他们在接受中国清代考据学时具有新的启示。

20世纪初期，当日本的中国文化研究者们正在以此展开研究时，中国本土甲骨文字与敦煌文献文物的相继发现，给他们以重大的刺激。以此为契机，他们逐步建立起了对中国文化研究的"实证论"观念和方法论。

一般说来，日本中国学的"实证论"包含以下主要内容。

第一，重视"原典批评"的必要性；

第二，强调"文本"与"文物"参照的重要性；

第三，主张研究者自身文化经验的实证性价值；

第四，尊重"独断之学"，主张建立哲学范畴，肯定文明的批评和从社会改造出发的独立的见解。

这是20世纪日本中国学在学术上最具价值的成果。日本中国学的有价值的成果，可以说绝大部分来自"实证主义"的运作。例如，狩野直喜最早认为敦煌文献中的"佛曲"（"敦煌变文"），当为"中国俗文学之萌芽"；而他在俄罗斯的彼得堡发现的《杂剧零本》（《刘知远诸宫调》），"为元曲之源流，将放一大光明也"。青木正儿首次全文解读《刘知远诸宫调》，并著《中国近世戏曲史》。吉川幸次郎考证元杂剧作者72人生平，并著《元杂剧研究》。师生三代对中国文化史（含文学）研究的业绩至巨至大，中国学者从王国维到孙楷第，都曾在自己的研究中，广泛而深入地吸收和融入了他们的成果。这一学派在中国文化学术史上，留下了宝贵的财富。

几乎在同一个时代里，日本的"哲学主义学派"（"儒学主义学派"），力倡"孔子之教"，一直致力于把儒学学说融合于日本皇权主义的国家体制之中，构筑从民族主义通向军国主义（日本的法西斯主义）的精神桥梁，并进而高唱"把儒学之真精髓归还中国，达成中国之重建，是皇国旷古之圣业"（服部宇之吉《新修东洋伦理纲要》）。这是20世纪日本中国学中最露骨的精神垃圾。

日本中国学中的"实证主义"，首先是对江户时代传统汉学的"义理主义"的反省，同时也是对正在发展起来的、依附于当时天皇制政体的中国文化研究中的"哲学主义学派"的抵抗。

第三个学术价值在于，近代日本中国学虽然在本体论方面对"江户汉学"作了否定，即把对"江户汉学"从事的中国文化的研究，从具有意识形态内涵的信仰转化为此时作为学术客体的研究对象，但是，此种否定却是以他们自身相当深厚的"江户汉学"的学识为学术支点的。正是因为他们具有了这种"江户汉学"的修养，才使他们对"江户汉学"的批评并实施其学术的转化成为可能。与此相关联的，则是早期"京都学派"的学者大都具有相当高的本国历史文化造诣。中国文化对于他们来说，是一种外国文化。当他们把握这样一种外国文化的时候，常常是以本国文化的修养作为其学术的底蕴的。这对中国的人文学术研究者来说应该具有积极意义的提示——任何对外国文化的研究，必须具有本国文化的修养基础。

日本中国学这样一些基本的学术特征，构筑了日本中国学最主要的学术平台，也成为我们评估这一学术的基点。

以上部分主要阐述了考察20世纪中国经典文化在日本的传播与接受之过程需要着重把握的第一个层面，即日本近代中国学家的学术谱系以及他们相应业绩的评估。与此同时，我们还应该密切关注另外一个大的问题，即第二个层面。

第二个层面：应揭示日本异化中国文化成为其主流意识形态的过程，并总结和提升其对于 21 世纪学术的警示意义。

从本书所提供的材料可以看出 20 世纪的日本对中国和中国文化接受、研究的规模，超乎一般人的想象，从中也出现了一批研究中国文化的有价值的成果，成为人类共有的智慧结晶。但同时，这种对中国研究的癫狂状态，也包含着不少为推进日本持续不断的"国家主义""超国家主义""军国主义"乃至"法西斯主义"等观念而把中国文化作为"文化材料"进行的多类型的"研究"，还包含着以对中国文献典籍大规模掠夺为标志的对中国文化具有毁灭性的破坏。所以，我们一直主张，从事日本中国学的研究，必须以理性的精神来对待日本中国学内部存在的必须要反省的空间，其中特别重要的是必须认识 20 世纪上半叶在日本国家主义意识形态中，中国学学术蜕化成为日本侵略中国的政治工具，同时他们的贪婪欲望与国家强权相结合，对中国文化资源进行过毁灭性的掠夺。

1938 年，中国著名的留日作家郁达夫先生对于当时日本的知识分子以自己的所谓"学术研究"和"文学创作"为理由，甘愿充当日本军国主义的文化工具这种助纣为虐的行为严厉地指责他们说：

> 总以为文士是日本的优秀分子，文人的气节，判断力，正义感，当比一般人强些。但是疾风劲草，一到了中日交战的关头，这些文士的丑态就暴露了……日本的文士，却真的比中国的娼妇还不如。……我所说的，是最下流的娼妇，更不必说李香君、小凤仙之流的侠妓了。
> ——郁达夫《日本的娼妇与文士》，载《抗战文艺》1 卷 4 期，1938 年 5 月 14 日

为了更好地说明日本近代中国学的变异，笔者将从以下几个方面进行较为详细的解读和分析。

1. 20 世纪上半叶在国家主义意识形态中，中国学学术蜕化为日本侵略中国的政治工具。

（1）日本军事将领在足利学校祭孔。

足利学校是日本历史上极为悠久的一所汉学学校，位于东京都北部的栃木县，地处足尾山地的南端，其北侧是著名的日光风景区。它是中世纪以来日本汉学特别是易学重要的教学场所，培养了许多日本的汉学家，收藏着极为珍贵的汉籍文献，如宋刊本《周易注疏》十三卷（日本国宝）等。

令人匪夷所思的是，明治三十九年（1906）12 月，日本现役军人的高层在此举行集会，以向中国孔子致意的形式，宣告夺取日俄战争的最后胜利，并商议在满洲（中国东北地区）攫取利益。当时的日本陆军元帅兼海军大将伊东佑亨（Itou-yuukou，1843—1914）的手迹碑，至今依然竖立在庭院中，保存完好，题署"明治三十九年十二月二十三日"。同一天集合在足利学校并竖立纪念碑的，还有日本海军大将、不久升任海军元帅的东乡平八郎（Togou-Heihachirou，1848—1934）以及由他们率领的一批日本陆海军将级军官。

这是一个政治信号，在日本"国家主义者""民族主义者"乃至"军国主义分子"的意识形态中，开始关注对于中国儒学文化和中国文化的研究，这就意味着日本中国学从它形成伊始，就面临着被其国家主义所腐蚀从而发生异化的可能性。

（2）日本中国学中，思想哲学研究在主流意识形态的压力下，是最先开始异化的。其中，最引人注目的便是井上哲次郎、服部宇之吉和大川周明。

1890 年，明治天皇向全国发布《教育敕语》。这是一份针对自由主义日益高涨、传统价值观念日益受到贬损而决心极大地振兴皇权主义国家论的纲领。它对于日本未来的 100 年，时至今日的国民精神的养成与发展方向，具有指向性的意义。

> 朕惟吾皇祖皇宗，肇国宏远，树德深厚。吾臣民克忠克孝，亿兆一心，世济厥美。此乃吾国体之精华，而教育之渊源亦实于此也。尔臣民应孝父母，友兄弟，夫妇相和，朋友相信，恭俭持己，博爱及众，修学习业，以启发智能，成就德器，进而扩大公益，开展世务，常重国宪、遵国法，一旦有缓急，则应义勇奉公，以辅佐天壤无穷之皇运。如是，不仅为朕之忠良臣民，

亦足以显扬尔祖先之遗风矣。斯道实为吾皇祖皇宗之遗训，子孙臣民俱应遵从，通于古今而不谬，施于内外而不悖者也。

——《教育敕语》

《教育敕语》发布之后，出现了学者们的多种解读注释文本，但皆不尽如人意。文部省由文部大臣芳川氏提名，并经内阁会议研究，决定邀请在德国留学6年归来不到一个月的东京帝国大学的井上哲次郎，委托他从事这一天皇文本的解读。

井上哲次郎是近代日本中国学中最早从事中国古典哲学研究与教学的学者之一。1882年他曾在当时的东京帝国大学主持"印度、中国哲学讲座"。

19世纪80年代的日本，既是东西方文明观冲突的火山，又是东西方文化交会的十字路口。井上哲次郎的学术，具有明显的时代特征，它既隐藏着旧伦理复活的心态，又怀有获得欧美文化的渴望。他于1883年起留学德国，在诸多的欧洲文化中，他热衷于德国的斯坦因、盖乃斯德等的国家集权主义学说。井上哲次郎把传统的日本儒学与近代的国家主义逐步地融会，它预示着日本学术界在儒学的研究领域将有新的论说产生。

井上哲次郎奉文部省之命于1891年撰写成《〈教育敕语〉衍义》，此经明治天皇本人审读，以井上氏名义，作为个人著作出版，文部省即刻把它推行于全国。

井上氏在《〈教育敕语〉衍义·叙》中说：

……余谨捧读《敕语》，为所以修孝悌忠信之德行，培养共同爱国之心，谕示恳切。此其裨益于众庶者极为广大，而结合民心者最为适切。我邦之人，由今至后，将应永久以此为国民教育之基础……

盖《敕语》之旨意，在于修孝悌忠信之德行，以固国家之基础；培养共同爱国之心……

共同爱国之要，东洋固有之，然古来说明者殆为稀少……

孝悌忠信与爱国之主义，乃国家一日不可缺也。无论时之古今，不问洋之东西，凡组织国家者，必欲实行此主义也。……世人多歧亡羊……犹且纷扰，疑其是非。于是，惊烦今上天皇陛下，降此诏语，以明国家之所以一日不可缺之由。吾等臣民，亟应深切惭愧而反省之……

井上哲次郎的《〈教育敕语〉衍义》，可以概述为一个最基本的主题思想——日本社会正在日益接受欧美的文化思想，而这一事态的加深发展，势必会动摇日本天皇制政体的国家利益，于是，井上哲次郎便致力于把日本传统儒学中的伦理观念，与欧洲的（主要是德国的）国家主义学说结合为一体，着力阐述"孝悌忠信"与"共同爱国"为日本国民的两大德目，是所有的"臣民"对天皇应尽的义务，从而试图创立一种新的日本精神。

井上哲次郎的《〈教育敕语〉衍义》，从儒学研究的视角来考察，最可注意的是他抛却了历来关于"孝悌忠信"的陈腐旧说，直接把它与"共同爱国"联结为一体，申言这是拯救日本的唯一之道，不仅使人耳目一新，而且使它具有了现代价值观的诠释。在井上哲次郎一系列的阐述中，非常注重近代性的国家意识的表述，其重点在于使臣民对于君主的忠诚，具有了爱国的最普遍与最神圣的意义，这就把传统儒学的政治伦理与欧洲国家集权主义学说融为一体。这是近代日本儒学主流学派的最基本的特征之一。

几乎与此同步，相似的情况亦出现在服部宇之吉张扬"孔子之教"并借此论证侵华战争合理性的事例之中。

服部宇之吉1890年毕业于东京帝国大学哲学科。1900年在中国经历了义和团运动。同年12月，文部省派遣其赴德国留学，步井上哲次郎之后，在柏林大学等研究汉学。1902年他奉诏途经美国回国，被派往中国京师大学堂（北京大学前身）出任师范馆主任教授，历时5年。1909年起，服部宇之吉升任东京帝国大学教授，同时兼任文部省官职。1917年起，他踏入皇宫，先是为宫廷主讲《汉书》，1921年正式被任命为东宫御用挂，为皇太子讲授汉文，1925年受命为皇孙起名，1926年升迁为宫内省御用挂，为天皇汉文侍读。

这一系列的经历，对服部宇之吉在儒学研究中观念的确立与展开，关系重大。服部宇之吉作为新儒学家，于1892年刊出《伦理学》之后，于1916年出版《东洋伦理纲要》，1917年出版《孔子与孔子教》，1918年刊出《儒教与现代思潮》，1926年刊出《中国的国民性与思想》，1927年刊出《孔夫子之话》，1934年刊出《新修东洋伦理纲要》。1939年去世之后，其生前所撰的《孔子教大义》《中庸讲义》和《儒教伦理概论》等又相继刊出。众多的著作揭示了服部氏的全部"儒学"学术，在于三个方面。

第一,提升"儒学"为"孔子教"。

他认为,面对文明时代的变化,儒学不是"要失却自己的本领",相反要"发挥本来的主义精神"。这便是要"给儒教以新的生命而树立它在新时代的权威"。他把完成儒学的上述转变,看作自己的使命与责任。

服部宇之吉对"儒学"所赋予的"新的生命",便是把"儒学"提升为"孔子教"。"孔子教"的概念,是服部宇之吉在1911年(日本明治四十四年)提出来的。把"儒学"演变成"孔子教",这是近代日本中国学领域中"官学主流学派"形成的最根本的标志。

服部宇之吉在《东洋伦理纲要》中说:

> 儒学之言,皆非孔子之本意。孔子之本意,在于明尊王主义,示大一统之主张,而以易姓革命为非……故应广废儒学而立孔子之学,并进而确认孔子之教为一统。

这一段论说针对当时日本广泛的民权运动,确保日本国民在"大义名分"的古训之下,尊王一统,以易姓革命为非,从而使皇室能久治长安——这便是服部氏发端"孔子之教"所追逐的最本质的伦理要求。

第二,倡导儒学的"真精神"在中国已经丢失,而只存在于日本。这一令人困惑的命题,隐含着他超越学术的叵测用意。

服部氏在《重修东洋伦理纲要》的"序言"中这样说:

> 儒教之真精髓在于孔子之教,然中国于此久失其真精神,及至现代,误入三民主义,又以矫激之欧化思想(此处指马克思主义——笔者注),将其拂拭殆尽。有鉴于此,凡东西慧眼之士,皆睹孔子教即在我邦保存普及,且感叹我国民卓越之文化建设力。

服部氏的这一论说,构成了日本军国主义所谓"野蛮的中国,文明的日本"的观念形态的思想基础。

第三,呼应军国主义对中国的侵略,强调这是为了把"孔子交给中国"。

1919年,服部宇之吉在超国家主义者安冈正笃创办的金鸡学院,向日本的所谓"革新派官僚"和"陆海军革新派"将校(法西斯主义的日本改造论派)发表关于"天命说"的讲演。服部氏诠释"天命之说":

> 今皇国旷古之圣业，着成于再建中国之伟业，吾等欲同心协力，达成此伟大使命……吾等任重而道远，吾人今后必须之知识，在于吾等活动新天地之邻国，需从所有方面给予透彻之认识。

一个日本儒学家，口口声声申言崇拜"孔子之教"，却要把邻国作为他们"活动新天地"，把"再建中国"作为他们"皇国旷古之圣业"。至此，服部宇之吉的"孔子之教"与"天命之说"，已经清楚地显现了它与致力于实现"八纮一宇"的皇道主义与超国家主义融为一体的本质，成为在20世纪二三十年代迅速发展起来的法西斯军国主义的重要的精神因素。

这一学派的研究登峰造极的形态，便是其后大川周明（1886—1957）的"万世人君的尧舜之道"论说。

大川周明说：

> 使支那和日本置于同样的政治体制之下，依靠"皇田之神意"，使衣食丰足而安黎民的办法，实行万世人君的尧舜之道。

大川周明是战后远东军事法庭判决的"日本甲级战犯"。他是日本甲级战犯中唯一的一个非军人战犯。日本侵略战争中一系列疯狂的战争理论，多数都是他创造的。其中，便有沿着井上哲次郎、服部宇之吉的"爱国主义""孔子之教"到"万世人君的尧舜之道"。

战前日本儒学研究的主流派，至此已经完全异化为军国主义的工具而彻底地堕落了。

这种异化和堕落，同样在历史学研究层面、考古学层面和文学研究层面上存在着。这是20世纪日本中国学应该反省的最沉痛的教训，也是对21世纪中国学的最深刻的警示——学术研究一旦成为政治工具，几乎将整个学术毁掉！这样的学术是何等荒谬！这样的学者人格是何等卑下！

2. 除上述其与政治和侵略的媾和，日本中国学应该反省的另外一面是文化的贪婪欲望与国家强权相结合，这主要表现在对中国文化资源进行的毁灭性掠夺。

（1）这种对于中国文化资源的掠夺，20世纪中大致经历了两个阶段。第一个阶段是日本倚仗其在中国的强权地位，对中国文献典籍强行杀价购买。

最著名的事件莫过于1907年，三菱财团岩崎氏家族仅以10万两银子便收购了清末江南四大藏书家之一陆心源的"皕宋楼""十万卷楼"和"守先阁"的全部秘藏4146种，合计43218册。这批汉籍收入"静嘉堂文库"，在中日两国的近代史上，是一件引人注目的大事。

1917年夏天，日本三菱财团委派正金银行的董事小田切万寿之助（Otaki-Masunosuke，1868—1934。此人1902年曾经担任日本国驻上海总领事）为代表，带着著名的东洋史学家石田干之助博士（Ishida-Mikinosuke，1891—1974）等来华，与北洋政府的英国顾问莫里循（George Ernest Morrison，1862—1920）反复磋商，意欲低价收购北京的"莫里循文库"。所谓"莫里循文库"，就是莫里循自1897年以伦敦《泰晤士报》通讯员身份来华到1917年的20年间，在中国搜集的图书文献24000余册、地图画卷1000余份。这些文献主要是以英文、法文、德文、意大利文、俄文、日文、西班牙文、葡萄牙文、瑞典文、波兰文、匈牙利文、希腊文和芬兰文等十几种语言撰写的有关中国、西伯利亚及南洋各国的论著。这些论著涉及政治、外交、法制、经济、军事、历史、考古、艺术、地理、地质、动植物等许多领域，有许多的珍版善本，如马可·波罗的《东方闻见录》，东洋文库保存有15世纪的14种刊本。这些文献中有大量极为重要的中国近代史数据，如中国海关自建立以来的"季报""年报""十年报"，美国政府的"远东外事汇报"，英国政府关于中国问题的"蓝皮书"，欧洲各国政府驻华大使馆的"报告"等。另外有500余册中国语辞书，大都是在华的传教士们在17—19世纪编纂的中国地方方言与欧洲语言对译的各种手册。此外还有百十种5000余册定期刊物，这些刊物是关于中国及东亚的专门性杂志，以及欧洲各国的亚细亚协会、东洋学会的会报、论丛之类的藏书。1917年8月29日终于以35000英镑成交，北洋政府竟然同意这些极为珍贵的文献于当年秋天从我国天津塘沽出港。以后，这批典籍遂被收藏于日本深川岩崎久弥的别墅中。岩崎久弥以这批从中国来的文献为基础，于1924年11月建成"东洋文库"。

1929年，日本驻杭州总领事米内山庸夫又以所谓的"庚子赔款"中的34000两银子收购了浙江青田人徐则恂的"东海藏书楼"40700册藏书，战前藏于日本外务省文化事业部，现在则藏于东京大学东洋文化研究所。

此时，日本军国主义者虽然心存劫夺，却以"买卖"为幌子掩人耳目。

（2）第二个阶段是20世纪30年代，日本对华的全面攻略，已从"方策"变成实际行动，军国主义的文化人对中国的文献与文物的攫取，便从"购买""馈赠"等转为公开的劫夺。

1931年，日本浪人潜入西藏、内蒙古，劫走藏经《丹珠尔》一部103函、蒙经《甘珠尔》一部102函、《母珠尔》一部225函，并蒙文佛经225种。继而又在1936年从上海劫走满族镶红旗文书自雍正朝至清末的各类文档2402函（以上今藏于日本东洋文库）。于此便开始了日本军国主义者对中国的文献典籍与文物的全面洗劫。

日本侵华派遣军各部队，在攻略我国城市乡镇的同时，依据其法西斯主义的"中国学家"们提供的中国各地及中国学者收藏文献典籍与文物资料的情报，每到一处，便有计划、有目标地掠夺。

我在日本有关档案中查到许多相关材料，举例如下：

1）1938年3月，济南日本军宪兵营接日本国内函信，查抄陈名豫先生宅，劫走宋刊本《淮南子》1部、元刊本《蔡中郎集》1部等中国宋元古版书共13种。

2）1938年6月，日本军土肥原贤二（Dohihara-Kenni）所属之合井部队，在开封查抄冯翰飞先生宅，劫走吴道子《山水》1幅、王石谷《山水》1幅、戴醇士《山水》1幅，并宋人画《儿童戏水图》1幅。

3）1938年12月，日本"南支那派遣军"司令部从广州沙面黎氏家，劫走宋刊本《十三经》《韩昌黎文集》《欧阳文忠公文集》《王安石集》等宋版书11种。

4）1940年5月，日本"中支那派遣军"所属之胜字第4218部队驻江苏省嘉定县（今上海市嘉定区）外冈镇。其部队长田青清郎（Taa-Kiyoshirou）陆军少佐于当地劫走中国历代地方志535种，并劫走《图书集成》及《二十四史》各1部。

5）1942年2月2日，日本"南支那派遣军"特别调查班在日本谍报人员竹藤峰治（Takefuji-Nineji）引导下，查抄香港般含道"冯平山图书馆"。班长肥田木指挥其成员劫走下列文献典籍：

原国立北京图书馆寄藏图书善本70箱，又零散文献3787册；宗师王重民先生寄藏东方学图书3箱；原中华图书协会寄藏图书210箱；原广东岭南大学寄藏图书20箱；原中华教育文化基金会寄藏图书及各类著作稿本5箱。

日本人在香港劫夺的文献装箱后，箱子上皆被贴上"东京参谋本部御中"，启运离港。至今尚不知此次被运往日本陆军参谋本部的这些文献典籍的确切册数，但已查明其中至少有28种文献可称为"国宝"，如宋刊本《五臣注文选》《礼记》《后汉书》等，并明人写本《永乐大典》数卷。1946年2月，在东京的日本国会图书馆（原帝国图书馆）发现了从香港劫来的中国古籍25000册，其后，又在日本伊势原乡下，发现了这批文献中的另外10000余册。

6）1945年5月，"中支那派遣军"所属第6806部队的楼井信二（Sakurai-Nobuni），指挥士兵从原教育部官员王鲲楚宅劫走郑板桥书屏4幅、中堂花卉1幅，同时被劫走的还有曾国藩书对联2副。

以上仅是举出的六个实例。当时，在狼烟四起的中国大地上，这样疯狂的掠夺，真是屡见不鲜。从1930年至1945年的15年间，散布于我国广袤大地上的珍贵的文献与文物，遭到人类文明史上空前的洗劫。根据著者查证的各类材料，包括日本已允许查阅的若干外事档案，及至今保存在日本远东军事法庭的原始调查资料，大致查清了除我国西藏、新疆、云南、贵州、青海、四川及台湾等省、自治区外的全国文化资材被日本军国主义者劫夺的总况，分述如下：

其中，中国文献典籍被劫往日本的共计为23675种，合为2742108册，另有209箱，内装不知其数。其中属中国国家所有者为5360种，合为2253252册，另有41箱；属中国私人所有者为18315种，合为488856册，另有168箱。中国历代字画被劫往日本的共计为15166幅，另有16箱，内装不知其数。其中，属中国国家所有者为1554幅，属中国私人所有者为13612幅，另有16箱。中国历代古物被劫往日本的共计为28891件，另有2箱，内装不知其数。其中，属中国国家所有者为17818件，属中国私人所有者为11073件，另有2箱。中国历代碑帖被劫往日本的共计为9378件。其中，属中国国家所有者为455件，属中国私人所有者为8923件。中国历代地图被劫往日本的共计为56128幅。其中，属中国国家所有者为125幅，属中国私人所有者为56003幅。

所有这些材料都表明，这是20世纪日本中国学史上最黑暗的一幕。作为日本在21世纪推进自己"中国学术"的一个基本前提，应该反省和清算这样的以政治黑暗造成的学术黑暗，唯有如此，日本的中国学术才能有辉煌的前景。

中国的日本中国学研究者，也应该以理性的精神，分辨丰厚的20世纪日本中国学内部的多元性构成和多元性表述，考察20世纪中国文化在日本的流变轨迹与方式，研讨其对于中国文化的接受与变异，不仅关注他们对此说了什么，如何说的，也要努力探究缘何如此，分享他们的业绩，寻找共通的智慧；同时对于日本中国学曾经的曲折与教训，也应给予充分认知和思考并将之转化为开创未来的有价值的思想成分。

以上草草，是以为导言。

凡 例

1. 本书时间设定范围：1900年至1999年。
2. 编年部分正文总体按年排列，分三大部分：
    （1）大事记
    （2）书（文）目录
    （3）备注
3. "大事记"部分说明：
    （1）"大事记"部分收入与20世纪中国古代文化经典在日本传播相关的重大或代表性事件。
    （2）涉及的重要人物、书刊、机构附日文原文。
4. "书（文）目录"部分说明：
    （1）"书（文）目录"部分均按日文原文实录，仅对著作对应的中文书名（若无现有译本书名则基本采用直译成中文的方式）和著述形式（编、著、校、述、译等）以括号内中文的形式加以说明。
    （2）为便于研究，日文原文中的文献格式、用字等均不做改动，完全忠于原文献。
5. "备注"部分说明：
    （1）"备注"部分是对大事记或论著内容的补充说明，侧重代表人物、代表作品的介绍以及重要出版事项和日本国家科研资助项目的介绍等。

（2）涉及重要或中日两国文字不能直译的人名、书刊名、机构名附原文名称，以备索引之用。

（3）涉及日文著作书目的，均按日文原文献实录。

6. 日本国立国会图书馆目录检索（NDL-OPAC）与日本国立情报学研究中心（CINII）书目检索系统的检索结果出现不一致的情况，以后者为准。

7. 本书资料主要来源于《日本中国学史稿》（严绍璗，学苑出版社，2009）、《近代日本汉学的"关键词"研究：儒学及相关概念的嬗变》（陈玮芬，华东师范大学出版社，2008）、《日本汉学年表》（斯文会，大修馆书店，1977）等公开出版物和日本各大书目网络检索系统以及财团法人东方学会网站、日本文部科学省、日本国立国会图书馆等网络公开资料。

编年正文

公元 1900 年（光绪二十六年）

一、大事记

1. 早稻田大学远藤隆吉依据美国社会学哥伦比亚学派福兰克林（Franklin Henry Giddings, 1855—1931）的理论，把松本文三郎的中国哲学史三分法修正为"古代哲学""中古哲学""近世哲学"，从而为一个世纪以来日本中国学关于"中国哲学史"的近代学术体系做了最具基础意义的奠基。

在此之前，1898 年京都帝国大学教授松本文三郎著《中国哲学史》（『中國哲學史』），曾把中国哲学史三分为"创作时代""训诂时代""扩张时代"。

2. 1900 年内藤湖南《中国漫游·燕山楚水》（『支那漫遊燕山楚水』）出版，由此开始了他的中国问题专家的生涯，其研究领域也逐步扩展为中国史的研究。

3. 中国人张廷彦在 9 月出任东京帝国大学"汉学科中国语"第三讲座讲师（至 1904 年 3 月）。

4. 1900 年（日本明治三十三年）日本近代中国学奠基者之一的狩野直喜作为日本文部省留学生赴北京，恰逢义和团起义，他与服部宇之吉、古城贞吉等一起被围困了两个多月。仓皇归国之后，翌年秋天又赴上海，在江南逗留近3年，结识了张之洞、沈曾植、陈毅、罗振玉、王国维、董康等政界、学界的许多名人。

5. 井上哲次郎《日本阳明学派之哲学》、宇野哲人《二程子之哲学》、远藤隆吉《中国哲学史》、桑木严翼《哲学概论》《中国古代逻辑思想发展概说》等出版。同年12月，夏目漱石留学英国，内村鉴三《圣书之研究》创刊。

二、书（文）目录

1. 支那文明史（《中国文明史》),白河鲤洋、國府犀東（著),博文館、東京；帝國百科全書（第52編）

2. 支那思想発達史（《中国思想发达史》),遠藤隆吉（著),冨山房、東京

3. 支那哲學史（《中国哲学史》),遠藤隆吉（著）、井上哲次郎（閱),金港堂、東京

4. 支那哲學：周代諸子略（《中国哲学：周代诸子略》),島田鈞一（述),哲學館、東京

5. 支那倫理史（《中国伦理史》),藤田豊八（述),哲學館、東京

6. 新編東洋史教科書（《新编东洋史教科书》),東京開成館（著）、桑原隲藏（校),三木書店、大阪，再版

7. 支那画家人名辞書（《中国画家人名辞书》),斎藤謙（編),大倉書店、東京

8. 支那歷代名画論評（《中国历代名画论评》),佐久間健寿（編),博文館、東京

9. 支那文學史要（《中国文学史要》),中根淑（著),金港堂、東京

10. 評釈支那詩史（《评释中国诗史》),桂五十郎、鈴木虎雄（述),早稲田大學出版部、東京

11. 唐宋文評釈・唐詩選釈・支那時文講義（《唐宋文评释・唐诗选释・中国时文讲义》),丸井圭次郎、桂五十郎、青柳篤恒（述),早稲田大學出版部、東京

12. 支那語飜訳講義（《中国语翻译讲义》),包象寅（校）、善隣書院（編),

善隣書院、東京

13. 孔子（《孔子》），白河鯉洋（著），東亞堂刊書房、東京

14. 佐土原藩四書（《佐土原藩四书》），芝山後藤（著），岡本偉業館、大阪

15. 論語講義：插図（《〈论语〉讲义：插图》），花輪時之輔（述）、深井鑑一郎（編），誠之堂、東京；中等教育和漢文講義

16. 孟子弟子考補正（《孟子弟子考补正》），朱彝（原著）、貴陽陳（补正），出版社、出版地不明

17. 現代語訳孟子（《现代语译〈孟子〉》），原富男（著），春秋社、東京；付：矛盾論・実践論訳注

18. 孟子學説（《孟子学说》），松村正一（著）、杉浦重剛（閲），冨山房、東京

19. 日本朱子學派學統表（《日本朱子学派学统表》），安井小太郎（編），出版社、出版地不明

20. 日本陽明學派之哲學（《日本阳明学派之哲学》），井上哲次郎（著），冨山房、東京

21. 日本の陽明學（《日本的阳明学》），高瀬武次郎（著），鉄華書院、出版地不明

22. 精神教育陽明學階梯（《精神教育阳明学阶梯》），高瀬武次郎（著），鉄華書院、出版地不明

23. 王陽明（《王阳明》），白河次郎（著）、宮川春汀（図），博文館、東京

24. 本邦近世儒學史（《本国近世儒学史》），久保得二（述），早稲田大學出版部、東京

25. 儒學論叢 1，2（《儒学论丛》），武藤長平（著），出版社、出版地不明；论丛部分内容：足利學校と大内文學、室町時代より江戸時代にかけての漢學、江戸時代の漢學、元禄享保間の漢學、享保學苑考、水府文苑考、日本近世儒医考、支那學東漸私考、大内文學と島津文學

三、备注

1. 关于东京帝国大学"中国语讲座"事。1897 年日本在京都建立了京都帝国大学，同年把原东京大学更名为"东京帝国大学"。1907 年，又建立了"北海道帝国大学""仙台帝国大学""名古屋帝国大学""大阪帝国大学"和"九州帝国大学"，同时在被其占领的中国台湾建立了"台北帝国大学"，在朝鲜首尔建立"京城帝国大学"，构成了所谓全国大学的最高网络，即"帝国大学体系"。在这些"帝国大学"中先后设置了"中国学讲座"。

东京帝国大学早在 1893 年就已经设置了"汉学科中国语"两个讲座。第一讲座先后由岛田重礼、重野安绎和星野恒三教授主持，第二讲座先后由竹添井井（进一郎）、根本通明二教授主持。1895 年又增添了第三讲座，由宫岛大八、三岛毅、那珂通世、金国璞、张廷彦、白鸟库吉诸讲师主持。

2. 在本年度由金港堂刊出中根淑的《中国文学史要》之前，1882 年日本文学社刊出了末松谦澄撰著的《中国古文学略史》；1897 年日本经济出版社刊出了古城贞吉撰著的《中国文学史》；1897—1904 年日本图书株式会社刊出了藤田丰八、笹川临风等五人撰著的《中国文学大纲》（共 16 卷）；1898 年，日本博文馆出版社已经刊出了作为"帝国百科文库"之一种的笹川种郎撰著的《中国文学史》，从而开创了日本对中国文学研究的"文学史"系统。

3. 本年度日本出版高桥健编著的《新编东洋史》，在 19 世纪后期，已经有多种东洋史与中国史著作出版，概略举例如下：

1887 年，那珂通世著《中国通史》。

1895 年，冈山渡边千代法刊出小川菱三著《中国略史》，吉川半七刊出市村瓒次郎著《中国史要》，八尾书店刊出儿岛献吉郎著《东洋史纲》，富山房刊出宫本正贯著《东洋历史》等。

1896 年，博文馆刊出中西牛郎著《中国文明史论》，文学社刊出藤田丰八著《东洋史》，冈山渡边千代法刊出明石孙太郎著《东洋史》等。

1897 年，陆军中央幼年学校刊出冈田正之编《中国历史》，吉川半七刊出市村瓒次郎著《东洋史要》，文学社刊出藤田丰八著《东洋小史》等。

1898 年，大日本图书社刊出桑原骘藏著《中等东洋史》等。

1899年，大日本图书社刊出桑原骘藏著《初等东洋史》，金港堂刊出小川银次郎著《东洋史要》，吉川半七刊出市村瓒次郎著《东洋史要》（删正本），大仓书店刊出河野通章著《东洋史纲》，阪上半七刊出大町桂月、猪狩又藏著《东洋史》，三省堂刊出栅桥一郎著《东洋史》，普通教育研究会刊出木寺柳次郎编、幸田成友校《东洋史要》，大阪三木书店刊出开成馆编辑所编辑、桑原骘藏校《东洋史教科书》等。

4.《十八史略》是日本江户时代至明治初期知识界与中学普遍阅读的典籍。仅1895年之后的阐述性著作概略而言约有：1895年大阪田中松荣堂刊出片冈潜夫撰著的《〈十八史略〉讲义》。同年，大阪交盛馆刊出的场麓水撰著的《〈十八史略〉讲义》。1896年杉本七百丸等刊出河村贞一、河村通之注释的《校订标注〈十八史略〉》。1897年，小川尚荣堂刊出冈野竹堂撰著的《〈十八史略〉讲义》；同年，吉川半七刊出福田重政编著的《〈十八史略〉纪事本末》。

5. 远藤隆吉（えんどう りゅうきち，1874—1946），日本思想家、社会学家、教育活动家。巢鸭学园（巢鴨學園）创立者，亦是中国哲学思想研究者，对中日学界影响甚大。在日本汉学研究向中国哲学研究的蜕变过程中，远藤隆吉作为"私学体系学派"的奠基学者崛起于学坛。1900年，远藤隆吉刊出《中国哲学史》，1904年又刊出《中国思想发达史》（『支那思想発達史』），从而为这一时期"私学体系学派"奠定了坚实的基础。

6. 古城贞吉（こじょう さだきち，1866—1949），日本明治时期中国文学史家，号坦堂，历任东洋大学教授、东方文化学院研究所评议员。著有日本学术史上第一部《中国文学史》，并因此而扬名。其他研究涉及《李太白集》版本源流考、古本《西厢记》校注等。

7. 宇野哲人（うの てつと，1875—1974），东洋学的开拓者，曾任东京帝国大学教授，实践女子大学校长，东方文化学院院长，东方学会理事长、会长等职。长期主持东京帝国大学"中国哲学史"讲座，对日本中国学界的影响至为深巨。直至1963年，东京大学"中国学会"（今东京大学中国哲学文学会）特别设立"宇野赏"。他的儿子宇野精一（1910年出生）也是一位杰出的新儒家学派学者，是日本第125代天皇"平成"年号的提议者。其孙子宇野茂彦（1944年出生），为20世纪90年代成长起来的日本中国文学和哲学研究家。在近代日本中国学领域内，宇野氏一族祖孙三代家学相传，由此构成系统，很具代表性。

宇野哲人从1900年出版《二程子的哲学》起，开始集中研究中国哲学思想问题，1911年出版《东洋哲学史大纲》，1914年《东洋哲学史大纲》经修订后改版为《中国哲学史讲话》，1924年刊出《儒学史》（上卷），1926年出版《中国哲学概论》，1929年又出版了《中国哲学的研究》。战后，又出版了《中国哲学史》《中国近世儒学史》《〈论语〉讲话》等。

公元1901年（光绪二十七年）

一、大事记

1. 白鸟库吉（しらとり　くらきち，1865—1942）赴欧洲，先在德国柏林大学中国学讲座听课，后在匈牙利布达佩斯研究阿尔泰语系，1903年经北欧、俄国回国。这些经历与体验，成为其"白鸟史学"的有机部分。

2. 1901年9月，市村瓒次郎（いちむら　さんじろう，1864—1947）博士作为副教授，接替林泰辅，讲授"秦汉史"与"南朝史"，也意味着东京帝国大学的学术舞台上，旧汉学的渐隐和近代日本中国学的起始。

3. 王国维（1877—1927）赴日本东京理化学堂留学。

4. 2月3日，福泽谕吉（ふくざわ　ゆきち，1835—1901）去世，66岁。5月，东亚同文会于1900年在南京设立的同文书院移至上海，改称"东亚同文书院"并举行开院式。12月13日，中江兆民去世，51岁。波多野精一《西洋哲学史要》（『西洋哲學史要』）刊，冈仓天心执笔《东洋之理想》（『東洋の理想』）刊，高山樗牛发表《论美的生活》之名文，刊发于杂志《太阳》（『太陽』）。

二、书（文）目录

1. 初等東洋史（《初等东洋史》），桑原隲蔵（著），大日本図書、東京，

第三版

　　2.日本倫理彙編（《日本伦理汇编》），井上哲次郎、蟹江義丸（编），育成會、東京；1901—1903 卷次目錄：卷之1—3：陽明學派の部；卷之4—6：古學派の部；卷之7—8：朱子學派の部；卷之9：折衷學派の部；卷之10：獨立學派の部；附：老莊學派の部

　　3.昔昔春秋（《昔昔春秋》），中井積德（编），藍外堂書舖、東京

　　4.白樂天詩集（《白乐天诗集》），近藤元粹（订），青木嵩山堂、大阪，第五版

　　5.漢文通則（《汉文通则》），川野健作（著），大日本図書、東京

　　6.漢文教科書（《汉文教科书》），秋山四郎（编），金港堂、東京

　　7.新定漢文読本（《新定汉文读本》），伊藤允美、高原操（编），集英堂、東京；卷4—5

　　8.中等漢文讀本（《中等汉文读本》），國語漢文研究会（编），明治書院、東京；卷4—10，第四版

　　9.中等漢文讀本（《中等汉文读本》），國語漢文同志會（编），六盟館、東京

　　10.中學漢文讀本（《中学汉文读本》），宮本正貫（编），文學社、東京；卷1—10

　　11.孟子（《孟子》），永井惟直（著）、宮川春汀（图），博文館、東京

　　12.孟子鈔（《〈孟子〉钞》），興文社（编），興文社、東京；教科適用漢文叢書

　　13.史記列傳鈔（《史记列传钞》），興文社（编），興文社、東京；教科適用漢文叢書

　　14.儒帝學説彙纂邦譯（《儒帝学说汇纂邦译》），春木一郎（著），出版社、出版地不明

三、备注

　　1.福泽谕吉戒名是"大观院独立自尊居士"，日本明治时期的著名思想家、

教育家，东京学士会院的首任院长，日本著名私立大学庆应义塾大学的创立者，明治六大教育家之一，主张脱亚入欧论，影响了明治维新运动。有学者称之为日本近代化的理论导师。他的肖像被印在日本银行券 D 号 1 万日元（最大面额，1984 年至 2004 年）和 E 号 1 万日元（2004 年始用）的纸币正面。

2. 白鸟库吉，日本东洋史学界泰斗，曾任东洋文库理事长。北方民族、西域史、朝鲜史、中国神话研究的开拓者。在人种、语言、宗教、历史、民俗、神话、传说、考古等领域贡献颇大，在 20 世纪初提出了著名的"尧舜禹抹杀论"。

1879 年 3 月就读于千叶中学时，受到校长教员那珂通世和三宅米吉的熏陶及影响。1887 年，白鸟库吉考入东京帝国大学（现东京大学）新设的史学科，受到了兰克学派实证主义史学的熏陶。1890 年在东京帝国大学文学部史学科毕业后，即被聘为学习院（贵族学校）教授。1900 年获得文学博士。两次赴欧洲游学考察（1901—1903，1922—1923），历访英、法、德、俄、匈、奥、意、荷、美等国，搜购图书数千册，为"白山黑水文库"，后移归东洋文库。1904 年为东京帝国大学文科大学教授。1905 年创立"亚细亚学会"（后改名为"东洋协会学术调查部"）。1906 年、1909 年两次来中国东北地区考察渤海旧都及金上京的遗址和高句丽广开土王碑。1908 年（明治四十一年）帮助"满铁"设立满洲地理历史调查室，重点研究朝鲜、满洲历史地理。先后刊行《满洲历史地理》（二卷）、《朝鲜历史地理》（二卷）等论丛；东京帝国大学接管该部后，又出版《满鲜地理历史研究报告》14 册，为日本研究满族及其发祥地的历史奠定了基础。1919 年为帝国学士院会员。曾任东宫侍讲。1924 年任东洋文库理事和研究部部长，主编《东洋文库论丛》《东洋文库研究部欧文纪要》等出版物，为东洋文库的创建和研究工作起到重要作用。

白鸟库吉一生治学勤奋，著述上百种，精通多种古代民族语言和欧洲语言，为日本西域史研究第一人。白鸟库吉采用近代历史研究法研究亚洲史，特别是中央亚细亚、满、蒙古各地域或民族的历史和语言，富有独创性。白鸟库吉门人弟子众多，日本明治、大正和昭和时代的许多名家，均出自其门下，如津田左右吉、原田淑人、池内宏、加藤繁、和田清、有高岩、榎一雄等。

生前著作结集出版：《白鸟库吉全集》（『白鳥庫吉全集』，1、2 卷：日本上代史研究，3 卷：朝鲜史研究，4、5 卷：塞外民族史研究，6、7 卷：西域史研究，

8、9 卷：アジア史論，10 卷：雜纂ほか）。

3. 服部宇之吉（はっとり うのきち，1867—1939），号随轩，日本教育家、哲学家，毕业于东京帝国大学，历任东京帝国大学教授、东方文化学院院长。他是帝国学士院会员，广泛地活跃在近代日本的学术界、教育界甚至政界，是以孔子之徒自我标榜、宣扬孔子之教最有影响的人物之一。

1900 年赴德国留学两年，先在拉伊夫契，后在柏林大学。1902 年获普鲁士政府勋章及俄国斯坦尼斯拉夫三等勋章，同年赴美国后回国，赴中国任职。1924 年就任东京帝国大学文学部部长，1926 年就任京城帝国大学总长，1928 年退休，次年就任国学院大学学长、东方文学院理事长兼东京研究所所长，1933 年任职"日满文化协会理事"，1939 年去世。

1890 年与白鸟库吉分别以东京帝国大学的哲学科和史学科唯一的毕业生毕业，两人日后分别成为东洋史学和东洋哲学领域的领袖与先驱，并影响后代诸多研究层面，成为研究日本近代以来中国学不可忽视的重要人物。

1902 年升任东京帝国大学教授。在服部宇之吉还健在的时候，其"仁"德就被人称颂，服部本人甚至被誉为"现代的孔夫子"。他以融贯东西的广博学识来阐释自己对孔子之教的坚定信仰和儒教伦理的现代意义，并自觉地将自己的学识信仰与当时的社会实践和需要紧密结合起来。他的思想从一个侧面生动地反映了儒学在近代日本的存在形态和基本特征。

主要著作：

『清國通考』（第一編・第二編）三省堂、1905 年

『東洋倫理綱要』京文社、1916 年（改訂版・1926 年）

『支那研究』京文社、1916 年（增訂版・1926 年）

『孔子及孔子教』京文社、1917 年（改訂版・1926 年）

『儒教と現代思潮』明治出版社、1918 年

『支那の國民性と思想』京文社、1926 年

『孔子教大義』冨山房、1939 年

公元1902年（光绪二十八年）

一、大事记

1. 日本朝日新闻社驻中国记者内藤湖南在北京刘鹗家见到刘鹗正在制作"甲骨龟板"的拓片。他成为世界上第一个见到甲骨文的外国人。6年后，内藤湖南在京都大学主持"东洋史学第一讲座"，讲座中有"甲骨文识字专题"。

2. 日英缔结同盟。东京专门学校改称早稻田大学。1月，三岛中洲进讲《书经·大禹谟》。

3. 那珂通世受日本文部省之命，为中学和师范学校撰著"东洋史学"教科书，定名为《那珂东洋小史》(『那珂東洋小史』，大日本図書、東京，1903)。

4. 2月6日，日本文部省发布《教育训令》第三号《中学教授要目》，其中规定了"汉文教育"的具体内容。

5. 5月，高濑武次郎《杨墨哲学》(『楊墨哲學』)刊。9月，安井息轩门下生组织"以文会"。井上哲次郎《日本古学派之哲学》(『日本古學派之哲學』)刊。服部宇之吉赴北京任京师大学堂师范馆主任教授（1909年1月归国）。正冈子规《病床六尺》(『病牀六尺』)刊。

6. 内藤耻叟去世，77岁；西村茂树去世，75岁。

二、书（文）目录

1. 漢文典（《汉文典》），児島献吉郎（著），冨山房、東京

2. 孔子の學說：東洋倫理（《孔子学说：东洋伦理》），松村正一（著），育成會、東京

3. 四書新釋論語（《四书新释〈论语〉》），久保天随（著），博文館、東京；上、下卷

4. 莊子人物養成譚（《〈庄子〉人物养成谈》），木村鷹太郎（著），大學館刊、東京

5. 十八史略撮要：新点（《〈十八史略〉撮要：新点》），桑原俊郎（编），兴文社、东京

6. 支那哲学史（《中国哲学史》），松本文三郎（述），东京专门学校文学科讲义

7. 东洋史参考图（《东洋史参考图》），安西鼎（编），富山房、名古屋；东京

8. 东西新教育史（《东西新教育史》），成田衡夫、臼井弘（著），高等成师学会、东京

9. 东洋历史：全（《东洋历史：全》），幸田成友（著），博文馆、东京；帝国百科全书，第85编

10. 女子东洋小史（《女子东洋小史》），新保磐次（著），金港堂、东京

11. 支那文学史（《中国文学史》），古城贞吉（著），富山房、东京；增订再版

12. 文求堂汉籍目录：明治三十五年（《文求堂汉籍目录：1902年》），文求堂书店、东京；京都

13. 唐宋八家文钞（《唐宋八家文钞》），兴文社（编），兴文社、东京；教科适用汉文丛书；订正再版；1902年2月26日 文部省检定济 中学校汉文科和装

三、备注

1. 从那珂通世受日本文部省之命撰写的《东洋小史》的谋篇布章中，大致可以看出20世纪初"东洋史学"在形成之时的范畴内涵，至少可以看出"东洋史"初建时的三方面特征：

第一，共计56章内容中，事涉中国史事者凡38章。所谓"东洋史"，事实上是以中国史为核心展开的。

第二，在中国史事的论述方面，区别于历代旧史书的记述，极为明显。它开始脱出以帝王为中心的王朝事件的叙述而试图描画历史递进的线索。

第三，超越中国史事的"东洋史"的叙述，皆出于与日本具有诸种关系的考虑。如"东方诸国之古史""大月氏佛教的东流""西北诸国的兴衰""宋代的

西域诸国"等,都是根据文部省的"编纂要目"特意加入的。同样的章节名,也见于同时代坂本健一与高桑驹吉合撰的《新撰东洋史》中。

2. 1887—1902年,德国兰克学派的主要学者L.里斯(Ludwig Riess)执教于东京帝国大学史学科,为日本传入了欧洲近代的史学理论和方法,并造就了第一批具有近代文化观念的史学家。

在L.里斯的影响下,东京帝国大学与史学有关的教授、学生以及"编年史"的工作人员于1888年成立了"史学会"(今东京大学史料编纂所的前身)。这是日本学术界近代史学形成中最初的学会。翌年12月,该学会出版《史学会杂志》,1893年改名为《史学杂志》,一直沿续至今,成为20世纪日本史学的权威性刊物。自19世纪末以来,有关中国历史研究的重要论文,大都在这一刊物上发表过。

3. 2月6日,日本文部省发布《教育训令》第三号《中学教授要目》,规定汉文教育内容具体如下:

第一学年汉文教育:

教学要求:"汉文尽可能依据国语法则,特别要注意文意用法的颠倒";

教材原则:"汉文从开始就应注意采用文意完整的全篇……国语与汉文的比例应为国语八,汉文二";

文法要旨:"汉文语法,止于容易理解汉文之程度/讲述汉文词性大要/正确书写汉字字画"。

第二学年汉文教育:

教学要求等前述;

教材原则:"加入我国近世作家简易的叙事文或传记、纪行文等文意完整之短篇。如赖山阳之《日本外史》、大槻磐溪之《近古史谈》、盐谷宕阴之《宕阴存稿》、安井息轩之《读书余适》等。是年国语与汉文的比例应为国语七,汉文三"。

第三学年汉文教育:

教学要求等前述;

教材原则:"加入我国作家之论说文。如赖山阳之《日本外史》的《叙论类》。是年国语与汉文的比例应为国语七,汉文三"。

第四学年汉文教育：

教学要求："加入句读与返点"；

教材原则："散文准于前学期，加入中国作家简易之传记、纪行文等，如清初作家文、唐宋八家文、佐藤一斋、松崎慊堂文，并《唐诗选》之类。是年国语与汉文的比例应为国语六，汉文四"。

第五学年汉文教育：

教学要求等前述；

教材原则："散文准于前学期，加入《史记》《蒙求》《论语》等。是年国语与汉文的比例应为国语六，汉文四。其中，汉文以我国作家文为一，中国作家文为三之比例课之"①。

4. 高濑武次郎（たかせ たけじろう，1869—1950），东京帝国大学博士、讲师，京都帝国大学教授，日本近代著名中国哲学研究的代表性学者。曾多次为日本天皇进讲汉学课程，以阳明学闻名，1946 年被解除公职。主要相关著作有《中国哲学史》《日本之阳明学》《阳明主义的修养》《老庄哲学》等。梁启超在《子墨子学说》一文中借鉴了高濑武次郎《墨子哲学》的分析。

公元 1903 年（光绪二十九年）

一、大事记

1. 东京帝国大学将以前的"汉学科"分为"中国哲学"与"中国文学"两个学科。这是日本"传统汉学"终结、"近代中国学"形成的一个标志。

2. 1 月，南摩纲纪进讲《中庸》首章三节。2 月，重野安绎、三岛毅、服部宇之吉监修《汉和大辞典》，三省堂刊。5 月，岛田篁村家塾双桂精舍闭塾（历年 35 载）。楠本硕水《崎门学派系谱》刊。那珂通世校点《催东壁遗书》四册刊。

---

① 材料见《国语教育史资料》第五卷中增渊恒吉编辑之《教育课程史》，东京法令社刊 1981 年版。

国家统一小学教科书。幸德秋水《社会主义神髓》刊。《大西博士全集》刊（至1904年）。

二、书（文）目录

1. 詩経新註（《〈诗经〉新注》），山本章夫（著），山本読書室、京都；三卷
2. 論語補註（《〈论语〉补注》），山本章夫（著），山本規矩三、眞下正太郎（校），山本読書室、京都；三卷
3. 那珂東洋小史（《那珂东洋小史》），大日本図書、東京
4. 支那文學史（《中国文学史》），久保天随（著），人文社、東京
5. 支那蠶書萃編《中国蚕书萃编》），峯村喜藏（著），丸山舍書籍部、東京
6. 支那文學史（《中国文学史》），久保得二（述），早稲田大學出版部、東京；文學教育科講義
7. 支那哲學史（《中国哲学史》），中内義一（著），博文館、東京；帝國百科全書，第93編
8. 支那聲音字彙（《中国声音字汇》），岡本正文（編），文求堂、東京；訂正增補第2版
9. 支那啓発論（《中国启发论》），佐藤虎次郎（著），横浜新報社、横浜
10. 支那交際往来公牘訓譯（《中国交际往来公牍训译》），金國璞、呉泰壽（編），泰東同文局、東京
11. 支那書翰文：和文対照（《中国书翰文：和文对照》），中島庄太郎（編），欽英堂、大阪
12. 儒門精言（《儒门精言》），西村茂樹（輯）、内田周平（点校），西村家圖書部（刊）、開發社（售）、東京
13. 世界三聖論（《世界三圣论》），高橋五郎（著），前川文栄閣、東京

三、备注

1903年11月22日，署名昆山生在附录（副刊）一版发表了《好了歌》

及译注。该译作是作为《东篱隐语》的一部分内容发表的。《东篱隐语》共分三个部分，分别是《善仕论》《神仙与人》《成功与家庭》。其中，《善仕论》节选自明汪道昆的《善仕论》，《好了歌》在《神仙与人》这一节。这段文字说是解注或许更为合适，作者原文摘引了《好了歌》，仅夹注了日语训读的一两点注明语序，而后添加解文在后，说：

  鄙俚俗语中间也蕴含哲理。成仙之术容易学，而要真正忘掉功名、金银、娇妻、儿孙才能真正成仙。可是这样一来，成仙也就没有意义了。不争功名，不贪金银，不爱娇妻，怎么称得上人呢？有人如党人斗权术，有人似商人逞狡智，也有人谈成功论家庭，释迦、基督所言甚善，可许多人常常忘记为人的根本，才落得今天这步田地。

如前所说，这虽是《红楼梦》出现在报章的开始，却算不得真正意义上的译文。

公元1904年（光绪三十年）

一、大事记

1. 东京大学在哲学科正式设置了独立的"中国哲学讲座"，由井上哲次郎主持，从而正式确立了把对中国思想的研究作为哲学的一个专门性学科。

2. 1月，南摩纲纪进讲《论语颜渊篇·子贡问政》一章。

3. 2月，日俄战争爆发。

4. 以仙台第二高等学校教授为中心创立仙台孔子会。蟹江义丸《孔子研究》刊。久保天随《日本儒学史》《东洋伦理史要》刊。4月，井上圆了的哲学堂于中野江古田落成（祭祀孔子、释迦、苏格拉底和康德）。波多野精一留学德国。堺利彦、幸德秋水抄译《共产党宣言》。有关进化论的解说书刊流行。

5. 日本东北地区的各种孔子研究社团联合建立"仙台孔子学会"。

二、书（文）目录

1. 支那思想發達史（《中国思想发达史》），遠藤隆吉（著），冨山房、東京

2. 東洋史教科書（《东洋史教科书》），桑原隲蔵（著），開成館、東京；訂正第四版

3. 論理學講義（《论理学讲义》），服部宇之吉（撰），冨山房、東京

4. 近世儒學史（《近世儒学史》），久保天随（著），博文館、東京；帝國百科全書，第117編

5. 孔夫子傳（《孔夫子传》），蜷川龍夫（著），文明堂、東京

6. 孔子研究（《孔子研究》），蟹江義丸（著），金港堂刊書籍、東京

7. 莊子國字解（《〈庄子〉国字解》），物徂徠（著），文昌堂、東京

8. 考信翼録；易卦圖説；五服彙考；無聞集（《考信翼录；易卦图说；五服汇考；无闻集》），崔述（著）、那珂通世（点校），目黒書店、東京；崔東壁先生遺書；第4冊

9. 支那文學大綱（《中国文学大纲》），大日本図書株式会社、東京；1897—1904年版，全16卷

10. 支那戲曲小説文鈔釋（《中国戏曲小说文钞释》），宮崎繁吉（述），早稻田大學出版部、東京

11. 白樂天詩集（《白乐天诗集》），（唐）白居易（著）、近藤元粹（評），青木嵩山堂、東京

12. 支那文典（《中国文典》），広池千九郎（著），早稻田大學出版部、東京

13. 漢字原理（《汉字原理》），高田忠周（著），吉川半七、東京

14. 支那語辭彙（《中国语词汇》），石山福治（編），文求堂書店、東京

15. 本邦近世儒學史（《本邦近世儒学史》），久保得二（述），早稻田大學出版部、東京；文學教育科講義 明治三十七年度 第2學年 第24號ノ2

三、备注

1.《中国文学大纲》（『支那文學大綱』）全16卷，由大日本図书株式会社

1897—1904 年出版，具体目次内容如下：

卷 1 叙論（藤田豊八）莊子（田岡嶺雲）孟子（笹川臨風）韓非子（白河鯉洋）卷 2 白楽天（大町桂月）卷 3 李笠翁（笹川臨風）卷 4 蘇東坡（田岡嶺雲）卷 5 湯臨川（笹川臨風）卷 6 元遺山（笹川臨風）卷 7 陶淵明（白河鯉洋）卷 8 屈原（田岡嶺雲）卷 9 杜甫（笹川臨風）卷 10 高青邱（田岡嶺雲）卷 11 司馬相如（藤田豊八）卷 12 司馬遷（藤田豊八）卷 13 王漁洋（田岡嶺雲）卷 14 曹子建（笹川臨風）卷 15 韓柳（久保天随）

2. 东京帝国大学进行学科改制，文科从九学科制改为哲学、史学、文学三学科制，在史学科中分设国史学，中国史学和西洋史学。但这是不稳定的讲座。翌年，即把从前的"汉学中国语学讲座"分割为"中国哲学、史学、文学"第一、第二、第三讲座，由星野恒、市村瓚次郎、白鸟库吉、那珂通世等教授担任"中国史学"课程。这是一个新老学者的混合阵容。星野恒把孔子视为神圣，把对"孔子研究"视为亵渎；而白鸟库吉则以充满疑惑的眼光，观察孔子，认为孔子膜拜的所谓"尧舜"是根本不存在的。他们之间在史学观念上的差异，恐怕相距一个社会形态的等级。1910 年，东京帝国大学将"中国史学"改为"东洋史学"。于是，以日本这两个最著名的帝国大学学科改制为标志，近代日本中国学中正式建立起了"东洋史学"学科。

3. 那珂通世（なか みちよ，1851—1908），东洋史学的开创者，首倡"东洋史"之概念及其科目在中学的设置，明治时期的著名史学家。维新后历任千叶县师范学校校长、东京女子师范校长、元老院书记官、帝室制度调查官、东京高等师范学校教授，讲授汉文及东洋史学科。主要著作：

『崔東壁先生遺書』崔述武承・那珂通世点校　目黒書店

『那珂通世遺書』

『旅の苞憂國余話』

『支那通史』卷之 1

『支那通史』卷之 2

『支那通史』卷之 3 第 1—3 編

『支那通史』卷之 3 第 4—9 編

『支那通史』卷之 4

『元史訳文証補』

『新撰東洋史地図』

『成吉思汗実録』

『那珂東洋略史』

1903—1904 年出版其点校的《崔东壁先生遗书》，共四册，开始了日本近代学术史上著名的"那珂-白鸟疑古批判史学"流派。

公元 1905 年（光绪三十一年）

一、大事记

1. 早稻田大学设立"清国留学生部"。早稻田大学的前身为"东京专门学校"，1902 年改名为"早稻田大学"，1903 年接受了清朝两名最早的赴该校的留学生（唐宝锷、金邦平）。是年设立"留学生部"后，1907 年，已接受中国学生 800 余人。

2. 1 月，重野成斋进讲《诗经·豳风·东山》。

3. 12 月，井上哲次郎《日本朱子学派之哲学》刊；《新井白石全集》由国书刊行会刊；上村观光《五山文学全集》三卷由棠华房刊；山路爱山《孔子论》刊；朝永三十郎《哲学辞典》刊；小田切良太郎、纪平正见译《黑格尔哲学体系》（至 1906 年，《哲学杂志》连载）。

二、书（文）目录

1. 清國通考（《清朝通考》），服部宇之吉（著），三省堂書店、東京；再版

2. 日本朱子學派の哲學（《日本朱子学派之哲学》），井上哲次郎（著），冨山房、東京；巽軒叢書

3. 論語講義（《〈论语〉讲义》），安井小太郎（著），東洋大學出版部、東京

4. 孔子論（《孔子论》），山路愛山（著），民友社、東京

5. 莊子列子墨子鈔（《〈庄子〉〈列子〉〈墨子〉钞》），瀧川龜太郎（编），金港堂書店、東京；瀧川龜太郎編《高等漢文》之一種

6. 荀子孟子禮記鈔（《〈荀子〉〈孟子〉〈礼记〉钞》），瀧川龜太郎（编），金港堂書店、東京；瀧川龜太郎編《高等漢文》之一種

7. 尚書（《尚书》），山井幹六（注），哲學館大學、東京；哲學館講義錄；漢學科第6輯

8. 支那文學史（《中国文学史》），高瀨武次郎（著），哲學館、東京

9. 寧齋詩話：少年詩話：史詩談：開春詩紀（《宁斋诗话》《少年诗话》《史诗谈》《开春诗纪》），野口一太郎（著），博文館、東京

三、备注

1. 山路爱山（やまじ あいざん，1864—1917），日本现代著名学者、评论家，1892年加入民友社，在《国民之友》(『國民之友』)、《国民新闻》(『國民新聞』)上发表史论和评论。其主张国家社会主义，著有《中国论》(『支那論』，民友社，1916)、《中国思想史·日汉文明异同论》(『支那思想史·日漢文明異同論』，金尾文淵堂，1917)、《现代金权史》(『現代金権史』，服部書店ほか，1908)等。1905年，撰著出版了他的中国学研究的第一部著作《孔子论》(『孔子論』)，成为他本人作为批判主义学派民间研究的奠基著作。

2. 河上肇（かわかみ はじめ，1879—1946）赴欧洲留学，1918年归国，后成为京都帝国大学教授，倾向马克思主义，致力于《资本论》的翻译和唯物史观的研究。1929年被京都帝国大学当局除名。1932年参加日本共产党，翌年被捕入狱，苦刑5年，于1937年6月释放。其后，一直在日本特高的监护下，度过了最后的10年。主要著作是《贫苦物语》(『貧乏物語』)，另有反映监禁生活之心路历程的《自述传》(『自叙伝』)等。他同时也是汉学修养深厚的诗人和评论家。

公元 1906 年（光绪三十二年）

一、大事记

1. 自 1906 年至 1928 年，狩野直喜在京都帝国大学主持"中国哲学讲座"达 22 年。同年，在其努力下，京都帝国大学还正式开设了"中国语学·中国文学讲座"，由狩野亲自主讲（1908—1922）。以此为标志，日本对中国哲学和文学的研究，逐渐成为近代文化中一门独立的学科。

2. 日本政府为管理原俄国与清朝合营的东清铁路（中长铁路）为中心的东北经济，成立"南满洲铁道株式会社"。

3. 1 月，三岛中洲进讲《诗经·大雅·荡之什·江汉》。

4. 5 月，井上哲次郎《东亚之光》创刊。冈仓天心《茶之本》刊。岛崎藤村《破戒》刊。武者小路实笃《理想乡之梦》刊。

5. 林学斋去世，74 岁；根本通明去世，85 岁。

二、书（文）目录

1. 新編東洋史（《新编东洋史》），村田稔亮（著），水野書店、東京；訂正再版

2. 新編東洋史教科書（《新编东洋史教科书》），久保得二（著），港堂書籍、東京；再版

3. 東洋史教科書（《东洋史教科书》），桑原隲蔵（著），開成館、東京；第六版

4. 支那佛教史（《中国佛教史》），吉水智海（著），金尾文淵堂、東京

5. 印度支那佛教史（《印度中国佛教史》），要境野哲（著），鴻盟社、東京

6. 論語講義（《〈论语〉讲义》），根本通明（著），早稻田大學出版部、東京

7. 鍋島論語葉隱（《锅岛〈论语〉叶隐》），石田一鼎（著）、山本常朝（述）、田代陣基（录）、中村郁一（编），平井奎文館、東京

8. 論語講義（《〈论语〉讲义》），根本通明（述），早稻田大學出版部、東京；再版

9. 孟子神髓（《〈孟子〉神髓》），尾池義雄（著），誠之堂、東京

10. 陽明學新論（《阳明学新论》），高瀬武次郎（著），榊原文盛堂、東京

11. 支那文學史（《中国文学史》），古城貞吉（著），富山房、東京；訂正增補

12. 支那文學史（《中国文学史》），笹川種郎（著），博文館、東京

13. 文學概論（《文学概论》），太田善男（編），博文館、東京；帝國百科全書，第 154 編

14. 支那俗語小説字林（《中国俗语小说字林》），桑野鋭纂（編），文永堂、東京

15. 支那名人書畫百集（《中国名人书画百集》），北条周篤（編），京都眞美書房、京都；第 1、2 輯

16. 三國志演義（《三国演义》），久保天随（著），隆文館、東京；支那文學評釋叢書，第 1 卷

17. 唐本漢書総目録（《唐本汉书总目录》），北上屋書店、東京

三、备注

狩野直喜（かの なおき，1868—1947），号君山，是日本中国学中的实证主义先驱者和奠基者，是"京都中国学"的开创者。狩野直喜从 20 世纪初开始的 30 年间对中国文化的研究——由这些研究所表现的理念、方法论及其所取得的业绩构成了"狩野学术体系"。"狩野学术体系"是日本中国学实证主义学派中最重要的一个学术组成部分。

狩野直喜 1868 年出生。1900 年（日本明治三十三年）作为文部省留学生到北京留学，遇到义和团事件，被围两个多月后回国。1901 年秋到上海，在江南地区逗留 3 年。1906 年至 1928 年，他在京都帝国大学主持"中国哲学讲座" 22 年。1910 年在《艺文》杂志上发表论文《〈水浒传〉与中国的戏剧》，对 20 年前一批著名的作家发起的关于《水浒传》成书问题的讨论重新进行评价。

1911 年赴欧洲，追踪访察被英、法、俄等国的探险家们所攫取的敦煌文献资料。1916 年,《艺文》杂志连续以《中国俗文学史研究的资料》为题，发表了他从欧洲发回的研究报告。1920 年 9 月与小岛祐马、青木正儿、本田成之、神田喜一郎、武内义雄等创办《中国学》杂志。1923 年至 1938 年，狩野直喜担任外务省"对支文化事业调查会委员"。

日本侵华期间，他基本埋头于学术文献，没有积极响应日本军国主义的要求与号召。

主要业绩：

中国哲学史研究：由传统的汉学转向近代中国学的研究层面之关键一环。

中国戏曲、文学研究：开创一代学术新风，沟通中日近代学者交流与切磋。

中国学派的创立者及"狩野学术体系"的开创者。

主要著作（按时间顺序，多为其弟子整理发表）：

『中國哲學史』、岩波書店 1953 年 数度重版

『両漢學術考』、筑摩書房 1964 年 復刊 1978 年、1988 年

『魏晋學術考』、筑摩書房 1968 年 復刊 1978 年、1988 年

『支那文學史』1970 年、復刊 1980 年，1993 年—※以下は各．みすず書房

『支那學文藪』1973 年、解説吉川幸次郎、生前（弘文堂，1927 年）刊の増補版

『論語孟子研究』1977 年 解説吉川幸次郎

『漢文研究法』1979 年、復刊 1989 年

『讀書纂餘（さんよ）』1980 年、遺著（弘文堂，1947 年）の改訂版

『御進講録』1984 年、復刊 2005 年 経學を軸とする昭和天皇への進講、解説宮崎市定

『清朝の制度と文學』1984 年

『支那小説戯曲史』1992 年

『春秋研究』1994 年

公元 1907 年（光绪三十三年）

一、大事记

1. 本年建立"东洋学会学术调查部"。从事对亚洲各国主要是中国的各民族的语言、历史、风俗以及社会政治经济的调查。1911 年开始出版《东洋学报》（『東洋學報』）。

2. 本年以京都帝国大学中国古典文化研究者为中心，建立了"中国学会"。学会活动到 1925 年之后开始设立多种专门学科的研究委员会，如"中国语学研究会""中国哲学研究会""中国文学研究会"等。

3. 本年，京都帝国大学创立"史学科"，从中设立"东洋史学第一讲座"，由内藤湖南主持，达 20 年之久，开创了"内藤史学"一脉。

4. "汉学统一会"建立。

5. 本年在东京汤岛圣堂举行明治日本以来的第一次"孔子祭典会"，并刊行《孔子祭典会会报》第一号（『孔子祭典會々報』1 号）。此后每年四月第四个星期日举行该仪式。

6. 6 月，皕宋楼藏书由日本邮船会社从上海舶运到东京，贮放于东京高轮的岩崎家中（今开东阁），成为"静嘉堂文库"之源起。

7. 6 月，大阪阳明学会设立，以大盐（中斋）后学自认。松冈瓮谷《庄子考》五卷刊。高濑武次郎《日本之阳明学》刊。纲岛梁川《春秋伦理思想史》《回光录》刊。

二、书（文）目录

1. 經史説林（《经史说林》），研經會（著），元元堂書房、東京
2. ポケット論語（《便携〈论语〉》），矢野恒太（編），東京；私人刊印
3. 儒教回運録（《儒教回运录》），村岡素一郎（著），金港堂、東京
4. 儒教聖典（《儒教圣典》），大江文城（編），開發社、東京

5. 儒教哲學概論（《儒教哲学概论》），蜷川龍夫（著），博文館、東京；帝國百科全書，第171編

6. 四書自學自在：鼇頭註釋（《四书自学自在：鳌头注释》），榊原英吉（編），求光閣書店、東京

7. 論語管見（《〈论语〉管见》），龜谷行（著），吉川半七、東京

8. 日本支那西洋倫理學要領（《日本・中国・西洋伦理学要领》），中島德蔵（著），大日本図書、東京

9. 支那思想史：日漢文明異同論（《中国思想史——日汉文明异同论》），山路彌吉（著），金尾文淵堂、東京

10. 支那仏教史綱（《中国佛教史纲》），境野黄洋（著），森江書店、東京

11. 支那文學史（《中国文学史》），久保得二（著），平民書房、東京

12. 成吉思汗實錄（《成吉思汗实录》），那珂通世（著），大日本圖書、東京；別名：元朝秘史，再版

13. 支那名畫集（《中国名画集》），田島志一（編），審美書院、東京

14. 近世儒學史（《近世儒学史》），久保天隨（著），博文館、東京；帝國百科全書，第172編

三、备注

1. 1907年（日本明治四十年）起，东京汤岛圣堂（湯島聖堂，ゆしませいどう）便每年举行一次"孔子祭典"。至1944年，一共举行了38届。1945年春季，日本法西斯面临战败的局面，才算停歇了近四十年的"孔子祭"。1949年，以"孔子诞生2500周年纪念祭祀大典"为契机重新开启相关活动。

2. 1907年受张之洞之命，罗振玉赴日本考察教育。1911年11月，辛亥革命之际，罗振玉及其弟子王国维受邀赴日本，居住于京都。此后罗振玉至1919年归国，在日本8年之久；王国维于1916年先期归来，也在日本生活了5年。这两位中国学者在日本进行的一系列学术研究，对于日本中国学的最后形成，特别是对以京都为主要基地的实证主义学派的形成，产生了不小的刺激。他们在日本京都从事的这些研究（主要是甲骨文字的研究）以大批中国古史新材料

为基础，采用近代实证手段，正显示了"古典解释学派"的立场，赢得了日本京都学者广泛的崇敬。

3. 1907 年，三菱财团岩崎氏家族仅以 10 万两银子收购了江南"皕宋楼""十万卷楼"和"守先阁"秘藏（日本"静嘉堂文库"之源起）。进而以所谓"庚子赔款"在华购书——这就是用中国的钱在中国替日本人"购书"，真是"精彩"无比。

4. 1907 年 1 月，还是在《读卖新闻》，署名"峨眉山人"在副刊以《红楼梦》为题开始连载。该连载自 1 月 20 日始，每周一文，至 5 月 5 日最后一期止，共载 14 期。

公元 1908 年（光绪三十四年）

一、大事记

1. 日本建立"阳明学会"。

2. 日本早期追逐欧洲中亚探险的大谷探险队于 1908 年起开始了第二次行动，橘瑞超、野村荣三郎等在吐浑沟、和阗等活动了两年之久，于 1910 年 2 月，将发掘品运抵京都，其中有唐天宝十载（751）和大历六年（771）题识的佛画，更有西晋元康六年（296）书写的《诸佛要集经》及 5 世纪初匈奴族北凉时代西域长史李柏的文书等，这些珍品的发掘与展出，把"敦煌热"推向高潮。

3. "满铁"在东京分社内组建"满铁地理历史调查部"，委任白鸟库吉（しらとり くらきち，1865—1942）博士为主任，成员有箭内亘博士、池内宏（いけうち ひろし，1878—1952）博士、津田左右吉（つだ そうきち，1873—1961）博士、稻叶岩吉博士、松井等学士与和田清（わだ せい，1890—1963）博士等。这是一个甚有实力的组织。

4. 京都帝国大学设立"东洋史学第二讲座"，由刚从中国回国的桑原骘藏（くわばら じつぞう，1871—1931）主持。

5. 1 月，重野成斋进讲《中庸》朱子集注第二十七章。

6.《戊申诏书》发布，训令尊奉振兴国民道路之圣旨。发布《戊申诏书》，采取国民道德强化政策。波多野精一《基督教的起源》刊。

7. 那珂通世去世，58 岁。

二、书（文）目录

1. 孔子（《孔子》），西脇玉峯（著），內外出版協会、東京

2. 孔子言行録（《孔子言行录》），有馬祐政（編），博文館、東京

3. 諸葛孔明言行録（《诸葛孔明言行录》），西脇玉峯（編），內外出版協会、東京；偉人研究，第 29 編

4. 論語（《论语》），依田喜一郎（点），嵩山房、東京

5. 支那名人書畫百集（《中国名人书画百集》），北條周篤（編），京都眞美書房、京都

6. 佛説無量壽經：支那五譯對照梵文和譯（《佛说无量寿经：中国五译对照梵文和译》），南條文雄（译），平樂寺書店、東京；別名：『佛説阿彌陀經：支那二譯對照梵文和譯』

7. 支那小説訳（《中国小说翻译》），岡本正文（译），支那語學研究会；出版地不明；別名：『小説』（《古今奇观》）

8. 佛説無量壽經：佛説阿彌陀經梵文和譯（《佛说无量寿经：佛说阿弥陀经梵文和译》），南條文雄（译），無我山房、東京；別名：『仏説阿弥陀経梵文和訳支那二訳対照』

9. 李杜評釋（《李杜评释》），久保天随（著），隆文館、東京；支那文學評釋叢書，第 2 卷

10. 唐詩絶句（《唐诗绝句》），吉田宇之助（編），民友社、東京

11. 箋註宋元明詩選（《笺注宋元明诗选》），朱梓、冷昌言（編），近藤元粹（評），青木嵩山堂、東京

12. 箋註唐賢詩集（《笺注唐贤诗集》），（清）王士禎（选），（清）吳煊、（清）胡棠（注），（清）黃培芳（批）；近藤元粹（評），木恒三郎、青木嵩山堂（发行）、東京、大阪；4 版

13. 唐招提寺略縁起（《唐招提寺略缘起》），唐招提寺（编），唐招提寺、奈良；别名：『唐招提寺略縁起：附寶物目録』

14. 文求堂發賣唐本書目（《文求堂发卖唐本书目》），文求堂書店（编），文求堂書店、東京

三、备注

1. 1908年10月发布《戊申诏书》，1909年起，改定"国定教科书"。同年，对文部省直属学校发布"训令"——加强"修身科"教育，彻底贯彻《教育敕语》和《戊申诏书》。1911年，文部省建立"文艺委员会"，对学术、文艺等实行思想统治。与这种"国民教育"相呼应，理论界便有如井上哲次郎等一批学者，与其相投契。这便是日本"官学体制学派"形成的最根本原因了。

2. 池内宏（いけうち ひろし，1878—1952），日本东洋史学家。祖父为儒学名家池内大学。东京帝国大学教授，帝国学士院会员。主要研究朝鲜、满洲（中国东北部）的古代和中世纪史。著有《文禄庆长的役》正编第一（『文禄慶長の役 正編第一』），南满洲铁路，1914年；《元寇的新研究》（『元寇の新研究』）东洋文库，1931年；《满鲜史研究》（『満鮮史研究』）全5卷，吉川弘文馆，1951—1979年。

3. 津田左右吉（つだ そうきち，1873—1961），日本著名历史学家。日本学术院院士，1949年被日本天皇授予文化勋章，1951年获文化功劳奖。

本名津田亲文（つだ ちかふみ），生于日本岐阜县加茂郡下米田村（今美浓加茂市）东栃井，名古屋私立中学中途退学数年后去东京，进入东京专门学校（早稻田大学前身）政治科学习，1891年毕业。后经人介绍，成为白鸟库吉的弟子。1908年，进入白鸟创办的满鲜历史地理调查室，任研究员，负责"朝鲜历史地理"的基础研究。在调查室的研究工作中，深受白鸟库吉的西洋文献批判和实证法之染，成为其学问的研究出发点。

1918年，任早稻田大学讲师，1920年任教授，原在籍史学科，授东洋史，后移籍至哲学科，讲授东洋哲学。后因"津田事件"离开东京，走往平泉。战后返回东京，1947年当选为帝国学士院（同年改称"日本学士院"）会员。1949

年获日本文化勋章。1960年当选为美浓加茂市第一位名誉市民。1961年12月4日在武藏市的自宅病逝,终年88岁。

生前的论著被结集为《津田左右吉全集》(『津田左右吉全集』)全28卷,别册5卷,补卷2卷,岩波书店,1963—1966年;《津田左右吉历史论集》(『津田左右吉歷史論集』),岩波文库,2006年。

4. 和田清(わだ せい,1890—1963),著名的东洋史研究专家,文学博士,东京大学名誉教授。他是日本学界的满蒙史、中国政治史及明史研究领域的权威,被誉为中国满蒙史、清史研究第一人。

主要著作有《东亚史论薮》(『東亜史論藪』,生活社,1942)、《中国官制发达史——以中央集权与地方分权的消长为中心》(『支那官制発達史 特に中央集権と地方分権との消長を中心として』,中央大學出版部,1942)等。

5. 桑原骘藏(くわばら じつぞう,1871—1931),日本东洋史京都学派创始人之一。生于日本福井县敦贺,东京帝国大学文学部汉学科毕业后,直接考取了东京帝国大学的大学院,师从那珂通世,专门研究东洋史。1898年,桑原骘藏毕业,就职于东京第三高中,教授东洋史课程。同年,撰写《中等东洋史》完成并出版。1899年转任东京高等师范学校教授。1907年4月,桑原骘藏前往中国,开始为期两年的官费留学和研究。后有《考史游记》,记录了相关情况。

1909年,桑原骘藏结束了为期两年的留学生涯,回国就任刚成立不久的京都帝国大学文科大学的东洋史第二讲座教授,负责东西交通史和风俗史的教学与研究。桑原骘藏用与内藤湖南和狩野直喜等人不同的世界史的眼光来看待东洋史,并凭借他在东西交通史和风俗史方面的研究在京都帝国大学站住了脚跟。当时内藤湖南担任第一讲座教授,因而桑原和内藤几乎成了京都帝国大学东洋史的代名词。

1910年,桑原骘藏获得文学博士学位,其后桑原一直在京都帝国大学工作,直到1930年退休。1926年,桑原骘藏因其《宋末提举市舶西域人蒲寿庚的事迹》(通常简称《蒲寿庚考》)而获得日本学士院奖。

主要撰述有《蒲寿庚之事迹》(『蒲寿庚の事蹟』)、《东洋史说苑》(『東洋史説苑』)、《东西交通史论丛》(『東西交通史論叢』)和《东洋文明史论丛》(『東洋文明史論叢』)等,1987—1988年结集出版《桑原骘藏全集》(『桑原隲蔵全集』)。

公元 1909 年（宣统元年）

一、大事记

1. 白鸟库吉着手中国古代史研究，提出了"尧舜禹抹煞论"。

2. 内藤湖南提出"中国史三分法"，后又称"内藤假说"。这一理论最早可追溯到他在 1909 年于京都帝国大学的讲课。

3. 1 月，重野成斋进讲《易经·系辞下传》"井居其所而迁"一句。

4. 9 月，西村天囚的《日本宋学史》刊。12 月，以东京帝国大学文科大学汉学、中国哲学、文学科诸教授为主创立东亚学术研究会。服部宇之吉编《汉文大系》二十二卷由冨山房刊。和辻哲郎入学东京帝国大学哲学科。

二、书（文）目录

1. 老子哲學（《〈老子〉哲学》），島津如泡（著），嵩山房刊本、東京

2. 老子攷異（《〈老子〉考异》），（清）筆沅（著），東洋大學出版部刊本、東京

3. 漢籍國字解全書（《汉籍国字解全书》），早稻田大學出版部、東京；第 1 卷，出版至 1917 年，共计 45 册

4. 大學説；大學章句；中庸説；中庸章句；論語集説（《〈大学〉说；〈大学〉章句；〈中庸〉说；〈中庸〉章句；〈论语〉集说》），孟子（著）、服部宇之吉（校），冨山房、東京；第 1 卷，漢文大系第一册，出版至 1916 年，共计 22 册

5. ダイヤモンド論語（《钻石〈论语〉》），朱熹（著）、矢野恒太（译），博文館、東京

6. 論語彙纂通解（《〈论语〉汇纂通解》），藤沢南岳（编）、藤沢章、広田剛（解说），宝文館、大阪

7. 論語講話（《〈论语〉讲话》），大江文城（著）、東洋大學出版部、東京

8. 論語古義（《〈论语〉古义》），伊藤仁斎（著）、佐藤正範（校），六盟館、

東京

9. 標註論語（《标注〈论语〉》），山田喜之助（著），有斐閣、東京

10. 論語経典余師：宇宙無上大宝（《〈论语〉经典余师：宇宙无上大宝》），溪世尊（著）、宮崎三昧（校），日吉丸書房、東京

11. 論語古義（《〈论语〉古义》），伊藤仁斎（著）、佐藤正範（校），六盟館、東京

12. 日本宋學史（《日本宋学史》），天囚西村時彦（著），杉本梁江堂、大阪

13. 古文孝經精解：儒教聖典（《古文〈孝经〉精解：儒教圣典》），宗内静処（著），矢島誠進堂書店、東京

14. 儒學大觀（《儒学大观》），岩垂憲德（著），文華堂書店、東京

15. 儒教新議（《儒教新义》），内田正（著），交友社、東京

三、备注

1. 1909年，日本学术界正式发表了第一篇有关甲骨文字的论文——这一年的《史学杂志》第二十卷第八、九、十期上，刊载了东京高等师范学校教授林泰辅博士的论文《论清国河南省汤阴县发现之龟甲牛骨》。

2. 1909年11月28日至29日，京都帝国大学史学会在京都冈崎府立图书馆举行第二届年会。这次年会的中心便是研讨敦煌文物。会上展出了敦煌古书卷的照片，发表了关于这一主题的系列学术讲演。小川琢治（おがわ たくじ，1870—1941）作了《总说及地理》的报告，从地理学的立场出发，阐述了中亚探险史与伯希和的敦煌之行。然后，各教授讲师们分别就敦煌发现的书卷，阐述了自己的研究，讲题如次：

内藤湖南教授《西州志残卷》《唐太宗温泉铭》；

富冈谦藏讲师《尚书·顾命》《尊胜陀罗尼》《金刚经》《化度寺邕禅师碑》；

滨田耕作讲师《壁画·雕刻》；

羽田亨讲师《摩尼经残卷》；

狩野直喜教授《老子化胡经》；

桑原骘藏教授《景教三威蒙度赞》。

以京都帝国大学史学会的学者——事实上是以日本中国学界京都地区的学者为中心，促生了日本"敦煌学"的萌芽。

3. 中国史学家、文学家藤田丰八（ふじた とよはち，1869—1929）1909年受清廷招聘出任北京京师大学堂教官。日本第一部整理敦煌文献的专著《慧超传笺释》便是在此任上完成的。主要作品有：

『東洋史』文學社、1896—1897

『先秦文學 支那文學史稿』東華堂、1897

『東洋歴史物語 アルス』（日本児童文庫）、1929

『東西交渉史の研究・南海篇』岡書院、1932

『東西交渉の研究 卷上・下（南海篇，西域篇及附篇）』萩原星文館、1943

公元 1910 年（宣统二年）

一、大事记

1. 8月下旬，京都帝国大学派遣内藤湖南、狩野直喜、小川琢治三位教授与富冈谦藏（とみおか けんぞう，1873—1918）、滨田耕作（はまだ こうさく，1881—1938）二位讲师，赴中国北京。这是日本"敦煌学"建设中一个必然的步骤。

2. 以井上哲次郎所在职的东京帝国大学"中国哲学文学研究室"为中心，于1910年5月，组成"东亚学术会"。

3. 三岛中洲进讲《论语·泰伯》末章、"子曰禹吾无间然"之章。

4. 4月，孔子祭典会编《诸名家孔子观》；田冈领云策划"和译汉文丛书"十二卷，第一卷《老子庄子》由玄黄社出版。5月，东亚学术研究会机关刊物《汉学》第一编第一号创刊。

5. 金子坚太郎、市村潜次郎、服部宇之吉创立"汉文学会"，6月，汉文学会报第一号发行。11月，《益轩全集》十册由益轩会刊行。

6. 日韩合并。5月，开始检举大逆事件。

7. 西田几多郎任京都帝国大学助教授。铃木大拙任学习院大学教授。杂志《白桦》创刊。

8. 东京帝国大学将"中国史学"改为"东洋史学"。在此之前的1907年，京都帝国大学创立"史学科"，从中设立"东洋史学第一讲座"，由内藤湖南主持。1908年，又设立"东洋史学第二讲座"，由桑原骘藏主持。由此，以日本这两个最著名的帝国大学学科改制为标志，近代日本中国学中正式建立了"东洋史学"学科。

二、书（文）目录

1. 孔子伝（《孔子传》），遠藤隆吉（著），丙午出版社刊、東京
2. 諸名家孔子觀（《诸名家孔子观》），孔子祭典会（編），博文館、東京
3. 孔子（《孔子》），白河次郎（著），東亞堂刊書房、東京
4. 孔子之聖訓（《孔子之圣训》），二条基弘、東久世通禧（著），名教學会、東京
5. 新論語（《新〈论语〉》），島田三郎[等]講義，成功雜誌社刊、東京
6. リットル通俗論語（《通俗〈论语〉》），中村素人（注），明教書院、東京
7. 手帖論語（《手帖〈论语〉》），東洋倫理考究會（著），明治の家庭社刊、東京；付：第6版訂正增補
8. 論語講義（《〈论语〉讲义》），萩原西疇（著），益友社刊、東京
9. 論語詳解（《〈论语〉详解》），川岸華岳（著），郁文舍、東京
10. 論語辨（《〈论语〉辨》），荻生徂徠（著），天書閣書樓、東京
11. 近世儒林年表（《近世儒林年表》），內野皎亭（編），吉川弘文館、東京

三、备注

1. 日本大谷探险队于1910年2月，将1908年在新疆地区的发掘品运抵京都，内藤湖南于1910年8月3日到6日，又在《朝日新闻》上载文《西本愿寺

的发掘物》。这些发掘与研究报道,与敦煌文物相呼应,把从中国甘肃省起沿今日丝调之路一线西向的文物文献的发掘和研究,都涵盖在一个范畴——"敦煌学"范畴之内了。

2. 本年度成立的"东亚学术会"是一个具有独立学术倾向和政治倾向的学派。在其成立的《趣意书》中说:

> 中国的圣经贤传,作为关于教育《圣诏》之注脚,以资造就人格,而在德育上之价值,任何人也不能否定之。吾人以此为研究对象而构成之学术,成为与我国德教文学关系甚密之我国文化之基础。其所以如此,盖吾人之研究,则致力于发挥我国学术之特色,且为国民教育建筑坚实之基础也。

这一《趣意书》本身,便是"官学体制学派"的宣言。他们所从事的学术研究,从整体上来说,是一种在日本近代社会成型过程中,服务于近代天皇制的学术。

公元 1911 年(宣统三年)

一、大事记

1. 本年度,服部宇之吉提出"孔子教"的概念。把儒学演变成"孔教",是日本中国学领域中"新儒家学派"形成的主要标志。

2. 三岛中洲进讲《周易·大有卦》。

3. 西田几多郎(にしだ きたろう,1870—1945)发表了著名的哲学著作《善的研究》(『善の研究』)。这是日本哲学思想史上第一部摆脱中国传统儒学文化影响的哲学著作。

4. 罗振玉与王国维受邀年末赴日本,居住于京都。

5. 《东洋学报》创刊。2月,宇野哲人《孔子教》刊。3月,宇野哲人《东洋哲学大纲》刊。10月，大阪之绅商相谋于中之岛举行怀德堂纪念祭，出版《怀德堂五种》一册、《奠阴集》五册、《〈论语〉逢原》、《怀德堂遗书》十五册等。此年，东亚学术研究会出版孔子号临时特刊，12月，《汉学》改题为《东亚研究》；召开二松学舍创立35年纪念祝贺会。《汉籍国字解》开始刊行。

二、书（文）目录

1. 尚書（《尚书》），星野恒、服部宇之吉（校），冨山房刊、東京
2. 毛詩（《毛诗》），星野恒、服部宇之吉（校），冨山房、東京
3. 孔子及孔子教（《孔子及孔子教》），住谷天来（著），警醒社刊書店刊、東京
4. ソクラテス論語（《苏格拉底〈论语〉》），渋江保訳（編），東亜堂刊書房、東京
5. 修養論語（《修养〈论语〉》），松村介石（著），如山堂刊書店刊、東京
6. 論語10卷（《〈论语〉10卷》），（宋）朱熹（注），觀文堂刊、出版地不詳
7. 論語逢原（《〈论语〉逢原》），中井履軒（著）、西村時彦（編），松村文海堂刊、大阪；付：懐徳堂刊記念会編
8. 教科書篇（《教科书篇》），同文館、東京；付：日本教育文庫，黒川真道（編）
9. 諸葛孔明（《诸葛孔明》），白河鯉洋（著），敬文館刊、東京
10. 水浒伝物语（《〈水浒传〉物语》），伊藤銀月（訳），鈴木書店刊、東京
11. 新译绘本水浒（《新译绘本〈水浒〉》），小杉未醒（译绘），佐久良书房刊、東京
12. 近世儒林年表（《近世儒林年表》），内野皎亭（編），吉川弘文館、東京；增補

三、备注

1. 1911年秋天，狩野直喜教授赴欧洲考察由英法探险家们从中国甘肃、新疆地区，包括敦煌掠走的诸多文物。他在原典研究的基础上，就中国俗文学史

提出了两个至关重要的观点：一是他从斯坦因和伯希和所藏的"敦煌故事"（此即后来被称为"变文"）中，推导出"中国俗文学（此处指作为后来的话本的文学样式）之萌芽，已显现于唐末五代"；二是他从俄国探险家柯兹洛夫从中国甘肃黑水地区获得的一组《杂剧零本》（世界仅有的《刘知远诸宫调》残本）中推导出"此为元曲之源流"。这两个依据大"敦煌学"文献得出的结论，经后世学者进一步研究，已成为中国文学史上的共识。这是敦煌文物被发现而推动日本中国学，尤其是实证主义学派发展的最生动的实例。

2. 远藤隆吉在1911年发表的《汉学的革命》（『漢學の革命』）一文中，又特别强调了"孔子是中国人"的观点。这一观点中国人会觉得十分奇怪，但是，在20世纪初期的日本思想学术界，具有深刻的含义。

3. 1911年中国发生辛亥革命后，白鸟库吉即在当年《中央公论》第26卷12号上发表了题为《论中国历代人种问题并及本次大革命之真因》的论文。他说，中国人原来是保守的，且倨傲尊大，中国文化与异民族文化相比，无疑是杰出的。然而，新传入的欧洲文化优胜于中国文化，也未能与中国文化同化，这对中国来说，便有新旧两种思想的交锋，正是这些造成了19世纪末以来的中国大革命。

4. 日本最早的社会主义者、中江兆民的弟子幸德秋水遇害，在日本被称为"大逆事件"，又称"幸德事件"，影响深远。此年刊行其著作《基督抹杀论》。

5. 西田几多郎（にしだ きたろう，1870—1945），日本哲学家，京都帝国大学教授，为京都学派的开创者与领导者。其《善的研究》等一系列著作的诞生，表明日本思想文化领域经过明治时代以来40余年的反复争斗，终于在哲学形态上——从观念到表达形式——与中国传统文化的影响相脱离。我们可以把它看成是日本传统汉学在经历了近300年的发展之后，于20世纪初走向终结的主要标志。

主要著作结集在《西田几多郎全集（全24卷）》（『西田幾多郎全集（全24卷)』，岩波书店，2002—2009）。

公元 1912 年

一、大事记

1. 白鸟库吉于 1912 年再次申述他的"尧舜禹抹煞论"。他在同年 2 月的汉学研究会与日本史学例会上，分别以"《尚书》的高等批评"和"儒教的源流"为题发表讲演，作了进一步的论证阐述。

2. 井上哲次郎于 1912 年著书《国民道德概论》(『國民道德概論』)，倡导日本为"综合家族制国家"，认为"中国是根基于各别的家族制度"，而"日本的各别的家族是包括在天皇家族之中的"。正因为如此，"表示各自家族伦理的'孝'，与表示综合家族伦理的'忠'，彼此是统一而无矛盾的。这一点日本比中国要来得优越"。

3. 星野恒进讲《周易·上经·观卦》。

4. 狩野直喜 1912 年赴欧洲留学，探寻敦煌文物文献，1913 年回国。

5. 1912 年，在中国和印度过了近 6 年研究生活的盐谷温回国主持东京帝国大学中国文学课程。

6. 2 月，宇野哲人《中国文明记》刊。6 月，朱舜水二百五十年祭于东京第一高等学校举行。7 月，《梅园全集》刊。8 月，井上哲次郎《国民道德概论》刊。10 月，井上哲次郎、服部宇之吉、涩泽荣一、阪谷芳郎等举行孔子诞辰会。久保天随《校注汉文丛书》十二册刊。至诚堂《新译汉文丛书》刊。儿岛献吉郎《中国文学史纲》刊。3 月，美浓部达吉《宪法讲话》刊，与上杉慎吉之间开始宪法论争。10 月，大杉荣等《近代思想》创刊。

二、书（文）目录

1. 書經（《书经》），大田錦城（述），早稻田大學出版部、東京
2. 詩経研究（《〈诗经〉研究》），諸橋轍次（著），目黒書店刊本、東京
3. 老子集説（《〈老子〉集说》），渡政輿（著），渡長五郎刊本、東京

4．老子道德經(《老子〈道德经〉》),渡政興(集说),渡致雄、市村瓚次郎(校),渡長五郎刊本、東京

5．修養論語(《修养〈论语〉》),松村介石(著),如山堂刊書店刊、東京;再版

6．大學説;大學章句;中庸説;中庸章句;論語集説(《〈大学〉说;〈大学〉章句;〈中庸〉说;〈中庸〉章句;〈论语〉集说》),孟子(著)、服部宇之吉(校),冨山房、東京;10 版:第 1 卷

7．論語逢原(《〈论语〉逢原》),中井積德(著),東陽堂刊、東京

8．続支那畫家人名辭書(《续中国画家人名辞书》),斎藤謙(編),大倉書店、東京

9．支那文學史綱(《中国文学史纲》),兒島献吉郎(著),冨山房、東京

10．支那文明記(《中国文明记》),宇野哲人(著),大同館書店、東京

11．支那風韻記(《中国风韵记》),川田鐵彌(著),大倉書店、東京

12．儒教倫理概説(《儒教伦理概说》),服部宇之吉(讲稿),國定教科書共同販賣所、東京

13．教育勅語聖旨實行方法:儒學復興論(《〈教育敕语〉圣旨实行方法:儒学复兴论》),清水広次(著),壺井武雄、十河村(香川県)

三、备注

无。

公元 1913 年

一、大事记

1．大冢先儒墓所保存会,在小石川护国寺举行。

2. 东京帝国大学举办贝原益轩二百年纪念会议，由东亚协会会长井上哲次郎主持召开。

3. 3月，福冈教育会举行先贤追慕祭，东京召开大冢先儒墓所保存会。4月，中村久四郎编《〈论语〉书目》（附岛田篁村《百济所献论语考》）刊，贝原益轩二百年祭。10月，信浓教育委员会举行佐久间象山五十年祭，出版《象山全集》二册。3月，柳田国男等《乡土研究》创刊。8月，岩波书店开业。大正政变（大正民主运动开始，1918年"米骚动"，1920年普选运动，1924年第二次护宪运动）。

4. 冈仓天心去世，50岁。

二、书（文）目录

1. 尚書集解（《〈尚书〉集解》），元田彝（著），弘道館刊、東京

2. 系統的論語講話（《系统的〈论语〉讲话》），柴原砂次郎（著），新修養社刊、東京

3. 重改論語集註俚諺鈔（《重改〈论语〉集注俚谚钞》），毛利貞齋（述），久保天随（編），博文館、東京

4. 論語：四書俚諺抄（《〈论语〉：四书俚谚抄》），毛利貞齋（述），三島毅、服部宇之吉、高瀨武次郎（修），久保得二（校），博文館、東京；付：漢文叢書；校注第1册；重改

5. 論語：新四書俚諺抄：重訂（《〈论语〉：新四书俚谚抄：重订》），毛利貞齋（述）、久保得二（校），博文館、東京；付：漢文叢書；校注第1册

6. 纂標論語集註：全（《纂标〈论语〉集注：全》），瀧川龜太郎（編），金港堂刊書籍、東京

7. 新編論語鈔（《新编〈论语〉钞》），青木晦藏（編），金港堂刊書籍、東京；付：訂正再版

8. 論語（《论语》），鄭玄（注），出版者、出版地不明

9. 論語書目（《〈论语〉书目》），孔子祭典會（編），孔子祭典會、東京

10. 修養資料儒教訓言類聚（《修养资料儒教训言类聚》），安家義周（編），

二松堂書店、東京

11．支那淨土教史（《中国净土教史》），佐々木月樵（著），無我山房、東京

12．支那繪畫史（《中国绘画史》），中村不折、小鹿青雲（著），玄黄社、東京

13．支那觀（《中国观》），内田良平（著），黒龍會、東京

14．稿本慈覺大師入唐順路図（《稿本慈觉大师入唐顺路图》），來馬琢道（著），平和書院、東京

三、备注

无。

公元1914年

一、大事记

1．大阪建立"洗心洞学会"，研究"阳明学"。

2．由井上哲次郎等主持的第四届孔子诞辰会议在东京神田学士会所召开。

3．三岛中洲进讲《尚书·无逸》第一至三节。

4．1914年内藤湖南发表著名的《中国论》（『シナ論』，文会堂、東京）。

5．罗振玉和王国维合作，对前述罗氏《殷商贞卜文字考》作了增补，改题《殷墟书契考释》，并于1914年共同编撰《流沙坠简》。

6．第八届孔子祭典仪式活动在东京汤岛举行。

7．3月，内藤湖南《中国论》刊。4月，宇野哲人《中国哲学史讲话》刊。6月，斋藤拙堂五十年祭于二松学舍举行。9月，林泰辅《四书现存书目》刊。10月，素行会举行山鹿素行祭典。大阪洗心洞学会创立（研究和宣扬大盐中斋的阳明

学）。10月，大杉荣、荒畑寒村等《平民新闻》创刊。夏目漱石《心》，阿部次郎《三太郎的日记》，桑木严翼、天野贞佑译康德的《哲学序说》刊。

二、书（文）目录

1. 書經（《书经》），大田錦城（述），早稻田大學出版部、東京；第 6 卷；付：漢籍國字解全書

2. 尚書（《尚书》），服部宇之吉（校），冨山房刊、東京；第 6 版；付：漢文大系，服部宇之吉（校）；第 12 卷

3. 毛詩；尚書（《〈毛诗〉〈尚书〉》），服部宇之吉（校），冨山房刊、東京；第 7 版；付：漢文大系，服部宇之吉（校）；第 12 卷

4. 詩經（《诗经》），中村齋（述），詩疏圖解（《诗疏图解》），淵景山（述），早稻田大學出版部、東京；付：漢籍國字解全書；第 5 卷

5. 老子 莊子 列子（《老子·庄子·列子》），早稻田大學出版部編刊、東京；付：漢籍國字解全書；第 9 卷

6. 我輩は孔子である：孔子の東京見物（《我辈即孔子：孔子的东京所见》），贄田江東（著），明誠館、東京

7. "Rongo" in English, Japanese and Chinese（《〈论语〉在英语、日语和汉语世界》），山野政太郎（编），山陽堂刊、東京

8. 漢英對照論語講義：Commentary on Confucian Analects（《汉英对照〈论语〉讲义》），上卷，入田末男（著），ジャパンタイムス學生號出版所、東京

9. 支那乃佛教（《中国之佛教》），境野黄洋（著），出版项不明，馆藏京都大學附属图书馆

10. 支那哲學史講話（《中国哲学史讲话》），宇野哲人（著），大同館、東京

11. 支那論（《中国论》），内藤虎次郎（著），文會堂書店、東京

12. 支那の美術（《中国的美术》），桑山益二（著），赤城正藏、東京；アカギ叢書，第 21 编

13. 支那骨董叢説（《中国古董丛说》），籾山逸也（著），崇文會、東京；

訂正増補

14. 骨董羹：支那故物譯述書（《古董羹：中国故物译述书》），原田春境（著），大日本圖書株式會社、東京

15. 儒家理想學認識論（《儒家理想学认识论》），内田正（著），岩波書店、東京

16. 近世儒林年表（《近世儒林年表》），内野五郎三（著），日用書房、東京；訂正3版

三、备注

竹添进一郎（たけぞえ しんいちろう，1842—1917），字光鸿，是江户幕府末年的汉学家，曾任幕府时代熊本藩的儒官，崇尚经学，以程朱为宗。1902年起，他在东京帝国大学主讲中国经学，并于1914年获日本学士院奖。授文学博士，同年被授予文学博士的还有汉学家林泰辅。

公元 1915 年

一、大事记

1. 白鸟库吉最终完成了他的"尧舜禹抹煞论"的全部理论阐述。即强调中国古代史上的尧、舜、禹是中国人理想中的人物，是一种偶像崇拜心态的表现，由此出发，白鸟库吉强烈否认上古三代的存在，从而动摇了儒学的基础，在中国学研究中树起了怀疑主义的旗帜。

2. 1915年，因为与"满铁"决策层意见相左，白鸟库吉将调查部活动从"满铁"转入东京帝国大学，从1915年12月起，先后刊出了《满鲜地理历史研究报告》共十四卷，从而构筑起了作为"满洲学"三大支柱之一的历史地理学。

二、书（文）目录

1. 老子講義（《〈老子〉讲义》），三島中洲（著）、明治出版協會（編），中外出版社刊、東京
2. 淮南子:孔子家語（《〈淮南子〉:孔子家语》），服部宇之吉（校），冨山房、東京
3. 漢文講義録（《汉文讲义录》），大日本漢文學會、東京
4. 文章軌範講義（《文章规范讲义》），下森来治（述），興文社、東京；少年叢書漢文學講義；第 3 編
5. 韓非子講義：全（《〈韩非子〉讲义：全》）興文社（編），興文社、東京；少年叢書漢文學講義；26 編
6. 孫子國字解（《〈孙子〉国字解》），荻生徂徠（述）；唐詩選國字解（《〈唐诗选〉国字解》），服部南郭（述），出版項不明；先哲遺著 第 10 卷
7. 哲學と宗教（《哲学与宗教》），井上哲次郎（著），弘道館、東京
8. 日本古學派之哲學（《日本古学派之哲学》），井上哲次郎（著），冨山房、東京；訂正増補
9. 戰國策正解（《〈战国策〉正解》），安井小太郎（校），冨山房、東京；漢文大系 第 19 卷
10. 韓非子・荀子鈔（《韩非子・荀子钞》），第八高等學校（編），第八高等學校、東京
11. 春秋の哲人（《春秋哲人》），野村隈畔（著），六合雜誌社、東京
12. 陽明學新論（《阳明学新论》），高瀬武次郎（著），榊原文盛堂、東京
13. 儒林名鑑（《儒林名鉴》），鹿島櫻巷（編），緑染居書荘、東京

三、备注

1. 由井上哲次郎、星野恒、三宅雪岭等主持的孔子诞辰会议在东京帝国大学山上集会所召开。
2. 京都帝国大学文科大学"中国学会第二届讲演会"召开。

3. 1915 年王国维在日本撰写成《三代地理小记》。1916 年，内藤湖南便发表了著名的论文《王亥》，翌年又增补《续王亥》。1918 年，林泰辅在中国安阳实地调查殷墟后也发表了《龟甲兽骨文中所见之地名》。这样，以甲骨文字作为古史新证的研究便逐渐在日本中国学界展开了。

4. 5 月，安川敬一郎《〈论语〉俚解》（一名《〈论语〉俗话》）刊。8 月，服部宇之吉作为交换教授赴美国哈佛大学。9 月，林泰辅《周公及其时代》刊。12 月，高濑武次郎《王阳明详传》刊。那珂博士功绩纪念会编《那珂通世遗书》一册刊。日本提出对华"二十一条"。西田几多郎《思索与体验》刊。

5. 藤堂明保（とうどう あきやす，1915—1985），文学博士，早稻田大学客座教授，汉语教育家，日中学院院长，日中文化交流协会常任理事，"NHK 中国语讲座"讲师，中国语学研究会理事，中国语学文学研究家。他在战后日本汉语教育史上有很高的地位。

1921 年随父母到中国东北生活了 11 年。1932 年从旅顺中学毕业，考上了东京帝国大学。1938 年东京帝国大学中国哲学文学科毕业，同年作为外务省海外研究员赴中国留学。1939 年被召回国内接受军训，随后被派到中国服兵役。1943 年被调到南京日军总部当翻译，日本投降后又做了一段善后工作。1947 年回到日本后任东京第一高等学校教授，1951 年任东京大学讲师，1954 年任东京大学文学部副教授。1955—1958 年参加《世界大百科事典》（33 卷本，平凡社刊）语言部分的编写。1959—1962 年参加《亚洲历史事典》（10 卷本，平凡社刊）的编写。1961 年以《上古汉语词汇系统的研究》获文学博士。1962 年参加东京大学文学部中国哲学研究室主编的《中国的思想家》（2 卷本）的编写，撰写《郑玄》一章。1964 年任东京大学文学部教授，同年参加北京科学讨论会日本筹备会。1966 年赴中国访问。1968 年参加《中国文化丛书》（10 卷本，大修馆刊）的编写，任第 1 卷《语言篇》的主编。1969 年退出日本中国学会，同年任中国语学研究会《中国语学辞典》编集委员。1970 年为支持当时日本青年学生运动，辞去东京大学教授之职。1971 年参加日中文化交流协会访华团访问中国。1970—1972 年参加增订《中国古典文学全集》（60 卷本，平凡社刊）的编译，主编第 3 卷《孟子》。1971—1974 年参加《大现代百科事典》（20 卷本，学习研究社刊）的编写。1973 年起任早稻田大学客座教授，同时在

"NHK"电视中主持中国语讲座。1975 年仓石武四郎去世后，继任日中学院院长。1976 年任日本文化界代表团团长访华。1978 年 7 月任日本第三次中国研究家代表团团长访华。

　　主要著作：

　　『中國文法の研究』江南書院，1956

　　『中國語音韻論』江南書院，1957

　　『漢文概説 日本語を育てたもの』秀英出版，1960

　　『漢字の語源研究』『上古漢語の単語家族の研究』學燈社，1963

　　『漢字語源辞典』學燈社，1964

　　『漢字の知恵』『その生立ちと日本語』徳間書店，1965，のち徳間文庫

　　『漢字の起源』徳間書店，1966，のち講談社學術文庫

　　『漢字と文化』徳間書店，1967，のち徳間文庫

　　『漢字の思想』徳間書店，1968（徳間ブックス）

　　『漢語と日本語』秀英出版，1969

　　『狂』『中國の心・日本の心』中央図書，1971

　　『漢字とその文化圏』光生館，1971

　　『中國名言集』朝日新聞社，1974

　　『中國名言集』続 朝日新聞社，1975 のち朝日文庫全 3 巻

　　『中國語概論』大修館書店，1979

　　『賢者への人間學』中國の知恵 知者・能者・勝者 産業新潮社，1980

　　『漢字文化の世界』角川選書，1982

　　『漢字の過去と未来』岩波新書，1982

　　『中國の歴史と故事』旺文社文庫，1985，徳間文庫，1989

　　『中國遺跡の旅』上下 旺文社文庫，1985

　　『中國古典の読みかた』近藤光男と共著 江南書院，1956

　　『中國古典の読みかた・學習編』近藤光男と共著 江南書院，1958

公元1916年

一、大事记

1. 1月,土屋弘进讲《尚书·咸有一德》之篇。4月,宇野哲人《四书讲义·大学》刊。5月,阪本辰之助《赖山阳大观》刊。10月,举行大阪怀德堂开堂式。11月,林泰辅《论语年谱》二卷刊。服部宇之吉《东洋伦理纲要》刊。京都哲学会结成,《哲学研究》创刊。哲学界热衷于介绍新康德学派。

2. 楠本硕水去世,85岁;加藤弘之去世,81岁;夏目漱石去世,50岁。

二、书(文)目录

1. 易の原理及占筮(《〈易〉的原理及占筮》),遠藤隆吉(著),明誠館書店刊、東京(据查应为1917年或是1919年)

2. 鍋島論語葉隱全集(《锅岛〈论语〉叶隐全集》),山本常朝(述)、田代陣基(録)、中村郁一(編),葉隱記念出版會、東京

3. 論語:新譯:全(《〈论语〉:新译》),大町桂月(译),至誠堂刊書店刊、東京;付:新譯漢文叢書;第11編

4. 論語(《论语》),宇野哲人、今村完道(編),大日本漢文學會、東京;付:漢文講義録;第17號

5. 論語解義(《〈论语〉解义》),簡野道明(著),明治書院、東京

6. 論語と算盤(《〈论语〉和算盘》),渋沢栄一(述)、梶山彬(編),東亜堂刊書房、出版地不详

7. 論語年譜(《〈论语〉年谱》),林泰輔(編),大倉書店刊、東京

8. 南宗論語考異(《南宗〈论语〉考异》),梅山玄秀(編),南宗寺

9. 論語(《论语》),何晏(集解),南宗寺

10. 支那論集(《中国论集》),市村瓚次郎(著),冨山房、東京

11. 支那研究(《中国研究》),服部宇之吉(著),明治出版社、東京

12. 支那大観（《中国大观》），福田眉仙（著），金尾文淵堂、東京
13. 近世支那十講（《近世中国十讲》），稻葉君山（著），金尾文淵堂、東京

三、备注

1. 1916年《艺文》杂志上连载了狩野直喜的《中国俗文学史研究的材料》一文，这是其追踪斯坦因、伯希和敦煌文献的直接结果。

2. 服部宇之吉自1892年起，开始发表对中国文化研究的著作，1916年刊出《东洋伦理纲要》(『東洋倫理綱要』，京文社、改訂版，1926)，1917年刊出《孔子及孔子教》(『孔子及孔子教』，京文社、改訂版，1926)，1918年刊出《儒教与现代思潮》(『儒教と現代思潮』，明治出版社)，1926年刊出《中国的国民性与思想》(『支那の國民性と思想』，京文社)，1939年刊出《孔子教大义》(『孔子教大義』，冨山房)。由此观之，其主要学术，便是在于"伦理"与"孔教"。

3. 林泰辅因著述出版《周公及其时代》(『周公と其時代』)而获得日本学士院大奖即学士院恩赐奖。

4. 1916年3月24日，《读卖新闻》第1版刊出了文教社的广告，广征近代中国小说戏曲刊行会第一编《新译 红楼梦》会员。4月，署名岸春风楼的《新译 红楼梦》(上卷)出版。这本上卷中，从女娲补天至"满纸荒唐言"写入"缘起"，另有三十九卷，对应原文三十九回。译者运用了高度抽象概括的方法重新创作了适合日语表达和韵律的回目，如"世事无常""通灵玉""泪水之精""幻缘""红楼梦""我侄儿""心与心""缘分""美少年""体贴媳妇"。细读之下，不仅回目，译文也是高度概括的。译者在凡例中写道：

在不损害大体结构的前提下，与事件无关的内容尽量省略处理。

尽管如此，岸春风楼译本还是对《红楼梦》翻译的一次重要尝试。这包括按原回目叙事顺序归纳翻译，以及对日常对话的翻译。毕竟，第五回以后文章不再是大段的叙述，有了许多鲜活的日常对话，这对于当时日本的译者来说实非易事。可以想象，文教社原本是计划分上、中、下三册完成出版，而后不知道什么原因，终究止于39回，令人叹息。否则，仅回目一个部分就已经非常有

趣、值得期待了。

公元 1917 年

一、大事记

1. 岩崎久弥收购莫理循文库，以此为基础，又拨款 355 万日元作为基金，于 1924 年 11 月正式建立"东洋文库"。

2. 1 月，土屋弘进讲《中庸》诚之一节。服部宇之吉《孔子及孔子教》刊。7 月，波多野精一任京都帝国大学教授。西田几多郎《自觉的直观与反省》刊。河上肇《贫乏物语》刊。桑木严翼《康德与现代之哲学》刊。左右田喜一郎《经济哲学之诸问题》刊。

3. 竹添进一郎去世，76 岁；星野恒去世，79 岁；江户幕府末年活跃的汉学家竹添光鸿去世；日本史学家、评论家、学者山路爱山去世。

二、书（文）目录

1. 易と自然科學：運命之研究（《〈易〉和自然科学：运命之研究》），武市雄図馬（著），六合館刊、東京

2. 孔子：世界三聖傳（《孔子：世界三圣传》），西脇玉峯（著），松本商會出版部、東京

3. 孔子及孔子教（《孔子及孔子教》），服部宇之吉（著），明治出版社刊、東京

4. 高等漢文論語孟子抄（《高等汉文〈论语〉〈孟子〉抄》），島田鈞一等（編），育英書院、東京

5. 論語講義（《〈论语〉讲义》），三島毅（著），明治出版社刊、東京；付：漢文註釋全書，第 1 編、第 2 編

6. 朱熹集註論語新譯（《朱熹集注〈论语〉新译》），伯井秋梧（編），立川

文明堂刊、大阪；1—10卷，第22版

7．支那哲學史講話（《中国哲学史讲话》），宇野哲人（著），大同館、東京；第4版

8．支那墨寶集（《中国墨宝集》），審美書院、東京；再版

9．支那大觀と細觀（《中国大观与细观》），久米邦武、永井柳太郎（著），新日本社、東京

10．支那國民性と道教（《中国国民性与道教》），木幡恭三（著），出版项不明

11．支那戲曲集（《中国戏曲集》），今関天彭（編），東方時論社、東京

12．支那繪畫史（《中国绘画史》），中村不折、小鹿青雲（著），玄黄社、東京；第3版

13．儒家哲學本義（《儒家哲学本义》），内田正（著），岩波書店、東京

14．儒林名鑑（《儒林名鉴》），儒林堂編輯局（編），儒林堂編輯局、東京

三、备注

1．服部宇之吉1909年担任东京帝国大学教授，其间兼任文部省多种官职。自1917年起，为宫廷主讲《汉书》，1921年起被正式任命为东宫御用挂，为皇室讲授汉文，1926年升迁为宫内省御用挂，出入天皇宫廷。1924年出任东京帝国大学文学部部长，1926年出任京城帝国大学校长。1929年外务省设立东方文化事业总委员会，服部宇之吉出任日方首席代表（副总裁），兼任东方文化学院理事长。1934年受外务省嘱托，参加所谓"满日文化协会"的建立，出任评议员。

2．东洋文库是日本最大（全球第五大）的亚洲研究图书馆，也是日本三大汉学研究重镇之一，位于东京都文京区。它是一个专门把中国与中国文化作为主要研究对象的图书馆兼研究所，1948年起成为日本国立国会图书馆的分馆，自2008年起开始逐步独立运营。

战后在石田干之助、榎一雄等人的经营下，东洋文库收藏的各国有关东方研究的书籍相当全面，其中包括敦煌文书缩微胶卷和照片。文库设有研究部，聘任兼职或专职的东洋文库研究员，编辑出版《东洋文库欧文纪要》（*Memoirs* of the Research Department of the Toyo Bunko）等杂志、丛书。研究部下设敦煌文献、西藏、中亚、伊斯兰等研究委员会。

3. 林泰辅博士于1917年从日本商周遗文会、権古斋、听冰阁、继述堂等各家所藏的甲骨文字片中选出1023枚，制成拓片，并附"抄释"，撰著《龟甲兽骨文字》(『亀甲獣骨文字』)二卷。

公元1918年

一、大事记

1. 6月，东亚学术研究会联合当时日本中国学界中主张"尊孔""修身"的一些社团，如"研经会""汉文学会"等，合并再编为"斯文会"。9月27日，斯文学会与孔子祭典会合并，成立财团法人斯文会。

2. 服部宇之吉进讲《尚书·皋陶谟》之一节。

3. 平安考古学会刊《罗山文集》四册。《篁村遗稿》刊。宇野哲人《四书讲义·中庸》刊。12月，涩泽荣一刊龟井南溟《〈论语〉语由》十卷玻璃版。田边元《科学概论》。波多野精一、宫本和吉译《康德实践理性批判》。武者小路实笃等于宫崎创立新村，杂志《新村》创刊。

4. 日本出兵西伯利亚，"米骚动"，"平民宰相"原敬内阁成立。

5. 第一次世界大战结束，大川周明创办"少壮会"。

6. 京都帝国大学年轻的东洋学学者富冈谦藏去世，时年46岁。

7. 宇野哲人出任东京帝国大学教授，时年43岁。

二、书（文）目录

1. 山下東洋史教科書（《山下东洋史教科书》），山下寅次（著），六盟馆、東京

2. 世界之支那史（《世界之中国史》），青柳篤恆（著），早稲田大學出版部、東京；通俗世界全史，第18卷 続編

3. 國民道德概論（《国民道德概论》），井上哲次郎（述），東京；三省堂増訂再版

4. 支那國民性及國民思想（《中国国民性及国民思想》），服部宇之吉（著），海軍大學、東京；講演稿

5. 老子莊子講義（《〈老子〉〈庄子〉讲义》），興文社（編），興文社、東京；少年叢書漢文學講義14編，第7版

6. 回教（《回教》），瀬川亀（著），警醒社、東京

7. 孝經目錄（《〈孝经〉目录》），杉浦親之助所（著），出版項不詳

8. 戰國策正解（《〈战国策〉正解》），安井小太郎（校），冨山房、東京；漢文大系 服部宇之吉［ほか］校訂；第19卷，四版

9. 莊子私纂并講義（《〈庄子〉私纂并讲义》），土屋弘（著），丙午出版社、東京

10. 和譯孟子（《日译〈孟子〉》），三島章道（译），大同館、東京

11. 儒教と現代思潮（《儒教与现代思潮》），服部宇之吉（著），明治出版社、東京

12. 天明水滸伝（《天明〈水浒传〉》），早稲田大學出版部（編），早稲田大學出版部、東京；近世実録全書，第9卷

13. 雅文小説集（《雅文小说集》），塚本哲三（編），有朋堂書店、東京；有朋堂文庫

14. 繪本西遊記（《绘本〈西游记〉》），塚本哲三（編），有朋堂書店、東京；有朋堂文庫

15. 新編金瓶梅（《新编〈金瓶梅〉》），曲亭馬琴（著）、歌川國貞（図），國書刊行会、東京；家庭繪本文庫

16. 唐詩選評譯（《〈唐诗选〉评译》），森槐南（著），文會堂、東京

17. 儒教と現代思潮（《儒教与现代思潮》），服部宇之吉（著），明治出版社、東京

三、备注

1. 1918年，林泰辅在中国安阳实地调查殷墟后也发表了《龟甲兽骨文中所见之地名》。这样，以甲骨文字作为古史新证的研究便逐渐在日本中国学界展开。

2. 斯文会自成立以来，就成为日本研究传播儒学的重要力量，从大正九年（1920）开始至今一直负责直接管理汤岛圣堂并组织主办释奠礼等一系列传承传统儒学的文化活动。平成二十二年（2010）6月1日由财团法人改为公益财团法人，目前拥有1200名会员，《斯文》(『斯文』)基本隔月发行（1919—1990），1990年后每年出版一期，定期举办各种传统纪念活动。1月1日至4日为"正月大成殿特别开放日"，元旦当天举行《论语》讲座，对外免费展示明朝遗臣朱舜水带至日本的孔子像；4月第4个周日举行祭孔仪式与纪念讲演会；5月第3个周日举行祭针灸仪式与纪念演讲会；10月第4个周日举行祭先儒仪式与纪念演讲会；11月23日举行祭神农仪式与纪念演讲会；每年1月和7月举办两次文化演讲会。此外，这里还继承了宽政九年（1797）德川幕府设立"昌平坂学问所"举办汉文讲座的传统，每周举办以下各种文化讲座：

《论语》朗读、《论语》阅读、汉文入门、《孟子》讲读、汉字起源、《易经》讲义、阴阳五行说、素问讲读、《老子》讲读、《史记》讲读、《十八史略》讲读、汉诗作法入门、圣社诗会、江户汉学讲义、唐诗鉴赏、江户汉诗、古文书解读、书法、中国古典音乐、中国画、健康太极拳等。

3. 汉文学会会长金子坚太郎根据在东京汉语教育大会上的讨论结果，在《汉文学会报》上发文认为中学在第一学年之后开展汉文科目授课的做法比较合理。同年玉井幸助则在《国文学教育》上倡言废止汉文教育。

公元 1919 年

一、大事记

1. 哲学馆（今日本东洋大学前身）的创始人井上圆了去世，62 岁。

2. 斯文会的机关杂志《斯文》(『斯文』)创刊，1919 年至 1990 年基本隔月发行，1990 年后每年出版一期发行至今。

3. 土屋弘进讲《周易》观卦象辞。

4. 6 月，有朋堂《汉文丛书》全四十册刊。9 月，斯文会、孔子祭典会合并，以后的祭奠由斯文会祭典部举行。12 月，文部省发表"汉字整理案"。和辻哲郎《古寺巡礼》刊。津田左右吉《古事记及日本书纪之新研究》刊。《改造》创刊。

5. 中国发生五四运动，中华革命党改组为中国国民党，田健次郎受命台湾总督。

二、书（文）目录

1. 易の原理と其應用（《易的原理和其应用》），細貝正邦（著），實業之日本社刊、東京；第 5 版

2. 容安軒舊書四種 尚書 史記 世說新書 王子安集（《容安轩旧书四种·尚书·史记·世说新书·王子安集》），神田信暢（編），神田喜左衛門、京都

3. 岩崎文庫所藏尚書及び日本書紀（《岩崎文库所藏〈尚书〉及日本书纪》），吉沢義則（著）、和田維四郎（編），岩崎文庫刊、東京

4. 論語（《论语》），山鹿素行（著），國民書院、東京，1919—1920；付：山鹿素行先生全集，山鹿素行（著），山鹿素行先生全集刊行會，付：四書句讀大全，2—4 册

5. 論語解義（《〈论语〉解义》），簡野道明（著），明治書院、東京；付：缩刷

6. 論語講義（《〈论语〉讲义》），細川潤次郎，南摩綱紀（述），行道學會、

東京

　7. 尚書（《尚书》），服部宇之吉（校），冨山房刊、東京；第 7 版；付：漢文大系，服部宇之吉（校），第 12 卷

　8. 毛詩・尚書（《毛诗・尚书》），服部宇之吉（校），冨山房刊、東京；付：漢文大系，服部宇之吉（校），第 12 卷

　9. 支那佛教遺物（《中国佛教遗物》），松本文三郎（著），大鐙閣、東京；大阪

　10. 支那書画人名辭書（《中国书画人名辞书》），大西林五郎（編），松山堂書店、東京

　11. 西力の東漸と支那（《西力的东渐与中国》），山田謙吉（著），江陵義塾、東京

　12. 禪宗史（《禅宗史》），孤峰智璨（著），光融館、東京；曹洞禪講義，第 1 卷

　13. 支那近世政治思潮（《中国近世政治思潮》），松井等（译），興亡史論刊行会、東京

　14. 支那人文講和（《中国人文讲和》），今關壽麿（著），二酉社、東京

　15. 支那我観（《中国我观》），松永安左衛門（著），実業之世界社、東京

　16. 儒教と現代思潮（《儒教与现代思潮》），服部宇之吉（著），明治出版社、東京

　17. 格言統一儒教寶典（《格言统一儒教宝典》），小柳通義（著），經典刊行會、東京

三、备注

　1919 年，法国中国学家葛兰言（Marcel Granet，1884—1940）出版了研究中国《诗经》的名著《中国古代的祭礼与歌谣》（*Fêtes et Chanosno anciennes de La Chine*）。此书对于近代日本中国学的形成，在观念和方法论上，都是一件具有重大意义的事情。葛兰言的以《诗经》为中心的中国文化观念，在 20 世纪初期开始传入日本学术界，引起了日本中国学界的关注。这是日本的中国文化研究家第一次接触到被中国千余年来定为经学之一的《诗经》，不是从"齐身""刺

淫"等"克己复礼"的立场去理解，而是把它纯粹作为表现中国古代风情的客体材料，加以透视剖析，引出了与中国儒学和日本汉学毫不相干的结论。日本中国学界认为，"这一研究具有划时代的功绩"，"当代日本中国学界对《诗经》的研究，几乎都是踏着葛兰言所铺填的石子走过来的"。这一观念和方法论，把《诗经》从"经学"中解放出来，不仅推动了正在形成中的近代日本中国学界，而且也推动了总体研究领域中把文学从"经学"中解放出来。

公元1920年

一、大事记

1. 日本以京都帝国大学为中心的一批富有锐气的新生代中国学研究家铃木虎雄（すずき とらお，1878—1963）、小岛祐马（おじま すけま，1881—1966）、武内义雄（たけうち よしお，1886—1966）和青木正儿（あおき まさる，1887—1964）等共同发起创设中国学研究社团"中国学社"，并于9月出版学会杂志《中国学》(『支那學』)。该杂志终刊于1947年，历时27年，共13卷，把近代日本中国学的实证主义学派向前推进了一步。

2. 1月，服部宇之吉进讲《尚书·洪范》九畴之皇极一节。12月，国民文库刊行会开始刊行《国译汉文大成》。内野台领等《解说·批判论语讲义》刊。东京帝国大学助教授森户辰男因在《经济学研究》上发表《克鲁泡特金的社会思想研究》被给予停职处分。西田几多郎《意识的问题》刊。

二、书（文）目录

1. 老子 莊子 列子（《老子·庄子·列子》），國民文庫刊行會編刊、東京；付：國譯漢文大成／經子史部；第7卷

2. 孔子の歸國（《孔子的归国》），長與善郎（著），以文社刊、東京

3. 口譯論語詳解（《口译〈论语〉详解》），野中元三郎（述）、冨山房、東京

4. 古列女傳；女四書（《古列女传·女四书》），塚本哲三（編），有朋堂刊書店刊、東京；付：漢文叢書，塚本哲三（編）、服部宇之吉（解）

5. 支那哲學の研究（《中国哲学研究》），宇野哲人（著），大同館書店、東京

6. 支那美術史彫塑篇（《中国美术史雕塑篇》），大村西崖（著），佛書刊行會圖像部，巧藝社（发售）、東京

7. 支那文學史綱要（《中国文学史纲要》），內田泉之助、長澤規矩也（著），文求堂書店、東京

8. 散文考（《散文考》），兒島獻吉郎（著），目黑書店、東京；支那文學考／兒島獻吉郎（著），第1篇

9. 上世支那佛教學史（《古代中国佛教史》），佐々木憲德（著），興教書院、京都

10. 支那哲學大系（《中国哲学大系》），坂東書院、東京；丛书

11. 宗教研究（《宗教研究》），宗教研究會（編），博文館、東京；1920—1928

12. 儒林墨寶（《儒林墨宝》），風俗繪卷圖畫刊行會、東京；藝苑叢書 第2期第2、5、6回

13. 一貫の道：世界に對する儒教の使命（《一贯之道：儒教的世界使命》），嵩原安綿（著），自行印刷

三、备注

1. "中国学社"是在原来的"中国学会"的基础上发展而来的。1907年（日本明治四十年），当时实证主义学派的奠基人狩野直喜等发起并主持了一个以新进方法研究中国传统文化的社团"中国学会"，后来，内藤湖南、桑原隲藏等也相继参加了该学会。"中国学会"的活动，主要是每月举行一次"研究发表"。

"中国学社"的主要成员，大都是原来"中国学会"创始者们的学生。一般说来，"中国学社"在研究观念和方法论上，都继承了他们师长的特点，但是，由于"中国学社"建立的时代无论是在日本还是在中国，社会与思想都发生着急剧的变化，从而迫使这些富有锐气的新生代学者们，对于他们所从事研究的

中国人文的诸领域，在他们师长已经获得的业绩的基础上，进行再检讨。

2. 铃木虎雄，京都学派创始者之一，现代中国文学文化研究开创者之一。其祖父铃木文台、父亲铃木惕轩都是当时的著名汉学家，1916年赴中国留学两年，于1929年赴欧洲考察。1919年就任京都帝国大学教授，获文学博士学位，1938年成为帝国学士院会员，1961年被授予日本文化勋章，1963年被列为一等功勋并授予瑞宝勋章，同年病逝，享年86岁。

主要著作：

『支那文學研究』弘文堂書房，1925／復刻弘文堂 1962、1967

『支那詩論史』弘文堂書房，1925／復刻弘文堂 1961

『業間録』弘文堂書房，1928、第2版 1939

『賦史大要』冨山房，1936

『豹軒詩鈔』鈴木教授還暦記念会編 弘文堂書房，1938

『禹域戦乱詩解』弘文堂書房［麗澤叢書］，1945

『葯房主人歌草』アミコ出版社［あけび叢書］，1956

『豹軒退休集』鈴木先生喜寿記念会編、弘文堂，1956

『駢文史序説』（興膳宏校正補）研文出版，2007／元版1961

译注作品有：

『杜少陵詩集』全4卷「續國譯漢文大成 文學部 4—7」國民文庫刊行会，1922

『白楽天詩解』弘文堂書房，1927／復刻弘文堂，1954、1967

『陶淵明詩解』弘文堂，1948、復刻 1964、1968／平凡社東洋文庫，1989

『陸放翁詩解』弘文堂 上中下，1950—1954／新装版上下，1967

『玉台新詠集』徐陵 岩波文庫 上中下，1953—1956、復刊1994、2007

『李長吉歌詩集』李賀 岩波文庫 上下，1961、復刊1986、2009

『杜詩』岩波文庫 全8卷，1963—1966、復刊1989、2006—黒川洋一補訳

『杜甫全詩集』全4卷〈続國訳漢文大成復刻版〉日本図書センター，1978

3. 小岛祐马，日本京都帝国大学教授，著名的中国思想史研究者。

主要著作：

『社会思想史上における「孟子」』三島海雲記念財団，1967

『中國の革命思想』筑摩書房〈筑摩叢書〉，1967

『中國の社会思想』筑摩書房，1967

『中國思想史』創文社，1968 講義ノートが基

『政論雜筆』みすず書房，1974

4. 武内义雄，中国哲学思想史研究的早期实证论代表，国立东北大学名誉教授，东方学会会员，日本学士院会员，译作有《老子》等。1920年自中国研修回国，成为《中国学》的积极撰稿者。

主要著作：

『武内義雄全集』（全10卷）角川書店，1978—1979

『老子原始 付諸子考略』弘文堂，1926

『支那思想史』岩波全書，1936（后改版书名变更为『中國思想史』，有中译本）

『論語の研究』岩波書店，1939

5. 青木正儿，日本著名汉学家，文学博士，国立山口大学教授，日本学士院会员，日本中国学会会员，中国文学戏剧研究家。

青木不仅是中国古典文学文化的研究专家，而且也非常关注当时的中国，1920年他在《中国学》创刊号上，发表了题为《以胡适为中心的汹涌澎湃的文学革命》的论文，满腔热情地介绍了五四新文化运动中"文学革命"的主张，以及新诗、新小说所取得的成就。这篇论文也是世界上（包括中国在内）第一次评价中国新文化运动的旗手鲁迅先生的文章。他兴趣广泛，中国艺术史等研究影响了后来的中国及欧美学界。

1966—1970年由春秋社出版《青木正儿全集》（『青木正兒全集』）10卷：

『支那文學思想史・支那文學概説・清代文學評論史』

『支那文藝論叢・支那文學藝術考』

『支那近世戲曲史』

『新訳楚辞・元人雜劇序説・元人雜劇』

『李白』

『金冬心之藝術・中華文人画談・歴代画論・鉄斎解説』

『江南春・琴棋書画・雜纂』

『中華名物考・中華茶書・随園食単』

『酒中趣・中華飲酒詩選・華國風味』
『芥子園画伝訳』、神田喜一郎補訂解説

公元 1921 年

一、大事记

1. 服部宇之吉 1921 年起被正式任命为东宫御用挂，为皇室讲授汉文。
2. 松平康国、牧野谦次郎、松本洪等创建"汉学振兴会"，同年 4 月改称为"东洋文化学会"，并发行会报。
3. "孔子学会"并入"斯文会"，合称"斯文会"。"斯文会"举办第二届孔子祭祀典礼仪式，朝鲜儒学代表庆尚北道儒道振兴会支部副会长姜海等参列。
4. 诸桥辙次被委任为静嘉堂文库长。3 月，代议士木下成太郎等向众议院提出"关于汉学振兴建议案"，全会一致通过。5 月，根本通明《周易讲义》刊。九鬼周造赴欧留学（至 1929 年），出隆《哲学以前》、土田杏村《文化主义原论》、志贺直哉《暗夜行路》刊。
5. 东洋文化学会杂志《东洋文化学会会报》（『東洋文化學會々報』）发刊。

二、书（文）目录

1. 詩經（《诗经》），國民文庫刊行會（编），國民文庫刊行會、東京；付：國譯漢文大成，國民文庫刊行會，經子史部 第 3 卷
2. 老子神髓（《〈老子〉神髓》），長島萬里（著），漢文教会、東京
3. 小學；孝經；孔子家語（《〈小学〉〈孝经〉〈孔子家语〉》），塚本哲三（编），有朋堂刊書店刊、東京；付：漢文叢書，塚本哲三（编），有朋堂刊書店刊
4. 世界三聖傳（《世界三圣传》），大屋德城、西脇玉峯、松本赴（著），松本書院、東京；第 35 年版

5. 四書（《四书》），塚本哲三（編），有朋堂刊書店刊、東京；付：漢文叢書，有朋堂刊文庫，塚本哲三（編）

6. 論語集註（《〈论语〉集注》），簡野道明（补注），明治書院、東京

7. 支那佛教史之研究（《中国佛教史之研究》），山内晋卿（著），佛教大學出版部、京都；佛教大學叢書，第4編

8. 支那佛教思想史（《中国佛教思想史》），橘惠勝（著），大同館、東京

9. 支那思想と現代（《中国思想与现代》），西本省三（著），春申社，大阪屋號書店（发售），上海，東京

10. 支那思想及人物講話（《中国思想及人物讲话》），安岡正篤（著），玄黄社、東京

11. 支那文化の解剖（《中国文化的分析》），後藤朝太郎（著），大阪屋號書店、東京

12. 支那劇精通（《中国剧精通》），黑根祥（著），東亜公司、北京

13. 西廂記；琵琶記（《〈西厢记〉〈琵琶记〉》），國民文庫刊行會（编），國民文庫刊行會、東京；國譯漢文大成／國民文庫刊行會（编），文學部；第9卷

14. 支那學（《中国学》），支那學社（编），弘文堂書房、東京；丛书，共发行12卷：1921.7—1947.8

15. 四書集註（《〈四书〉集注》），宇野哲人（译），世界聖典全集刊行會、東京；世界聖典全集.儒教

三、备注

无

公元 1922 年

一、大事记

1. 服部宇之吉 1922 年为天皇讲授《论语·为政篇》。

2. 代议员木下成太郎等的"汉学振兴会"建议案在众议院提出并全体通过后，获资助 100 万日元，决议创办东洋文化研究所。

3. 斯文会筹备多地各种孔子祭祀纪念活动，如"鹿儿岛孔圣二千四百年祭祀""和歌山孔夫子追远纪念"，仙台孔子会之"孔圣二千四百年祭祀""东京汤岛孔子二千四百年追远纪念祭祀"等活动，并得到皇室御赐金额 3 万日元。

4. 11 月，斯文会《日本儒学年表》刊。全国水平社结成。日本共产党成立。朝永三十郎《康德之和平论》刊。阿部次郎《人格主义》刊。

5. 大川周明办起"社会教育研究所"，1925 年改名"大学寮"。

6. 日本汉学向日本中国学转变时期的具有过渡性质的学者林泰辅逝世，时年 69 岁。

二、书（文）目录

1. 詩經；書經；易經（《诗经·书经·易经》），塚本哲三（编），有朋堂書店、東京；漢文叢書

2. 詩經（《诗经》），國民文庫刊行會（编），國民文庫刊行會、東京；再版；付：國譯漢文大成，經子史部 第 3 卷

3. 老子とその子（《老子及其子孙》），大泉黑石（著），春秋社、東京

4. 老子哲學大道教釋義（《老子哲学大道教释义》），藤本孝太郎（述），眞宮學院、安下庄町（山口県）

5. 老子（《老子》），武藤欽（著），文獻書院、東京；付：世界名著梗概叢書；2

6. 老子（《老子》），大泉黑石（著），新光社、東京

7. 老子；莊子；列子（《老子·庄子·列子》），塚本哲三（编），有朋堂書店、

東京；漢文叢書

　　8. 孔子卒後二千四百年祭記念先哲遺墨展覽會出品目錄（《孔子两千四百年祭纪念先哲遗墨展览会出品目录》），斯文会、東京

　　9. 論語講義：解説批判（《〈论语〉讲义：解说批判》），經學攷究会（編），光風館書店刊、東京

　　10. 論語：現代語譯（《〈论语〉：现代语译》），小野機太郎（著），支那哲學叢書刊行会、東京；支那哲學叢書

　　11. 諺譯論語（《言译〈论语〉》），鮎貝房之進（編），儒教經典講究所、京都；儒教經典諺譯叢書，第2，第4

　　12. 正平本論語札記（《正平本〈论语〉札记》），市野迷庵（重訂），正平版論語改題（《正平版〈论语〉改题》），安井小太郎（著）、山本邦彦（編），斯文会、東京；付：論語，何晏集（解），山本邦彦（編）

　　13. 論語（《论语》），國民文庫刊行會（編），東京；經子史部 第2册（第1帙の2）

　　14. 實驗論語處世談（《实验〈论语〉处世谈》），澁澤榮一（著），實業之世界社刊、東京

　　15. 日本名家四書註釋全書（《日本名家四书注释全书》），關儀一郎（編），東洋図書刊行会、東京

　　16. 日本儒學年表（《日本儒学年表》），斯文会（編），斯文会、東京

　　17. 儒教と日本文化（《儒教与日本文化》），中村久四郎（著），國史講習會、東京；文化叢書 第15編

三、备注

　　青木正儿1922年赴中国研修体验（1924年再次赴中国），并与画友组织"考盘社"，研究南画，体现了对中国文化的喜爱。这与当时很多受国家主义思潮影响的中国研究者有着明显的不同，但其批判儒学的精神却有着时代的共同性。

　　青木正儿在1922年1月27日致吴虞的信中，把这一层意思讲得十分明白。

他说:东京的学者,于其研究态度,多有未纯的地方。他们对孔教犹尊崇偶像,是好生可笑。我们京都的学徒,这等迷信很少。把那"四书""五经",我们渐渐怀疑起来了,一个破坏书教,一个推倒易教,礼教无论不信。我们把个尧舜,不做历史上事实,却是做儒家之徒有所为而假设出来的传说——亡是公。我们不信尧舜,况崇拜孔丘乎?……我们同志并不曾抱怀孔教的迷信,我们都爱学术的真理。

这简直是一篇"非儒"的宣言。青木正儿表示"不信尧舜,况崇拜孔丘乎",这比他的老师狩野直喜在"破坏中国旧思想"方面,大大地迈进了一步。他的这种见解,与白鸟库吉的怀疑主义(后来发展为批判主义)在观念上是相通的。

公元 1923 年

一、大事记

1. 二松学舍建立大东文化学院,该校成为日本战前培养传统汉学家的主要基地,并在财政上经常获得天皇的"赐金"。

2. 日本帝国议会终于通过了"关于振兴汉学的建议",相应作出了预算措施,并成立了"大东文化协会"。

3. 北一辉(きた いっき,1883—1937)所著《日本改造法案大纲》(『日本改造法案大綱』)刊出。它的总体思想是"改造"日本,置日本于军队控制之下,使之对内实行完全的皇权独裁,对外伸张日本的国家权益,其矛头所指,首先是中国,把所谓"确保中国之安全""援助印度之独立""命定取得南方之领土"作为日本的三大国策,与英国和俄国决战,使日本执世界之牛耳。

4. 3月,日本第46届国会通过了所谓《对支文化事业特别会计法》,并于3月30日以日本政府第36号法律公布执行。

5. 12月27日,日本内阁决定立即组成"对支文化事业调查会",作为外务省工作机构的高级咨询机关。该调查会由外务大臣兼任会长,成员有29名(加大臣共 30 名）。

二、书（文）目录

1. 老子・列子：現代語譯（《〈老子〉〈列子〉：现代语译》），野村岳陽（著），支那哲學叢書刊行会、東京；支那哲學叢書

2. 老子國字解全書（《〈老子〉国字解全书》），關儀一郎（编），東洋圖書刊行會、東京

3. 老子講話：澤庵禪師（《〈老子〉讲话：泽庵禅师》），森大狂參（訂），成光館出版部、東京；5 版

4. 創作老子の面（《创作老子之容》），猪狩史山（著），大阪屋號書店、東京

5. 孔子と其思想及教義（《孔子及其思想和教义》），鈴木周作（著），弘道館、東京

6. 孔子とその徒（《孔子和他的弟子们》），安藤圓秀（著），日進堂刊、神戶

7. 孔子・世界三聖傳（《孔子・世界三圣传》），西脇玉峯（著），三星社刊、東京

8. 支那佛教史蹟（《中国佛教史迹》），常盤大定（著），金尾文淵堂、東京

9. 禪學思想史（《禅学思想史》），忽滑谷快天（著），玄黄社、東京；1923.7—1925.7

10. 支那思想のフランス西漸（《中国思想的法兰西西传》），後藤末雄（著），第一書房、東京

11. 支那佛教正史（《中国佛教正史》），伊藤義賢（著），竹下學寮出版部、三隅村（山口縣）；上册

12. 荀子：現代語譯（《〈荀子〉：现代语译》），加藤常賢譯（著），新光社、東京；支那哲學叢書

13. 近代劇大系（《近代戏剧大系》），近代劇大系刊行会、東京；1923—1924，第 16 卷 支那及露西亜篇

14. 儒學綱要（《儒学纲要》），宮井虎三郎（著），報知新聞社出版部、東京

三、备注

1. 1923 年，"满铁"调查部派八木奘三郎为首，对东北地区已考实的古物进行分类归编，经 5 年功夫，撰成《满洲旧迹志》三卷。可以说这是满洲（主要是辽宁）地区地面古物遗存的一本总账簿。

2. 《对支文化事业特别会计法》是关于日本官方用于对华文化事业的各项费用的来源与支付办法。有意思的是，这一特别会计法的第一条言明"基金"来源有两方面：一为"庚子赔款之本利"，一为"有关山东铁路与公有财产补偿国库证券之本利及山东矿山之补偿金"。这两项款项，一项为八国联军镇压义和团之后清廷答应的赔偿金，另一项为第一次世界大战结束，日本欲图占领德国所属之山东诸项权益，遭英美之反对而由中国出钱赔偿日本。这两项"基金"，全然是中国之资产。日本国会拿中国的钱财，作出他们的特别会计法。该"法"之立法，本身就是日本演化为帝国主义后强权政治的表现。建立于这一强权政治之上的所谓"对支文化事业"，当然便是为这一政治服务的"事业"。

特别会计法言明"对支文化事业"包括三个内容：

一、日本在华之教育、学艺、卫生、救恤及其他文化事业；

二、对居留日本之中国国民，实施与前项同样之事业；

三、日本有关研究中国问题之学术事业。

上述三项"事业"，本质上都属于日本中国学的范畴，尤以第三项最为典型。

为实施这一特别会计法，1923 年 5 月 5 日，日本内阁决定，在外务省内设立"对支文化事业局"，由亚洲局局长兼任该局局长。1924 年 12 月改名为"文化事业部"，取消"对支"二字，其因是为了避免过于刺激中国人。该局（部）掌握对华文化方针之决定权、预算编制权、经费实施监督权——由日本官方操纵了整个对中国文化的研究。

3. 1923 年 12 月底 1924 年 1 月，日本外务省亚洲局局长出渊胜次与当时中国驻日公使汪荣宝进行了三次会谈，达成了《汪—出渊协定》，其正题名《日

本对华文化事业协定》，于 1924 年 2 月 6 日成立。

4. 1923 年日本内阁决定立即组成"对支文化事业调查会"，组成成员如下：

外务省次官松平恒雄，大使馆参事官高尾亨，外务省情报次长小村欣一，大藏省主计局长田昌，文部省次官赤司鹰一郎，文部省学务局长松浦镇次郎，内阁书记官长桦山资英，内阁拓殖事务局局长依孙一，贵族院议员黑田清辉、大河内正敏、藤村义郎、江木翼，众议院议员浇正雄、一宫房治郎、田中武雄、星岛二郎，东亚同文会理事长白岩龙平，南满洲铁道株式会社副总裁江口定条，横滨正金银行董事米山梅吉、小田切万房之助、门野重九郎，东京帝国大学教授服部宇之吉、入泽达吉、山崎直方、佐藤宽次，法学博士下村宏、森俊六郎、冈实，外务省翻译官小村俊三郎。

这张名单上人物的地位都相当显赫，有日本政要、银行家、教授、博士等。该"调查委员会"与外务省"对支文化事业部"有两个重要的决定：一是胁迫中国签署一个允诺日本在华文化"活动"的协议，二是筹组一个囊括日本一切中国学家在内的权威性机构。

公元 1924 年

一、大事记

1. 内藤湖南 1924 年刊行《新中国论》(『新支那論』)，基本完成"中国文化中心移动说"的论述。而"中国文化中心移动说"是"内藤史学"的基本理论。

2. 文学博士狩野直喜进皇宫给天皇讲授《书经》(《尧典大意》)。

3. 静嘉堂新址落成 (東京都世田谷区岡本)，并对外有限度开放，公布藏书。

4. "中国研究会"成立，其会刊《中国研究》(『支那研究』) 创刊。

5. 7 月，宇野哲人《儒学史》上篇刊。9 月，金泽孔子会创立。高濑武次郎等创立天泉会，研究阳明学。渡边秀方《中国哲学史概论》刊。举行"康德诞辰二百年纪念讲演会"，田边元发表《康德的目的论》。

二、书（文）目录

1. 老子解義（《〈老子〉解义》），簡野道明（著），明治書院、東京
2. 國譯老子；列子；莊子（《国译〈老子〉〈列子〉〈庄子〉》），國民文庫刊行會（編），國民文庫刊行會北光書房、東京；付：國譯漢文大成，經子史部 第7卷
3. 孔子聖教之攻究（《孔子圣教之研修》），柿木寸鉄（著），人文社刊、東京
4. 老子解義（《〈老子〉解义》），簡野道明（著），明治書院、東京；改版
5. 四書:全（《四书:全》），有朋堂刊書店刊，塚本哲三（編），有朋堂刊文庫、東京；漢文叢書
6. 縮刷論語講義（《缩印〈论语〉讲义》），根本通明（著），早稻田大學出版部、東京；八版
7. 支那國學概論（《中国国学概论》），章太炎（著）、大西射月（译），支那思想研究会、東京
8. 支那劇研究（《中国戏剧研究》），内山完造（編），支那劇研究會、東京
9. 宋學の物心觀（《宋学的物心观》），西本白川（著），支那思想研究會、上海；支那思想研究會パンフレット，第1輯
10. 神仙（《神仙》），澁川柳次郎（著），玄耳叢書刊行會、東京；玄耳庵支那叢書／澁川柳次郎著，6
11. 支那法制史研究（《中国法制史研究》），東川德治（著），有斐閣、東京
12. 支那文化史講話（《中国文化史讲话》），高桑駒吉（著），共立社、東京
13. 支那哲學の研究（《中国哲学的研究》），宇野哲人（著），大同館書店、東京；8版
14. 道教百話（《道教百话》），支那民俗研究會（編），日華共榮社、大連；支那民俗文庫，第1編—第3編，1924.6—1924.11
15. 支那古美術大觀（《中国古代美术大观》），太陽出版社編輯局（編），太陽出版社編輯局，山中商會（发售）、大阪

16. 支那佛教史地圖（《中国佛教史地图》），大鹽毒山（著），常盤大定、山崎直方、境野黄洋（校），大雄閣、東京；地圖資料（地图）

17. 儒學史（《儒学史》），宇野哲人（著），寶文館、東京；上卷

三、备注

1. 影响甚巨的内藤湖南"文化中心移动说"的理论可以归述如次。

第一，内藤湖南认为，所谓"历史"，主要就是文化发展的过程。

第二，内藤湖南认为，中国文化在"时势"和"地势"两大基本因素推动下，一纵一横，形成自己的中心。但是，这一文化体系的中心又因"时势"和"地势"的关系而发生"移动"。此种"文化中心移动"具有两方面的形态：一方面在不同的社会阶层中移动，一方面在不同的地域中移动。

第三，内藤湖南认为，文化中心的移动，从"时势"的因素看，其轨迹并不是直线的。它是"一条由一个中心点出发的主线，向三方面的空间伸展，形成无数支流，缠绕着螺旋形向前推移"。

第四，内藤湖南认为，文化中心的移动，从"地势"的因素看，往往会超越民族和国家的界限。中国文化中心移动的地域，并不仅仅局限于汉民族居住的范围。这样，便产生了文化中心区域与非文化中心区域的关系问题。这种关系在文化上可以表现为"作用"与"反作用"——此即文化的"中毒"与"返青"。

"内藤史学"认为，中国文化在自身发展过程中，由于积聚过分，便会产生"中毒"现象。为了使中国文化"解毒"，就需要依靠受中国文化影响而发展起来的域外文化，以"反作用"的形式加以"浸润"，从而使"中毒"的中国文化得以"返青"。像两晋南北朝、五代十国时期，中国本土与域外四周民族之间的文化，就表现为这样一种"中毒"→"浸润"→"返青"的"作用"与"反作用"过程。

从这一学说出发，内藤湖南在《新中国论》中认为，现时的中国文化，又已经呈现出新的"中毒"症状，需要一种外来文化作为"浸润剂"。日本作为吸收中国文化最成功的一个民族，它施加于中国的"反作用"，"对于中国民族维持将来的生命，实在具有莫大的效果"。

第五，内藤湖南认为，日本是受中国文化影响极深的一个国家，从文化上讲，"日本可以和江苏省、山东省一样，成为18个省份之一，甚至也可以称为日本省"。但是，在中国文化中心本身中毒枯竭之时，日本文化不仅可以对中心区域文化施加影响，发挥浸润作用，而且，日本文化在吸收古老的中国文化和新鲜的西洋文化的基础上，将"成就东方之新极致，以代歇洲而兴，充当新的坤舆文明之中心"。

内藤氏又指出，现代日本不但是东洋文化的中心，而且是个政治、经济上的大国，情况和西方列强一样，这主要是因为日本及西方列强所处的历史阶段不同。中国自宋代开始进入近代，其文化已臻圆熟，亦即接近历史的终点，西方的近代充其量只有三四百年的历史，日本则更是刚刚开始进入近代纪元，因而于政治、经济、军事等方面欣欣向荣，朝气勃发。

基于这样一种认识，内藤认为如果中国希望得以重生，中日合作与友谊是必要的。他相信由于东洋文化中心将转移到日本，日本的有识者将会乐意与中国合作，共谋两国的福利，包括物质和精神的福利。他甚至看到，中日两国之间，将会出现一个"统一文化运动"。

内藤湖南的"文化中心移动说"作为一种近代资产阶级的历史理论，具有一定的积极的价值，特别是其中描述的"天运螺旋轨迹"，具有历史辩证法的因素，从而为近代日本中国学界带来了生命力。但是，在实际生活中，这一历史理论的政治价值似乎要远远超越其理论意义。内藤湖南作为日本近代化过程中一位在野的民族主义分子，他从坦率地承认中国文化对日本文化久远而深刻的影响出发，经过一系列复杂的论证，引导出日本理所当然地要"充当新的坤舆文明之中心"，而最后归属于中日之间的"统一文化运动"——无须再作什么解释，读者至此自会明了这一理论真正的政治意义。

2. 静嘉堂文库（静嘉堂文库），日本收藏日文古籍的专门图书馆，设于东京都。创始人岩崎弥之助从1892年前后开始搜集中国和日本的古籍。其子岩崎小弥太扩充了藏书。中国清末藏书家陆心源去世后，其皕宋楼所藏宋元版刻本和名人手抄本4146部43218册于1907年为岩崎所购，运往日本，成为静嘉堂文库的基本藏书。

1948—1970年间该文库成为日本国立国会图书馆的分馆，后复改为独立机构。该文库将陆心源旧藏编成《静嘉堂秘籍志》(1917)，另编有《静嘉堂文库汉籍分类目录》(1930)及其《续篇》(1951)等。

其总藏书约为20万册(汉籍12万、日本古籍8万)，另有6000多件中国、日本的古代美术作品。其藏品被指定为日本国宝的有元朝赵孟𫖯和中峰明本尺牍一帖等，被指定为重点保护文物的有宋版《周礼》残本(蜀大字本)2册、宋版《说文解字》8册、宋版《汉书》(湖北提拳茶盐司刊本)40册、宋版《唐书》90册、宋版《外台秘要方》42册、宋版《李太白文集》12册等。馆藏汉籍中还有元版《东京梦华录》、清抄《广雅疏义》等。

公元 1925 年

一、大事记

1. 年初，日本政府又谋划成立控制对华文化研究所有专家的权威性机构。10月9日，中日双方委派各自代表共18人在北京会晤，成立"中日文化委员会总会"。

2. 东京帝国大学教授、文学博士市村赞次郎给天皇讲授《论语·为政》第二十三章。

3. 10月，岩桥遵成《日本儒教概说》刊。11月，广濑淡窗七十年祭在东京华族会馆举行。12月，日田郡教育会《淡窗全集》刊，增复刻全三卷1971年刊。杉浦新之助编《孝经五种》刊。制定普通选举法、治安维持法。原理日本社(蓑田胸喜主办)设立(到1946年)。田边元《数理哲学》刊。

4. 孙中山去世，59岁。

二、书(文)目录

1. 易の處世哲學(《〈周易〉的处世哲学》)，遠藤隆吉(著)，早稻田大學

出版部刊、東京

2. 易と自然科學：運命之研究（《〈周易〉的自然科学：运命之研究》），武市雄図馬（著），六合館刊、東京；第五版

3. 五行易指南（《五行易指南》），櫻田鼓缶子、梶山杳丘（編），心友社刊、東京

4. 書經（《书经》），國民文庫刊行會（編），國民文庫刊行會刊行、東京；國譯漢文大成，經子史部第7—8册

5. 老子·莊子·列子（《老子·庄子·列子》），國民文庫刊行會（編），國民文庫刊行會、東京；國譯漢文大成，經子史部第7卷

6. 老子をして今日に在らしめば（《假若老子在今日》），遠藤隆吉（著），早稲田大學出版部、東京

7. 論語講義（《〈论语〉讲义》），尾立維孝（著），二松學舍出版部、東京

8. 論語解義（《〈论语〉解义》），簡野道明（著），明治書院、東京；4版

9. 大學説；大學章句；中庸説；中庸章句；論語集説（《〈大学〉说〈大学〉章句〈中庸〉说〈中庸〉章句〈论语〉集说》），孟子（著）、服部宇之吉（校），冨山房、東京；第1卷

10. 支那文化の研究（《中国文化的研究》），後藤朝太郎（著），冨山房、東京

11. 支那文學研究（《中国文学研究》），鈴木虎雄（著），弘文堂書房、東京

12. 支那小説戲曲史概説（《中国小说戏曲史概说》），宮原民平（著），共立社、東京

13. 支那古代史論（《中国古代史论》），飯島忠夫（著），東洋文庫、東京；東洋文庫論叢，第5

14. 易の思想（《〈周易〉的思想》），山口察常（著），支那風物研究會、北京；通俗支那學講座，第1編

15. 道教（《道教》），橘樸（著），支那風物研究会、北京；支那風物叢書，第8編

16. 支那古代經濟思想及制度（《中国古代经济思想及制度》），田崎仁義

（著），内外出版、東京；増補

17.日本儒教概説（《日本儒教概说》），岩橋遵成（著），東京宝文館、東京

三、备注

1.1925年，石滨纯太郎陪伴内藤湖南从欧洲回国，在怀德堂"暑期讲座"上，连续报告了《敦煌石室的遗书》（后收入《东洋之话》中）。

2.1925年，青木正儿再次访问中国，在上海"昆曲传习所"观摩演唱，并在北京搜集戏曲文献，于此时又专门造访王国维。

3.1925年年初，日本政府又谋划成立控制对华文化研究所有专家的权威性机构。5月4日，中国外长沈瑞麟与日本驻华公使芳择谦吉，就中日合组"文化委员会"一事相互换文。双方同意组成一个合作的"委员会"来"推动文化事业"，"换文"内容主要有三条：

（1）以庚子赔款在中国境内所办理之一切文化事业，在不违犯日本法令之范围内，为筹划及管理之便，同意组织两国共同之文化委员会；

（2）委员之人数，中国在11名之内，日本在10名之内，由中国人担任委员长；

（3）在上海与北京各设分会。

这一"换文"的第一条竟然议决在"中国境内"的"文化事业"以"不违犯日本法令"为推进与办理的原则。这便决定了这一中日共同的"文化委员会"的性质和价值。

1925年10月9日，"中日文化委员会总会"成立。当时，中方进入委员会委员11人，日方为7人。名单如次：

中国方面委员：

清史馆总裁柯劭忞；前国务总理熊希龄；前司法总长江庸；总统秘书王式通；教育部次长汤中；教育部首席参事邓萃英；东南大学校长胡敦复；国会议员王树梢；旧学家贾恩绂，王照；日本理学士郑贞文。

日本方面委员：

东京帝国大学教授服部宇之吉；文学博士河内正敏；学者狩野直喜；医学博士入泽达吉；公使馆参事太田为吉；理学博士山崎直方；汉口等领事濑川浅之。

第一次会议议决由柯劭忞出任委员长，并决定原《汪—出渊协定》中关于日本在北京和上海等地设立"研究所"等事项，归属该委员会。

4. 远藤隆吉的中国哲学史研究，其内容在于考察"思想的渊源及其推移"，其体系在于移植西洋学术史的表述模式。

关于中国哲学史的体系，远藤氏在松本文三郎的研究基础上，进一步确立了"三分法"的理论，成为"体系学派"的显著特征。

松本文三郎在《中国哲学史》中把中国古代哲学史划分为"创作""训诂""扩张"三个时期。远藤氏也是中国哲学思想发展史"三分法"的主张者，但他把这三个时期定名为"古代哲学""中古哲学""近世哲学"，使它们更具学术性，学术界全盘接受了这一分期法及分期定名。这对日本中国学的影响至为深远。

远藤隆吉作为从日本汉学研究向近代学术转化时期的学者，他的中国哲学观中最有价值的成分，恐怕便是对古典的怀疑主义态度。另外，远藤氏对孔子提出了批评，他说"孔子生于中国，益为中国之祸根"。

与此相一致的是，远藤氏在1911年发表的《汉学的革命》（『漢學の革命』）一文中，又特别强调了"孔子是中国人"的观点。这一观点对中国人来说会觉得十分奇怪，但是，在20世纪初期的日本思想学术界，具有深刻的含义。由于当时"官学体制学派"已经向日本"新儒学"发展，"新儒学"具有强烈的护教色彩——把自我理解和需要的儒学精神，全部归为孔子精神，又把对孔子的崇拜，发展为宗教型的迷狂，这便形成了"孔教"。日本旧汉学家和新儒学家们把孔子作为超越时空的圣人加以膜拜。远藤隆吉的"孔子是中国人"的命题，便是针对这种宗教型的迷狂而提出的，具有日本近代学者反孔思想的内涵。远藤氏在中国本土五四新文化运动提出"打倒孔家店"之前，在对中国哲学研究中表现出的这样一种反孔思想趋向，是日本中国学史上的宝贵遗产。

公元 1926 年

一、大事记

1. 根据 1923 年《日本对华文化事业协定》，1926 年 7 月 27 日，中日双方决定成立"东方文化事业总委员会"，负责中日两国之对华文化事业。

2. 羽田亨教授在法国与伯希和合作，共同编辑《敦煌遗书》（第一集），分影印本与活字本两种刊行。

3. 内藤湖南从京都帝国大学讲坛退休。

4. 服部宇之吉 1926 年升迁为宫内省御用挂，出入天皇宫廷，同年出任京城帝国大学校长。

5. 学习院教授冈田正之为天皇讲授《论语·学而》"礼之用，和为贵"之章节以及《宪法》第十七条。

6. "东方考古学会"在东京成立。

7. 服部宇之吉《改订东洋伦理纲要》刊。5 月，宇野哲人《中国哲学概论》刊。《帆足万里全集》二卷刊。崇文丛书第一辑第一回（包括太宰春台、中井履轩、林述斋、松崎慊堂、古贺侗庵、安井息轩等儒者的著作）刊。关仪一郎编《续日本名家四书注释全书》三册刊行。赤尾敏设立建国会。《日本主义》创刊。和辻哲郎《日本精神史研究》刊。

8. 箭内亘（やない わたり，1875—1926）去世。

二、书（文）目录

1. 尚書紀聞（《〈尚书〉纪闻》），大田錦城（述），早稻田大學出版部刊行、東京；籍國字解全書，第 6 卷

2. 尚書（《尚书》），服部宇之吉（校），冨山房刊本、東京；漢文大系；第 12 卷

3. 老子の新研究（《〈老子〉新研究》），山縣初男（著），大阪屋號、東京

4. 老子原始：附諸子攷略（《〈老子〉原始：附诸子考略》），武内義雄（著），

弘文堂書房、京都

　　5. 老子の政治思想に就て（《〈老子〉的政治思想》），鵜澤總明（著），大東文化協會、東京

　　6. 現代思想より見たる中庸と老子（《現代思想观察〈中庸〉和〈老子〉》），金子白夢（著），新生堂、東京；東洋思想研究叢書；第 1 编

　　7. 孔子及孔子教（《孔子及孔子教》），服部宇之吉（著），京文社刊、東京

　　8. 孔子から孟子（《从孔子到孟子》），高須芳次郎（著），新潮社刊、東京；東洋學藝文庫；1

　　9. 孝經小解（《〈孝经〉小解》），熊澤蕃山（述），大學示蒙句解；中庸示蒙句解；論語示蒙句解（《〈大学〉示蒙句解》《〈中庸〉示蒙句解》《〈论语〉示蒙句解》），中村齋（述），早稻田大學出版部、東京；漢籍國字解全書；第 1 卷

　　10. 補註論語集註（《补注〈论语〉集注》），簡野道明（注），明治書院、東京；修正版

　　11. 論語：10 卷（《〈论语〉：10 卷》），澁澤榮一書（著），晚香書屋、出版地不详

　　12. 論語解義（《〈论语〉解义》），簡野道明（著），明治書院、東京；9 版

　　13. 新譯論語（《新译〈论语〉》），小野機太郎譯（述），關書店刊、東京

　　14. 近世儒林年表（《近世儒林年表》），内野皎亭（编），松雲堂書店、東京

三、备注

　　1. 自 1909 年 9 月到 1926 年退休，内藤湖南主持东洋史学第一讲座，经常讲授中国上古史、中国中古的文化、中国近世史、清史、中国史学史、中国目录学及一些史料课程，并多次在各种学术集会上作有关上述领域及近代中国文化、日本史、朝鲜史、中日文化交流等方面的专题演讲，其后，陆续发表上述领域内的论文多篇（现今出版的《内藤湖南全集》中所搜集的有关著作，大半都是他死后由门人等根据他的讲稿整理出版的）。在此期间，又曾多次来中国搜集未刊的原始资料，进行学术调查。内藤湖南除被聘为京都帝国大学教授之外，还被任命为帝国学士院会员、朝鲜史编修会顾问、古社寺保存会委员、国宝保存会委员、东方文化学院京都研究所评议员等职务。完成了"内藤史学"的建设，

成为近代日本中国学中实证主义的奠基人之一。

1926年，内藤氏从京都大学退休，成为该校的名誉教授，隐居于京都府相乐郡瓶原村的恭仁山庄，间或在各种集会上作一些学术演讲，并曾向天皇进讲杜佑的《通典》。在他61岁和65岁时，他的好友和门人，先后编印出版了《祝贺还历中国学论丛》《颂寿纪念史学论丛》，极一时之盛。1933年，为配合伪满洲国的成立，作为外务省对华文化事业部工作的一部分，内藤筹划所谓"满蒙的文化事业"，参与了由东京帝国大学、京都帝国大学联合组成的《李朝实录》《明实录》中"满蒙"史料的摘编工作。当年又为成立"日满文化协会"，扶病赴我国东北，出任"日满文化协会"理事。1934年，因胃癌病故。

2.箭内亘，日本福岛县人，东京帝国大学教授，号尚轩，东洋史学者，在蒙古史方面业绩颇丰。毕业于东京帝国大学史学科，随后在大学院继续深造，1908年加入白鸟库吉领导的满洲朝鲜历史地理调查部，到中国东北进行实地考察和搜集资料。回国后，担任教授，1914年起在东京帝国大学担任讲师，1925年成为教授，1926年去世。

箭内亘重点研究蒙元制度及历史地理，代表著作有《蒙古史研究》（刀江书院，1930）、《清及韩》（富山房，1904）、《辽金乣军及金代兵制考》（商务印书馆，1932）、《中国历史地图》（三人行出版社，1973）、《元朝怯薛及斡耳朵考》（商务印书馆，1933）、《东洋历史表解》（六盟馆，1906）等。

公元1927年

一、大事记

1.日本东亚考古学会组织原田淑人（はらだ よしと，1885—1974）、滨田耕作（はまだ こうさく，1881—1938）等，在日本关东厅（日驻辽东半岛长官公署）和朝鲜总督府等的支持下，对貔子窝碧流河畔进行挖掘，收获颇丰。此

次发掘报告于 1929 年以《貔子窝》(《南满州碧流河畔的先史时代遗迹》) 为题公刊。

2. 3 月,"东亚考古学会"成立。成立大会借"东方考古学会"第二届总会在东京帝国大学的山上会议所召开之际举行,《东方考古学丛书》(『東方考古叢書』)刊行。

3. 安冈正笃（やすおか まさひろ,1898—1983）创立的金鸡学院开院,诸多官僚和财经界及贵族出席。

4. 山口九十郎、渡边良温、海江田喜次郎等在东京成立"王学会"(王阳明研究)。

5. 加藤繁（かとう しげる,1880—1946）,获得第十七回学士院奖。

6. 5 月,秋月胤继《朱子研究》刊。岩桥遵成《近世日本儒学》上下册刊。11 月,铃木龙二《道德哲学〈中庸〉》刊。12 月,《日本儒林丛书》(至 1937 年 3 月,正续十三册) 刊。狩野直喜《中国学文薮》刊。本田成之《中国经学史论》刊。和辻哲郎留学德国。三木清《马克思式的人学形态》刊。

7. 王国维（1877—1927）投湖自杀。

二、书（文）目录

1. 老子之研究（《老子之研究》）,武内義雄（著）,改造社、東京

2. 孔子研究（《孔子研究》）,蟹江義丸（著）,京文社刊、東京;改版

3. 小學;孝經;孔子家語（《小学》《孝经》《孔子家语》）,塚本哲三（编）,有朋堂刊書店刊、東京;漢文叢書

4. 四書:全（《四书:全》）,塚本哲三（编）,有朋堂刊書店刊、東京;漢文叢書

5. 隨筆文學選集（《随笔文学选集》）,楠瀬恂（编）,書齋社刊、東京;第 1 卷—12 卷

6. 論語（《论语》）,大町桂月（评）;大學;中庸（《大学》《中庸》）,高成田忠風（解）,至誠堂刊書店刊、東京;詳解全訳漢文叢書;第 8 卷

7. 論語解（《〈论语〉解》）,照井全都（著）,東洋図書刊行会、東京;續日本名家四書註釋全書;關儀一郎（编）

8. 新譯註解朱熹集註論語（《新译注解朱熹集注〈论语〉》），秋梧散史（著），立川書店刊、大阪

9. 論語と算盤（《〈论语〉与算盘》），渋沢栄一（著），忠誠堂刊、東京

10. 論語白文（《〈论语〉白话》），田中慶太郎（校），文求堂刊、東京

11. 論語讀本（《〈论语〉读本》），安藤圓秀（編），開成館、東京；訂正再版

12. 續日本名家四書註釋全書（《续日本名家四书注释全书》），關儀一郎（编），東洋図書刊行会、東京

13. 讀孟叢鈔（《读孟丛钞》），西島蘭溪（著），東洋図書刊行会、東京；續日本名家四書註釋全書；關儀一郎（編）

14. 隨筆文學選集（《随笔文学选集》），楠瀬恂（編），書齋社刊、東京

15. 近世日本儒學史（《近世日本儒学史》），岩橋遵成（著），東京宝文館、東京；倫理叢書. 第 6 編

16. 日本儒林叢書（《日本儒林丛书》），關儀一郎（編），東洋圖書刊行会、東京；1927.12—1929.9 第 1 卷，第 2 冊，第 3 冊，第 4 冊，第 5 冊，第 6 冊

17. 儒家哲學本義（《儒家哲学本义》），内田正（著），文泉堂、東京

三、备注

1. 1925 年 9 月，原田淑人和滨田耕作专程来到中国北京，拜会北京大学教授马衡和沈兼士，商议与北京大学研究所国学门考古学会联合成立"东方考古学会"。翌年"东方考古学会"在东京成立。1927 年 3 月，"东亚考古学会"成立。

2. 原田淑人，日本考古学家，东京帝国大学教授，日本学士院会员，日本考古学会会长，东京帝国博物馆鉴定官、历史课课长，文化财专门审议会第三分科会史迹部会会长等。在考古学上的成就主要是通过各种遗迹和遗物研究东亚古代文化，取得了丰富的研究成果。有"日本近代考古学之父"之称。

1921—1923 年赴英国、法国、美国留学，并在欧洲各地和埃及访问、考察。1925 年以后，在中国参加"东亚考古学会"的活动，相继主持对黑龙江省宁安渤海上京龙泉府遗址、山西省大同北魏平城遗址、河北省邯郸赵城遗址、山东省曲阜鲁城遗址等调查发掘工作。1930 年任北京大学教授。1933 年任日本重要美

术品调查委员会委员。1935 年任日本学术会议委员会委员。1938 年任东京帝国大学教授，1939 年获该校文学博士学位。1943 年当选为帝国学士院会员。1946 年从东京帝国大学退休后任圣心女子大学和东洋女子大学教授。1947 年任日本考古学会会长。1950 年任日本文化财专门审议会委员。1974 年病逝。

主要著作：

『東亜古文化研究』（1940 年）

『正倉院ガラス容器の研究』（1948 年）

『日本考古學入門』（1950 年）

『東亜古文化論考』（1962 年）

『古代人の化粧と装身具』（1963 年）

『漢六朝の服飾』（1967 年）

『唐代の飾』（1970 年）

『考古漫筆』（1970 年）

『東亜古文化説苑』（1973 年）

已有中文译本：

原田淑人著，钱稻孙译：《从考古学上观察中日古文化之关系》，1933 年。

原田淑人讲，译者不明：《从考古学看中日古文化的关系》，北京：高等教育出版社，1958 年。

原田淑人著，常任侠译：《西域绘画所见服装的研究》，《美术研究》1958 年第 1 期。

原田淑人著，常任侠、郭淑芬、苏兆祥译：《中国服装史研究》，合肥：黄山书社，1988 年 2 月。

原田淑人著，译者不明：《西域绘画所见服装的研究》，载于甘肃省社会科学联合会、甘肃省图书馆编：《丝绸之路文献叙录》，兰州：兰州大学出版社，1989 年。

3. 滨田耕作，日本考古学家，号青陵，大阪府南河内郡人，1905 年毕业于东京帝国大学文科大学史学科。1909—1917 留校，历任讲师、副教授、教授，1918 年获该校文学博士学位，1931 年任日本学士院会员，1937 年任京都帝国大学校长。除在日本国内进行考古以外，曾任"朝鲜总督府"古迹调查员，在朝鲜境内从事考古工作。亦曾参与"东亚考古学会"的活动，在中国东北一带进行调查和发掘。

滨田耕作是日本现代考古学的创导人。他在京都帝国大学创立考古研究室，开设考古学讲座，日本大学中自此始设置正规的考古学课程，日本学院式的考古学从此开端。他在日本考古学上的功绩，在于将欧洲各国特别是英国考古学的理论和方法引进日本，讲求田野调查发掘工作方法，重视器物类型学等。

主要著作：

『通論考古學』（1922年）雄山閣で復刻

『百済観音』（1926年）平凡社東洋文庫で新版

『博物館』（1929年）

『考古游記』（1929年）

『東亜文明の黎明』（1930年）

『新羅古瓦の研究』（共著，1934年）

『考古學研究』（1938年）

『考古學入門』（「博物館」改題，1941年）

『東洋美術史研究』（1942年）

『東亜考古學研究』（1943年）

『濱田耕作著作集』（全7卷、同朋舎出版，1987—1993年）

其中，1930年应东京刀江书院之约出版的《东亚文明的黎明》一书，引起了考古界和其他社会各界的极大关注。

4．安冈正笃（やすおか まさひろ，1898—1983），日本著名汉学家、思想家、王阳明研究权威与管理教育家。他创立了日本金鸡学院、农士学院、东洋思想研究所与全国师友协会。

战后致力于用中国文化经典去教育日本的管理者，他于1949年成立了旨在弘扬中国文化经典与儒家教育的日本"全国师友协会"，协会成员达一万多人，会员几乎囊括了日本政治、军事与财经界的所有高层管理者，日本战后四任首相都先后向他拜师学习汉学。

他一生撰写了130多部著作，大部分著作的内容都是以中国儒家文化经典为主，其代表作有《帝王学》《王阳明》《十八史略》《人物学讲话》《三国人物新论》《创造命运》《开展命运》与《活眼活学》等。

5. 加藤繁（かとう しげる／しげし，1880—1946），日本历史学家、东洋史家。明治・大正・昭和时期的中国经济史著名学者，文学博士，被誉为"日本近代研究中国经济史的第一人"。1927年5月20日被授予学士院恩赐奖。加藤繁教授毕生研究中国经济史，在中国经济史研究领域取得了巨大成就。他采用广泛搜集史实的研究方法，确立了中国经济史研究的基本史料学方法。

主要著作日文版：

『支那古田制の研究』，京都法學會、有斐阁，1916年8月

『時代に於ける金銀の研究』两卷，东洋文库，1925—1926年

『史記列傳』（司马迁著，加藤繁、公田连太郎译，三册），富山房，1940—1942年

『史記平準書・漢書食貨志』（加藤繁注），岩波書店，1942年9月

『支那經濟史概説』，弘文堂書房，1944年

『支那學雜草』，生活社，1944年11月

『始皇帝其他』，生活社，1946年3月

『支那經濟史考證』上、下两卷（东洋文庫論叢第33、34），东洋文库，1952—1953年；1965年、1974年重印

中文译本版：

《中国经济史考证》（全三册），吴杰译，商务印书馆，1959年

《唐宋时代金银之研究》，中华书局，2006年12月

公元1928年

一、大事记

1. 德国兰克学派的主要学者L.里斯去世。

2. 狩野直喜主持的"中国哲学讲座"结束，其自1906年至1928年在京都

帝国大学主持该讲座达 22 年。

3.1月，高瀬武次郎进讲《大学》三纲领。6月，大修馆书店与诸桥辙次签约编纂《大和辞典》。开始实施普通选举。三木清《唯物史观与现代意识》刊，服部之总《唯物辩证法与唯物史观》刊（"马克思主义讲座"对三木清提出批判）。

4.台北帝国大学设立。

二、书（文）目录

1.尚書（《尚书》），服部宇之吉（校），富山房刊本、東京；漢文大系；第 12 卷

2.老莊哲學（《老庄哲学》），小柳司氣太（著），甲子社書房、東京

3.萬世の師孔子（《万世之师孔子》），赤池濃（著），玄黄社刊、東京

4.國譯論語（《国译〈论语〉》），斯文會（译），龍門社刊、東京

5.校刻論語集注（《校刻〈论语集注〉》），朱熹（集注），池善書店刊、金沢；観文堂刊叢書

6.補註論語集註（《补注〈论语集注〉》），簡野道明（补注），明治書院、東京；增訂版

7.論語：斯文會訓點（《〈论语〉：斯文会训点》），斯文會，龍門社刊、東京；論語全解；島田鈞一（著）

8.論語全解（《〈论语〉全解》），島田鈞一（著），有精堂刊書店刊、東京

9.漢學者伝記集成（《汉学者传记集成》），竹林貫一（著），関書院、東京

三、备注

1.1886 年 L.里斯开始在东京帝国大学执教。他把兰克学派关于历史学的观念与研究方法，第一次比较完整地移植到了日本学术界。兰克学派传入日本，其直接的后果表现在两个方面：一方面，它无疑促进了日本近代新史学的诞生，由此便造成了日本传统汉学中"道学的史学"在观念和方法论上的终结；另一

方面，西方近代史学尤其是普鲁士史学天生具有"民族主义"特性，故这一学派对国家权力和政治权力的崇拜也影响到日本近代思想的发展，对国家主义有推波助澜的作用。

2. 1928 年，东亚考古学会又组织驹井和爱、原田淑人、田泽金吾等人，对我国东北地区的老铁山进行开挖，此次有关东厅人士直接参加，所有发掘物当即就运送到日本东京帝国大学和京都帝国大学，做研究之用。从发掘物可证，此地在汉代是辽东郡治下的一个县，为水陆交通之中心点。1931 年刊出发掘报告《牧羊城》（《南满洲老铁山麓汉及汉以前遗迹》）。这也是日本近代考古学界在国家主义力量的直接干预下的一系列"满洲考古"的组成部分。

3. 1928 年 5 月，日本军国主义制造"济南事件"，为抗议日本政府对华的侵略行为，"东方文化事业总委员会"的中国方面委员，皆声明退出。可以说，自 1928 年春夏起，所谓"东方文化事业总委员会"，就是一个由日本政府操纵的、由日本人组成的对中国文化的研究进行控制与协调的机构。

公元 1929 年

一、大事记

1. 日本驻杭州总领事米内山庸夫用"庚子赔款""收购"了浙江东海藏书楼（今藏于东京大学东洋文化研究所）。

2. 日本外务省利用"庚子赔款"建立"东方文化事业总委员会"，在日本东京和京都、中国上海和北京分别建立研究机构（北京设立图书馆、人文科学研究所，上海设立自然科学研究所）。狩野直喜出任总委员会的日方委员。

3. 东方文化学院设立，院长服部宇之吉，在东京、京都各设置研究所。

4. 4 月，斯文会编《斯文六十年史》刊。9 月，冈田正之《日本汉文学史》刊。宇野哲人监修《中国哲学大系》十二卷刊。三木清《社会科学的预备概念》《史的观念论的诸问题》刊。户阪润《科学方法论》刊。

5. 日本东洋史学家藤田丰八（ふじた とよはち，1869—1929）去世；日本近代史学的先驱三宅米吉（みやけ よねきち，1860—1929）去世。

6. 小岛祐马等选择敦煌文献中诸子类文献，编撰《沙州诸子廿六种》，由高濑惺轩先生花甲纪念会出版。

7. 河上肇被京都帝国大学除名，后被批捕入狱，直至日本战败投降。

二、书（文）目录

1. 易の學理と其活用；運命大鑑（《〈易经〉学理及其活用；命运大鉴》），安元貫哲（编），玉文社刊、東京

2. 老子・列子：現代語譯（《〈老子〉〈列子〉：现代语译》），野村岳陽譯（著），金の星社刊、東京

3. 老子原始：附諸子攷略（《〈老子〉原始：附诸子考略》），武内義雄（著），弘文堂書房、東京；再版

4. 老子新釋（《〈老子〉新释》），小柳司氣太（著），弘道館、東京

5. 老子鑑賞（《〈老子〉鉴赏》），大月隆仗（著），敬文館、東京

6. 論語集注（《〈论语〉集注》），田中慶太郎（校），文求堂刊書店刊、東京；上冊，下冊

7. 論語新释（《〈论语〉新释》），宇野哲人（著），弘道館、東京；昭和漢文叢書

8. 現代語譯論語（《现代语译〈论语〉》），小野機太郎（著），金の星社刊、東京

9. 修養論語（《修养〈论语〉》），江口天峰（著），京文社刊書店刊、東京

10. 論語（《论语》），宇野哲人（校），広文堂刊、東京；高等漢文定本叢書

11. 儒教批判（《儒教批判》），河野市次郎（著），凡人社、東京

三、备注

无。

公元 1930 年

一、大事记

1. 日本外务省利用"庚子赔款"设立的东方文化学院京都研究所正式落成，所长狩野直喜，即今日京都大学人文科学研究所（きょうとだいがくじんぶんかがくけんきゅうしょ，简称"京大人文研"）的前身。

2. 大川周明、北呤吉等组织的爱国勤劳党成立。田边元于《哲学研究》发表《仰西田先生之教》。西田几多郎《一般者之自觉体系》刊。西晋一郎《实践哲学概论》刊。九鬼周造《"生"之构造》刊。山内得立《存在之现象形态》刊。村冈典嗣《日本思想史研究》刊。野吕荣太郎《日本资本主义发达史》刊。

3. 盐谷温进讲《书经·尧典》"百姓昭明协和万邦"之章。

4. 内村鉴三去世，69 岁。

二、书（文）目录

1. 老子集説（《〈老子〉集说》），渡政輿（著），文求堂書店、東京；再版

2. 老子と莊子（《老子与庄子》），武内義雄（著），岩波書店、東京；學藝叢書；10

3. 邦譯論語（《邦译〈论语〉》），東洋生命保險奉公部（编），東洋生命保險奉公部、東京；修養叢書；第 3 篇

4. 集註論語講本（《集注〈论语〉讲本》），島田鈞一（校），有精堂刊書店刊、東京

5. 政教より観たる論語新釈（《政教所见〈论语〉新释》），赤池濃（著），早稻田大學出版部、東京

6. 論語會箋（《〈论语〉会笺》），竹添光鴻（箋），崇文院、東京；崇文叢書；第 2 輯之 22—36 年版，60

7. 論語集解 上，下（《〈论语〉集解》），田中慶太郎（校），文求堂刊書店刊、東京

8. 論語徵癈疾 上，下（《〈论语〉徵癈疾》），片山叔瑟（著），崇文院、東京；崇文叢書；第 2 輯

9. 少年論語物語（《少年〈论语〉物语》），加納信夫（編），金蘭社刊、東京；日本を知る叢書；第 2 編

10. 論語（《论语》），宇野哲人（注），開成館、東京

11. 論語註疏（《〈论语〉注疏》），何晏（集解）、陸德明（释），澁澤榮一、東京；第 1—10 卷

12. 學庸知言（《学庸知言》），東條一堂刊（著）；學庸參辨（《学庸参辨》），增島蘭園（著）；學庸鄭氏義（《学庸郑氏义》），海保漁村（著），東洋図書刊行会、東京；續日本名家四書註釋全書（《续日本名家四书注释全书》），關儀一郎（編）

13. 續日本儒林叢書（《续日本儒林丛书》），關儀一郎（著），東洋圖書刊行会、東京；1930.12—1933.9 第 1—4 冊

14. 儒學概論（《儒学概论》），北村澤吉（著），關書院、東京

三、备注

1. 1930 年，矢吹庆辉教授在两度赴伦敦追寻斯坦因的敦煌文物后，编撰出版《鸣沙余韵》。

2. 1930 年白鸟库吉发表《日本建国之精神》（『日本建國の精神』）的公开讲演，大声疾呼"日本人的精神，便是吸取印度的佛教、中国的儒教，并在日本的统一"。把中国的"儒学"发展为"儒教"，又把儒教推崇为日本国家的基本精神——这是自明治末年至昭和前期，日本"新儒学"与国粹主义、日本主义结合，造成国家主义、超国家主义的意识形态的主要特征之一。白鸟库吉作

为一位深受欧洲近代文化影响的日本中国学家，虽然表现了超乎前人的批判精神，却又始终未能摆脱日本国体论的深刻影响——这种看起来似乎十分矛盾却又微妙地统一的观念，非常真实地构成了白鸟库吉中国史观（包括文化观）的主体内容，使其成为近代日本中国史学的基础，而且事实上它已经显示了在未来 40 年内，日本学者在中国历史研究方面的基本方向和主要特征。

3. 1930 年，青木正儿继王国维的《宋元戏曲史》(『宋元戯曲史』)之后，完成了《中国近世戏曲史》(『支那近世戯曲史』)的撰著，由弘文堂刊行。《中国近世戏曲史》是日本学者早期在中国古典戏剧研究中树起的丰碑，至今仍然没有失去它的光辉。全书分为五篇十六章：

第一篇 南戏北剧的由来
  第一章 宋以前戏剧发达的概述
  第二章 南北曲的起源
    第一节 宋代杂剧使用的乐曲
    第二节 南宋杂剧与金院本
  第三章 南北曲的分歧
    第一节 元代杂剧的改进
    第二节 南戏发达的径路
    第三节 杂剧及戏文的体例
    第四节 元代北剧的盛行与南戏的下沉
第二篇 南戏复兴期(元中叶至明正德)
  第四章 南戏的复兴
    第一节 古南戏目对照表
  第五章 复兴期中的南戏
    第一节《永乐大典》本戏文三种
    第二节《琵琶记》与《拜月亭》
    第三节 其他的元末明初之南戏
    第四节 成化—弘治—正德间之南戏
  第六章 保存元曲余势之杂剧
    第一节 明初杂剧

　　　　第二节 周宪王之杂剧

　　　　第三节 王九思与康海

第三篇 昆曲昌盛期（明嘉靖至清乾隆）

　　第七章 昆曲的兴隆与北曲的衰亡

　　第八章 昆曲勃兴时代的戏曲（嘉靖至万历初）

　　第九章 昆曲极盛时代（前期）的戏曲（万历年间）

　　　　第一节 先进的诸家

　　　　第二节 吴江一派

　　　　第三节 汤显祖

　　　　第四节 其余诸家

　　第十章 昆曲极盛时代（后期）的戏曲（明天启至清康熙初）

　　　　第一节 吴江派之余流

　　　　第二节 玉茗堂派

　　　　第三节 其他诸家

　　第十一章 昆曲余势时代的戏曲（康熙中至乾隆末）

　　　　第一节 康熙期诸家

　　　　第二节 乾隆期诸家

第四篇 花部勃兴期（乾隆末至清末）

　　第十二章 花部的勃兴与昆曲的衰颓

　　　　第一节 花部诸腔

　　　　第二节 蜀伶跳梁

　　　　第三节 徽班勃兴

　　第十三章 昆曲衰落时代的戏曲

　　　　第一节 雅部的戏曲

　　　　第二节 花部的昆曲

第五篇 余论

　　第十四章 南北曲的比较

　　第十五章 剧场的构造与南戏的角色

　　第十六章 沈璟的《南九宫十三调曲谱》与蒋孝的《九宫》《十三调》二谱

附录曲学书目举要
  第一节 丛刊
  第二节 戏曲翻译及解题
  第三节 曲谱及曲韵
  第四节 评论及研究
  第五节 演剧及演员

  青木正儿在这部巨著中，倾注了他在中国戏曲方面长年积蓄的智慧。本书第一篇和第二篇，论述宋元戏曲，是有意识地与王国维《宋元戏曲史》相衔接，并为明清戏曲的研究开启通路。第三篇之后，论述昆曲花部，从曲文到演出，乃至剧场构造、角色分配，皆考之甚详。这是青木正儿最有功力之处。《中国近世戏曲史》为中国明清戏曲第一次构建了一个明晰的、堪称精密的体系。

  4. 东方文化学院京都研究所于1938年更名为"东方文化研究所"。又在1939年8月改成京都帝国大学附设人文科学研究所，其宗旨是从事有关东亚人文科的综合研究。战争结束后，人文科学研究所迈进了新的方向，研究对象由亚洲推广到整个世界，并且合并了东方文化研究所及接管了西洋文化研究所，而在1948年重建成名副其实的人文科学研究所。战后的研究所设11个讲座，分为日本、东方及西洋三个部门，同时进行个别研究与共同研究，变成大规模的研究机构。战后初期，主要的研究成果仍是继续原来东方文化研究所的中国古典研究及考古学调查。因之，被称为日本"中国学的发源地"。1965年以附属机构的形式成立"东洋学文献中心"。1975年该所改建原在东一条的房舍，扩充成比原来大4倍的建筑，使研究活动更为方便。

  1978年又新设立了以"比较文化"为主题的客座研究部门。加上东洋学文献中心的成立，使国内外到访的学者不断增加，有的以客座教授、受聘教授或外国人进修者的身份参与共同研究。因此，人文科学研究所不只在日本，在世界上也有很高的评价，成为世界性的研究中心之一。

公元 1931 年

一、大事记

1. 日本军方制造"九一八"事变，加快侵华步伐。
2. 内藤湖南为天皇讲授唐代杜佑及其著作《通典》。
3. 东京学士会馆举办"朱文公诞生八百年纪念祭祀"活动（场所：弘道馆）。
4. 5月，赖山阳卒后百年祭。10月，于东京学士会馆举行朱文公诞生八百年纪念祭。11月，水户孔子祭。北村泽吉《儒学概论》刊。儿岛献吉郎《中国诸子百家考》刊。森本竹成《清朝儒学史概说》刊。藤原正《孔子全集》刊。国际黑格尔联盟日本支部编《百年祭纪念黑格尔与黑格尔主义》（西田发表《从我的立场看黑格尔辩证法》）刊。西晋一郎《忠孝论》刊。
5. 大阪帝国大学设立。
6. 日本东洋史学创始人之一、京都帝国大学教授桑原骘藏逝世。久米邦武（くめ くにたけ，1839—1931）逝世。儿岛献吉郎（こじま けんじろ，1866—1931）逝世。涩泽荣一（しぶさわ えいいち，1840—1931）逝世。

二、书（文）目录

1. 體驗廿一世紀之科學：易（《体验二十一世纪之科学：〈易经〉》），前島熊吉（著），荻原星文館刊、東京
2. 詩經一句索引（《〈诗经〉一句索引》），柏樹舍同人（编），大東文化協會、東京
3. 孔子全集：原文（《孔子全集：原文》），藤原正（译），岩波書店刊、東京
4. 論語全解（《〈论语〉全解》），島田鈞一（著），有精堂刊書店刊、東京；18版
5. 和歌論語（《和歌〈论语〉》），見尾勝馬（著），銀星社刊、東京
6. 新觀論語（《新观〈论语〉》），山口察常（著），三省堂刊、東京；支那哲學思想叢書

7. 論語善本書影（《〈论语〉善本书影》），大阪府立図書館（編），貴重図書影本刊行会、京都

8. 論語解義（《〈论语〉解义》），簡野道明（著），明治書院、東京

9. 支那儒道佛三教史論（《中国儒道佛三教史论》），久保田量遠（著），東方書院、東京

10. 支那の人文思想（《中国的人文思想》），中山久四郎（著），春秋社、東京

11. 支那文字學（《中国文字学》），武内義雄（著），岩波書店、東京；岩波講座日本文學

12. 支那の暦法（《中国的历法》），飯島忠夫（著），東亞研究會、東京；東亜研究講座，第 40 輯

13. 近代支那の學藝（《近代中国的学艺》），今關天彭（著），民友社、東京

14. 新觀墨子（《新观〈墨子〉》），西田長左衞門（著），三省堂刊、東京；支那哲學思想叢書

15. 支那佛教史；支那哲學史要；歷史上より見たる支那民族の發展（《中国佛教史》《中国哲学史要》《历史上所见中国民族的发展》），常盤大定、宇野哲人、和田清（著），雄山閣、東京；東洋史講座，第 12 卷

16. 岩波講座哲學：日本に於ける支那思想移植史；日本に於ける佛教思想移植史；日本に於ける西洋思想移植史；古神道；經學の發展；道教に就いて；中庸の哲學；東洋美學；我國における研究自由闘争史の一節；大學の歷史；最近ドイツに於ける大學改造問題；明治哲學界の囘顧（《岩波讲座哲学：日本的中国思想移植史》《日本的佛教思想移植史》《日本的西洋思想移植史》《古代神道》《经学的发展》《关于道教》《中庸的哲学》《东洋美学》《我国研究自由斗争史的一节》《大学的历史》《最近德国的大学改造问题》《明治哲学界的回顾》），津田左右吉、和辻哲郎、野上豊一郎、紀平正美、藤原正、幸田露伴、得能文、金原省吾、森戸辰男、石原謙、上野直昭、井上哲次郎、三宅雄二郎（著），岩波書店、東京；1931—1933

17. 儒教活論（《儒教活论》），鈴木由次郎（著），輝文堂、東京

三、备注

1. 1931 年，日本关东厅役员内藤宽、森修二人主持营城子会沙岗子屯发掘。本次发掘关于汉墓的构造与墓壁的绘画资料收获甚丰。1934 年刊出发掘报告《营城子》(《牧城驿附近的汉代壁画砖墓》)。

2. 1931 年，日本浪人潜入西藏、内蒙古，劫走西藏藏经《丹珠尔》一部 103 函、蒙经《甘珠尔》一部 102 函、蒙文佛经 225 种、《母珠尔》一部 225 函等，并于 1936 年在上海劫走满族镶红旗文，加之从雍正朝至清末的资料共 2402 函（以上今藏于日本东洋文库）。于此便开始了日本军国主义者对中国文献与文物的全面洗劫——日本中国学堕落的标志之一。

3. 久米邦武，东京帝国大学文科大学教授，日本近代历史学形成时期的先驱学者。少年时代攻读儒学，1871 年作为政府使节团员赴欧美考察。他是日本最早用近代科学观点研究神话的学者，1891 年在《史海》(『史海』) 发表了著名论文《神道系祭天之古俗》(『神道ハ祭天ノ古俗』)，第一次从民俗学的立场来解释日本神道的由来。由于论文事实上否定了"天皇"是"天神之裔胤"，因而酿成笔祸。1892 年，以"冒渎皇室"的罪名被解除大学教授及所有兼职。著有《久米邦武文书》(『久米邦武文書』全 4 册、久米美術館 (编)，吉川弘文館，1999—2000)、《美欧回览实记》(『特命全権大使 米欧回覧実記』)。

4. 儿岛献吉郎，字子文，号星江。京城帝国大学教授，二松学舍校长，中国文学研究学者。1888 年帝国大学文科大学古典讲习科毕业，先后任帝室博物馆（帝室博物館）技手、第五高等学校教授、东京高等师范学校（東京高等師範學校）教授等职，1926 年出任京城帝国大学汉文科主任教授，1924 年出任二松学舍校长。以《中国文学考：韵文考》而被授予文学博士学位。

儿岛献吉郎一生著述宏富，主要著作有《中国大文学史：古代篇》(『支那大文學史：古代篇』，冨山房，1909)、《中国文学杂考》(『支那文學雜考』，关书院，1933)、《中国文学史纲》(『支那文學史綱』，冨山房，1925)、《庄子考》(『莊子考』，东京高等师范学校國语汉文學会，1924)、《中国诸子百家考》(『支那諸子百家考』，目黑书店，1931) 等。

5. 涩泽荣一，被称为"日本企业之父""日本企业创办之王""日本资本主义之父""日本产业经济的最高指导者""儒家资本主义的代表"等。他也是日本现代企业制度——株式会社的创始人。他一生业绩非凡，参与创办的企业组织超过 500 家，包括东京证券交易所。创办了日本第一家近代银行和股份制企业（第一国立银行），率先发起和创立近代经济团体组织。在实业思想上，他把来自中国的儒家精神与效仿欧美的经济伦理合为一体，奠定了日本经营思想的基础。在理论层面，即日本将儒学如何转换成符合自身需要的时代精神之层面，更值得我们去关注和分析。涩泽荣一是将《论语》作为第一经营哲学的人。他的著作《〈论语〉和算盘》总结出自己的成功经验就是既讲精打细算赚钱之术，也讲儒家的忠恕之道。

主要著作：

『渋沢栄一全集』（全 6 卷）平凡社、1930 年

『青淵百話』同文舘、1931 年

『雨夜譚 渋沢栄一自伝』長幸男校注、岩波文庫、1984 年

『論語と算盤』國書刊行会、1985 年／角川ソフィア文庫、2008 年

『論語講義』全 7 卷：講談社學術文庫、1977 年

『渋沢百訓 論語・人生・経営』角川ソフィア文庫、2010 年

『現代語訳 渋沢栄一自伝』守屋淳編訳、平凡社新書、2012 年

公元 1932 年

一、大事记

1. 3 月 9 日，日本策划建立伪满洲国。

2. 1 月，安井小太郎进讲《书经·皋陶谟》首章至"巧言令色"。3 月，龙川龟太郎《〈史记〉会注考证》第一卷刊（至 1934 年第十卷完结）。10 月，东京帝国大学、斯文会共同举办第一次汉学大会于上野学士院讲堂召开，举行第一次大冢先儒祭，于东京帝国大学举行山崎暗斋二百五十年祭。12 月，足利衍

述《镰仓室町时代之儒教》刊。三田准《阳明学精义》刊。"五一五事件"爆发。安冈正笃设立国维会（至1934年）。户阪润唯物论研究会设立（至1938年）。田边元《黑格尔哲学与辩证法》刊。三木清《历史哲学》刊。

二、书（文）目录

1. 易の新研究（《〈易经〉新研究》），藤村與六（著），関書院刊、東京

2. 熊崎易本義・乾巻・坤巻（《熊崎易本义》《乾卷》《坤卷》），熊崎健翁（著），五聖閣出版局刊、東京

3. 尚書紀聞（《〈尚书〉纪闻》），大田錦城（述），早稲田大學出版部刊行、東京；漢籍國字解全書；第6卷

4. 新觀老子（《新观〈老子〉》），今村完道（著），三省堂、東京；支那哲學思想叢書

5. 老子億 二卷（《老子亿》），（明）王道（撰），尊経閣叢刊、東京

6. 表解支那文學史要；表解支那哲學史要（《表解中国文学史要》《表解中国哲学史要》），鄭嘉昌（著）、岡田稔（著），東文堂書店、名古屋

7. 唐宋元明清書画家人名辞書（《唐宋元明清书画家人名辞书》），中山梨軒（編），染香書院、東京

8. 新講支那文學史（《新讲中国文学史》），水野平次（著），東洋圖書、東京

9. 支那（《中国》），武内義雄（著），岩波書店、東京；岩波講座哲學．概説、ガイセツ．東洋哲學史、トウヨウ テツガクシ

10. 支那古美術図譜（《中国古代美术图谱》），大村西崖（編），藝苑社、東京

11. 支那文學史概説（《中国文学史概说》），西沢道寬（著），同文社、東京；増補3版

12. 支那中世醫學史（《中国中世医学史》），廖温仁（著），カニヤ書店、京都

13. 支那文學（《中国文学》），青木正児（著），岩波書店、東京；岩波講座日本文學．日本文學と外来思潮との交渉

14. 王道天下之研究：支那古代政治思想及制度（《王道天下之研究：中国

古代政治思想及制度》），田崎仁義（著），内外出版印刷、京都；3 版

15．支那詩想の研究（《中国诗想的研究》），早川祐吉（著），古川出版部、東京

16．支那女流詩講座（《中国女流诗讲座》），角田音吉（著），立命館出版部、東京

17．日本建國の精神と儒學思想（《日本建国的精神与儒学思想》），北村澤吉（著），大東文化協會、東京

18．儒學要義（《儒学要义》），北村澤吉（著），寶文館、東京

三、备注

石川忠久，文学博士、教授。现任二松学舍董事长、学校法人。日本汉诗联盟总会会长、世界汉诗协会名誉会长等职。同时拥有东京大学中国学会理事、日本道教学会理事、东方学会理事、日本学术会议前语学文学研究联络委员长等职。除众多著述以外，他在 NHK 播出的《汉诗系列》影响也很大。

1955 年毕业于东京大学中国文学系，1962 年同所大学博士中途退学，1966 年任樱美林大学文学部副教授，1972 年任教授，1990 年任二松学舍大学教授，2003 年退休。1980 年任日本中国学会理事，1995 年任理事长，2003 年任顾问。1984 年起任全国汉文教育学会会长。1989 年起任斯文会理事长。1997 年起任六朝学会会长等要职。2008 年授瑞宝中级勋章。

主要著作：

『世界の詩 5. 中國』さ・え・ら書房，1968

『漢詩の世界 そのこころと味わい』大修館書店，1975

『漢詩の風景 ことばとこころ』大修館書店，1976

『漢詩のこころ』時事通信社，1980

『漢詩の楽しみ』時事通信社，1982

『漢詩への招待』新樹社，1987／文春文庫，2005

『漢詩日記』大修館書店，1989.11

『長安好日 わが漢詩の日々 石川忠久華甲記念漢詩選集』東方書店，1992

『漢詩の魅力』時事通信社，1993／ちくま學芸文庫，2006

『陶淵明とその時代』研文出版，1994

『漢詩をよむ春、夏、秋、冬の詩100選』日本放送出版協会（NHKライブラリー），1996

『杜甫100選 漢詩をよむ』日本放送出版協会，1998

『李白100選 漢詩をよむ』日本放送出版協会，1998

『漢詩を作る』大修館書店（あじあブックス），1998

『蘇東坡100選 漢詩をよむ』日本放送出版協会，2001

『白楽天100選 漢詩をよむ』日本放送出版協会，2001

『桃源佳境 わが詩わが旅』石川忠久古稀記念漢詩選集 東方書店，2001

『唐詩選のことば』斯文会，2002

『石川忠久漢詩の講義』大修館書店，2002

『漢詩への誘い 人生を詠う 閑吟の巻』日本放送出版協会，2002

『漢詩への誘い 歴史と風土 長安の巻』日本放送出版協会，2003

『朗読で味わう漢詩』青春出版社（プレイブックス・インテリジェンス），2003

『日本人の漢詩 風雅の過去へ』大修館書店，2003

『漢詩への誘い 歴史と風土 金陵の巻』日本放送出版協会，2003

『杜牧100選 漢詩をよむ』日本放送出版協会，2004

『陸游100選 漢詩をよむ』日本放送出版協会，2004

『漢詩への誘い 歴史と風土 成都の巻』日本放送出版協会，2004

『漢詩への誘い 歴史と風土 杭州の巻』日本放送出版協会，2004

『石川忠久著作選2 長安の春秋』中國文學論考、1巻目は未刊

『石川忠久著作選3 東海の風雅 日本漢詩の心』

『石川忠久著作選4 岳堂詩の旅』研文出版，2005—2007

『漢詩への誘い 季節を詠う 清明の巻』日本放送出版協会，2005

『漢詩への誘い 季節を詠う 寒露の巻』日本放送出版協会，2005

『漢詩への誘い 人生を詠う 行遊の巻』日本放送出版協会，2006

『漢詩への誘い 人生を詠う 閑吟の巻』日本放送出版協会，2006

『王維100選　漢詩をよむ』日本放送出版協会，2007

『陶淵明詩選　漢詩をよむ』日本放送出版協会，2007

『漢魏六朝の詩』明治書院，2009

『漢詩人大正天皇　その風雅の心』大修館書店，2009

『漢詩と人生』文春新書，2010.12

公元1933年

一、大事记

1. 东方文化学院东京研究所（东京大学东洋文化研究所前身）正式落成并开始运行。

2. 继林泰辅《龟甲兽骨文字》著录20世纪最早期日本的甲骨收藏之后，1933年，当时流寓于日本的中国郭沫若先生编撰了《日本所藏甲骨择尤》，收入《卜辞通纂》之中。

3. 京都帝国大学教授铃木虎雄为天皇讲授《诗经·周颂·思文》篇。

4. 西田几多郎出版《善的根本问题：行动的世界》（『哲學の根本問題：行為の世界』）。

二、书（文）目录

1. 老子（《老子》），五十澤二郎（著），方円寺書院、神奈川県；上卷

2. 老子解説（《〈老子〉解说》），北村佳逸（著），立命館出版部、東京

3. 孔子家語（《孔子家语》），藤原正（译），岩波書店刊、東京；岩波文庫·青（33）—202—2

4. 孔子聖蹟志（《孔子圣迹志》），馬場春吉（著），大東文化協会、東京

5. 正平版論語源流（《正平版〈论语〉源流考》），長田富作（著），長田富作、

奈良；11 版

6. 論語（《论语》），武内義雄（注），岩波書店刊、東京

7. 論語（《论语》），五十澤二郎（著），支那古典叢函，方圓寺、鎌倉

8. 支那の漆工藝・支那の染織（《中国的漆工艺・中国的染织》），六角紫水（述）、鹿島英二（述）、帝國工藝會（編），帝國工藝會、東京；支那工藝圖鑑／帝國工藝會編，第 3 輯；解説

9. 支那古代地理學史（《中国古代地理学史》），小川琢治（著），岩波書店、東京；岩波講座地理學

10. 支那經學史（《中国经学史》），本多龍成（著），共立社、東京；漢文學講座，第 2 卷

11. 支那に於ける政治・文化の中心地の推移について（《中国的政治、文化中心地的推移》），田中啓爾（著），出版項不明

12. 支那の山水（《中国山水》），後藤朝太郎（著），嵩山房、東京

13. 老子・大學・中庸：英和雙譯（《〈老子〉〈大学〉〈中庸〉：英和双译》），清水起正広瀬又一（译），ジエームズ、レッグ（译），二三子堂書店、東京英和双譯支那古典全集，第 3 編

14. 支那の體臭（《中国的体臭》），後藤朝太郎（著），汎文社、東京

15. 支那戲曲史（《中国戏曲史》），青木正児（著），共立社、東京；漢文學講座，第 5、7 卷

16. 支那古典叢函（《中国古典丛函》），五十澤二郎（著），方圓寺、鎌倉；丛书，五册：論語、老子、孝経忠経、武経七書

17. 論語千字文；譯觧千字文；儒林一枝（《〈论语〉千字文》《译解千字文》《儒林一枝》），黒本植（著），稼堂先生著書刊行会、東京

18. 儒學概論（《儒学概论》），北村澤吉（著），關書院、東京；再版

19. 儒教倫理（《儒教伦理》），高田眞治（著），共立社、東京；漢文學講座 第 3、5 卷

20. 漢文學研究導言.近世儒學史上に於ける闇齋學の地位（《汉文学研究导言・近世儒学史上暗斋学的地位》），小柳司氣太、阿部吉雄（著），共立社、東京；漢文學講座 第 2 卷

21. 儒教道徳の特質と其の學説の變遷（《儒教道德的特质与其学说的变迁》），北村澤吉（著），關書院、東京

三、备注

1. 1933年至1934年，东亚考古学会两次发掘古渤海首府龙泉，获得古渤海国大量文物，并在日本陆军陆址测量部的支持下，测绘了龙泉所属东京城城址全图。此发掘报告以《东京城》刊发。

2. 东方文化学院于1929年4月成立时分设东京研究所和京都研究所，是专门从事研究中国历史文化的机构。东、西两研究所的管理运营分别由东京、京都两所帝国大学的教授担当，由著名学者担任评议员兼研究员。白鸟库吉和初代成员池内宏、原田淑人相继担任过东京研究所评议员。1938年4月1日，东方文化学院东京研究所和京都研究所分离，东京研究所改编为"（新）东方文化学院"。田坂兴道曾在（新）东方文化学院任研究员。1948年，（新）东方文化学院废止，原来的研究员大多转移到东京大学东洋文化研究所工作。

3. 1933年，为配合伪满洲国的成立，作为外务省对华文化事业部工作的一部分，内藤湖南筹划所谓"满蒙的文化事业"，参与了由东京帝国大学、京都帝国大学联合组成的《李朝实录》《明实录》中"满蒙"史料的摘编工作。当年又为成立"日满文化协会"，扶病赴我国东北，出任"日满文化协会"理事。

4. 1933年，郭沫若编撰《日本所藏甲骨择尤》，收入《卜辞通纂》之中。在《卜辞通纂》（东京文求堂，1933）前言中，郭沫若说道：

> 余以寄寓此邦之便，颇欲徵集诸家所藏，以为一书。去岁夏秋之交，即从事探访，计于江户（东京——著者）所见者，有东大考古学教室所藏约百片，上野博物馆二十余片，东洋文库五百余片，中村不折氏约千片，中岛蠔山氏二百片，田中子祥氏四百余片，已在二千片以上。十一月初旬，携子祥、次子震二君赴京都，复见京大考古学教室所藏四五十片，内藤湖南博士二十余片，故富冈君抽氏七八百片，合计已在三千片左右。此外闻尚有大宗搜藏家，因种种关系，未得寓目。

郭沫若的《日本所藏甲骨择尤》，便是选择上述三千片左右的甲骨文字中较重要者编纂而成。继此之后，1939年，金祖同先生在日本搜拓甲骨，编为《殷契遗珠》一书。原来，自1931年日本军国主义发动"九一八"事变之后，某些日本学者利用其在中国北方的特殊地位，有计划地劫运殷墟遗物，学术的性质为之大变。1937年金祖同在日本所见甲骨片，仅东京一地河井荃庐、中村不折、堂野前种松、中岛蠛叟、田中救堂、三井源右卫门六家所藏，已逾4000片。此时距郭沫若所见仅5年，藏量激增。金祖同择其尤殊者1459片，编为《殷契遗珠》。

这样大量的甲骨文字片流传于日本，主要作为文物而存在，然而，它的存在，对近代中国学的实证主义观念和方法论，无疑是重大的推进。

5．西田几多郎自《善的研究》（『善の研究』，1911）起，包括《从动者到见者》（『働くものから見るものへ』，1927），以及其后的《哲学的根本问题》（『哲学の根本問題：行為の世界』，1933）等构成了"西田哲学体系"。他寻求的最基本的哲学道路，并不是把东方的传统思维方式与西方哲学对立起来。西田几多郎本人拥有参禅入定的感觉经验，达到了"空无"的极致境界，这本身便是典型的东方传统思维方式。但是，西田几多郎并没有采用汉学家们表达禅思维的传统方式——禅学与宋学是同时由禅宗僧侣最早传入日本的，禅学与宋学在表现形式上曾经互为表里。"西田哲学体系"所追求的根本道路，在于使东方的传统思维向西方哲学合流。在这个基础上，他企求西方哲学由于接受了东方的思维模式而进入自身发展的新阶段。他认为，起始于希腊人"形相"思想的西方哲学，由于与基督教的"无限者"的思想相汇合而发展到一个新阶段；那么，西方哲学如果进一步与东方传统的"无"的思想汇合，便无疑会进入一个更新的阶段。"西田哲学体系"的全部致力点便在于此。

从这个意义上说，"西田哲学体系"首先追求的是使东方的传统思维与西方哲学合流这一方向，应该说这与他的老师井上哲次郎创立"新儒学"的政治性与哲学性的努力是一致的。

公元 1934 年

一、大事记

1. 日本近代中国学创始人之一、京都帝国大学教授内藤湖南去世。
2. 年轻的中国当代文学与文化的研究者竹内好（たけうち よしみ，1910—1977）、増田渉（ますだわたる，1903—1977）、松枝茂夫（まつえだ しげお，1905—1995）、武田泰淳（たけだ たいじゅん，1912—1976）等组成"中国文学研究会"。

二、书（文）目录

1. 老子（《老子》），五十澤二郎（著），竹村書房、東京；東方古典叢刊；第十卷
2. 老子講話（《老子讲话》），小柳司氣太（著），章華社、東京
3. 孔子解説：學庸篇（《孔子解说：学庸篇》），北村佳逸（著），立命館出版部、東京
4. 孔子聖蹟之图录（《孔子圣迹之图录》），中村保喜（編），春秋会、東京
5. 毛詩考：26卷（《毛诗考：26卷》），亀井昭陽（著），安川敬一郎、戸畑
6. 孔子（《孔子》），室伏高信（著），日本評論社刊、東京
7. 論語祭考（《〈论语〉祭考》），内野台嶺（著），東京文理科大學、東京；東京文理科大學文科紀要；第9卷
8. 論語講義（《〈论语〉讲义》），岡田正三（著），第一書房、東京
9. 正平版論語之研究（《正平版〈论语〉之研究》），同人会、大阪
10. 現代支那趣味文選（《现代中国趣味文选》），田中慶太郎（編），文求堂書店、東京
11. 支那古代哲學史（《中国古代哲学史》），成田衡夫（著），成田衡夫、弘前

12. 支那史學思想の發達（《中国史学思想的发达》），岡崎文夫（著），岩波書店、東京；岩波講座東洋思潮·東洋思想の諸問題

13. 支那文學研究（《中国文学研究》），鈴木虎雄（著），弘文堂書房、東京；5 版

14. 支那文化大事記（《中国文化大事记》），東方文化事業總委員會（編），東方文化事業總委員會、北平

15. 支那經學史概説（《中国经学史概说》），瀧熊之助（著），大明堂書店、東京

16. 支那山水畫史：自顧愷之至荆浩（《中国山水画史：自顾恺之至荆浩》），伊勢專一郎（著），東方文化學院京都研究所、京都；東方文化學院京都研究所研究報告，第 5 冊

17. 支那歷代純文學選（《中国历代纯文学选》），浦川源吾（編），平野書店、京都

18. 日本精神研究第 3 輯（日本儒教）（《日本精神研究》第三辑日本儒教），日本文化研究会（編），東洋書院、東京

19. 日本精神と儒教（《日本精神与儒教》），諸橋轍次（著），帝國漢學普及会、東京

20. 日本之儒教（《日本之儒教》），日本儒教宣揚会（編），日本儒教宣揚会、東京

21. 儒林源流（《儒林源流》），西島醇（著），東洋圖書刊行會、東京

22. 儒教早わかり（《儒教早知道》），日本儒教宣揚會（編），大東文化學院、東京

23. 儒教思想と政治問題とに關する史的考察（《儒教思想与政治问题相关的历史考察》），市村瓚次郎（讲），啓明會、東京；講演集 第 53 回

三、备注

1. 竹内好，日本文学评论家，中国文学研究家。毕业于东京帝国大学中国文学科，后作为自由职业者专门从事著述活动。著有《竹内好全集》（『竹内好全

集』，筑摩書房，1980—1982）17卷、《作为方法的亚细亚》(『方法としてのアジア』，創樹社，1978)，其著述对日本学术界产生过巨大影响。

2. 增田涉，日本中国文学研究者，鲁迅学生，《中国小说史略》日本语译者。历任岛根大学、大阪市立大学、关西大学教授。

3. 武田泰淳，日本小说家，中国文学研究者。著有《武田泰淳全集》(『武田泰淳全集』全16卷，筑摩書房，1971—1973) 等。

公元 1935 年

一、大事记

1. 东京帝国大学教授宇野哲人为天皇讲授《论语·为政》第一篇。
2. 汤岛圣堂落成，斯文会举办孔子像镇宅、献纳仪式。
3. 斯文会组织的儒道大会在东京会馆举办。
4. 斯文会举办的第四届汉学大会在学士院讲堂举行。
5. 武内义雄《诸子概说》刊。宇田尚《儒教对日本文化的影响》刊。北村佳逸《孔子教及其反对者》刊。大江文成《本邦四书训点及注解史之研究》刊。津田左右吉《〈左传〉思想史之研究》刊。《熊泽藩山全集》刊。和辻哲郎《风土》刊。波多野精一《宗教哲学》刊。九鬼周造《偶然性问题》刊。户阪润《科学论》刊。鸟井博郎《明治思想史》刊。
6. 美浓部达吉因天皇机关说问题著作被禁。国体明征声明。
7. 以京都帝国大学为中心成立"东洋史研究会"，创刊《东洋史研究》(『東洋史研究』)，刊行至今。

二、书（文）目录

1. 易と人生（《〈易经〉与人生》），藤村與六（著），關書院刊、東京

2. 易の思想（《〈易经〉的思想》），高田眞治（著），岩波書店刊、東京；東洋思潮：東洋思想の諸問題

3. 老子（《老子》），長谷川如是閑（著），大東出版社、東京；漢籍を語る叢書；第6卷

4. 老子正義（《〈老子〉正义》），渡邊秀方、大野実之助（著），前野書店、東京

5. 老子の研究（《〈老子〉的研究》），鵜澤總明（著），春陽堂、東京

6. 老子原始：附諸子攷略（《〈老子〉原始：附诸子考略》），武内義雄（著），弘文堂書房、東京；3版

7. 孔子教と其反對者（《孔子教及其反对者》），北村佳逸（著），言海書房、東京

8. 孔子と知天命（《孔子与知天命》），服部宇之吉（著），東北帝國大學、仙台

9. 孔子及孔子教（《孔子及孔子教》），住谷天來（著），新生堂刊、東京；第3版

10. 孔子教の戰爭理論（《孔子教的战争理论》），北村佳逸（著），南郊社刊、東京

11. 人間孔子（《人间孔子》），唐澤斗岳（著），學藝社刊、東京

12. 論語古傳（《〈论语〉古传》），仁井田好古（編），南紀德川史刊行會、和歌山

13. 論語新解（《〈论语〉新解》），國語漢文研究會（編），明治書院、東京

14. 論語講義（《〈论语〉讲义》），安井小太郎（著），大東文化協會、東京

15. かながきろんご（《假名〈论语〉》），川瀬一馬（編），安田文庫、東京；安田文庫叢刊 第1篇

16. 論語秘本影譜：湯島聖堂復興儒道大會開催紀念（《〈论语〉秘本影谱：汤岛圣堂复兴与儒道大会开催纪念》），斯文會（編），斯文會、東京

17. 儒教の領域（《儒教的领域》），諸橋轍次（著），日本文化協會出版部、東京

18. 續續日本儒林叢書（《续续日本儒林丛书》），關儀一郎（編），東洋圖

書刊行会、東京；1935.12—1937.3 第 1 冊，第 2 冊，第 3 冊

19. 陽明學派（《阳明学派》），小柳司氣太（校），春陽堂、東京；1935—1936.2 大日本文庫 儒教篇 上卷，中卷，下卷

20. 儒教の起源（《儒教的起源》），津田左右吉（著），岩波書店、東京；岩波講座東洋思潮・東洋思潮の諸問題

21. 日本儒學の特質（《日本儒学的特质》），西晋一郎（著），岩波書店、東京；岩波講座東洋思潮・東洋思想の展開

22. 儒教概説（《儒教概说》），小和田武紀（著），弘道館、東京

23. 日本文化と儒教（《日本文化与儒教》），中山久四郎（著），刀江書院、東京

24. 儒教道德に於ける君臣思想（《儒教道德的君臣思想》），手塚良道（著），藤井書店、東京

25. 東山御文庫について・日本の儒教（《关于东山御文库・日本的儒教》），辻善之助、山口察常（著），東方書院、東京

三、备注

近代日本的儒学和孔子研究十分兴盛，甚有超越中国之势。以井上哲次郎撰写的《〈教育敕语〉衍义》为代表，日本学界构筑起了一个把中国儒学、欧洲德国国家主义和日本传统皇道观念融合为一体的庞大的思想体系——一个既是学术的又是政治的体系。这个体系的全部价值在于使国民加强天皇制国家体制的意识。

从本年度的大事记和书（文）目录中，可以清晰地看到随着日本对外侵略步伐的加快尤其是对中国发动全面入侵的前夕，其知识文化界表现出了极大的学术热情。

公元 1936 年

一、大事记

1. 京都帝国大学教授羽田亨（はねだ とおる，1882—1955）为天皇讲授《金史》（卷七 世宗本纪，大定十三年四月）。
2. 国学院杂志刊行特集《汉字废止论批判》（『漢字廃止論駁撃』）。
3. 成立"中国佛教史学会"。
4. 盐谷温《赖山阳与日本精神》刊。关仪一郎《续续日本儒林丛书》刊。武内义雄《中国思想史》刊。诸桥辙次《经学研究序说》刊。《思想》杂志刊出《西田哲学》特集。永田广志《日本唯物论史》刊。三枝博音编《日本哲学全书》刊。高桥里美《存在与体验》刊。
5. 日本发生"二二六事件"。

二、书（文）目录

1. 易：萬有根本無雙原理（《〈易经〉：万有根本无双原理》），櫻澤如一（著），食養會刊、東京
2. 易（《易经》），田中茂公（著），榎本書房刊、大阪
3. 老子正義（《〈老子〉正义》），渡邊秀方、大野実之助（著），前野書店、東京；第2版
4. 孔子（《孔子》），田崎仁義（著），三省堂刊、東京；社刊會科學の建設者人と學説叢書
5. 孔子とをしへ（《孔子与教育》），加藤虎之亮（著），國民精神文化研究所、東京；國民精神文化類輯；第16輯
6. 孔子の生涯（《孔子的生涯》），諸橋轍次（述），章華社刊、東京
7. 孔子鑑賞（《孔子鉴赏》），大月隆仗（著），雲海社刊、東京
8. 鍋島論語葉隱全書（《锅岛〈论语〉叶隐全书》），山本常朝（述）、田代

陣基（编），大木陽堂刊、東京；教材社刊

9. 論語講座（《〈论语〉讲座》），春陽堂（编），春陽堂刊、東京

10. 論語解釋（《〈论语〉解释》），高田眞治（编），春陽堂刊書店刊、東京；論語講座；解釈篇

11. 綜考論語集註（《综考〈论语〉集注》），國語漢文學會（编），國語漢文學會、東京

12. 葉隱論語（《叶隐〈论语〉》），大木陽堂刊（著），教材社刊、東京

13. 大西郷論語（《大西乡〈论语〉》），伊福吉部隆（著），教材社刊、東京

14. 先哲叢談（《先哲丛谈》），小柳司氣太（校），春陽堂、東京；大日本文庫 儒教篇

15. 古學派（《古学派》），宇野哲人（校），春陽堂、東京；大日本文庫 儒教篇

16. 儒教倫理學（《儒教伦理学》），齋藤要（著），第一書房、東京

17. 儒學概論（《儒学概论》），斎藤要（著）、宇野哲人（校），南光社、東京

18. 日本儒教（《日本儒教》），日本文化研究會（编），東洋書院、東京

19. 儒學研究（《儒学研究》），齋藤要（著），教育図書普及会、東京

三、备注

1. 羽田亨，日本东洋史学家、敦煌学专家。曾对内藤虎次郎、狩野直喜从罗振玉处获得的《摩尼教残卷》作注释，并参与整理大谷光瑞收集品。1922年，羽田亨获得了京都帝国大学文学博士学位。1924年，羽田亨晋升为京都帝国大学文学部东洋史学第三讲座教授。1928年，羽田亨当选为京都帝国大学学科评议组成员，1932年就任京都帝国大学文学部部长，1936年当选为日本帝国大学学士院院士。1938年11月，前任校长滨田耕作博士突然逝世，羽田亨被文部省任命为京都帝国大学第12代校长。

羽田亨作为东洋史学的两个分支元蒙塞外史和西域中亚史研究的权威学者，利用他精通十几种外语的语言特长，建立了西域学·敦煌学京都学派。羽田亨的学术主要集中在以下三个方面：第一是元蒙史的研究，第二是西域史和敦

煌学的研究，第三是中西交通史的研究。西域史和敦煌学研究是他的学术事业的核心和顶点。

获得诸多荣誉：一等瑞宝章勋章（1945）、法国儒莲汉学奖（1952）、日本文化功劳者（1953）、日本文化勋章（1953）、"京都市名誉市民"（1953）、法国荣誉军团勋章大军官勋位等。

学术著作有《西域文化史》(『西域文化史』)、《西域文明史概论》(『西域文明史概論』)、《满和辞典》(『満和辞典』)、多卷本《敦煌遗书》(『燉煌遺書 第1集』，伯希和共编，東亜攷究会，1926）等。

2. 1936年，神田喜一郎（かんだ きいちろう，1897—1984）教授在巴黎调查后，出版了《敦煌秘籍留真新编》(『敦煌秘籍留眞新編』)。

神田喜一郎是日本著名的东洋学学者、书目文献学专家，京都帝国大学教授，曾任京都国立博物馆馆长，日本学士院会员。

其父神田喜左卫门，神田家世代经商，为京都著名之商家。祖父神田香岩，工汉诗且长于书画鉴赏，嗜书物，喜收藏中、日古籍，曾任京都博物馆学艺委员，与中国罗振玉、王国维、董康等常有交往。神田喜一郎自幼受祖父熏陶，对中国文学、历史极感兴趣，亦能创作汉诗。

1921年毕业于京都帝国大学文科大学史学科，4月入学同校大学院，并任大谷大学预科教授。1923年任大谷大学教授。1926年辞去大谷大学教授职，任宫内省图书寮嘱托，从事汉籍目录典籍之编纂。1929年任台北帝国大学副教授，1934年升任教授。1946年任大谷大学教授，1948年任大阪商科大学教授，1949年任大阪市立大学教授，1950年以论文《从中国训诂学来看日本书纪古训考证》获京都大学文学博士学位。1952年任京都国立博物馆馆长。1972年获选为日本学士院会员。

主要著作有《中国学说林》(自刊本，1934)、《东洋学说林》(弘文堂，1948)、《日本书记古训考证》(养德社，1949)、《敦煌学五十年》(二玄社，1960)、《日本的中国文学：日本填词史话》(『日本における中國文學：日本填詞史話』，二玄社，1965)、《墨林闲话》(岩波书店，1977)、《艺林谈丛》(法藏馆，1981)等。《日本的中国文学：日本填词史话》在全面考察日本文学史上填词的发展状况，大量搜集填词作品的基础上，对从平安时期（792—1184）到江户（1603—1867）、明治（1868—1912）、大正（1912—1926）和昭和（1926—1989）前期的日本填词史作了具体的描述。

《神田喜一郎全集》（『神田喜一郎全集』）全十卷由同朋社于1983年至1997年出版。各卷目次如下：

『东洋學説林』敦煌秘籍留眞

『続东洋學説林』日本书纪古训考证

『东洋學文献丛説』旧钞本丛説. 邕盦藏书絶句

『画禅室随笔讲义』邕盦藏曲志

『中國における诗と美术の间』附録（中國书法の二大潮流·中國の古印）、文のみ

『日本における中國文學.1』

『日本における中國文學.2』

『扶桑學志. 艺林谈丛』

『墨林间话. 敦煌學五十年』

『汉诗文. 鉄斎扇面. 雜纂』

3. 1931年"九一八"事变后，日本政府迫切要求进一步了解中国和中国人，在文化上宗教是最重要的问题。1936年成立了"中国佛教史学会"，会员中有道教研究泰斗福井康顺、木村英一，民俗学家柳田圣男、泽田瑞穗等。此外还有侵略工具"满铁调查部和东亚研究中心"，从政治、社会等方面开始了道教研究。代表人物有平野太一郎、橘朴、五十岚贤隆、吉冈义丰、永尾龙造、酒井忠夫等。

公元1937年

一、大事记

1. 7月7日"卢沟桥事变"爆发，日本发动全面侵华战争。

2. 秋泽修二出版了《世界哲学史》的第二部《东洋哲学史》(『東洋哲學史:哲學における東洋的特質の分析』)。

3. 1月,诸桥辙次进讲《论语》宪问篇子路问君子章。6月,服部宇之吉《儒教要典》刊。7月,大川节尚《从三家诗看郑玄的诗经学》刊。三口察常《易的根据与应用》《仁之研究》刊。后藤俊瑞《朱子之实践哲学》、岛田钧一《〈春秋左氏传〉新讲》《山崎暗斋全集》(上、下)刊。

4. 国民精神总动员运动。文部省《国体之本义》刊。和辻哲郎《伦理学(上)》刊。高阪正显《历史的世界》刊。天野贞佑《道理的感觉》刊。

二、书(文)目录

1. 易の根據と應用(《〈易经〉的根据与应用》),山口察常(著),大東出版社刊、東京

2. 易とは何か(《〈易经〉为何》),山口察常(著),大東出版社刊、東京;再版

3. 紙魚玉屑集(《纸鱼玉屑集》),紙魚玉屑頒布會同人刊、東京;內有尚書古活字板

4. 詩經(《诗经》),小山愛司(著),中央學会、東京

5. 毛詩抄:校(《毛诗抄:校》),三ケ尻浩(校),朋文堂、東京

6. 詩経國風篇研究(《〈诗经〉国风篇研究》),松崎鶴雄(著),第一出版社、東京

7. 老子(《老子》),小柳司氣太(著),章華社、東京

8. 儒教より見たる老子及び莊子(《儒教所见老子及庄子》),早川祐吉(述),古川出版部、東京

9. 老子心解(《〈老子〉心解》),岡田正三(著),第一書房、東京

10. 孔子伝(《孔子传》),司馬遷(著),藤原正(注),岩波書店刊、東京;附弟子列伝・集語;岩波文庫;1566

11. 孔子の人格と教訓(《孔子的人格与教训》),鹽谷温(著),開隆堂刊書店刊

12. 孔子・論語（《孔子・论语》），青年書房、東京；室伏高信全集；第 8 卷

13. 孔子の思想・伝記及年譜（《孔子的思想・传记及年谱》），高田眞治、諸橋轍次、山口察常（著），春陽堂刊、東京；論語講座 研究篇

14. 論語の文獻・註釋書（《〈论语〉的文献・注释书》），高田眞治（著），春陽堂刊書店刊、東京；論語講座 研究篇

15. 儒教の史的概觀（《儒教历史的概观》），高田眞治、諸橋轍次、山口察常（著），春陽堂刊、東京；論語講座 研究篇

16. 儒教要典（《儒教要典》），服部宇之吉（編），博文館、東京

17. 日本の儒教（《日本的儒教》），飯島忠夫（著），教學局、東京

18. 儒教の精神（《儒教的精神》），高田眞治（著），大日本圖書、東京

三、备注

1. 秋泽修二，本名秋津贤一。毕业于早稻田大学哲学系，是当时无产阶级科学研究所的研究员。1937 年出版了《世界哲学史》的第二部《东洋哲学史》（『東洋哲學史：哲學における東洋的特質の分析』）。

秋泽修二并不是一位中国古典哲学的专门研究家，但他在《东洋哲学史》一书中表现出的观念，有独到之处，大致可以归结为四个方面。

第一，秋泽修二在《东洋哲学史》中，在中国历史的社会构成方面，第一次按照马克思表述的人类社会发展的诸种形态加以贯通，第一次在中国历史的分期中提出了从原始氏族社会到奴隶制社会，再到封建制社会和资本主义社会的概念。

第二，秋泽修二在上述中国历史社会构成说的基础上，具体区分了中国哲学思想史发展的三个阶段。秋泽修二在中国哲学史的具体分期上，没有跳出以往"体系学派"的窠臼，仍然因袭着对宋学的特别景仰。但是，他在论述三个阶段的具体内涵时，则与"体系学派"迥然不同——他力图以唯物论和唯心论的标准来评价哲学家，并从社会的物质基础中寻求哲学发展的答案。

第三，秋泽修二努力反论欧洲自黑格尔以来流传的所谓"中国无哲学"说。

第四，秋泽修二在肯定中国古代存在哲学的同时，又提出"中国哲学没有

充分科学性地系统化"的命题。

秋泽修二在《东洋哲学史》中，公开表明"本书的立场，明确地是马克思主义的，是唯物史观的"。从今天的学术立场来说，秋泽修二在该书中所表述的诸种观念，离马克思主义的唯物史观似乎尚有一些差距，有些理论论断，尚未脱出欧洲近代主义或主知主义的圈子。但是，秋泽修二寻求历史唯物史观的新的理论观念和研究方法的努力，在日本中国学领域内，是极其可贵的，特别是在战前日本对中国哲学的研究愈来愈与天皇制国家政体胶合在一起的时候，秋泽修二对中国哲学史的一系列见解，具有除旧布新之功。学术史的发展会高度评价这位并非中国哲学史专家的学者在中国哲学史研究中表现出的勇气、追求和智慧。

2. 1937年到1945年8月的8年之间，日本军国主义分子随其武力所到之处，军人与"学者"狼狈为奸，有目标地劫夺中国各类珍贵文献和文物。著者在日本外交档案中目睹了我国文献文物被劫夺之惨状。

公元 1938 年

一、大事记

1. 9月，日本内阁企画院为决定国策而建立东亚研究所，就其规模而言，仅次于"南满洲铁道株式会社调查部"（日本远东经济总参谋部）的一个调研机构。战后被取缔。

2. 1月，藤冢邻进讲《中庸》首章。5月，石川谦《石门心学史之研究》刊。7月，盐谷温《汉诗与日本精神》刊。10月，于东京大阪分别举行三浦梅园一百五十年祭；牧野谦次郎《日本汉学史》刊。11月，津田左右吉《中国思想与日本》刊。高田真治《中国哲学概说》、传记学会《山崎暗斋及其门流》刊。

3. 国家总动员法发布。国民精神总动员中央联盟设置。

4. 铃木大拙《禅与日本文化》、高山岩男《哲学的人学》、永田广志《日本哲学思想史》刊。

5. 日本京都帝国大学校长、有"日本近代考古学之父"的滨田耕作去世。

二、书（文）目录

1. 支那古代の祭禮と歌謠（《中国古代的祭礼与歌谣》），Granet, Paul Marcel（著）、内田智雄（译），弘文堂書房、東京

2. 詩経句法新説（《〈诗经〉句法新说》），河合絹吉（著），育英書院、東京

3. 老子（《老子》），武内義雄（译注），岩波書店、東京；岩波文庫

4. 孔子（《孔子》），和辻哲郎（著），岩波書店、東京；大教育家文庫 1

5. 鍋島論語葉隱講話（《锅岛〈论语〉叶隐讲话》），大木陽堂刊（著），三笠書房、東京

6. 儒林雜纂（《儒林杂纂》），關儀一郎（编），東洋圖書刊行會、東京

7. 支那學術文藝史（《中国学术文艺史》），長澤規矩也（著），三省堂、東京

8. 支那風土記（《中国风土记》），後藤朝太郎（著），八洲書房、東京

9. 支那民謠とその國民性（《中国民谣与其国民性》），七里重惠（著），明治書院、東京

10. 支那哲學概説（《中国哲学概说》），高田眞治（著），春秋社松柏館、東京

11. 神話傳説支那五千年（《神话传说中国五千年》），松村武雄（著），天松堂、東京

12. 支那思想と日本（《中国思想与日本》），津田左右吉（著），岩波書店、東京；岩波新書，3

13. 北支那文化便覽（《北中国文化便览》），安藤德器（编），生活社、東京

14. 支那繪畫史（《中国绘画史》），內藤湖南（著），弘文堂、東京

15. 支那畫學總論（《中国画学总论》），原田尾山（著），大塚巧芸社、東

京

16. 支那の文化と其の振興（《中国的文化及其振兴》），水野梅暁（讲义）、笠森傳繁（编）、啓明会、東京；講演集，第八十五回

17. 支那と支那人と日本（《中国及中国人与日本》），杉山平助（著），改造社、東京

18. 儒教の實踐道德（《儒教的实践道德》），津田左右吉（著），岩波書店、東京

19. 郷土先儒遺著展覽會目録（《乡土先儒遗著展览会目录》），大阪府立図書館（编）、大阪

20. 儒家の思想と其の現代的活用（《儒家的思想及其现代的活用》），成田衡夫（著）、弘道館、東京

21. 定本儒學概論（《定本儒学概论》），北村澤吉（著）、關書院、東京

22. 儒教の戦争観：儒學より観たる支那事変收拾の急所（《儒教的战争观：从儒学立场观察中国事变处理的关键》），加藤虎之亮（述），日本外交協會、東京

三、备注

1. 狩野直喜辞去东方文化学院京都研究所所长之职，同年，又被免去"对支文化事业调查委员会"委员。

2. 1938年3月，济南日军宪兵营接日本国内函信，查抄陈名豫家，搜走宋版《淮南子》1部、元版《蔡中郎集》1部等中国宋元古版书13种。6月，日军土肥原贤二所属合井部队在开封查抄冯翰飞宅，劫走《吴道子山水》立轴1幅、宋画《儿童戏水图》立轴1幅、《王石谷山水》立轴1幅、《戴醇士山水》立轴1幅。12月，日本南支那派遣军司令部从广州沙面黎氏家劫走《十三经注疏》《韩昌黎文集》《欧阳文忠公文集》《王安石集》等宋版11种。

公元1939年

一、大事记

1. 现爱知大学的前身即东亚同文书院从专科学校升格为大学。它作为东亚同文会在海外的最大事业,在日本天皇制政体推行其"大陆政策"和"大东亚战略"中起了重要作用。

2. 文部省规定中学的汉文科目中增加一定比例的现代文。

3. "无穷会"(無窮会)结成,运营至今。

4. 各国立帝国大学设置研究所,京都帝国大学设置人文科学研究所。

5. 1月,高田真治进讲《尚书·洪范》"天子作民父母以为天下王章"。斯文会编《近世日本之儒学》、武内义雄《〈论语〉之研究》、服部宇之吉《新修东洋伦理纲要》及《孔子教大义》、安井小太郎遗著《日本儒学史》(附日本汉学史)刊。

6. "东亚共同体"论流行。如尾崎秀实于《中央公论》发表《"东亚共同体"的理念及其成立的客观基础》。三木清《构想力的逻辑(第一)》刊。九鬼周造《人间与实存》刊。久松真一《东洋的无》刊。高阪正显《康德》刊。高桥里美《历史与辩证法》刊。

7. 服部宇之吉去世。

二、书(文)目录

1. 易:萬有根本無雙原理(《〈易经〉:万有根本无双原理》),櫻澤如一(著),食養會刊、東京;再版

2. 尚書正義(《〈尚书〉正义》)(6册),(唐)孔穎達等(撰)、東方文化研究所經學文學研究室(編),京都東方文化研究所刊本、東京;十三経注疏定本之1

3. 尚書正義定本;第1册 虞書;第2册 夏書商書(《〈尚书〉正义定本;

第一册 虞书；第二册 夏书商书》），東方文化研究所（编），東方文化研究所経學文學研究室、東京

4. 古文尚書 孔氏傳（《古文〈尚书〉孔氏传》），東方文化研究所（编），東方文化研究所、東京；東方文化學院京都研究所研究報告；第14冊

5. 東洋文庫本古文尚書卷第六解説（《东洋文库本古文〈尚书〉卷第六解说》），倉石武四郎（注），東洋文庫刊本、東京

6. 老子解説（《〈老子〉解说》），北村佳逸（著），立命館出版部、東京

7. 孔子教大義（《孔子教大义》），服部宇之吉（著），富山房、東京

8. 孔子論（《孔子论》），林語堂刊（著）、川口浩（译），育生社刊、東京

9. 孔子：傳記小説（《孔子：传记小说》），柳田泉（著）、千倉書房、東京

10. 論語私見（《〈论语〉私见》），山本憲（著）、松村末吉、東京

11. 論語之研究（《〈论语〉之研究》），武内義雄（著），岩波書店刊、東京

12. 役者論語（《艺人〈论语〉》），八文舎自笑（编）、守隨憲治（校），岩波書店刊、東京

13. 日本儒教論（《日本儒教论》），萬羽正朋（著），三笠書房、東京

14. 儒教の精神（《儒教的精神》），武内義雄（著），岩波書店、東京

15. 日本儒學史（《日本儒学史》），安井小太郎（著），富山房、東京

16. 近世日本の儒學：德川公繼宗七十年祝賀記念（《近世日本的儒学：德川公继宗七十年祝贺纪念》），岩波書店、東京

三、备注

1. 1939年，金祖同先生在日本搜拓甲骨，编为《殷契遗珠》一书。

2. 宇野哲人自1939年至1944年，每年必到北京，在日军占领下的中国大学中讲学。

3. 日本极端民族主义者大川周明（おおかわ しゅうめい，1886—1957）于1939年出任"满铁"最高顾问。

4. 南京大屠杀发生之后，1939年2月末，日本内阁的东亚研究所还派出后藤贞治、小川要一等10名研究员赴南京整理被劫图书。这次总共劫夺汉籍文

献 80 万册左右，为人类文明史上罕见的"文化军事剿灭战"。

5."无穷会"（無窮会）运营至今。成为较有影响的以东洋学尤其是儒学图书资料收集与相关研究为中心的组织机构。后改为公益财团法人。现内设置有图书馆、商议会和东洋文化研究所。现任代表理事理事长是平沼起夫。

公元 1940 年

一、大事记

1. 蓑田胸喜等以津田左右吉"对皇室不敬罪"向东京地方法院起诉。同年 3 月 10 日，监察部门正式以"违反出版法"为理由向法院公诉。

2. 1 月，小柳司气太进讲《周易》师卦；西晋一郎《东洋道德研究》刊；高田真治《中国思想与现代》刊。

3. 日德意三国同盟缔结，大政翼赞会结成。

4. 津田左右吉《神代史之研究》《古事记及日本书纪之研究》《上代日本社会及思想》等著作被禁。

5. 西田几多郎《日本文化之问题》刊；西谷启治《根源的主体性之哲学》刊；波多野精一《宗教哲学序论》刊。

6. 小柳司气太（おやなぎ しげた，1870—1940）去世。

二、书（文）目录

1. 易・近思録講義（《易・近思录讲义》），西晋一郎（述），本間日出男（编），本間日出男刊、兵庫県神崎郡瀬加村

2. 國譯尚書正義の序（《国译〈尚书正义〉之序》），吉川幸次郎（撰），吉川幸次郎自刊本，出版地不详

3. 尚書正義（《尚书正义》），吉川幸次郎（译），岩波書店、東京

4. 毛詩抄：詩經（《毛诗抄：诗经》），清原宣賢（述），倉石武四郎、小川環樹（校），岩波書店、東京；岩波文庫，青—4 補—15—16

5. 老子の新研究（《老子的新研究》），山縣初男（著），大阪屋號書店、東京

6. 老子年代考（《老子年代考》），山下寅次（著），六盟館、東京

7. 創立六十周年記念論文集（《创立六十周年纪念论文集》），明治大學創立六十周年記念論文集出版部（編），明治大學、東京

8. 論語と教養（《〈论语〉与教养》），谷口廻瀾（著）、谷口廻瀾先生還暦記念刊行会（編），谷口廻瀾先生還暦記念刊行會、東京

9. 支那思想と現代（《中国思想与现代》），高田眞治（著），大日本図書、東京

10. 支那宗教思想史（《中国宗教思想史》），王治心（著）、富田鎭彦（译）、稻津紀三（補），大東出版社、東京

11. 支那山水随縁（《中国山水随缘》），橋本關雪（著），文友堂書店、東京

12. 支那文學選（《中国文学选》），佐藤春夫（著），新潮社、東京；新日本少年少女文庫，第 14 篇

13. 支那回教史（《中国回教史》），金吉堂（著）、外務省調査部（译），生活社、東京

14. 支那書籍解題（《中国书籍解题》），長澤規矩也（著），文求堂書店、東京

15. 支那四千年史（《中国四千年史》），後藤末雄（著），第一書房、東京；戰時體制版

16. 支那精神と其の民族性（《中国精神与其民族性》），宇野圓空（序）、金孝敬（著），三友社、東京

17. 支那人の精神（《中国人的精神》），辜鴻銘（著）、魚返善雄（译），目黒書店、東京

18. 支那論と隨筆（《中国论与随笔》），中山優（著），刀江書院、東京

19. 儒教と道教（《儒教与道教》），マクス・ウェーバー（著），細谷德三郎（译），弘文堂書房、東京

20. 儒教と我が國の徳教（《儒教与我国的德教》），諸橋轍次（著），目黒書店、東京；教學新書／興亞教學研究會編 10

三、备注

1. 1940 年 11 月，矢代幸雄在对被日军占领的中国广大地区进行了数月的"视察"之后，向日本政府秘密提出了一份文化方略报告。这份报告厚达 100 页，封面题《对中文化工作的目标与它的方策》，分为"序——基础性的考察""人心收揽问题""对中最高干部与文化顾问""对中艺术政策""文化上的日中提携问题"及"以中国为中心的日本的海外宣传"等 10 章。这一报告从未公刊过，封面有一粗大的"秘"字，著者于 1985 年从日本国家档案中发现并抄出。

矢代幸雄在《方策》中，"面对东亚共荣之国家理想"，提出了他的对中国的文化战略。由于他申明"对中文化工作"的具体内容，"从长远目标来看，指的是中国古典的研究，中国考古学的发掘与研究，中国善本书的复制出版等"。事实上，这都可以囊括在日本中国学的范畴之内。因此，他的所谓"对中文化工作"的"方策"，便也是"日本中国学"的"方策"。

矢代幸雄认为，"确立新的对华文化政策的目标，是目前所有事情中最重要的事情"。其原因有二。第一，他认为"军队的进出，仅如同皮肤的接触，而非人心的接触。为其后安定之计，必须全力进行'武力之外'的文化工作"。第二，他认为，"统观历史与现实，征服中国最头疼的便是知识分子的动向"。"中国知识分子是由广袤的土地和强有力的自然所培养出来的，其影响之深远，常出乎日本人意料之外"。

鉴于这一基本认识，对华文化工作是万事之首，而其战略的全部重点，则在于"收揽人心"。

矢代幸雄说：

对华文化工作的目标，在于以日本为中心收揽中国的人心。所有对华的工作，必须集中于这一点。举凡对工作的批评、研究、反省等，都不应该脱离这一目标。

所谓文化工作，以古语而言，正是人心收揽之术。近代语言中以为过于露骨，故名之曰"文化工作"。然而，正是这"文化"的美名，常常使工作中失却了主要的目标。现在，必须使文化工作重新返回到最初的目标上——以日本为中心之人心收揽术。

当前，为完成"武力之外"之中国经营，日本倾其国力，实有难处。而最切实之考虑，则应将文化工作确定不移地返回于最初之目标。统观中国历朝之历史与当前地方军阀之行事，彼等出于政治性之考虑，皆行人心收揽之术。

……

清朝灭明之时，明之遗臣中始终最难对付者，乃系学者与知识阶级。故而康熙皇帝经营《四库全书》《康熙字典》等大规模之编纂事业，优礼学者，授以要职。此即康熙皇帝明敏之政治考虑，以尊重中国文化之外形，获取美名，而于中国文化官，此亦为伟大之贡献。近有山东军阀韩复榘者，为收买济南之人心而建设豪华之浴场，给民众以欢乐，又整修街道以通汽车，取阿于民。据传，韩复榘于济南民众中，尚博好评，中国军阀于人心收揽中，聚凝如何苦心，此乃可供我日本参考也。

毋庸赘言，日本对华文化工作之出发点，也正在于达到同样的政治性意图。此不仅只是为了日本之利益，也在于为了中国之文化利益与全人类之利益。极大地尊重中国文化，增进中国的幸福，其最终必将使日本获得最大利益。中国民众亦将在我文化工作之中，感谢我日本帝国之真意，倾心于我而实现东亚共荣之理想。

矢代幸雄在《方策》中关于对华文化工作"重点"的阐述，竟是如此的坦率，以致我们无须再加一词，便能清楚地看清处于这一时代的法西斯主义中国学家们所追求的"中国学"的最终效果，从而能够科学地估量这一时代"中国学"的性质。

2. 1940年5月，日本向中国派遣军胜字第4218部队长田清清郎陆军少佐驻江苏省嘉定县外冈镇，于当地劫走地方志535种，《图书集成》及殿版《二十四史》各一部。

3. 松本文三郎（まつもと ぶんさんろう，1869—1944），日本研究印度哲学、佛教学者。1908—1916年任东京帝国大学文科大学校长，1929年5月退休。

后历游欧洲、印度、中国，专事佛陀遗迹之调查工作。1940年任东方文化研究所所长。

4. 诸桥辙次（もろはし　てつじ，1883—1982），日本著名的汉字研究者，代表作是《大汉和辞典》《广汉和辞典》。他一生著述甚丰，《〈诗经〉研究》《经史论考》《儒学目的和宋儒的活动》《儒教讲话》《日本精神与儒教》《儒教和我国的道教》《孔子与老子》《庄子物语》《孟子之话》《十二生肖物语》《〈大学〉新释》《标注〈大学〉〈中庸〉章句》《标注〈论语集注〉》《标注〈孟子集注〉全》《汉学汉语谈义》《古典之鉴》《中国古典名言事典》《大汉和辞典》《新汉和辞典》等。其中《大汉和辞典》为耗费近40年之巨著。

5. 小柳司气太，日本中国文学及道教研究者，大东文化大学学长。

主要编（著）作：

『定本韓非子詳解』明治出版社　漢文註釈全書 1920

『道教概説』世界文庫刊行会 1923

『老荘哲學』甲子社書房 1928

『老子新釈』弘道館　昭和漢文叢書 1929

『新修漢和大字典』博文館 1932

『東洋思想の研究』正続　関書院 1934—1938

『老子講話』章華社 1934

『道教の一斑』東方書院　日本宗教講座 1935

以及共同编著：

『老荘の思想と道教』関書院 1935

『詳解漢和大字典』服部宇之吉共著　冨山房　1916

『十八史略鈔』編　修文館 1932

『白雲観志』編　東方文化學院東京研究所 1934　國書刊行会 1986

『孟子鈔』編　東京修文館 1938

公元 1941 年

一、大事记

1. 第十届汉学大学讲堂在京都隆谷大学图书馆召开。
2. 东京帝国大学设置东洋文化研究所。
3. 1月，武内义雄进讲日本的《论语》之学。2月，高田真治《日本儒学史》刊。西晋一郎等《礼的意义与构造》、服部宇之吉《儒教伦理概论》、诸桥辙次《儒教讲话》、关山延《水户学精髓》刊。三木清《新版现代哲学辞典》《人生论笔记》刊。下村寅太郎《科学史的哲学》刊。
4. 著名哲学家九鬼周造（くき しゅうぞう，1888—1941）去世；小川琢治教授（1870—1941）去世；大谷胜真（おおたに かつまさ，1885—1941）去世。

二、书（文）目录

1. 易の新研究（《易的新研究》），藤村與六（著），有恒堂刊、東京
2. 易：萬有根本無雙原理（《易：万有根本无双原理》），櫻澤如一（著），日本食養研究所、東京
3. 日本的孔子聖廟（《日本的孔子圣庙》），國際文化振興会、東京
4. 孔子（《孔子》），武者小路實篤（著），本雄辯會講談社刊、東京
5. 孔子を現代に生かす（《孔子现代复活》），谷口雅春（著）、渡辺功（編），光明思想普及會、東京
6. 論語の組織的研究（《〈论语〉组织的研究》），中島徳蔵（著）、大日本出版、東京
7. 論語の思想（《〈论语〉的思想》），渡部信治郎（著）、畝傍書房、東京
8. 集註本論語新譯：全（《集注本〈论语〉新译：全》），西澤道寬（著）、松雲堂刊書店刊、東京
9. 支那の歴史と文化（《中国的历史与文化》），ケネス＝スコット＝ラト

ウレット（著）、岡崎三郎（译），生活社、東京；再版

10. 支那古代生活史（《中国古代生活史》），内野熊一郎（著），清水書店、東京

11. 東亜文化の成立（《东亚文化的成立》），河出書房、東京；世界歴史，第2卷

12. 支那傳統思想概觀：通俗講話（《中国传统思想概观：通俗讲话》），高木斐川（著），教文社、東京

13. 南支那文献綜覽（《南部中国文献综览》），南滿洲鐵道株式會社大連圖書館（编），大連圖書館、大連

14. 支那思想・文學史（《中国思想・文学史》），支那地理歴史大系刊行會（编），白揚社、東京；支那地理歴史大系／支那地理歴史大系刊行会编，10

15. 詩人を通じての支那文化（《诗人所见中国文化》），上村忠治（著），第一書房、東京

16. 支那文献論（《中国文献论》），山田謙吉（著）、故山田岳陽先生記念事業会（编），故山田岳陽先生記念事業会、上海

17. 支那思想史（《中国思想史》），平原北堂（著），勅語御下賜記念事業部、東京；興亞思想全集

18. 王安石（《王安石》），佐伯富（著），冨山房、東京；支那歴史地理叢書，11

19. 我が國土と文化的精神・支那民族性論（《我国的国土与文化精神・中国民族性讨论》），高山岩男（著）、鳥山喜一（著），日本文化，第70冊

20. 儒教講話（《儒教讲话》），諸橋轍次（著），目黒書店、東京

21. 儒教倫理概論（《儒教伦理概论》），服部宇之吉（著），冨山房、東京

22. 日本儒學史（《日本儒学史》），高田眞治（著），地人書館、東京；大觀日本文化史薦書

23. 儒教の實態（《儒教的实态》），興亞宗教協會（编），興亞宗教叢書 第5輯

三、备注

1. 1941年日本公布的《中文建设资料整理委员会业务概要》的报告，其中涉及南京大屠杀之后，日本有计划地掠夺文献资料：(在南京)搜集有关的图书，装满卡车。每天（向地质）调查所搬入十几辆卡车的图书。在调查所主楼的一、二、三层房间里，堆积起了二百多座书山。

2. 东京帝国大学设置东洋文化研究所，最初专门研究中国的地方志和民俗，与侵略中国有关，后扩大成研究亚洲各国的综合性研究机构。有汉籍17.7万余册，其中大部分是古珍本和善本。创始初期只依科别性质分设三个部门：(1)哲学、文学、史学部门，(2)法律、政治部门，(3)经济、商业部门。以后经历多次改组，一方面是因研究层面的扩大与分化，同时也顺应各界重视亚洲地区区域研究的趋势，而不断调整研究体制，从原来依据学科分类的组织体系逐渐改变为按地区分门。自1981年起，研究部门调整为：(1)亚洲综合研究部门，(2)东亚研究部门，(3)南亚和西亚研究部门。每一部门更分科分组，进行学术活动。

东洋文化研究所现任所长为大野盛雄教授，专任教授十三人，副教授七人，助教九人。该所研究人员的研究成果，大多见于《东洋文化研究所纪要》及《东洋文化》两种刊物上，前者现已出版八十五册，后者已发行六十一号。另外出版研究报告三十二种，均由东京大学出版会印刷。

3. 大谷胜真，日本真宗大谷派成员，敦煌学研究学者，东洋史学家，原京城帝国大学教授。1908年毕业于东京帝国大学史学科，1926年任京城帝国大学教授，1941年卒于汉城（今首尔）。

其代表著作是与玉井是博合著的《南宋本大唐六典校勘记》(『南宋本大唐六典校勘記』, 大阪屋号书店, 1935)。大谷胜真自1911年起即在《东洋学报》《史学杂志》等刊物上发表有关中亚地区与西域文化史的论文，如《关于厨宾的位置及其名称》《明帝灵梦遣使传说考：马伯乐口述》《加腻色迎王问题》《关于粟特人》《斯坦因探测报告》等。1930年起，他还在《青丘学丛》等刊物及一些纪念文集上发表了《唐代国忌诸令式职官表》(『敦煌遗文所见录（一）唐代國忌诸令式職官について』)、《都善国都考》(『ゼン善國都考』)、《高昌国的儒学》(『高昌國に於ける儒學』)、《西域文化史概论》等多篇论文，对唐格残卷等问题进行了研究，还提出了白马寺受道教思想的影响——以老子骑青牛西出关之故，乃有白马负经东来建白马寺的史实，而东牛寺也相对地出现在洛阳城中。

4. 高田真治（たかた しんじ，1893—1975），中国古代哲学研究家；1917 年毕业于东京帝国大学中国哲学文学科。1928 年任东京帝国大学副教授，1928—1930 年赴德国和意大利留学，1936 年获文学博士。另外，1932 年创立汉学学会，创办《汉学会杂志》(『漢學会雑誌』)。战后被指控国家主义思想指导东京帝国大学的哲学文学科的研究，而被免职。1956 年任大东文化大学教授，1963 年退休。后出版全译本《诗经》(『詩経 漢詩大系 1.2』集英社 1966—1968)。其子为中国文学研究者高田淳（たかた あつし，1925—2010）。

主要著作：

『支那哲學概説』春秋社，1938

『支那思想の研究』春秋社，1939

『支那思想と現代』大日本図書，1940

『東洋思潮の研究 第 1』春秋社松柏社，1944

『支那思想の展開』第 1 巻 弘道館図書，1944

公元 1942 年

一、大事记

1. 东京帝国大学教授和田清，为天皇讲授"中国民族的发展"(「支那民族の発展」)。

2. 高等学校汉文科目教员协议会在斯文会会堂召开。

3. 第十一届汉文大学在东京帝国大学举办。

4. 1 月，和田清进讲"中国民族的发展"。

5. 柿村峻翻译《中国哲学史》(冯友兰著) 刊、吉川幸次郎《尚书正义》四册刊。

6. 大日本言论报国会结成。《中央公论》发表。高阪正显、西谷启治、高山岩男、铃木高成的座谈会内容（"世界史的立场与日本"等）。《文学界》杂志举行"近代之超克"研讨会。和辻哲郎《伦理学（中）》。

7. 白鸟库吉（1865—1942）去世。

二、书（文）目录

1. 尚書残卷（《尚书残卷》），京都帝國大學文學部（编），京都帝國大學文學部刊、東京；京都帝國大學文學部景印舊鈔本 第10集之1

2. 支那古代の祭禮と歌謠（《中国古代的祭礼与歌谣》），マーセル・グラネー（著）、内田智雄（译），弘文堂書房、東京

3. 老子眼蔵（《老子眼藏》），伊福部隆彦（著），同文館、東京

4. 孔子・人とその哲學（《孔子・其人与哲学》），室伏高信（著），潮文閣、東京

5. 上代支那正樂考：孔子の音樂論（《上代中国正乐考：孔子的音乐论》），江文也（著），三省堂刊、東京

6. 孔子の新研究（《孔子的新研究》），大月隆仗（著），新民書房、東京

7. 論語義解（《〈论语〉义解》），秋月胤繼（著），岩波書店刊、東京

8. 支那哲學史（《中国哲学史》），馮友蘭（著）、柿村峻（译），冨山房、東京

9. 支那法の根本問題（《中国法的根本问题》），河合篤（译），教育圖書、京都

10. 水滸傳と支那民族（《〈水浒传〉与中国民族》），井坂錦江（著），大東出版社、東京；東亞文化叢書，7

11. 東亞史論藪（《东亚史论薮》），和田清（著），生活社、東京

12. 支那賢哲錄（《中国贤哲录》），猪狩史山（著），清水書房、東京

13. 支那の民族問題（《中国的民族问题》），東亞調查會（编），東京日日新聞社、東京

14. 支那書道（《中国书道》），後藤朝太郎（著），黄河書院、東京

15. 支那宗教史（《中国宗教史》), 支那地理歷史大系刊行會（编), 白揚社、東京; 支那地理歷史大系／支那地理歷史大系刊行会编, 11

16. 支那古代史と天文學(《中国古代史与天文学》), 飯島忠夫(著), 恒星社、東京; 再版

17. 日支佛教交涉の研究（《中日佛教交流的研究》), 法藏館、東京; 支那佛教史學／支那佛教史學編, 第 5 卷 第 3·4 号

18. 支那の典籍解題（《中国典籍解題》), 中國事情研究會（编), 中國事情研究會、東京; 中國事情研究資料, 第 7 號

19. 儒學概論（《儒学概论》), 北村澤吉（著), 森北書店、東京

20. 近世儒家史料（《近世儒家史料》), 關儀一郎（编), 井田書店、東京; 上冊, 中冊

21. 道教概説（《道教概说》), 中國事情研究會（编), 中國事情研究會、東京; 中國事情研究資料 第 10 號

三、备注

1. 1942 年 2 月 2 日, 日军南中国派遣军特别调查班查抄香港般含道香港大学冯平山图书馆。班长肥田木指挥成员劫走下列单位图书文物: ①国立北平图书馆藏书 70 箱, 另散文献 3787 册; ②王重民先生东方学图书 3 箱; ③中华图书协会藏书 210 箱; ④岭南大学藏书 20 箱; ⑤中华教育文化基金会藏书及稿本 5 箱。上述各箱卷册皆不详, 每一箱皆被贴上"东京, 参谋本部御中"后, 启运离港。

2. 1942 年, 军国主义分子筹备召开所谓"大东亚文学家大会"时, 竹内好于同年 11 月公开发文, 拒绝参加。

公元1943年

一、大事记

1. 1月，西晋一郎进讲《论语》颜渊篇子贡问政章。

2. 3月，小岛佑马《古代中国研究》刊。5月，武内义雄《〈易〉与〈中庸〉的研究》刊。6月，诸桥辙次《大和汉辞典》出版纪念会于东京会馆举行。（第一卷于1955年刊行，1960年出齐）

3. 学徒出阵（学生参战）。

4. 西田几多郎《世界新秩序的原理》、波多野精一《时间与永远》、汤川秀树《存在的理法》刊。

二、书（文）目录

1. 易の根據と應用（《〈易〉的根据与应用》），山口察常（著），大東出版社刊、東京；改幀版

2. 易と中庸の研究（《〈易〉与〈中庸〉的研究》），武內義雄（著），岩波書店刊、東京

3. 易哲學（《〈易〉的哲学》），藤村與六（著），友松堂刊、東京

4. 論攷眞勢中州の易哲學（《论考真势中州〈易〉哲学》），磯田英一（著），紀元書房刊、東京

5. 詩經美學：國風篇（《〈诗经〉美学：国风篇》），井乃香樹（著），救護會出版部、東京

6. 毛詩正義校定資料解説（《〈毛诗正义〉校订资料解说》），經學文學研究室（著），東方文化研究所、东京

7. 詩經（《诗经》），目加田誠（著），日本評論社、東京；東洋思想叢書；8

8. 老子（《老子》），武內義雄（译注），岩波書店、東京；岩波文庫；3162—3163

9. 論語（《论语》），武内義雄（译注），岩波書店、東京；第 11 刷改版

10. 支那神話傳説の研究（《中国神话传说的研究》），出石誠彦（著），中央公論社、東京

11. 支那上代思想史研究（《中国古代思想史研究》），出石誠彦（著），藤井書店、東京

12. 支那學論攷（《中国学论考》），石濱純太郎（著），全國書房、大阪

13. 支那美術史（《中国美术史》），一氏義良（著），大阪屋號書店、大阪

14. 支那繪畫史研究（《中国绘画史研究》），下店靜市（著），冨山房、東京

15. 支那文化雜攷（《中国文化杂考》），法本義弘（著），國民社、東京

16. 支那文學思想史（《中国文学思想史》），青木正兒（著），岩波書店、東京

17. 支那繪画論（《中国绘画论》），金原省吾（著），東亞研究會、小田原；東亜研究講座，第 110 輯

18. 支那詩史（《中国诗史》），李維（著）、眞田但馬（译），大東出版社、東京；大東選書，6

19. 支那の天文學（《中国的天文学》），薮内清（著），恒星社、東京

20. 古代支那研究（《古代中国研究》），小島祐馬（著），弘文堂書房、東京

21. 支那哲學批判（《中国哲学批判》），佐藤清勝（著），アジア青年社、東京

22. 支那思想史略（《中国思想史略》），手塚良道（著），中文館、東京

23. 支那思想史概説（《中国思想史概说》），吉田賢抗（著），明治書院、東京

24. 儒教道徳の特質と其の學説の変遷（《儒教道德的特质与其学说的变迁》），北村澤吉（著），森北書店、東京

25. 近世儒林編年志（《近世儒林编年志》），齋藤悳太郎（著），全國書房、東京

26. 近世日本儒學史（《近世日本儒学史》），高須芳次郎（著），越後屋書房、東京

27. 儒教の話（《儒教的话》），大江文城（著），全國書房、東京

28. 儒教論理概説（《儒教伦理概说》），服部宇之吉（著），冨山房、東京

三、备注

1. 1943年8月东亚研究所与"东方文化事业总委员会"下辖东京、京都两个研究所17名中国历史研究家共同"协力"完成了"异民族的中国统治史"的调查研究。1944年其主要部分付印后，作为日军官兵及有关人员读本，其用意极为深长。

2. 1943年，在由日本文部省主办的"夏季文化讲座"上，东洋史学家、"中国非国论"的创始者矢野仁一（やの じんいち，1872—1970），受主办者的"特别嘱托"，发表了他的"大东亚史的构想"。

3. 武内义雄从东北帝国大学停课。自1923年4月他担任东北帝国大学法学文学部教授起，到1943年的二十年内，在中国哲学思想的研究方面，形成了独特的体系。

公元1944年

一、大事记

1. 帝国学士院会员、池田宏为天皇讲授《元史》（日本传之元十八年征东之役相关的始祖敕令）。

2. 以东京帝国大学的东洋文化研究所为中心成立"东洋学会"。

3. 自1907年开始的"孔子祭典"，在东京汤岛圣堂举行战前的最后一次活动。

4. 大江文成《本邦儒学史论考》、山本正一《王阳明》刊。

5. 狩野直喜被授予文化勋章。

6. 和辻哲郎《日本的臣道·美国的国民性》刊，铃木大拙《日本的灵性》刊，务理台作《场所的逻辑学》刊，金子武藏《黑格尔的国家观》刊。

7. 井上哲次郎（1855—1944）去世；松本文三郎（1869—1944）去世。

二、书（文）目录

1. 孔子と王道の政治經濟（《孔子与王道的政治经济》），田崎仁義（著），三省堂刊、東京

2. 支那古代神話（《中国古代神话》），森三樹三郎（著），大雅堂、京都；東亞人文撰書

3. 支那上古史（《中国上古史》），內藤虎次郎（著），弘文堂書房、東京

4. 支那芝居の話（《中国戏剧漫谈》），濱一衞（著），弘文堂書房、東京

5. 異民族の支那統治史（《异民族的中国统治史》），東亞研究所（編輯），大日本雄辯會講談社、東京

6. 支那上代之研究（《中国古代的研究》），林泰輔（著），進光社、東京

7. 支那數學史（《中国数学史》），薮內清（著），山口書店、東京；自然科學史叢書

8. 清朝の邊疆統治政策：異民族の支那統治研究（《清朝的边疆统治政策：异民族的中国统治研究》），東亞研究所（編），至文堂、東京

9. 概說支那仏教史（《概说中国佛教史》），道端良秀（著），法藏館、京都；3版

10. 支那人の古典とその生活（《中国人的古典及其生活》），吉川幸次郎（著），岩波書店、東京

11. 支那學の問題（《中国学的问题》），吉川幸次郎（著），筑摩書房、東京

12. 古代支那史要（《古代中国史要》），岡崎文夫（著），弘文堂書房、東京

13. 支那美術史論（《中国美术史论》），堂谷憲勇（著），桑名文星堂、京都

14. 上代日本と支那思想（《古代日本与中国思想》），大森志朗（著），拓文堂、東京

15. 支那戰爭史概論：或は支那古戰論（《中国战争史概论：又中国古代战争论》），田中久（著），新正堂、大阪

16. 支那思想の展開（《中国思想的展开》），高田眞治（著），弘道館圖書、東京；第1卷

17. 支那文明史話（《中国文明史话》），チャイルズ（著），小野久三（译），

日本出版社、大阪

18．支那典籍史談（《中国典籍史谈》），大内白月（著），昭森社、東京

19．支那近世哲學史考（《中国近世哲学史考》），本田成之（著），晁文社、京都

20．本邦儒學史論攷（《本邦儒学史论考》），大江文城（著），全國書房、東京

21．儒學と國學（《儒学与国学》），斎藤毅（著），春陽堂、東京；新國學叢書　第8卷　第1

三、备注

1. 从1942年到1944年，在日本军国主义狂啸进行对外侵略、对内高压监控的战争期间，吉川幸次郎（よしかわ　こうじろう，1904—1980）独自撰写了30余万言的《元杂剧研究》（『元雑劇研究』），战后的1947年他以此稿提请了文学博士学位。

主要著作（全集）：

『吉川幸次郎全集』（全20卷）、筑摩書房（1968—1970）

『増補　吉川幸次郎全集』（全24卷）、筑摩書房（1973—1976）

『吉川幸次郎遺稿集』（全3卷）、筑摩書房（1995）

『吉川幸次郎講演集』（全1卷）、筑摩書房（1996）

『杜甫詩注』（第1期全10卷）、岩波書店（2012秋より刊）、興膳宏編、全20卷

2. 有关日本近代的"孔子祭典"，可追溯到1881年即在《教学大旨》颁发的第三年，日本开始恢复荒废了许久的"孔子祭"。最早复活"孔子祭"是从关东足利学校开始的。足利学校是日本中世纪时代重要的文化遗存，明治维新初，它成为町民文化活动的场所。足利学校首次复活的"孔子祭"，与该校在中世纪时代的"孔子祭"也稍有区别——中世纪时代的孔子祭典，是由禅僧举行佛典，诵读《般若经》等；而19世纪80年代的孔子祭典，是按神道仪式来进行的。思想文化史的研究不要忽视了这种差别。它倒是极生动地展示了时代的意识特征。由禅僧按佛典举行祭孔，正是中世纪时代宋学与禅学互补为用的一种标识。明治中期开始的祭孔，改为神道仪式，正是日本儒学与国家神道合流而构成皇

权主义意识基础的一种标识。其后，从1907年（明治四十年）起，东京汤岛圣堂便每年举行一次"孔子祭典"。至1944年，一共举行了38届。1945年春季，日本法西斯面临战败的局面，才算停歇了半个世纪的"孔子祭"。

战后，斯文会并没有停止每年一度的孔子祭典活动。

3. 汤岛圣堂（ゆしませいどう）即东京孔庙，是由元禄时期德川幕府第五代将军德川纲吉所建。建成时称孔庙。位于东京都文京区汤岛一丁目，距离最近的车站是JR中央线御茶之水站，从圣桥口出站往北过圣桥后右手桥堍便是汤岛圣堂。这里立有"日本学校教育发祥地"的石碑。

1690年(元禄三年)，奉幕府将军德川纲吉之命，林罗山将位于上野忍冈(现上野公园)内的孔庙"先圣殿"移筑至此。德川纲吉按中国惯例将先圣殿改称为"大成殿"，并将周围的附属建筑称为"圣堂"。林家的私塾也迁到此处。

1797年（宽政九年），林家的私塾改为官立的昌平坂学问所。"昌平"是孔子出生所在的村名。此后圣堂就指汤岛圣堂中的大成殿。

明治维新之后，1871年（明治四年）这里被关闭。作为幕府最高教育、研究机关的昌平坂学问所和主管天文的天文方（后来的开成所），主管医疗的种痘所（后来的医学所）合并，成为现在东京大学的前身。

明治以后汤岛圣堂建有文部省、国立博物馆（现在的东京国立博物馆和国立科学博物馆）、东京师范学校（后更名东京教育大学，最后成为现在的筑波大学）、东京女子师范学校（现在御茶水女子大学）。后来文部省搬往霞关，国立博物馆搬往上野，东京师范学校搬往文京区大冢后又搬到茨城县筑波市，东京女子师范学校也搬到文京区大冢。现在汤岛圣堂部分土地上兴建了东京医科齿科大学。

1922年汤岛圣堂被指定为国家级历史遗迹。1923年（大正十二年）在关东大地震中除德门和水屋以外全部被烧毁，现在的大成殿是1935年（昭和十年）由伊东忠太设计、大林组施工再建的。

1975年（昭和五十年），中华民国台北雄狮俱乐部赠送了一尊世界上最大的孔子像安放于此。这里除孔子之外还安放了孔子的四位高徒（颜子——颜回、曾子、思子——子思、孟子）的塑像加以祭祀。

现在，汤岛圣堂由财团法人斯文会管理，这里每年举办各种纪念活动。元且为"正月特别参观日",举行《论语》讲座,对外公开展示朱舜水带至日本的孔子像;4月第4个星期日举行释奠活动;10月第4个星期日举行"先儒祭"活动;11月23日举行"神农祭"。此外,这里还常年举办各种传统文化讲习班,由斯界专家讲授《论语》《易经》《说文解字》和唐诗等,尤其是《论语》讲座,常年爆满。

公元 1945 年

一、大事记

1. 1月,矢野仁一进讲中国文化尊重礼的特色。

2. 日本发表裕仁天皇的"终战诏书"(『大東亜戦争終結ノ詔書』),宣布战败投降。

3. 三宅雪岭去世,86岁;内田周平去世,88岁;西田几多郎去世;常盘大定去世;三木清死于狱中。

二、书(文)目录

1. 尚書正義定本 第一册(《〈尚书正义〉定本 第一册》),東方文化研究所(編),全國書房刊、東京

2. 支那學藝大辭彙(《中国学艺大辞汇》),京都印書館、京都

3. 支那西域經綸史(《中国西域经营史》),曾問吾原(著)、野見山温(译注),東光書林、京都

4. 南海に關する支那史料(《南海相关的中国史料》),石田幹之助(著),生活社、東京

5. 現代支那の文學(《现代中国的文学》),近藤春雄(著),京都印書館、京都

三、备注

1. 常盘大定（ときわ だいじょう，1870—1945），日本宫城县人，研究中国佛教之学者，日本古建筑学家。号榴邱，属真宗大谷派。17 岁入仙台市道仁寺，29 岁毕业于东京帝国大学文科大学哲学科，后为东京帝国大学教授。

主要著作：

『法句経 南北対照英・漢・和訳』博文館、1906

『仏典の解説』丙午出版社、1918

『古賢の跡へ 支那仏蹟蹈査』金尾文淵堂、1921

『支那仏教史蹟』金尾文淵堂、1923

『仏伝集成』丙午出版社、1924

『支那に於ける仏教と儒教道教』東洋文庫、1930

『仏性の研究』丙午出版社 1930 國書刊行会、1972

『随筆 超と脱』仏教年鑑社、1933

『學と道』時潮社、1934

『仏祖と師友』大雄閣、1934

『支那の仏教』青年仏教叢書 三省堂、1935

『仏教の精神』大日本図書、1936

『後漢より宋斉に至る訳経総録』東方文化學院東京研究所 1938 國書刊行会、1973

『支那仏教史蹟踏査記』竜吟社 1938 國書刊行会、1972

『支那仏教の研究』春秋社 1938 名著出版、1974

『続・支那仏教の研究』春秋社松柏館、1941

『支那仏教の研究 第 3』春秋社松柏館、1943

『日本仏教の研究』春秋社松柏館、1943

2. 1945 年 5 月，日军"中国派遣军"镜字第 6806 部队楼井信二，从原教育部官员王鲲楚宅劫走郑板桥书屏四幅、郑板桥中堂花卉一幅及曾国藩书对联二副。

从 1930—1945 年 8 月的约 15 年间，散布于我国广袤土地上的大批文献与文物，遭到日本军国主义分子及其帮凶学者与汉奸的空前洗劫。著者在日本多方查考，调查了日本外交档案与远东国际军事法庭的档案，大致查清了全国除西藏、云南、贵州、青海、四川等省区外全国文献与文物被日本军国主义所劫夺的总况，分述如下：

中国文献典籍被劫往日本的共计23675种，合2742108册，另有209箱，内装不知其数。其中属中国国家所有者为5360种，合2253252册，另41箱，属中国私人所有者为18315种，合48856册，另168箱。

中国历代字画被劫往日本的共计15166幅，另有16箱，内装不知其数。其中属中国国家所有者为1554幅，属中国私人所有者为13612幅，另16箱。

中国历代碑帖被劫往日本的共计9378件。其中属中国国家所有者为455件，属中国私人所有者为8923件。

中国历代古物被劫往日本的共计28891件，另有2箱，内装不知其数。其中属中国国家所有者为17818件，属中国私人所有者为11073件，另2箱。

中国历代地图被劫往日本的共计56128幅。其中属中国国家所有者为125幅，属中国私人所有者为56003幅。

所有这些史料都表明，这是日本中国学史上最黑暗的一幕。

公元 1946 年

一、大事记

1. 学术研究会议会员宇井伯寿为天皇讲授十七条宪法。
2. 平野义太郎、伊藤武雄、石浜知行等成立"中国研究所"。
3. 汉文教育恳话会第一次总会召开，地址在京都都立八中。
4. "中国语学研究会"成立。
5. 亚洲最早的马克思主义经济学家之一、汉诗诗人河上肇（1879—1946）去世。

二、书（文）目录

1. 易：萬有無雙原理（《易：万有无双原理》），櫻澤如一（著），P·U·C刊、東京

2. 老莊思想（《老庄思想》），安岡正篤（著），福村書店、東京

3. 孔子（《孔子》），室伏高信（著），潮文閣、東京

4. 孔子（《孔子》），武者小路實篤（著），大日本雄辯會講談社刊、東京

5. 孔子の教育と吾が体験（《孔子的教育及我的体验》），川合信水（著），主婦之友社刊、東京

6. 論語と孔子の思想（《〈论语〉与孔子思想》），津田左右吉（著），岩波書店刊、東京

7. 劉邦出世物語：支那歷史政治小説（《刘邦出世的故事：中国历史政治小说》），浜薰明（著），東洋政治學会出版部、東京

8. 江戸文學と支那文學：近世文學の支那的原據と讀本の研究（《江户文学与中国文学：近世文学的中国原剧本与读本的研究》），麻生磯次（著），三省堂、東京

9. 支那の文房四寶に就て（《中国的文房四宝》），松崎鶴雄（著），座右宝刊行会、東京

10. 支那思想の展開（《中国思想的展开》），高田眞治（著），弘道館圖書、東京；再版

11. 支那について（《关于中国》），吉川幸次郎（著），秋田屋、大阪

12. 經書の成立：支那精神史序説（《经书的成立：中国精神史序说》），平岡武夫（著），全國書房、大阪；東方文化研究所研究報告，第18冊

13. 支那文學概論（《中国文学概论》），鹽谷温（著），弘道館、東京；上下册，1946.6—1947.8

14. 古代世界文化と儒教（《古代世界文化与儒教》），飯島忠夫（著），中文館書店、東京；東洋學藝叢刊

三、备注

河上肇（かわかみ はじめ,1879—1946）去世。他不仅是亚洲最早的著名马克思主义者，其对中国古诗的研究也独树一帜，这方面的成绩集中体现在《陆放翁鉴赏》(『放翁鑑賞』)中。此书的编撰起始于日本军国主义盛行的1941年，出版于军国主义崩溃之后的1949年，三一书房分上下两册出版，共845页。其时，河上肇已经故世。后来，当岩波书店刊出《河上肇全集》(『河上肇全集』)时，《陆放翁鉴赏》又收为《全集》的第二卷。此书无论从日本宋诗研究而言，抑或从陆游研究而言，都突破了前述实证主义学派、批判主义学派和新儒家学派的束缚，独树一帜。

《陆放翁鉴赏》采用一种译评体，每一首诗都有日译文，著者通过"评语"，表现自己对陆诗的品评，并引导读者"鉴赏"。河上肇通过对陆游诗作的选择和评价，展现了他独具特色的中国古诗观。归纳起来，大致有三个方面。

第一，河上肇十分注重陆游诗作中对于民族复兴事业的执着追求，他把陆游对于抗金胜利的期望作为对理想的坚定信念加以赞扬。

例如他译评陆游《三月二十五日夜达旦不能寐》二首，原诗曰：

愁眼已无眠，更堪衰病婴。萧萧窗竹影，碌碌水禽声。

捶楚民方急，烟尘虏未平。一身那敢计，雪涕为时倾。

忧国心常折，观书眼欲枯。百年终坎壈，一饭且枝梧。

忽忽残春过，迢迢清夜徂。壮心空万里，老病要人扶。

河上肇在这二首诗后加"评语"说：

我与放翁的心事相共，故采录此二首。它们作为诗歌创作，未必就重于巧拙，然放翁至老而不舍为宋报仇之念，已见前述。

第二，河上肇十分注重陆游诗作在日常生活主题中所表现出的生活的力度，努力发掘诗人面对人生所表现出的生命力量。人们通常认为陆游的上万首诗中，除了抗金的主题，便是大量的闲适诗。然而，这是一个含混不清的概念。事实上，陆游在诗歌中表现出的感情的振幅是相当大的。一方面哀叹年岁渐老，事业无成；一方面又表示事业不成，老而不已。特别是在很多情况下，他的诸种感情是交织在一起的,往往在悲哀之中,却又透露出顽强的生命力量。河上肇在译评陆游诗"当年书剑挹三公,谈舌如云气吐虹……奇士久埋巴峡骨,灯前慷慨与谁同"时说"我极喜此诗的高昂的调子"。

陆游八十四岁时作《书忧》一首,其诗曰:

时人应怪我何求,白尽从来未白头。

磅礴昆仑三万里,不知何地可埋忧。

第三,河上肇十分注重陆游诗歌创作中表现的"真实性",他尊重陆诗创作中的"纪实",力求通过诗歌的"纪实",引导鉴赏者理解中国的风俗与现实。

河上肇在《陆放翁鉴赏》一书中,对陆游在诗歌创作中的"非真实"进行点评并加以肯定。如河上指出,陆游在其《老学庵笔记》中,随笔记录了以往诗中一些叙述描写与事实不合之例,例如卷五记曰:

张文昌《成都曲》云:锦江近西烟水绿,新雨山头荔枝熟,万里桥边多酒家,游人爱向谁家宿。此未尝至成都者作也。成都无山,亦无荔枝。苏黄门诗云:蜀中荔枝出嘉州,其余及眉半有不。盖眉之彭山县已无荔枝,况成都乎?

上述三个方面,集中了河上肇对陆游诗歌创作的基本评价,事实上这也显现了其对中国古诗的基本观念。作为一位日本早期的马克思主义理论家,他在中国古典方面表现出的观念,虽然并未构成一个学派,但却十分宝贵。

公元 1947 年

一、大事记

1. 帝国学士院会员原田淑人为天皇讲授"大同北魏都城遗址"。
2. 由东洋文化研究所主办的"东洋文化讲座"发端开讲。
3. "山口中国文化研究会"成立。
4. "东方学会"发端,时名"东方学术协会(東方学術協会)"。设置了财团法人东方学术协会（財団法人東方学術協会），为外务省管辖。

5. 京都帝国大学教授、近代日本中国学开创者狩野直喜（1868—1947）去世。

二、书（文）目录

1. 新譯論語（《新译〈论语〉》），穗積重遠（著），東京社刊会教育協会、東京

2. 支那上代思想史研究（《中国古代思想史研究》），出石誠彥（著），福村書店、東京；改訂版

3. 支那近世哲學史話（《中国近世哲学史话》），本田成之（著），晃文社、京都

4. 支那歷朝閨秀詩集（《中国历朝闺秀诗集》），那珂秀穗（译），地平社、東京

5. 支那の自然と文化（《中国自然与文化》），小竹文夫（著），弘文堂書房、東京；教養文庫，138

6. 支那の政治と民族の歷史（《中国政治与民族的历史》），岡崎文夫、佐々久（著）、東京；教養文庫

7. 支那文學概論（《中国文学概论》），鹽谷温（著），弘道館、東京；限定版

8. 支那中世佛教の展開（《中国中世佛教的展开》），山崎宏（著），清水書店、東京；再版

9. 支那上代思想史研究（《中国古代思想史研究》），出石誠彥（著），福村書店、東京；改訂版

10. 支那の自然と文化（《中国的自然与文化》），小竹文夫（著），弘文堂書房、東京；教養文庫，138

11. 支那中世佛教の展開（《中国中世佛教的展开》），山崎宏（著），清水書店、東京；再版

12. 儒教概説（《儒教概说》），宇野精一（著），日月社、東京

13. 中華思想の根蔕と儒學の優位（《中华思想的根蒂与儒学的优势》），原

富男（著），大日本雄辯會講談社、東京

三、备注

1. 东方学会，日本学术机构。第二次世界大战结束后，在整顿、重组学术机构团体时，日本外务省于1947年成立了"东方学术协会"，替代了日华学会。1951年3月11日在日本大学召开首次会员代表大会。首任会长是日本学士院会员、京都大学名誉教授、著名东洋史学家羽田亨博士，首任理事长为东京大学名誉教授、著名中国哲学史专家宇野哲人博士，石田干之助、和田清出任理事。

1948年3月11日"东方学术协会"更名为"东方学会"。当时会员人数为409人，分两个支部，东京支部260人，京都支部149人。经过战后半个多世纪的发展，现在东方学会有会员1560人，现任理事长为京都大学名誉教授兴膳宏（こうぜん　ひろし，1936—　）。

会员由各大学、研究院所中研究中国问题、朝鲜问题、蒙古问题、印度以及东南亚问题、中亚问题、西亚问题、日本问题的学者组成，其中研究中国问题的学者占多数。研究领域包括历史、社会、经济、民族、民俗、思想、哲学、宗教、文学、语言、艺术、考古等，涵盖了人文科学和社会科学的各个学科。活动内容包括致力于加深世界东方学学界的交流，介绍、普及海内外研究业绩，招聘、派遣知名学者，文献资料的交换，演讲会、座谈会和国际会议的召开、组织，以及出版等诸多事务。1956年6月，该学会首次召开"国际东方学者会议"（The International Conference of Orientalists in Japan）。1957年5月出版《国际东方学者会议纪要》。1997年6月，在中央大学骏河台纪念馆召开"东方学会创立50周年纪念大会"，同年出版《东方学会创立50周年纪念东方学论集》。2000年10月，《东方学》第百辑《面向21世纪的东方学展望》特集出版。2007年6月，在二松学舍大学召开"东方学会创立60周年纪念座谈会。2013年4月1日，公益法人改革，变更为由内阁府管辖的一般财团法人机构。

东方学会出版物：

（1）《东方学》，日本东方学会机关刊物，创刊于1951年3月。该刊每年出版两期，至今已发行了100多期。该刊在日本学术界影响很大，包括岸本美绪、池田温、滨下武志、山田辰雄、小南一郎、丸山升、沟口雄三等著名中国问题学者纷纷在刊物上发表文章。

该刊除主栏目的研究论文外，还介绍国内外学术会议、研究单位、资料和研究动向等东方学界的学术信息，并有以座谈会形式讨论日本东方学界著名学者的"话先说""学问的回忆"等栏目。学会现有会员1560人。《东方学》所发表的论文多是中国历史研究，约占论文总量的80%。其中又以古代史为主，尤其是宋、明、清等日本学界称为近世史部分。研究内容上，以宋以来的社会史、经济史、学术思想史等居多。近年来，关于中国近代史的论文有所增加，但研究点集中在曾赴日的谭嗣同、章太炎、鲁迅等身上。另外，有关日本、印度、朝鲜、越南、蒙古等其他亚洲国家的研究论文近年来也呈上升趋势。研究区域也从最初的东亚逐渐拓展到南亚、东南亚、中亚甚至俄罗斯的亚洲部分。

（2）《东方学论集》，1954年在外务省资助下出版，1955年度第3辑停刊。

（3）《东方学关系著书论文目录》（Books and Articles on Oriental Subjects Published in Japan），1956年6月创刊。

（4）《东方学会报》，1958年创刊。

2. 狩野直喜去世，与其同时代的日本近代中国学的创始人基本上在此之前都已经去世，在日本由旧有"汉学"转向近代"中国学"的学术史中，研究者们固然各自形成了不同的学术风格，乃至开创了不同的流派，但他们赴欧留学访学之经历、受欧洲近代学术的影响、积极导入欧洲汉学思想、促发近代日本中国学之形成等方面则有共通之处。

附：日本中国学创始人留学欧洲表

姓　名	生卒年	在欧美学习一览
井上哲次郎	1855—1944	1883—1890年在德国学习7年
白鸟库吉	1865—1942	1901年赴欧洲，在德国柏林大学中国学讲座听课，后在匈牙利布达佩斯研究阿亦泰语系，1903年经北欧、俄国回国
内藤湖南	1866—1934	1924—1925年赴欧洲访问
服部宇之吉	1867—1939	1900年赴德国留学2年，先在拉伊夫契，后在柏林大学
狩野直喜	1868—1947	1912—1913年赴欧洲留学，探寻敦煌文物文献

3. 岸本美绪（きしもと みお，1952— ），日本东洋史研究专家，集中从事中国明末清初专门史研究，お茶の水女子大学教授。日本学术会议议员。

主要著作：

『清代中國の物価と経済変動』研文出版 1997

『東アジアの「近世」』山川出版社（世界史リブレット）1998

『明清交替と江南社会 17 世紀中國の秩序問題』東京大學出版会 1999

『中國社会の歴史的展開』放送大學教育振興会 2007

4. 池田温（いけだ あたたか，1931— ），日本东京大学博士。原日本东京大学教授，现为日本创价大学文学部名誉教授，日本著名东洋史学者。

其主要研究领域为中国中世纪史、前近代东亚文化交流史、敦煌吐鲁番学。主要著作有《中国古代籍帐研究概观·录文》（东京大学出版会，1979）、《中国古代写本识语集录》（大藏出版，1990）、《中国礼法与日本律令制》（东方书店，1992）、《魏晋南北朝隋唐时代史的基本问题》（共编）（汲古书院，1997）、《世界历史大系·中国史 2 三国—唐》（共编）（山川出版社，1996）、《仁井田升著〈唐令拾遗补〉》（编集代表）（东京大学出版会，1997）等近 20 部著作及论文 30 余篇。

公元 1948 年

一、大事记

1. 东京大学文学部教授仓石武四郎（くらいし たけしろう，1897—1975）为天皇讲授《朱子语类》（为学之法）。

2. 1948 年，日本建立了"刷新学术体质委员会"，同年，众参两院相继通过了"学术会议法案"。

二、书（文）目录

1. 孔子（《孔子》），和辻哲郎（著），植村書店刊、東京
2. 孔子の生涯（《孔子的生涯》），諸橋轍次（著），桃山書林、東京
3. 支那學入門書略解（《中国学入门书略解》），長沢規矩也（著），文求堂書店、東京；新訂補修版
4. 玉笛譜：支那詩選（《玉笛谱：中国诗选》），佐藤春夫（编译），東京出版、東京
5. 支那學術文芸史（《中国学术文艺史》），長沢規矩也（著），三省堂、東京；新修再版
6. 支那近世哲學史話（《中国近世哲学史话》），本田成之（著），晃文社、京都
7. 支那心理思想史（《中国心理思想史》），黒田亮（著），小山書店、東京
8. 儒教の諸問題（《儒教的诸问题》），諸橋轍次（著），清水書店、東京
9. 新中國の儒教批判（《新中国的儒教批判》），中國研究所（編），実業之日本社、東京

三、备注

1. 大谷光瑞（おおたにこうずい，1876—1948），为日本佛教净土本愿寺派二十一世门主大谷明如的长男，1902年继位为京都西本愿寺二十二世门主。大谷氏在青少年时代曾受过良好的日本文化与汉学教育。1898年首次出国赴中国上海、北京。归国后又转道香港，赴法国巴黎，于1899年抵英国伦敦留学。他在当时欧洲殖民者"中亚探险"的刺激下，于1902年起，曾先后三次进行中亚细亚探险。其随行者第一次有渡边哲信、堀贤雄、本多惠隆、井上弘丹，第二次有橘瑞超、野村荣三郎，第三次有吉川小一郎等。大谷光端本人似乎只参加过第一次的行动,后两次都是以他的名义进行的。这便是有名的"大谷探险队"，是日本最早的"西亚探险"。探险队多次经由帕米尔从天山南路进入我国西北地区，进行文物搜寻活动。其中第二次探险于1909年在楼兰国遗址发现了"李柏文书"，是极重要的文物资料。

2. 藤冢邻（ふじつか ちかし，1879—1948），京城帝国大学教授，中国哲学研究学者，文学博士。旧姓佐佐木，号素轩，生于岩手县。1908年毕业于东京帝国大学中国哲学科，师承服部宇之吉、星野恒、小柳司气太等名家。1921—1923年赴中国留学，并结识鲁迅，两人在中日文化交流方面做了大量的工作。1926年2月8日，鲁迅以新印旧著《中国小说史略》寄赠藤冢邻，以答谢他曾赠予两部日译《水浒传》的厚礼。1926年4月出任京城帝国大学教授，担当中国哲学讲座。1930年3月，担当中国语学文学讲座。同年9月，为法文学部长。1936年以论文《李朝时代清文化的移入和金阮堂》获文学博士称号。1940年4月，从京城帝国大学退休，同年1月，被授予该校名誉教授。1948年任日本斯文学会理事长，大东文化学院专门学校总长。

藤冢邻以研究儒学经典考证著称于世，学贯中、日、韩三国，为明治、昭和时代著名中国哲学研究者，主要是以实证的考据学方法，从事清朝、朝鲜、日本的文化交流史研究，通过探明整个东亚思想文化传布、演变的脉络，考察朝鲜儒学的发展状况与特点，尤以金正喜研究著名。他的研究主要着重于文献流传，因而对于书志学研究也有所涉及，如对朝鲜版《龙完手镜》《一切经音义》的影印、解说；另外，还特别关注清代学者与朝鲜学者之间往来遗墨的搜集与研究。

其主要著作有《日本、朝鲜和清国的文化交流》（『日鮮清の文化交流』，中文馆书店，1947）、《〈论语〉总说》（『論語総説』，弘文堂，1949）、《清朝文化东传的研究：嘉庆、道光学坛与李朝金阮堂》（『清朝文化東伝の研究：嘉慶、道光學壇と李朝の金阮堂』，國书刊行会，1975），以及与森西洲合著的《孙子新释》（『孫子新釈』，弘道馆，1943）等。

3. 1948年，日本建立了"刷新学术体质委员会"，同年，众参两院相继通过了"学术会议法案"（政府第121号法令）和"国立学校设置法"（政府第150号法令），根据这些法令，开始重建战后日本中国学的研究机构，并且逐步形成了三层次结构的研究网络。

第一层次，作为国家科学研究指导机关的"日本学术会议"（俗称"学术国会"）撤消了"中国研究特别委员会"。关于对中国研究的规划，分别由设置于学术会议第一部的文学、哲学、史学、教育学、心理学、社会学，第二部的一般法学、公法学、民事法学、刑事法学、政治学，第三部的经济学、商学、经营学的委员们分别承担。为了实现国家对"中国学"研究方向的控制和体现对研究的支持,改变了战前由政府直接操纵研究机构的办法,改组为学会形式的松散联合。1947年6月,原"日华协会"改组为"东方学会",得到政府的全面支持。1949年10月,创立"日本中国学会",以此为标准,"中国学"的名称逐步替代了"支那学"。

这一名称的改换,反映了愈来愈多的研究家正抱着重新认识中国的愿望,探索中国研究的新道路。"日本中国学会"得到文部省的全面支持。前者侧重于广泛的史学研究,后者侧重于哲学宗教和语言文学的研究。由此便形成了日本政府的"中国学"研究网络。

与此相交错的第二层次,是对国立大学的中国研究机构的整顿。东京大学曾于1941年11月根据天皇1021号勅令,设立"东洋文化研究所",专以研究中国兵要地志、社会民俗为任务。1948年4月,外务省原文化事业部东方文化学院奉命撤销,人员并入东大东洋文化研究所。改组之后的研究所,建立了以学科分研究部门的体制,建立哲学宗教部、文学语言部、历史部、文化人类学部、人文地理学部、美术史考古学部、法律政治部、经济商业部与南亚文化部,以此为阵地,展开了对以中国文化为中心的泛亚文化的综合性研究。此外,京都大学是日本对中国研究的另一个中心。1938年8月,该校设立"人文科学研究",从事中国产业经济、文化交流史方面的研究。1949年1月,盟军司令部指令解散西洋文化研究所和东方文化学院京都研究所,旋即将其并入京都大学人文科学研究所内,建立以区域为研究部门的体制,设立日本部、东方部、西洋部。其中的东方部,主要是研究中国文化,每一部中以学科分设研究室,合并之初为11个研究室,1969年增至14个研究室。

以东京大学东洋文化研究所和京都大学人文科学研究所的重建为标志,战后日本建立起了大学中的"中国学"研究网络。这一网络中的机构和人员,是日本"中国学"研究的中坚力量。

第三层次,便是民间的系统。当时日本有两种社会力量试图摆脱政府的控制而从事对中国的研究。一种力量是追求民主的进步势力,他们不满意当时政府的对华政策,希冀在政府控制的研究网络之外,建立独立的研究阵地,以便把在战争期间分散于国内外的研究中国问题的进步人士集合起来,总结历史教训，研究中国的发展，寻找日本的道路。这部分力量可以以日本"中国研究所"为其代表，该所在安藤彦太郎等人的努力下，于1946年1月正式建立。在战前的旧"中国学"时代，激进的小资产阶级知识分子，如竹内好等，组织了"中国文学研究会"，曾经抵制过军国主义的研究，但终未能发展成为具有完备形态的研究所。所以，这种由进步人士组成的民间中国研究所的出现，是战后日本"中国学"结构中的一个特点。当然，由于没有政府的财政支持，经费由民间筹集，研究的条件相对比较困难。此外，另一种社会力量则是在战争中参与军国主义活动的残余势力，他们迫于国内外的形势，战后不得不从公立机构中退出，然而，他们又结合在一起，以学术研究的面貌，坚持其军国主义立场。由于存在着这样的社会势力，民间网络的中国研究呈现出复杂的局面，当然，后者在整个研究的结构上并不占有突出的地位，这种形势是与战时迥然不同的。

这样，大约在20世纪50年代中期，由于进步的中国社会科学著作被逐步地介绍到日本，对中国的研究也基本形成了多层次的网络结构。日本"中国学"经历了对战时活动的反省和整顿，完成了它的重建工作，由此便进入了恢复时代。

公元 1949 年

一、大事记

1. "汉学会"（漢學会）更名为"东京中国学会"（東京支那學会）。

2. "中国语学研究会"（中國語學研究会）划分为关东和关西两个支部。

3. 第一届日本中国学会在日本学士院（东京上野）召开，成立目前为止规模最大的中国学研究机构——"日本中国学会"。

4. 全国汉文教育联络协会召开。

5. 孔子诞辰2500年纪念祭典在东京汤岛举办。

6. 文学博士津田左右吉获得第八届文化勋章。

7. 前田直典（まえだ　なおのり，1915—1949）去世。

二、书（文）目录

1. 詩経（《诗经》），目加田誠（著），丁子屋書店、東京
2. 聖哲老子（《圣哲老子》），井沢弘（著），丁子屋、京都
3. 虛無の探究：老莊思想を中心として（《虚无的探索：以老庄思想为中心》），田所義行（著），福村書店、東京；ロゴス新書
4. 論語の探究（《〈论语〉的探究》），岡田正三（著），山口書店刊、京都
5. 論語總説（《〈论语〉总说》），藤塚鄰（著），弘文堂刊、東京
6. 論語（《论语》），漢文研究会（編），學友社刊、東京
7. 論語（《论语》），倉石武四郎（译），日光書院、東京
8. 中國における近代思惟の挫折（《中国近代思维的挫折》），島田虔次（著），筑摩書房、東京；初版
9. 中國小説の研究（《中国小说史的研究》），鹽谷温（著），弘道館、東京
10. 中國古典學の展開（《中国古典学问的展开》），宇野精一（著），北隆館、東京
11. 中國社會と民族性（《中国社会与民族性》），神田正雄（著），朴烈文化研究所、東京；文化叢書，第1
12. 中國上代思想の研究（《中国古代思想的研究》），栗田直躬（著），岩波書店、東京
13. 中國通史（《中国通史》），那珂通世（著）、和田清（译），岩波書店、東京；岩波文庫，1759—1760，第5刷
14. 近世中國宗族研究（《近世中国宗教研究》），牧野巽（著），日光書院、東京
15. 唯物史觀より見たる近代中國革命思想（《唯物史观所见近代中国革命思想》），中國文化研究會（編），窰書院、東京；增補
16. 中國散文論（《中国散文论》），吉川幸次郎（著），弘文堂、東京
17. 中國思想史（《中国思想史》），吉田賢抗（著），明治書院、東京；2版
18. 古代中國哲學史（《古代中国哲学史》），鈴木大拙（著）、志村武（译），

新潮社、東京

19. 原始儒家思想と經學（《原始儒家思想与经学》），重澤俊郎（著），岩波書店、東京

三、备注

1. 日本中国学会（主页：http://nippon-chugoku-gakkai.org/）成立于 1949 年 10 月，在上野的学士院召开了成立大会，是日本全国性综合研究学会。它包含文学、语言学、哲学三大部分，现在会员总数超过了 2000 人（创立之初有会员 246 名。2000 年的会员总数为：个人会员 2056 个，社团会员 61 个），主要从事中国哲学、中国文学、汉语方面的研究。学会还设有"日本中国学会奖"，每年评选出两名获奖者，一名是发表哲学方面优秀成果的研究人员，另一名是发表文学、语言学方面优秀成果的研究人员。这个学会的本部设在东京汤岛的孔子庙，这一事实本身具有象征性意味：它具有战时日本汉学、中国学的传统的侧面，从 70 年代后期开始，它作为中国学学者交流的场所，起到的是一种类似"同业帮会"的作用。目前研究中国近现代问题的中国学学者也有所增加，不过年会的论文宣读和每年一期的《日本中国学会报》所载论文仍以中国古典研究为中心。

日本中国学会的会刊是《日本中国学会报》，1950 年创刊，每年发行一次。

主要活动：

每年召开一次学术大会。

每年发行一期机关杂志《日本中国学会报》；2000 年发行了第 52 号。

每年刊行两期《会报》，向会员报告学会情况，或提供必要的信息。

评选"日本中国学会奖"。此奖是以已故奥野信太郎先生的寄赠款为基础，于 1969 年设立的。为使其具有鼓励性质，原则上要求获奖者不超过 40 岁，并主要以在《日本中国学会报》上发表的论文为评选对象。原则上每年选出 2 名，并在学术大会的总会上颁奖。

对会员的研究提供帮助。

与海外的中国学术团体交流。

2. 前田直典，日本著名汉学家、元史学家。1915 年 11 月 18 日生于京都。

1936年进入东京帝国大学东洋史学科，曾到中国西安等地旅行。1939年毕业进入大学院，导师是加藤繁。1940年因急性脑炎造成下半身不遂退学。1941年10月复学，受和田清指导。1947年从东京帝国大学大学院期满退学。学习期间先后为蒙古善邻协会、亚洲文化研究所工作，专攻元史。1949年因病去世，年仅35岁。

1948年，他发表的《东亚古代的终结》(《历史》第1卷第4号，后收入所著《元朝史的研究》)，在日本的史学研究界激起了轩然大波，引发了日本史学界有关中国历史分期的大讨论。不仅在日本，而且波及中国。前田对以内藤湖南为代表提出的中国史的"上古"(有史之始到后汉中期)、"中古"(南北朝到唐)、"近世"(宋元到清后期)、"近代"(清后期以来)的"四分法"提出了挑战。他认为秦汉时代到唐代，中国社会并没有时代性的质的区别，所以，这期间不应该像京都派那样，以魏晋为界分为两个时期。他还认为，宋代是中国封建社会的开始时期。而到近代，中国又进入了一个新时期。他的论文中虽然没有具体论说，实际是主张中国古代社会的"三段说"，即唐以前是"古代"、宋以后到近代为"中世"、近代。他的这一看法和京都派的主要区别，在于对魏晋时代的看法。特别是对这一时期从事耕作劳动的人是否是奴隶的判断。以此问题为中心，史学界进行了论争。

前田直典对中国史的具体成果主要是元代的研究，论文多收录在《元朝史的研究》中。其内容大致分为三类：元代的经济史，主要是货币研究，论文有《元朝的纸币样式》《元代的货币单位》《元代钞的发行制度和流通状态》《元朝时代纸币的价值变动》等；元代的行政制度研究，论文有《元朝行省的形成过程》；对民族交通的研究，论文有《十世纪时的九族鞑靼》《神应天皇朝的时代》等。前田直典不仅在宏观的中国历史分期问题上独创新说，而且在元代历史研究的具体考证上也思路清晰，见地深锐，多有建树，显现出杰出的史学才华。他可以说是第二次世界大战后日本中国史研究转折的象征。

3. 岛田虔次（しまだ けんじ，1917—2000），日本广岛县人，历任东方文化研究所助教，东海大学预科教授，京都大学副教授、教授、名誉教授（退休后），日本学士院院士。在日本及世界学术界被公认为是东洋史、东洋思想史，特别是中国学研究领域的学术权威和泰斗之一。其代表作为《中国近代思维的挫折》

(『中國における近代思惟の挫折』)。

　　岛田虔次，1941年毕业于京都帝国大学文学部，此后近六十年间，孜孜不倦地为研究和传播中国学术文化做出了辛勤劳动和卓越贡献。日本学者在总结近四十年来研究中国近古思想的成果时指出：具有较大影响的书有三部，其中之一是1949年出版的岛田先生所著《中国近代思维的挫折》（中译本，江苏人民出版社出版），本书是作者的成名作。在日本，本书作为在中国思想史研究中最早提出中国"近代"问题的具有划时代意义的研究著作，不但在1949年出版时受到了很高评价，而且即使到现在也一直是研究中国思想史（特别是从宋到清）的日本学者的必读文献之一。实际上，第二次世界大战后的日本对中国近代思想的研究就是从本书开始的。本书在极其广角的历史展望下，描绘出从王阳明，经过泰州学派，到李卓吾的所谓"王学左派"的中国近代思想史的展开，再现了当时社会与思想运动的活泼气息，并指出这个时期在中国哲学与思想中已经出现"天理"与"人欲"的对立，已经分化出"天"与"人"，而在社会现象中已经出现了打破儒家规矩——这在当时几乎是"社会"的同义词——的个人，也即近代市民意识的萌芽。1967年出版的《朱子学和阳明学》，重点论述了由朱子学向阳明学、由阳明学向泰州学派过渡发展的过程。岛田先生为鼓励和培养朱子学的研究者做了大量工作，一批新的朱子学研究者成长起来。

　　作为日中友好的使者，早在1960年，岛田虔次就参加日中友好学术代表团访问中国，1973年作为京都大学人文科学研究所代表团成员来华。2000年去世。

　　主要著作：

『中國における近代思惟の挫折』（筑摩書房、1949年 改訂版1970年、新版1986年／平凡社東洋文庫上下 2003年）

『中國革命の先駆者たち』（筑摩書房〈筑摩叢書〉初版1965年、新版1985年）

『朱子學と陽明學』（岩波新書 初版1967年）—口述筆記をまとめた著作

『大學・中庸 中國古典選4』（朝日新聞社 1967年／朝日文庫 上下 1978年）

『王陽明集 中國文明選6』（朝日新聞社 1975年）

『隠者の尊重—中國の歴史哲學』（筑摩書房、1997年）

『中國の伝統思想』（みすず書房、2001年）

『中國思想史の研究』（京都大學學術出版会、2002年 新版2005年）

公元 1950 年

一、大事记

1. 第二届日本中国学会在日本京都大学召开。
2. "神户东洋学会""广岛中国学会"成立。
3. "东京中国学会"召开。
4. "日本道教学会"成立并在东京大学召开第一届日本道教研究会议，会长为福井康顺。
5. 广岛中国学会中国学研究（広島支那學会支那學研究）主办的《中国学研究》(『支那學研究』) 创刊，一直持续到 1972 年，后改为《汉文学纪要》(『漢文學紀要』)。
6. 冈崎文夫（おかざき ふみお，1888—1950）去世。

二、书（文）目录

1. 老子（《老子》），京都大學人文科學研究所中國古典の校注と索引編纂班（编），京都大學人文科學研究所、東京；中國古典の校注と索引；索引；7
2. 孔子とその弟子：論語物語（《孔子及其弟子：论语物语》），下村湖人（著），西荻書店刊、東京
3. 新譯論語（《新译〈论语〉》），穗積重遠（著），社刊会教育協会、東京
4. 儒教の研究（《儒教的研究》），つださうきち（著），岩波書店、東京；1950.3—1956 三卷本
5. 中國文化研究会会報（《中国文化研究会会报》），東京文理科大學漢文學第二研究室（编），東京文理科大學漢文學第二研究室、東京；本年度创刊
6. 東洋史學（《东洋史学》），九州大學文學部東洋史研究室（主编），九州大學文學部東洋史研究室、福岡；发行至 1964 年
7. 中國の淨土教と玄中寺（《中国的净土教与玄中寺》），道端良秀（著），

永田文昌堂、京都；なつめ寺研究叢書

  8. 全唐文作者索引（《全唐文作者索引》），京都大學人文科學研究所中國古典の校注と索引編纂班（編），京都大學人文科學研究所、京都；中國古典の校注と索引，索引‖サクイン；5. 唐代の人人‖トウダイ ノ ヒトビト；3

  9. 中國と私（《中国与我》），吉川幸次郎（著），細川書店、東京

  10. 中國に於ける世界國家思想：康有爲の大同思想を中心として（《中国的世界国家思想：康有为的大同思想为中心》），田所義行（著），昌平堂、東京；再版

  11. 中國思想史（《中国思想史》），武内義雄（著），岩波書店、東京；岩波全書，第73

  12. 近世中國思想史（《近世中国思想史》），清水信良（著），明治図書出版、東京

  13. 老子（《老子》），京都大學人文科學研究所中國古典の校注と索引編纂班（編），京都大學人文科學研究所、京都；中國古典の校注と索引，索引‖サクイン；5

  14. 中國の革命思想（《中国的革命思想》），小島祐馬（著），弘文堂、東京；アテネ新書，8

  15. 中國史概説（《中国史概说》），和田清（著），岩波書店、東京；岩波全書，120，121；1950.11—1951.2 上下册

三、备注

  1. 日本道教学会，1950年10月18日成立于东京大学，由著名的中国思想研究专家福井康顺等四十余人发起，福井为第一任会长。学会在成立声明中宣布了学会要旨："道教被认为是一种渗透在中国人的全部生活之中的宗教。对每个东亚专家来说，特别是汉学家，它的重要性无疑是明显的。考虑到对中国作系统研究的趋势正在发展，道教研究不能再被忽视了，所以，我们和我们的同事组织了日本道教学会。学会的任务是艰巨的。道教研究本身就是一个庞杂的领域，但是，如果没有对东亚其他宗教的广泛研究以及其他学科的相应研究，那么就不可能对道教有任何透彻的理解。在详细调查了道教研究的现状以后，

我们决定采取将各个方面综合在一起的研究方法。"学会于1951年创办杂志《东方宗教》，每年发行两期，到1997年年底，共出版90号。

2. 福井康顺（ふくい こうじゅん，1898—1991），早稻田大学名誉教授，大正大学校长，日本学术会议会员，日本道教学会名誉会长，早稻田大学东洋学会会长，天台学会会长，日本中国学会理事，评议员兼专门委员，东方学会评议员，中国哲学思想史研究家。

福井康顺1924年从早稻田大学毕业，1929年任早稻田大学讲师，同年赴中国留学，研究中国思想史和道教史。1941年任早稻田大学教授。1968年以大正大学教授退休，1969年以早稻田大学教授退休，1972—1975年任大正大学校长，1991年去世。

福井康顺师承日本著名历史学家津田左右吉。把道教作为一个独立的真正的宗教信仰系统来研究，并且从个别的研究发展为带有一定的综合性的研究。他对道教和道教经典的研究也从道教本身扩大到了历史、考古、文献、方志和年表等领域。治学方法比较严谨，明显地受到中国乾嘉学派的影响。他对于《道藏》的历史以及《灵宝经》《周易参同契》《列仙传》等经典研究旁征博引，互相参照，细致考证，钩稽异同，言必有据，多有发现。但是，研究目标着眼在经典中和宫观中的道教，方法也过多使用考据和引证，他还没有把道教作为一种社会现象来研究，未曾触及道教在政治、文化和科技领域中的作用等内容。

主要著作：

『福井康順著作集〈全6巻〉』法藏館、1987—1988年

『神仙伝〈中國古典新書〉』明德出版社、1983年

『慈覚大師研究』早稻田大學出版部、1980年

3. 冈崎文夫，其字焕卿，号樱洲，原东北大学教授，文学博士，中国古代史学者。1912年毕业于京都帝国大学，1919年至1921年间被公派到中国留学，1924年任东北帝国大学副教授，1926年任教授，1935年被授予文学博士学位，1949年退休。曾兼任京都大学讲师和龙谷大学教授等，1943年任日本学术振兴会第二常置委员。

冈崎文夫是日本最早从事魏晋南北朝史研究的学者，师从内藤湖南，专攻隋唐以前的社会经济史。其著作《魏晋南北朝通史》（『魏晋南北朝通史』，弘文

堂书房，1932）及《南北朝社会经济制度》（『南北朝に於ける社会経済制度』，弘文堂书房，1935）主要从汉代社会的内部开始考察地方名门望族的成长，进而探求贵族制的起源。此外，还著有《中国史概说上》（『支那史概説上』，弘文堂书房，1935）、《新制东洋教科书教授资料》（『新制東洋歴史教科書教授資料』，三省堂，1935）、《江南文化开发史：其地理性基础研究》（『江南文化開発史：その地理的基礎研究』，与池田静夫合著，弘文堂书房，1943）、《古代中国史要》（『古代支那史要』，弘文堂书房，1944）、《中国的政治与民族的历史》（『支那の政治と民族の歴史』，与佐佐木久合著，弘文堂书房，1947）等。他的《中国史概说》《魏晋南北朝通史》和《南北朝社会经济制度》三部专著是以贵族制度为核心、贯彻和论证"内藤假说"的杰出代表作。

公元 1951 年

一、大事记

1. 文学博士津田左右吉获得第一届文化功劳奖章。
2. 第一届"东方学会"全国会员总会在日本大学法文学部召开。
3. "现代中国学会"成立。根据 1951 年 5 月 26 日中国研究所第六次总会决议设置。
4. "福井汉文学会"成立并在福井大学召开"第一届福井汉文学大会"。
5. 斯文会召开战后第一届先儒祭典活动。
6. 日本道教学会机关杂志《东方宗教》（『東方宗教』）创刊，并召开"日本第二届道教大会"。

二、书（文）目录

1. 易の科学性（《〈易〉的科学性》），藤村與六（著），霜翎社、東京

2. 孔子（《孔子》），貝塚茂樹（著），岩波書店刊、東京；岩波新書；青版—65

3. 孔子（《孔子》），室伏高信（著），潮文閣、東京

4. 中國淨土教家の研究（《中国净土教家的研究》），小笠原宣秀（著），平楽寺書店、京都

5. 中國上代陰陽五行思想の研究（《中国古代阴阳五行思想的研究》），小林信明（著），大日本雄弁会講談社、東京

6. 支那文學概觀（《中国文学概观》），長澤規矩也（著），汲古書院、東京

7. 支那文藝史概説（《中国文艺史概说》），長沢規矩也（著），三省堂、東京

8. 歷代名人年譜（《历代名人年谱》），京都大學人文科學研究所中國古典の校注と索引編纂班（編），京都大學人文科學研究所、京都；中國古典の校注と索引，索引‖サクイン；10

9. 唐人の傳記索引（《唐人传记索引》），京都大學人文科學研究所中國古典の校注と索引編纂班（編），京都大學人文科學研究所、京都；中國古典の校注と索引，索引‖サクイン；9

10. 中國古代のこころ（《中国古代的心》），貝塚茂樹（著），河出書房、東京；市民文庫，69

11. 中國の法思想史：東洋的自然法の問題（《中国的法思想史：东洋的自然法问题》），仁井田陞（著），日本評論社、東京；法律學体系，第2部.法學理論篇／末弘嚴太郎著者代表‖ホウガク リロンヘン；7

12. 中國原始觀念の發達（《中国原始观念的发达》），加藤常賢（著），青龍社、東京

13. 中國古代の帝王思想：特に韓非の君主論（《中国古代的帝王思想：以韩非的君主论为中心》），板野長八（著），日本評論社、東京

14. 詩經の秀歌：中國古代人の歌謠と人間性（《〈诗经〉的秀歌：中国古代人的歌谣与人性》），沢田正熙（著），作家社、名古屋

15. 中國文學入門（《中国文学入门》），吉川幸次郎（著），弘文堂、東京；アテネ文庫，第176

三、备注

1. 日本版本学者、汉学家、文求堂创办者田中庆太郎（たなか けいたろ，1879—1951）去世。文求堂在当时东京有关中国研究的学者圈中赫赫有名，田中庆太郎亦是近代日本中国学发展史上的一位独特人物。虽然他并不是著书立说、讲学杏坛的教授，但他以自己对于中国古籍书画的精湛学识，向日本适时而大量地输入中国典籍，为日本中国学的发展起到了推动作用。田中庆太郎一生通过文求堂的采购、转卖，为日本输入中国古书，不仅数量庞大，而且多为精选之作，从宋元时代的珍稀古版本到明清时代的佳刻善本，无不令人惊赞。因为这个原因，20世纪50年代，他曾遭到中国学术界的批判，斥之为使中国国宝古书流出海外的元凶之一。在半个世纪之后的今天，重新审视田中庆太郎及其文求堂，可以说，他在北京所从事的购书活动，诸如慧眼识书、适时采进、低价买入、高价卖出等，无非都是基于一个有学问、有眼光的学者的识断，也没有超出一个精明成功的商人的本分。用现代的话说，属于洞察时代动向、敏于书业商机的商人行为。中国珍稀善本的流失固然可惜，正如敦煌经卷流失海外一样，它是中国近代黯弱无能、不能有效保护自己文献国宝的惨痛教训。另一方面，田中庆太郎及其文求堂的经营，客观上增进了20世纪前50年中国书籍文化在日本的传播以及中国学研究在日本的发展进程。

2. "现代中国学会"，1992年更名为"日本现代中国学会"，2012年10月统计在册人数700人，是日本成立最早、与"亚洲政经學会"（アジア政経學会）并列的当前两大现代中国研究社团。现任理事长：高見沢磨（東京大學教授），副理事长：日野みどり（同志社大學教授）。

公元 1952 年

一、大事记

1. 众议院通过"东洋精神文化振兴相关决议案"的讨论。
2. 第四届日本中国学会在庆应义塾大学召开，第三届日本道教学会在早稻田大学召开，第二届东方学会全国会员会在京都大学召开。
3. 池内宏（いけうちひろし，1878—1952）去世。

二、书（文）目录

1. 中國思想史（《中国思想史》），東京大學中國哲學研究室（编），東京大學出版会、東京
2. 中國哲學史（《中国哲学史》），内野熊一郎（著），日本大學通信教育部、東京；東洋哲學史，1—3
3. 中國佛教史論（《中国佛教史论》），高雄義堅（著），平楽寺書店、京都
4. 孔子と老子（《孔子与老子》），諸橋轍次（著），不昧堂刊書店刊、東京
5. 孔子（《孔子》），武者小路実篤（著），大日本雄弁会講談社刊、東京
6. 論語・孟子・大學・中庸（《论语・孟子・大学・中庸》），中西清（著），學燈社、東京
7. 老莊思想（《老庄思想》），安岡正篤（著），福村書店、東京
8. 聊齋志異：中國千夜一夜物語（《聊斋志异：中国千夜一夜物语》），蒲松齡（著）、增田涉（译），角川書店、東京
9. 中國小説選（《中国小说选》），岡崎俊夫（编），筑摩書房、東京；中學生全集
10. 京都大學文學部支那哲學史中國語學中國文學研究室藏書目録：稿本（《京都大学文学部中国哲学史中国语学中国文学研究室藏书目录：稿本》），京都大學文學部支那哲學史中國語學中國文學研究室（编），京都大學

11. 日本文學と中國文學(《日本文学与中国文学》),魚返善雄(著),弘文堂、東京;アテネ文庫, 195

12. 中國詩文選(《中国诗文选》),太田兵三郎 [ほか](共編),広惠堂、東京;教育資料研究會叢書, 8

三、备注

池内宏,东洋史学家。祖父为儒学名家池内大学。东京府人。曾就读于东京府庹平常初中,第一高等中学学习毕业后,入东京帝国大学文科大学史学专业(东洋史专业)学习,1904 年毕业。1913 年任东京帝国大学讲师,1916 年任东京帝国大学副教授,1922 年,以论文《鲜初东北境和女真的关系》(「鮮初の東北境と女真との関係」),获东京帝国大学文学博士,1925 年任教授。1937 年成为帝国学士院会员。1939 年退休,辞去东京帝国大学教职,成为名誉教授。后转任名古屋帝国大学教授。

主要著作:

『文禄慶長の役 正編第一』南満州鉄道、1914 年

『文禄慶長の役 別編第一』東洋文庫、1936 年

『日本上代史の一研究』近藤書店、1947 年

『元寇の新研究』東洋文庫、1931 年

『満鮮史研究』全 5 卷 吉川弘文館、1951—1979 年

公元 1953 年

一、大事记

1. "东北中国学会"成立。

2. 第五届日本中国学会在冈山大学召开,第四届日本道教学会在天理大学

召开，第三届东方学会全国会员会在日本大学召开。

3. 亚洲政经学会（アジア政経學会，Japan Association for Asian Studies，缩写为：JAAS）成立。

二、书（文）目录

1. 中國佛教史（《中国佛教史》），龍谷大學（编），百華苑、京都

2. 中國古代の思想家たち（《中国古代的思想家们》），郭沫若（著）、野原四郎、佐藤武敏、上原淳道（译），岩波書店、東京

3. 老子・莊子・荀子・韓非子（《老子・庄子・荀子・韩非子》），大矢根文次郎（著），學燈社、東京；學燈文庫

4. 掌中論語の講義（《掌中〈论语〉讲义》），諸橋轍次（著），大修館書店刊、東京

5. 中國の知慧（《中国的智慧》），吉川幸次郎（著），新潮社、東京；一時間文庫

6. 広韻索引（《广韵索引》），坂井健一（编），東京教育大學東洋文學研究室中國文化研究會、東京；中國文化研究会会報，專刊‖センカン；1

7. 中國文學史（《中国文学史》），宋雲彬（著）、小田嶽夫、吉田巖邨（译），創元社、東京；創元選書

8. 中國古代史學の發展（《中国古代史学的发展》），貝塚茂樹（著），弘文堂書房、東京；第 3 版

9. 中國歷代詩選（《中国历代诗选》），中國學術研究所（编），昌平堂、東京

10. 中國詩選（《中国诗选》），塩谷温（著），弘道館、東京；3 版

11. 中國繪畫選集（《中国绘画选集》），東洋拓殖經濟會（编），東洋拓殖經濟會、東京

12. 中國美術：河南省洛陽郊外金村古墓出土品；佛教美術：中國・日本之佛画・佛具：白鶴秋季展（《中国美术：河南省洛阳郊外金村古墓出品；佛教美术：中国・日本之佛画・佛具：白鹤秋季展》），白鶴美術館、神戶

13. 中國建築の日本建築に及ぼせる影響：特に細部に就いて（《中国建筑

对日本建筑的影响：尤其是细节部分》），飯田須賀斯（著），相模書房、東京

14. 中國古代地理思想考：空間認識を中心として（《中国古代地理思想考：空间认识为中心》），海野一隆（著），大阪學芸大學、大阪

三、备注

1. 鸟居龙藏（とりい りゅうぞう，1870—1953），日本四国德岛市人，知名日本民族学家，人类学家，考古学家。

鸟居龙藏在学术上的成就，表现于将考古学与人类学相结合；除在日本国内从事考古工作外，还在西伯利亚东部、千岛群岛、库页岛、朝鲜及中国的内蒙古、东北、云贵、台湾等地进行调查发掘，研究东亚各民族（特别是少数民族的古代文化），晚年致力于中国辽代文化的研究。他是最早对中国少数民族进行调查研究的日本学者之一。

主要著作：

『苗族調査報告』1907 年

『蒙古旅行』博文館、1911 年

『蒙古及満洲』冨山房、1915 年

『人類學及人種學上より見たる北東亜細亜 西伯利，北満，樺太』岡書院、1924 年

『日本周囲民族の原始宗教 神話宗教の人種學的研究』岡書院、1924 年

『人類學上より見たる我が上代の文化 第1』叢文閣、1925 年

『人類學上より見たる西南支那』冨山房、1926 年

『極東民族 第1卷』文化生活研究会、1926 年

『満蒙の調査』万里閣書房、1928 年

『満蒙を再び探る』鳥居きみ子共著、六文館、1932 年

『満蒙其他の思ひ出』岡倉書房、1936 年

『遼の文化を探る』章華社、1937 年

『黒竜江と北樺太』生活文化研究会、1943 年

『日本考古學選集 6・7 鳥居竜蔵集』斎藤忠編、築地書館、1974 年

『鳥居龍蔵全集』全 12 卷、朝日新聞社、1975—1977 年

『中國の少数民族地帯をゆく』朝日選書、1980 年

2. 亚洲政经学会，原属于外务省管辖，1957 年变更为财团法人的学术组织，是目前日本最大规模的亚洲研究（理论与实证研究）机构。

公元 1954 年

一、大事记

1. 第六届日本中国学会召开，第五届日本道教学会召开，第四届东方学会全国会员会在京都大学召开。

2. 饭岛忠夫（いいじま ただお，1875—1954）去世。

二、书（文）目录

1. 中國古代の宗教と思想（《中国古代的宗教与思想》），加藤常賢（著），ハーバード・燕京・同志社東方文化講座委員會、京都；ハーバード・燕京・同志社東方文化講座、第 3 輯

2. 支那哲學史：近世儒學（《中国哲学史：近世儒学》），宇野哲人（著），寶文館

3. 新釋詩經（《新释〈诗经〉》），目加田誠（著），岩波書店、東京

4. 老子の講義（《〈老子〉讲义》），諸橋轍次（著），大修館書店、東京

5. 役者論語（《艺人〈论语〉》），守随憲治（編），東京大學出版会、東京

6. 中國文學入門（《中国文学入门》），菊地三郎（著），新評論社、東京

7. 中國古代史の諸問題（《中国古代史的诸问题》），三上次男、栗原朋信（編），東京大學出版会、東京

8. 中國思想文學史（《中国思想文学史》），内野熊一郎（編），敬文社、東京

9. 中國文學に於ける孤獨感（《中国文学中的孤独感》），斯波六郎（著），広島大学文学部中國文學研究室、広島；中文研究叢刊，第3

三、备注

1. 伊藤漱平（いとう　そうへい，1925—2009），国立东京大学文学部教授，二松学舍文学部教授，日本中国学会评议员，东方学会会员，现代中国学会会员，中国语学研究会会员，中国古代文学翻译家、研究家。1954年，伊藤以《红楼梦札记：关于曹霑与高鹗》为题提交毕业论文，毕业于东京大学文学部中国文学科。

毕业不久，在松枝先生的举荐下，接受平凡社的邀请，开始了新一轮《红楼梦》的翻译。历时三年，伊藤译本作为平凡社《中国古典文学全集》中第24—26卷出版，最后一卷面世于1960年12月，距离松枝先生的译本仅仅九年而已。伊藤先生则从此埋头红学研究，并于1970年和1997年两次完成改译，又将自己研究红学最新的心得成果写入解说词中。作为日本红学研究第一人，伊藤漱平的译本可说是最准确、最忠实完整的译本。

著作有：《伊藤漱平著作集》（『伊藤漱平著作集』全5卷，汲古書院，2005—2011）等。

2. 斯波六郎（しば　ろくろう，1894—1959），字皆月，日本著名中国文学研究者。生于石川县凤至郡七浦村（今门前町）。1910年4月，就学于石川县师范学校本科第一部。1915年，进广岛高等师范学校文科第一部。1919年，任大阪府池田师范学校教谕兼训导，1922年3月以后，任广岛高等师范学校副教授兼教谕。次年4月，入京都帝国大学文学部文学科（中国语学、中国文学专业），师事狩野直喜、铃木虎雄等。1926年4月，进京都大学研究院。1929年4月，任广岛师范学校教授兼广岛文理科大学副教授。1942年1月，由京都帝国大学授文学博士学位。1953年4月，调任广岛大学教授，兼任广岛大学、广岛文理科大学教授。1957年3月退休。同年5月，获广岛大学名誉教授称号。1958年4月，任京都大谷大学教授。次年10月2日逝世。享年65岁。

本年度出版其名作《中国文学中的孤独感》，显示了其在六朝文学和《文心雕龙》等文学理论研究领域之外的研究成就。

不过，斯波六郎对于六朝文学，尤其是《文选》研究，以及《文心雕龙》的研究还是最为人所称道的。

其代表著作如下：1942年所著博士论文《〈文选〉李善注所引尚书考证》对于李善注引《尚书》加以缜密考证，恢复李善注本来面目，并阐明李善注所引《尚书》基于何本。《关于〈文选集注〉》对日本仅有的《旧钞〈文选集注〉残卷》作了解释。《关于〈文选〉之版本》论述《文选》各版本之得失。

斯波六郎等编制的《〈文选〉索引》，乃日本学者所编的具有代表性的中国古籍索引。该索引将《文选》中的1—33画字每字做出索引，并有"《文选》各种版本的研究""《文选》篇目表""篇目索引""文体分类表""文体的说明""作者索引"等附录，最后还附作者撰写的"旧钞本《文选集注》卷第八校勘记"。这部索引多达4册，前后花了20年时间才编完，质量甚高。《〈文选〉索引》为后来研究者检索《文选》提供了方便。

此外还有《〈文选〉诸本之研究》等。斯波六郎当时在"选学"方面可称为日本第一人，后为小尾郊一、冈村繁及森野繁夫等继承而不绝于世。斯波六郎其他著作还有《陶渊明诗译注》等。

3. 据陈东辉的研究，日本汉学界对中国古籍索引非常重视，结合有关学术研究编制了大量中国古籍索引。据不完全统计，日本出版的中国古籍索引约占世界各地所出版的全部中国古籍索引的80%，仅唐代文学古籍索引就达38种，其对中国古籍索引的重视程度可想而知。这是日本学者在中国古籍整理研究领域最突出的成果。

日本编制的中国古籍索引门类繁多，几乎涉及中国传统文化的各个领域。在日本学者所编的中国古籍索引中，数量最多的当属集部古籍索引，大约占2/5。上述斯波六郎等编制的《〈文选〉索引》，乃日本学者所编的具有代表性的中国古籍索引。此外还有松浦崇根据丁福保所编的《全汉三国晋南北朝诗》编制的数种索引、佐久节编制的《汉诗大观索引》、吉川幸次郎编制的《中国诗人选集总索引》、稻畑耕一郎编制的《历代赋汇著者篇名索引》、富永一登等编制的《先秦·两汉·三国辞赋索引》、目加田诚编制的《唐诗选语句索引》、禅文化研究所编制的《唐诗选·三体诗总合索引》等，均为集部代表。

4. 饭岛忠夫，日本东洋史研究者，中国天文史研究专家，主张中国古代天文学战国时代西来学说。代表作为：《中国历法起源考》（恒星社，1930，第一书房 1980 年再版）。

主要著作：

『飯島忠夫著作集』全 4 卷 第一書房

（1）支那古代史論 補訂 1980

（2）支那曆法起源考 1979

（3）支那古代史と天文學 1982

（4）天文曆法と陰陽五行說 1979

公元 1955 年

一、大事记

1. 第七届日本中国学会在庆应义塾大学召开，第六届日本道教学会在早稻田大学召开，第五届东方学会全国会员会在京都大学召开。

2. 全国大学汉文教育研究会成立，会长阿部吉雄（あべ よしお，1905—1978）。

二、书（文）目录

1. 五行易精蘊：奥秘伝書（《五行易精蕴：奥秘传书》），加藤大嶽（著），紀元書房刊、東京

2. 老子道徳経研究（《老子〈道德经〉研究》），伊福部隆彦（著），藤沢：池田書店、藤沢

3. 孔子（《孔子》），和辻哲郎（著），角川書店刊、東京；角川文庫；1114

4. 孔子廟堂刊碑（《孔子庙堂刊碑》），日本教育大學書道學会近畿部会（编），若草書房、東京

5. 孟子（《孟子》），金谷治（著），朝日新聞社、東京；中國古典選／吉川幸次郎監修

6. 唐詩選（《唐诗选》），高木正一（著），朝日新聞社、東京；中國古典選／吉川幸次郎監修

7. 江戸文學と中國文學（《江户文学与中国文学》），麻生磯次（著），三省堂、東京；再版

8. 校註中國歷代名家文選（《校注中国历代名家文选》），猪口篤志、戸田浩曉（編），武蔵野書院、東京

9. 中國に於ける景教衰亡の歷史；キリスト教の成立に及ぼしたるローマ法學思想の影響（《中国景教衰亡的历史；基督教的成立及罗马法学思想的影响》），佐伯好郎（著），ハーバード・燕京・同志社東方文化講座委員會、京都；ハーバード・燕京・同志社東方文化講座，第7輯

10. 水滸伝：新中國定本普及版（《水浒传：新中国定本普及版》），村上知行（译），修道社、東京

11. 中國文學史（《中国文学史》），大矢根文次郎（著），前野書店、東京

12. 支那戲曲物語（《中国戏曲物语》），今関天彭（著），元々社、東京；民族教養新書，41—42

13. 支那近世戲曲史（《中国近世戏曲史》），青木正児（著），弘文堂、東京；3版

14. 近世日本儒教運動の系譜（《近世日本儒教运动的系谱》），相良亨（著），弘文堂、東京；アテネ新書63

三、备注

1. 阿部吉雄（あべ よしお，1905—1978），日本中国哲学史专家。1928年东京帝国大学中国哲学文学科毕业。服部宇之吉的助手和学生，曾任东方文化学院研究员。1937年后任朝鲜京城帝国大学教授。1949年后任东京大学教养学部教授。1961年以"江户初期儒学与朝鲜儒学"（「江戸初期儒學と朝鮮儒學」）为题获得文学博士。1972年组织成立"李退溪研究会"，并在两年后出任会长。

主要著作：

『李退溪』文教書院 1944 日本教育先哲叢書

『漢文の研究』旺文社 1952

『論語』旺文社 1956 漢文學習叢書

『日本朱子學と朝鮮』東京大學出版会 1965

『莊子』明德出版社 1968 中國古典新書

『儒教の変遷と現況 日本・中國・朝鮮の比較』霞山会 1977

『李退溪 その行動と思想』評論社 1977 東洋人の行動と思想

2. 福井康顺的《现代中国思想》(『現代中國思想』)于本年度出版。

福井康顺在《现代中国思想》(早稻田大学出版部，1955)一书中论及梁漱溟的《东西文化及其哲学》时，就指出"其视野广阔，而且还引起了日本学人的议论，在当时是具有轰动性影响的著作"。对这种中日思想的交流、影响与互动做深入的研究，应该是构筑中日知识共同体的基础性工作，但是至今还没有多少令人满意的成果。

3. 学者张泽洪认为：日本学者对日本道教研究的历史可以划分为四个阶段。

第一个阶段是1869年至1930年，为"开创期"，经历了明治、大正和昭和初三个时期。这个阶段以哲学、思想、宗教、迷信、风俗习惯等为研究中心，通常是站在儒教和佛教的立场上来研究道教，因此研究者多为中国佛教史家或所谓的"中国通"，代表人物有妻木直良、小柳司气太、常盘大定、幸田露伴、津田左右吉等，其中以津田（1873—1961）的观点对后世影响较大。

第二个阶段是1931年到1945年，为"政治、军事服务期"。此间对道教的研究发生急剧变化。1931年九一八事变后，政治上要求进一步了解中国和中国人，在文化上道教是最重要的问题。1936年成立了"中国佛教史学会"，会员中有道教研究泰斗福井康顺、木村英一，民俗学家柳田圣男、泽田瑞穗等。此外还有侵略工具"满铁调查部和东亚研究中心"，从政治、社会等方面开始了道教研究。代表人物有平野太一郎、橘朴、五十岚贤隆、吉冈义丰、永尾龙造、酒井忠夫。其中以吉冈义丰（1916—1979）最为出名。

第三个阶段是1945年至1962年，为"战后恢复期"。这个阶段主要是整理日本侵华战争期间收集到的资料如"宝卷""善书""日用类书"等，从事中国民间文化研究,当然也利用《道藏》和西方人劫去的敦煌遗书,从思想、哲学、宗教、文学、科学等方面进行横向的道教研究。此间最重要的事件是1951年创办《东方宗教》(半年刊)和1972年召开第二次国际道教研究会议。

第四个阶段是1972年中日邦交正常化至今,为"发展期"。中日关系正常化后,日本掀起了道教研究的高潮。在继承第三个阶段的文献学、历史学研究成果的基础上,进一步拓展领域,同时培养了一大批中青年学者,进而形成了一支庞大的研究队伍。这个阶段的特点是道教研究国际化,进一步加强了与中国及法国、美国、德国等汉学界的联系。增加了利用外国语文献、挖掘《道藏》以外的新出资料、进行实地考察(中国大陆、台湾和香港以及东南亚华人社会)三项内容。

公元1956年

一、大事记

1. 日本中国文化协会(日中文化交流协会)在东京成立,理事长为中岛健藏。
2. 第一届"国际东方学者会议"在霞山会馆召开。
3. 第八届日本中国学会在东京教育大学召开,第七届日本道教学会召开,第六届东方学会全国会员会在日本大学召开。

二、书(文)目录

1. 詩經(《诗经》),東洋文化協會、東京;國譯漢文大成經子史部;第3卷
2. 老子と達磨(《老子与达摩》),安岡正篤(著),明德出版社、東京
3. 副論語:孔子家語十講(《副论语:孔子家语十讲》),安岡正篤(著),明德出版社刊、東京;師友選書7
4. 支那古代に於ける合理的思惟の展開(《中国古代合理性思维的展开》),

重澤俊郎（著），ハーバード・燕京・同志社東方文化講座委員會、京都；ハーバード・燕京・同志社東方文化講座，第4輯

5. 中國の仙人：抱朴子の思想（《中国的仙人：抱朴子的思想》），村上嘉実（著），平楽寺書店、京都；サーラ叢書，2

6. 中國への郷愁（《中国的乡愁》），吉川幸次郎（著），河出書房、東京

7. 中國考古學研究（《中国考古学研究》），關野雄（著），東京大學東洋文化研究所、東京；東洋文化研究所紀要，別冊

8. 唐宋八家文（《唐宋八家文》），清水茂（著），朝日新聞社、東京；中國古典選／吉川幸次郎監修

9. 中國歷史概要（《中国历史概要》），翦伯贊、邵循正、胡華（著），波多野太郎（译），一橋書房、東京

10. 中國文學史（《中国文学史》），倉石武四郎（著），中央公論社、東京

11. 金瓶梅（《金瓶梅》），小野忍、千田九一（译），河出書房、東京；世界風流文學全集，第10卷 中國篇1

12. 中國の政治思想（《中国的政治思想》），小島祐馬（著），ハーバード・燕京・同志社東方文化講座委員会、京都；ハーバード・燕京・同志社東方文化講座，第1輯

13. 歌與詩：中國文學史の方法（《歌与诗：中国文学史的方法》），聞一多（著），近藤光男（译注），江南書院、東京；江南書院訳註双書，10

14. 宋の花鳥（《宋代的花鸟》），米沢嘉圃（著），平凡社、東京；中國の名画：原色版

15. 中國小説戲曲詞彙研究辞典（《中国小说戏曲词汇研究词典》），波多野太郎（編），横浜市立大學、横浜；横浜市立大學紀要

16. 仙人と杜子春：中國名作物語（《仙人与杜子春：中国名作物语》），氷川九郎画（著），金園社、東京；優良傑作漫画

17. 莊子（《庄子》），福永光司（著），朝日新聞社、東京；中國古典選／吉川幸次郎監修

18. 漢文の文法（《汉文的文法》），藤堂明保、近藤光男（著），江南書院、東京；中國古典の読みかた

19. 中國佛教史（《中国佛教史》），道端良秀（著），法藏館、東京；改訂5版

20. 中國碑碣書談（《中国碑碣书谈》），楊守敬（著），藤原楚水（译），三省堂出版、東京

三、备注

日本中国文化交流协会（主页：http://www.nicchubunka1956.jp/），是中国政府认定的对华友好七个日本民间团体之一，一些重要的文化名人都曾参与协会的活动，如作家中岛健藏、井上靖、水上勉、大庭美奈子（芥川奖获得者）、大江健三郎（诺贝尔奖获得者）、戏剧家千田是野、画家东山魁夷、作曲家团伊久磨、电影演员栗原小卷等。他们组织了多次文化代表团访华，也邀请过大量的中国文化方面的代表团去日本访问，包括官方的文化部、新闻出版总署的团体访日。

公元 1957 年

一、大事记

1. 以郭沫若赠送的书籍为中心，在东京三鹰创办亚洲文化图书馆（アジア文化図書館）。

2. 第九届日本中国学会在名古屋大学召开，第八届日本道教学会召开，第七届东方学会全国会员会在日本大学召开。

3. 第二届"国际东方学者会议"在霞山会馆召开。

4. 日本极端民族主义者，大亚细亚主义作家，被称为"日本法西斯主义之父"的大川周明（1886—1957）去世。

二、书（文）目录

1. 如之易唱道歌（《如之易唱道歌》），吉田頑石（著），自刊本、東京

2. 老子轉生説話考（《老子转生说话考》），楠山春樹（著），私人印刷

3. 老子（《老子》），山田統（著），角川書店、東京；角川新書；112

4. 老子の講義:掌中（《老子讲义:便携本》），諸橋轍次（著），大修館書店、東京

5. 孔子（《孔子》），尾崎辰之助（著），三一書房、東京

6. 新しい論語（《新〈论语〉》），魚返善雄（译），弥生書房、東京；弥生書房，1957.12

7. 唐宋の人物画（《唐宋人物画》），小林太市郎（著），平凡社、東京；中國の名画：原色版

8. 中國詩人選集（《中国诗人选集》），吉川幸次郎、小川環樹（編校），岩波書店、東京；1957.11—1959.5

9. 中國古代の社會と文化：その地域別研究（《中国古代的社会文化：地域差别研究》），中國古代史研究會（編），東京大學出版會、東京

10. 中國史の時代區分（《中国史的时代区分》），鈴木俊、西嶋定生（編），東京大學出版會、東京

11. 石刻：中國石文概説（《石刻：中国石文概说》），馬衡（著）、薮田嘉一郎（編译），綜芸舍、京都

12. 中國固有の思想に於ける捨身と祈りとについて（《中国固有思想中的舍身与祈愿》），木村英一（著），ハーバード・燕京・同志社東方文化講座委員會、京都；ハーバード・燕京・同志社東方文化講座，第 11 辑

13. 随筆集儒者の言葉（《随笔儒者之言》），吉川幸次郎（著），筑摩書房、東京

14. 九州儒學思想の研究（《九州儒学思想的研究》），楠本正繼（著），出版不明

三、备注

1. 西嶋定生（にしじま さだお，1919—1998），中国古代史研究学者，东京大学名誉教授。本年度出版和铃木俊合著作品：《中国史的时代区分》。

西嶋定生，日本冈山县人，1942 年毕业于东京帝国大学东洋史学科，在同校大学进修一年。1943 年任东方文化学院研究员，1948 年任东京大学文学部讲师，翌年任副教授兼任东洋文化研究所研究员，1957 年任教授。1951 年起兼任北海道大学、金泽大学等校讲师。1961 年获文学博士学位。1980 年退休，获东京大学名誉教授称号。1959 年至 1960 年参加《敦煌吐鲁番社会经济史料》(二卷本）的编纂。1967 年至 1969 年赴英国进行研究，并游历苏联、法国、联邦德国、意大利，收集东方古代社会经济史料。

西嶋定生提出的"东亚世界论（册封体制论）"成为有关历史学的"文化圈"概念形成的模型之一。他给出的"汉字文化圈"的构成要素是：以汉字为传意媒介，以儒家为思想伦理基础，以律令制为法政体制，以大乘佛教为宗教信仰等作为共同的价值标准。著述颇丰，专著有《中国经济史研究》(『中國經濟史研究』，東京大學出版會，1966）、《中国古代的社会与经济》(『中國古代の社会と経済』，東京大學出版會，1981）、《中国古代国家与东亚世界》(『中國古代國家と東アジア世界』，東京大學出版會，1983）、《中国历史 2 秦汉帝国》(『中國の歷史 2 秦漢帝國』，講談社，1974）、《中国古代帝国的形成与构造：二十等爵制的研究》(『中國古代帝國の形成と構造：二十等爵制の研究』，東京大學出版會，1961）、《日本历史的国际环境》(『日本歷史の國際環境』，東京大學出版會，1985）等。

公元 1958 年

一、大事记

1. "大东文化大学汉学会"成立。
2. 第十届日本中国学会在东京大学召开，第九届日本道教学会召开，第八届东方学会全国会员会在日本大学召开。
3. 第三届"国际东方学者会议"在霞山会馆召开。
4. 文学博士铃木虎雄获得第八届文化功劳奖章。

二、书（文）目录

1. 詩經國風（《诗经国风》），吉川幸次郎（注），岩波書店、東京；中國詩人選集，吉川幸次郎，小川環樹編集・校閲；第 1—2 卷

2. 詩経諸篇の成立に關する研究（《诗经诸篇の成立的研究》），松本雅明（著），東洋文庫、東京；東洋文庫論叢；第 41

3. 儀禮経伝通解（《仪礼经传通解》），長沢規矩也、戸川芳郎（編），汲古書院、東京；和刻本

4. 白居易（《白居易》），高木正一（注），岩波書店、東京；中國詩人選集／吉川幸次郎，小川環樹編集・校閲，第 12—13 卷

5. 覺世名言十二樓（《觉世名言十二楼》），辛島驍（译注），東洋文化協會、東京；全譯中國文學大系，第 1 集 第 23 卷

6. 王維（《王维》），都留春雄（注），岩波書店、東京；中國詩人選集／吉川幸次郎，小川環樹編集・校閲，第 6 卷

7. 中國（《中国》），貝塚茂樹（編），角川書店、東京；図説世界文化史大系，15–18

8. 寒山（《寒山》），入矢義高（注），岩波書店、東京；中國詩人選集／吉川幸次郎，小川環樹編集・校閲，第 5 卷

9. 春秋左氏伝（《春秋左氏传》），竹内照夫（译），平凡社、東京；中國古典文學全集，第 3 卷

10. 新・論語物語（《新〈论语〉物语》），常石茂（著），河出書房新社、東京；中國古典物語，第 1 卷

11. 史記（《史记》），田中謙二、一海知義（著），朝日新聞社、東京；中國古典選／吉川幸次郎監修

12. 三國志演義（《三国演义》），羅貫中（著），立間祥介（译），平凡社、東京；中國古典文學全集，第 8—9 卷

13. 新約・中國古典抄：聖賢のことば（《新约・中国古典抄：圣贤的话》），五十沢二郎（著），緑園書房、東京

三、备注

1. 1957—1959 年由吉川幸次郎、小川环树主编的《中国诗人选集》(『中國詩人選集』，岩波書店) 共十六卷，外加概说一卷。主要选取以《诗经》和唐代诗人为中心的诗文选集，对日本汉诗研究推动极大，后多次再版。

具体目录如下：

詩經國風　吉川幸次郎　第 1—2 卷

曹植　伊藤正文　第 3 卷

陶淵明　一海知義　第 4 卷

寒山　入矢義高　第 5 卷

王維　都留春雄　第 6 卷

李白　武部利男　第 7—8 卷

杜甫　黒川洋一　第 9—10 卷

韓愈　清水茂　第 11 卷

白居易　高木正一　第 12—13 卷

李賀　荒井健　第 14 卷

李商隱　高橋和巳　第 15 卷

唐詩概説　小川環樹　別卷

2. 《中国古典文学大系》是日本与岩波书店齐名的大型学术出版集团平凡社刊行的丛书之一，以中国主要的思想文学古典典籍集成为主，1967—1975 年期间刊行 60 卷。这一丛书，是除明治书院出版的 120 卷《新释汉文大系》(『新釈漢文大系』，原文、标注、解说和索引为一体的"古典丛书")之外的最大中国典籍文化出版项目之一。具体卷次目录如下：

書経　易経

春秋左氏伝

論語　孟子　荀子　礼記

老子　荘子　列子　孫子　呉子

韓非子　墨子

淮南子　説苑

戰國策　國語　論衡
抱朴子　列仙伝　神仙伝　山海経
世説新語　顔氏家訓
史記　上
史記　中
史記　下
漢書・後漢書・三國志列伝選
資治通鑑選
詩経　楚辞
漢・魏・六朝詩集
唐代詩集　上
唐代詩集　下
宋・元・明・清詩集
宋代詞集
洛陽伽藍記　水経注
大唐西域記
漢・魏・六朝・唐・宋散文選
六朝・唐・宋小説選
宋・元・明通俗小説選
三國志演義　上
三國志演義　下
水滸伝　上
水滸伝　中
水滸伝　下
西遊記　上
西遊記　下
金瓶梅　上
金瓶梅　中
金瓶梅　下

平妖伝

今古奇観 上

今古奇観 下 嬌紅記

剪燈新話 剪燈余話 西湖佳話 棠陰比事

聊斎志異 上

聊斎志異 下

閲微草堂筆記 子不語

儒林外史

紅楼夢 上

紅楼夢 中

紅楼夢 下

児女英雄伝

三侠五義

海上花列伝

官場現形記 上

官場現形記 下 老残遊記・続集

戯曲集 上

戯曲集 下

文學芸術論集

近世随筆集

記録文學集

明末清初政治評論集

清末民國初政治評論集

歴代笑話選

仏教文學集

公元 1959 年

一、大事记

1. "东京中国学会"在东京大学召开。

2. 第十一届日本中国学会在九州大学召开，第十届日本道教学会召开，第九届东方学会全国会员会在日本大学召开。

3. 第四届"国际东方学者会议"在霞山会馆召开。

4. 全国汉字汉文教育大会在福冈大学召开。

5. 斯文会举办第五十三届孔子祭典。

6. 安部健夫（あべ たけお，1903—1959）去世。

二、书（文）目录

1. 古文尚書乃（の）研究（《古文〈尚书〉的研究》），小林信明（著），大修館書店、東京

2. 老莊的世界：淮南子の思想（《老庄的世界：淮南子的思想》），金谷治（著），平楽寺書店、京都；サーラ叢書；11

3. 老子の新研究（《〈老子〉的新研究》），木村英一（著），創文社、東京

4. 論語（《论语》），吉川幸次郎（著），朝日新聞社刊、東京；中國古典選；吉川幸次郎監修

5. 中國の俗信と法思想（《中国俗信与法思想》），増田福太郎（著），岡山大學法経學会、岡山

6. 警世通言（《警世通言》），馮夢竜（編）、辛島驍（译）、塩谷温（修），東洋文化協会、東京；全譯中國文學大系，第1集 第6卷

7. 中國の神話伝説（《中国的神话传说》），稲田孝（編），河出書房新社、東京；中國史談，第6卷

8. 中國名畫寶鑒（《中国名画宝鉴》），原田謹次郎（著），大塚巧藝社、東

京；三版

9. 歷代隨筆集（《历代随笔集》），松枝茂夫、今村与志雄（編），平凡社、東京；中國古典文學全集，第 32 卷

10. 妖怪仙術物語（《妖怪仙术物语》），駒田信二（編），河出書房新社、東京；中國史談，第 5 卷

11. 六朝·唐·宋小説集（《六朝、唐宋小说集》），前野直彬（译），平凡社、東京；中國古典文學全集，第 6 卷

12. 戲曲集（《戏曲集》），青木正児（編译）、田中謙二、浜一衞、岩城秀夫（译），平凡社、東京；中國古典文學全集，第 33 卷

13. 官場現形記（《官场现形记》），李伯元（著）、入矢義高（译），平凡社、東京；中國古典文學全集，第 27 卷

14. 中國：宋元画（《中国的宋元画》），川上涇（著），みすず書房、東京；原色版美術ライブラリー，104

15. 中國古代科學技術史の研究（《中国古代科学技术史的研究》），京都大學人文科學研究所（編），人文學会、東京；東方學報：京都，第 30 冊

16. 中國學藝大辭典（《中国学艺大辞典》），近藤杢（著）、近藤春雄（校），東京元々社、東京；改訂版

17. 論語（《论语》），吉川幸次郎（著），朝日新聞社、東京；中國古典選／吉川幸次郎監修

18. 中國文樣史の研究：殷周時代爬虫文樣展開の系譜（《中国纹样史的研究：殷周时代爬虫纹样展开的系谱》），小杉一雄（著），新樹社、東京

19. 中國古代の論理（《中国古代的论理》），大濱晧（著），東京大學出版會、東京

20. 金瓶梅（《金瓶梅》），笑笑生（著），小野忍、千田九一（译），平凡社、東京；中國古典文學全集，第 15—17 卷

21. 無声戲（《无声戏》），覺世稗官（編），辛島驍（译），東洋文化協会、東京；全譯中國文學大系，第 1 集 第 1 卷

22. 刑法（《刑法》），仁井田陞（著），東京大學出版會、東京；中國法制史研究／仁井田陞著，1

23. 中國書法の二大潮流（《中国书法的两大潮流》），神田喜一郎（著），ハーバード・燕京・同志社東方文化講座委員會、東京；ハーバード・燕京・同志社東方文化講座，第 13 輯

24. 水滸伝（《水浒传》），駒田信二（译），平凡社、東京；中國古典文學全集，第 10—12 卷

25. 中國憲法史（《中国宪法史》），石川忠雄（著），慶應通信、東京；補遺版

三、备注

1. "东京中国学会"（東京支那學會），后改为"东京大学中国哲学文学会"（東京大學中國哲學文學会），简称"东大中哲文"。

2. 安部健夫，日本东洋史学家，精通满、蒙、阿拉伯语，在中亚史、蒙元史和清代史方面的造诣尤为学界所推重，他对清代初期粮食市场问题和耗羡提解问题的研究具有十分重要的价值。1928 年毕业于京都大学史学科，曾两次到中国考察东北、华北以及当时的蒙古等地。1946 年任京都大学教授，1950 年就任京都大学人文科学研究所首任所长。战后京都大学人文科学研究所的成立及其在世界的中国学研究上占有重要地位，与他的辛勤耕耘是密不可分的。1957 年获文学博士学位。

曾组织并主持《元典章》研究班，对其"刑部"部分进行会读研究，1959 年出版了第一批研究成果《元典章研究》（《东方学报》特刊），并先后编印了《元典章索引稿》多册。他对《元典章》的研究，日本学术界认为"无出其右者"。1955 年出版的《西回鹘国史之研究》（『西ウィグル國史の研究』，汇文堂出版，1955）为其主要代表作，是研究维吾尔族断代史的名著，系统阐述了自漠北西迁新疆的回鹘 8—14 世纪的历史，该书在 20 世纪五六十年代被誉为综合了研究西域史和维吾尔族历史的最新研究成果。

公元 1960 年

一、大事记

1. "大东文化大学汉学会"成立。
2. 第十二届日本中国学会在日本大学召开,第十一届日本道教学会召开,第十届东方学会全国会员会召开。
3. 第五届"国际东方学者会议"在霞山会馆召开。
4. 文学博士武内义雄获得第十届文化功劳奖章。
5. 日本哲学家、新康德主义者,和辻哲郎(わつじ てつろう,1889—1960)去世。

二、书(文)目录

1. 詩経；楚辞(《诗经；楚辞》),目加田誠(译),平凡社、東京；中國古典文學全集；第 1 卷
2. 稿本詩経研究(《稿本诗经研究》),白川静(著),立命館大學文學部中國文學研究室、京都
3. 詩集傳事類索引(《诗集传事类索引》),後藤俊瑞(著),武庫川女子大學文學部中國文學研究室、西宮；朱子思想索引：第 3—4 册
4. 老子：現代訳(《老子：现代译本》),伊福部隆彦(著),昭森社、東京
5. 論語(《论语》),吉田賢抗(著),明治書院、東京；新釈漢文大系：1
6. 中國古代神話(《中国古代神话》),袁珂(著)、伊藤敬一(译),みすず書房、東京
7. 中國中世文學研究：南齊永明時代を中心として(《中国中世文学研究：南齐永明时代为中心》),網祐次(著),新樹社、東京
8. 中國の印刷術：その歴史的発展と影響(《中国印刷术：其历史发展及影响》),張秀民(著)、広山秀則(译),関書院、京都

9. 歷代詩選（《历代诗选》），倉石武四郎、須田禎一（编译），平凡社、東京；中國古典文學全集，第 31 卷

10. 中國思想・宗教・文化関係論文目録：和文（《中国思想、宗教和文化关系论文目录：日文》），中國思想宗教史研究会（编），中國思想宗教史研究会、東京

11. 秦漢帝國の出現：中國古代帝國形成史論序説（《秦汉帝国的出现：中国古代帝国形成史论序说》），西嶋定生（著），筑摩書房、東京

12. 東洋文庫所藏近百年來中國名人關係圖書目錄（《东洋文库所藏近百年来中国名人关系图书目录》），市古宙三、國岡妙子（编），近代中國研究委員会、東京

13. 中國古代の社會と國家：秦漢帝國成立過程の社會史的研究（《中国古代的社会与国家：秦汉帝国成立过程的社会史研究》），增渕龍夫（著），弘文堂、東京

14. 中國文芸概説（《中国文艺概说》），境武男（编），松坂屋書房（售）、東京

15. 西遊記（《西游记》），太田辰夫、鳥居久靖（译），平凡社、東京；中國古典文學全集，第 13、14 卷

16. 儒林外史（《儒林外史》），吳敬梓（著），稻田孝（译），平凡社、東京；中國古典文學全集，第 23 卷

17. 中國哲學思想における知行問題の新しい發展（《中国哲学思想知行问题的新发展》），臧広恩（著），出版项不详

18. 中國思想に於ける訓詁疏註（《中国思想的训诂疏注》），根本誠（著），早稻田大學高等學院、東京

19. 中國十大詩人伝（《中国十大诗人传》），川島丈内（著），芸文社、東京

20. 中國書道史（《中国书道史》），藤原楚水（著），三省堂、東京

21. 明末儒教の動向（《明末儒教的动向》），岡田武彦（著），出版项不详

三、备注

1. 吉田纯（よしだ じゅん，1960— ），本年度出生，现为名古屋大学大学院文学研究科教授，清代学术思想研究专家，主要研究清朝考证学、经学。1983 年毕业于东京大学文学部中国哲学专业，1985 年获得东京大学人文科学研究科中国哲学硕士学位，任东京大学东洋文化研究所助手。1990 年之后历任名古屋大学文学部讲师、副教授之职，2004 年 4 月获得东京大学文学博士学位。

吉田纯的研究课题包括清代学术思想和中国经学史，进行的研究项目主要有文部省科学研究费国际学术研究"中国文化中的道教位置与现状综合调查"。其代表性专著是《清朝考证学的群像》(『清朝考証學の群像』，创文社，2006），书中反思以往的研究仅利用考证学的成果而从来没有客观地谈过清儒本身，用通俗的现代日文再现阎若璩、纪昀、翁方纲、刘台拱、汪中、戴震、段玉裁、王念孙、王引之、章学诚等人的著作，细考他们的交流和学问，试图研究他们的精神性，以此栩栩如生地描绘出了在清代学术界占有一席之地的各种文人的形象。

2. 日本大型学术出版社明治书院，自 1960 年起至今，出版了迄今为止日本最大规模的古代至宋代的中国古典文化翻译注解丛书《新释汉文大系》(『新釈漢文大系』)，1960 年预定出版具体目次如下（※ 号者为尚未刊行）：

新釈漢文大系 1　論語

新釈漢文大系 2　大學・中庸

新釈漢文大系 3　小學

新釈漢文大系 4　孟子　…五十歩百歩　など

新釈漢文大系 5　荀子上

新釈漢文大系 6　荀子下

新釈漢文大系 7　老子・莊子上

新釈漢文大系 8　莊子下

新釈漢文大系 9　古文真宝（前集）上　…把酒問月　など

新釈漢文大系 10　古文真宝（前集）下

新釈漢文大系 11　韓非子上

新釈漢文大系 12　韓非子下　…矛盾・株を守る　など

新釈漢文大系 13　伝習録

新釈漢文大系 14　文選（詩篇）上

新釈漢文大系 15　文選（詩篇）下 …生年不満百 など

新釈漢文大系 16　古文真宝（後集）…漁父辞・春夜宴桃李園序・雑説 など

新釈漢文大系 17　文章規範（正編）上

新釈漢文大系 18　文章規範（正編）下

新釈漢文大系 19　唐詩選

新釈漢文大系 20　十八史略上 …臥薪嘗胆・管鮑の交はり・晏子の御・鶏鳴狗盗・鶏口牛後・蘇秦・刎頸の交はり・吾が舌を視よ・三年飛ばず鳴かず・先づ隗より始めよ・刺客荊軻・死せる諸葛、生ける仲達を走らす など

新釈漢文大系 21　十八史略下

新釈漢文大系 22　列子 …杞憂・朝三暮四 など

新釈漢文大系 23　易経上

新釈漢文大系 24　易経中

新釈漢文大系 25　書経上

新釈漢文大系 26　書経下

新釈漢文大系 27　礼記上 …苛政は虎よりも猛なり など

新釈漢文大系 28　礼記中

新釈漢文大系 29　礼記下

新釈漢文大系 30　春秋左氏伝 1

新釈漢文大系 31　春秋左氏伝 2 …食指動く など

新釈漢文大系 32　春秋左氏伝 3

新釈漢文大系 33　春秋左氏伝 4

新釈漢文大系 34　楚辞

新釈漢文大系 35　孝経

新釈漢文大系 36　孫子・呉子

新釈漢文大系 37　近思録

新釈漢文大系 38　史記 1（本紀上）

新釈漢文大系 39　史記 2（本紀下）…鴻門之会・四面楚歌・烏江亭 など

新釈漢文大系 40　史記 3 上（十表 1）

新釈漢文大系 41　史記 4（八書）
新釈漢文大系 42　管子上
新釈漢文大系 43　管子中
新釈漢文大系 44　唐代伝奇　…杜子春伝　など
新釈漢文大系 45　日本漢詩上
新釈漢文大系 46　日本漢詩下
新釈漢文大系 47　戰國策上　…蛇足　など
新釈漢文大系 48　戰國策中　…虎の威を借る　など
新釈漢文大系 49　戰國策下　…漁夫の利　など
新釈漢文大系 50　墨子上
新釈漢文大系 51　墨子下
新釈漢文大系 52　管子下
新釈漢文大系 53　孔子家語
新釈漢文大系 54　淮南子上
新釈漢文大系 55　淮南子中
新釈漢文大系 56　続文章規範上
新釈漢文大系 57　続文章規範下
新釈漢文大系 58　蒙求上
新釈漢文大系 59　蒙求下　…季札剣を挂く　など
新釈漢文大系 60　玉台新詠上
新釈漢文大系 61　玉台新詠下
新釈漢文大系 62　淮南子下　…塞翁が馬・蟷螂の斧　など
新釈漢文大系 63　易経下
新釈漢文大系 64　文心雕龍上
新釈漢文大系 65　文心雕龍下
新釈漢文大系 66　國語上
新釈漢文大系 67　國語下
新釈漢文大系 68　論衡上
新釈漢文大系 69　論衡中
新釈漢文大系 70　唐宋八大家読本 1

新釈漢文大系 71 唐宋八大家読本 2 …捕蛇者説 など
新釈漢文大系 72 唐宋八大家読本 3
新釈漢文大系 73 唐宋八大家読本 4
新釈漢文大系 74 唐宋八大家読本 5
新釈漢文大系 75 唐宋八大家読本 6 ※
新釈漢文大系 76 世説新語上 …華王之優劣 など
新釈漢文大系 77 世説新語中 …王戎不取李 など
新釈漢文大系 78 世説新語下 …左右敢へて近づく者莫し・断腸・魏武捉刀・王昭君・子猷尋戴・前有大梅林 など
新釈漢文大系 79 文選（賦編）上
新釈漢文大系 80 文選（賦編）中
新釈漢文大系 81 文選（賦編）下
新釈漢文大系 82 文選（文章編）上
新釈漢文大系 83 文選（文章編）中
新釈漢文大系 84 中國名詞選
新釈漢文大系 85 史記 5（世家上）
新釈漢文大系 86 史記 6（世家中）
新釈漢文大系 87 史記 7（世家下）
新釈漢文大系 88 史記 8（列伝 1）
新釈漢文大系 89 史記 9（列伝 2）…鶏鳴狗盗 など
新釈漢文大系 90 史記 10（列伝 3）
新釈漢文大系 91 史記 11（列伝 4）
新釈漢文大系 92 史記 12（列伝 5）
新釈漢文大系 93 文選（文章編）下
新釈漢文大系 94 論衡下
新釈漢文大系 95 貞観政要上
新釈漢文大系 96 貞観政要下
新釈漢文大系 97 白氏文集 1 ※
新釈漢文大系 98 白氏文集 2 上
新釈漢文大系 99 白氏文集 3 …八月十五日夜・禁中独直・対月憶元九・

香炉峰下 など
　　　新釈漢文大系 100　白氏文集 4
　　　新釈漢文大系 101　白氏文集 5
　　　新釈漢文大系 102　白氏文集 6
　　　新釈漢文大系 103　白氏文集 7 上
　　　新釈漢文大系 104　白氏文集 8
　　　新釈漢文大系 105　白氏文集 9
　　　新釈漢文大系 106　白氏文集 10 ※
　　　新釈漢文大系 107　白氏文集 11 ※
　　　新釈漢文大系 108　白氏文集 12 上
　　　新釈漢文大系 109　白氏文集 13（総索引）※
　　　新釈漢文大系 110　詩経上
　　　新釈漢文大系 111　詩経中
　　　新釈漢文大系 112　詩経下
　　　新釈漢文大系 113　大戴礼記
　　　新釈漢文大系 114　唐宋八大家読本 7
　　　新釈漢文大系 115　史記 13（列伝 6）※
　　　新釈漢文大系 116　史記 3 下（十表 2）
　　　新釈漢文大系 117　白氏文集 2 下
　　　新釈漢文大系 118　白氏文集 7 下
　　　新釈漢文大系 119　白氏文集 12 下※
　　　新釈漢文大系 120　史記 14（列伝 7）※
　　　新釈漢文大系 別巻「漢籍解題事典」※内山知也著，2013 年 5 月

公元 1961 年

一、大事记

1. "大东文化大学东洋研究所"主办的"日本儒学史研究班"正式开班。
2. 第十三届日本中国学会在东北大学召开,第十二届日本道教学会召开,第十一届东方学会全国会员会在日本大学召开。第六届"国际东方学者会议"在中央大学召开。
3. 文学博士铃木虎雄获得第二十一届文化勋章。
4. 津田左右吉(1873—1961)去世。
5. 斯文会举办第五十五届孔子祭典。

二、书(文)目录

1. 易入門:自分で自分の運命を開く法(《〈易经〉入门:打开自己命运的法门》),黄小娥(著),光文社刊、東京;カッパ・ブックス
2. 孔子:その人とその傳説(《孔子:其人及其传说》),H.G.クリール(著)、田島道治(译),岩波書店刊、東京
3. 和辻哲郎全集(《和辻哲郎全集》),和辻哲郎(著)、安倍能成ほか(编),岩波書店刊、東京;第1卷;补遗
4. 論語物語(《〈论语〉物语》),下村湖人(著)、山室静(译),平凡社刊、東京;世界教養全集:8
5. 封竜山碑:漢(《封龟山碑:汉》),書芸文化院、東京;中國の書道,13
6. 中國仏教彫刻史研究(《中国佛教雕刻史研究》),松原三郎(著),吉川弘文館、東京
7. 中國帝王論(《中国帝王论》),駒井義明(著),京都外國語大學、京都
8. 諸子百家:中國古代の思想家たち(《诸子百家:中国古代的思想家们》),貝塚茂樹(著),岩波書店、東京;岩波新書,青版

9. 西遊記・中國民話・東南アジア民話・ほか4編（《〈西游记〉・中国民间文学・东南亚民间故事》），吳承恩（著），奧野信太郎、松枝茂夫、矢崎源九郎、松山納（译），講談社、東京；少年少女世界文學全集，42；東洋編；第2卷

10. 中國古代帝國の形成と構造：二十等爵制の研究（《中国古代帝国的形成与构造：二十等爵制的研究》），西嶋定生（著），東京大學出版會、東京

11. 中國戲劇脚色研究史上の一斷面：姚梅伯と王静安（《中国戏剧角色研究史上的一个断面：姚梅伯与王静安》），原三七（著），書籍文物流通会、東京

12. 諸録俗語解（《诸录俗语解》），波多野太郎（編），橫濱市立大學、橫濱；横浜市立大學紀要，A—22，No.123.中國白話研究資料叢刊‖チュウゴク ハクワ ケンキュウ シリョウ ソウカン；之1

13. 中國古典詩集（《中国古典诗集》），橋本循、青木正児（译），筑摩書房、東京；世界文學大系

14. 芭蕉と中國文學（《芭蕉与中国文学》），仁枝忠（著），明善堂書店、東京；解釈學会会員研究シリーズ，1

15. 中國古代喪服の基礎的研究（《中国古代丧服的基础研究》），谷田孝之（著），広島大學文學部中國哲學研究室、広島

16. 中國の名著：倉石博士還暦記念（《中国名著：仓石博士六十纪念》），東京大學中國文學研究室（編），勁草書房、東京

17. 中國宋元美術展目録（《中国宋元美术展目录》），東京國立博物館（著）、東京；非正式出版物

18. 中國絵画史研究：山水画論（《中国绘画史研究：山水画论》），米沢嘉圃（著），東京大學東洋文化研究所、東京；東洋文化研究所紀要，別冊

19. 中國思想文學史（《中国思想文学史》），内野熊一郎（編），敬文社、東京；10版

20. 中國金石陶瓷図鑑：竹石山房（《中国金石陶瓷器图鉴：竹石山房》），三杉隆敏（編），中國金石陶瓷図鑑刊行会、大阪；限定版

三、备注

日本的《西游记》翻译和研究自江户时代已经开始，其中，较为著名的译本和研究书目如下：

磯部彰『「西遊記」形成史の研究』1993 年，創文社

磯部彰「世徳堂刊西遊記の版本研究 明代における完成体『西遊記』の登場」（2005 年，東北大學中國語文學論集 10）

磯部彰『旅行く孫悟空 東アジアの西遊記』2011 年，塙書房

井波律子『三國志演義』1994 年，岩波新書

入谷仙介『「西遊記」の神話學 孫悟空の謎』1998 年，中央公論新社

上原究一『世徳堂本「西遊記」版本問題の再検討初探』2009 年，東京大學中國語中國文學研究室紀要 12

太田辰夫『西遊記の研究』1984 年，研文出版

小川環樹『中國小説史の研究』1968 年，岩波書店

『中國四大奇書の世界』2003 年，和泉書院、懷徳堂記念会編

黄智暉『馬琴小説と史論』2008 年，森話社

小松謙『「四大奇書」の研究』2010 年，汲古書院

武田雅哉『猪八戒の大冒険 もの言うブタの怪物誌』1995 年，三省堂

田中智行「龍谷大學図書館蔵『玄奘三蔵渡天由来縁起』翻刻 附解題」2010 年，徳島大學國語國文學 23 巻

中野美代子『孫悟空はサルかな？』1992 年，日本文芸社

中野美代子『西遊記 トリックワールド探訪』2000 年，岩波新書

中野美代子『孫悟空の誕生 サルの民話學と「西遊記」』2002 年，岩波新書、ISBN978—4006020507、初出 1980 年

中野美代子『西遊記の秘密 タオと煉丹術のシンボリズム』2003 年，初出 1984 年

中野美代子『西遊記 XYZ このへんな小説の迷路をあるく』2009 年，講談社選書メチエ

二階堂善弘『封神演義の世界 中國の戦う神々』1998 年，大修館書店

丸山浩明『明清章回小説研究』2003年，汲古書院

公元 1962 年

一、大事记

1. 竹内好、尾崎秀树（おざきほつき，1928—1999）等成立"中国之会"（中國の会），次年创刊《中国》。

2. 第十四届日本中国学会在二松学舍大学召开，第十三届日本道教学会在二松学舍大学召开，第十二届东方学会全国会员会在日本大学召开，第七届"国际东方学者会议"在中央大学召开。

3. 盐谷温（しおのや おん，1878—1962）去世。

4. 斯文会举办第五十六届孔子祭典。

二、书（文）目录

1. 尚書標識（《〈尚书〉标识》），東條一堂（著）、稲葉誠一（校），書籍文物流通會刊本、東京；東條一堂著作集

2. 老子の政治思想（《老子的政治思想》），大濱晧（著），大東文化研究所、東京；大東文化研究所東洋學術論叢：第4

3. 老子の哲學（《老子的哲学》），大濱晧（著），勁草書房、東京

4. 宋詩概説（《宋诗概说》），吉川幸次郎（著），岩波書店、東京；中國詩人選集二集／吉川幸次郎，小川環樹編集・校閲

5. 中國小説史（《中国小说史》），魯迅（著）、增田涉（译），岩波書店、東京

6. 中國繪畫史研究：山水畫論（《中国绘画史研究：山水画论》），米沢嘉圃（著），平凡社、東京

7. 紅楼夢研究：中國古典文學の再評価の探求と解説（《〈红楼梦〉研究：中国古典文学的再评价的探求与解说》），大高巖（著），大高巖謄写版、東京

8. 上代日本文學と中國文學：出典論を中心とする比較文學的考察（《上代日本文学与中国文学：出典论为中心的比较文学考察》），小島憲之（著），塙書房、東京

9. 中國美術：宋・元・明・清（《中国美术：宋元明清》），東京都教育委員会（編），東京都教育委員会、東京

10. 詩と人生：中國の古典（《诗与人生：中国古典》），太田青丘（著），法政大學出版局、東京

11. 中國文學に現われた自然と自然観：中世文學を中心として（《中国文学所见的自然与自然观：中世文学为中心》），小尾郊一（著），岩波書店、東京

12. 殷帝國：中國古代の美術（《殷帝国：中国古代的美术》），藤田國雄（著），社会思想社、東京；現代教養文庫

13. 中國の僧傳（《中国的僧侣传》），篠原壽雄（編），松ヶ丘文庫、東京

14. 中國民族學研究：参考論文（《中国民族学研究：参考论文》），直江広治（著），私人印刷

15. 宋明時代儒學思想の研究（《宋明时代儒学思想的研究》），楠本正継（著），広池學園出版部、東京

三、备注

1. 盐谷温，号节山，是日本著名的中国学家、中国俗文学研究的开创者之一。出身于汉学世家，曾祖父曾经是医生，可是后来成为研究汉学的学者。盐谷温是盐谷家的第四代汉学研究者。他先后在东京第一高等学校、东京大学汉文科和东京大学大学院（相当于研究生院）学习，1902年毕业于东京帝国大学，留校在大学院工作，1905年成为东京帝国大学大学院的讲师，1906年成为东大中国文学科副教授，同年秋天由文部省派遣赴德国留学，1910年从欧洲留学归来，按预定计划又前往中国留学，到中国长沙投入叶德辉门下学习元曲，1912年结束留学生活回到日本。1920年以《元曲研究》论文获文学博士学位，同年任教授。

他在中国学方面的成就主要体现在对中国小说史和中国戏曲的研究上。

盐谷温元曲研究的开创性体现在，他采用了近代的方法和视角。这使他的研究脱离了江户时代和明治前期的传统"汉学"，进入了近代"中国学"的层面。这种近代性主要有以下几个方面的特点。

第一，将元曲纯粹地作为一种外国文学来对待，摆脱了对中国文化的膜拜意识，使之成为学术研究的客体对象。

第二，将元曲置于世界文学的框架之中加以考察，具有了比较文学的意识和方法。

第三，盐谷温对于研究对象国的语言、文化以及研究对象本身都有过切身的体验。在全面展开元曲研究之前，盐谷温曾亲自到元曲的故乡——中国留学三年。1909年秋，他先到北京学习了一年汉语。1910年冬，他又到湖南长沙投入叶德辉门下专门学习元曲。

除上述开创性的研究工作之外，盐谷温对元曲研究的另一大贡献是文本资料的收藏和保存。仅日本奈良县天理市的天理图书馆，就藏有盐谷温收集的中国戏曲小说文献625种计4407册，其中有大量的元曲资料。盐谷温甚至还收藏有明代的元曲刊本，如顾曲斋刊本《汉宫秋》《梧桐叶》以及游敬泉刊本《北西厢记》等，都堪称稀世珍本。他的一些珍贵收藏得自元曲恩师叶德辉。叶德辉曾在《元曲研究序》中详记盐谷温事，称："余家藏曲本甚多，出其重者以授君，……君之笃嗜经典，过于及门诸人。"

另外，盐谷温还在日本印行了元杂剧《西游记》等，后来郑振铎编辑《古本戏曲丛刊》时就参照了盐谷温印本。盐谷温收藏和保存的文献典籍，为后人研究元曲提供了宝贵的资料。

主要著作：

『支那文學概論講話』大日本雄弁会，1919

『朗吟詩選』弘道館，1930

『學生必吟』弘道館，1933

『興國詩選』皇朝篇，漢土篇 弘道館，1931—1934

『元曲』漢文講座，1934

『王道は東より』弘道館，1934

『詩経講話』弘道館，1935

『頼山陽と日本精神』日本精神叢書 文部省思想局 日本文化協会，1936

『皇國漢文選』弘道館記述義・新論鈔 目黒書店，1936

『皇國漢文選慎思録・言志四録鈔』目黒書店，1936

『楠公と頼山陽』多田正知共著 蒼竜閣，1937

『孔子の人格と教訓』開隆堂，1938

『漢詩と日本精神』日本精神叢書 教學局，1938

『新字鑑』新字鑑刊行会，1939

『作詩便覧』弘道館，1940

『大東亞戰役詩史』弘道館圖書，1944

『支那文學概論』弘道館，1946—1947 のち講談社學術文庫

2. 田中谦二（たなか けんじ，1912—2002）本年度被京都大学授予文学博士称号。

田中谦二，日本汉学家，1912年出生于滋贺县大津市，京都大学名誉教授。1946年，被东方文化研究所任命为副研究员。1947年兼任大谷大学讲师。1948年东方文化研究所并入京都大学人文科学研究所，任东方部助教，1950年转入京都大学文学部任讲师。1952年任京都大学分校副教授，从事"宋词及近世俗语文学的研究"。1964年任人文科学研究所"元曲研究组"组长。1969年任京都大学人文科学研究所东方部教授，中国语学研究会《中国语学辞典》的编集委员。1976年从京都大学退休，被授予名誉教授称号。1977年任关西大学文学部教授。

另外，他参加了《书道全集》（28卷本，平凡社刊）的编集，《中国古典选》（10卷本，朝日新闻社刊）、《世界文学小辞典》、《增订中国古典文学全集》（60卷本，平凡社刊）的编译，以及《世界大百科事典》（33卷本，平凡社刊）、《亚洲历史事典》（10卷本，平凡社刊）、《大现代百科事典》（20卷本，学习研究社刊）等的编写。

公元 1963 年

一、大事记

1. 第十五届日本中国学会在香川学艺大学召开，第十四届日本道教学会在大正大学召开，第十三届东方学会全国会员会在庆应大学召开，第八届"国际东方学者会议"在中央大学召开。

2. 斯文会举办第五十七届孔子祭典。

3. 铃木虎雄（1878—1963）去世；楠本正继（くすもと まさつが，1896—1963）去世；和田清（わだせい，1890—1963）去世。

二、书（文）目录

1. 荘子 古代中國の実存主義（《庄子：古代中国的实存主义》），福永光司（著），中公新書、東京

2. 津田左右吉全集（《津田左右吉全集》），津田左右吉（著），岩波書店刊、東京：第1卷 付録

3. 論語（《论语》），武内義雄（译），筑摩書房、東京；筑摩叢書：11

4. 支那の王道論（《中国的王道论》），里見岸雄（著），錦正社、東京

5. 中國唯物論思想略史（《中国唯物论思想略史》），張岱年（著）、松川健二（译），北海道中國哲學会、札幌；「中國哲學」資料專刊／北海道中國哲學会 [編]，第1号

6. 西遊記・中國童話集（《西游记・中国童话集》），吳承恩（著）、松枝茂夫、君島久子（译），講談社、東京；世界名作童話全集，19

7. 中國の倫理思想史（《中国的伦理思想史》），鈴木由次郎（編），學芸書房、東京；東洋思想の遍歷

8. 仏教と儒教：中國思想を形成するもの（《佛教与儒教：形成中国思想之物》），荒木見悟（著），平楽寺書店、京都

9. 科挙: 中國の試験地獄（《科举: 中国的试验地狱》），宮崎市定（著），中央公論社、東京; 中公新書, 1

10. 中國美術（《中国美术》），米沢嘉圃（編），講談社、東京; 世界美術大系, 8—10

11. 中國法制史（《中国法制史》），仁井田陞（著），岩波書店、東京; 岩波全書, 165

12. 中國近世浄土教史の研究（《中国近世浄土教史的研究》），小笠原宣秀（著），百華苑、京都

13. 中國艶ばなし（《中国艳情物语》），奥野信太郎（著），文芸春秋新社、東京; ポケット文春, 531

14. 図書の歴史と中國（《图书的历史与中国》），劉國鈞（著）、松見弘道（译），理想社、東京

15. 入門中國古典（《入门中国古典》），早稲田大學中國古典研究会（編），早稲田大學中國古典研究会、東京

16. 中國法制史考證（《中国法制史考证》），内藤乾吉（著），有斐閣、大阪; 大阪市立大學法學叢書／大阪市立大學法學会編, 21

17. 中國哲學史（《中国哲学史》），山本嘉太郎（著），私人印刷、旭川

18. 肉蒲団: 中國奇書（《肉蒲团: 中国奇书》），村上知行（著），日本文芸社、東京

19. 漢方: 中國医學の精華（《汉方: 中国医学的精华》），石原明（著），中央公論社、東京; 中公新書, 26

20. 史記: 中國古代の人びと（《史记: 中国古代的人们》），貝塚茂樹（著），中央公論社、東京; 中公新書, 12

21. 秘伝少林寺拳法: 禅の源流・中國伝来の護身術（《秘传少林寺拳法: 禅的源流・中国传来的护身术》），宗道臣（著），光文社、東京

22. 海外における最近の中國研究の状況（《海外最近中国研究的状况》），村松祐次（著），アジア経済研究所、東京; アジア経済研究シリーズ, 第45集（アジア経済研究所出版物／アジア経済研究所 [編]，第250号）

23. 中國古歳時記の研究: 資料復元を中心として（《中国古岁时记的研究: 以资料的复原为中心》），守屋美都雄（著），帝國書院、東京

24. 仏教と儒教：中國思想を形成するもの（《佛教与儒教：中国思想的形成》），荒木見悟（著），平楽寺書店、京都

三、备注

1. 福永光司（ふくなが みつじ，1918—2001），日本的学术界著名学者。1918年出生于大分县中津市，1942年京都帝国大学文学部哲学科毕业，后任东京大学教授、京都大学人文科学研究所所长（1980—1982）、关西大学教授（1982—1986）和北九州大学教授。本年度出版第一部影响较大的代表作：《庄子：古代中国的实存主义》（『荘子 古代中國の実存主義』，中公新書，1963年）。

作为道教研究的先驱，他研究的出发点也是源于自身的经历。以柔道锻炼出强壮体格的他被部队强行征兵入伍，原本研究儒教的他面对死生问题之时，开启了对于老庄哲学以及道教思想的兴趣和研究，在战场痛苦期间阅读《庄子》，复员后从事高校教师的行业并着手翻译《庄子》。这在当时则是特立独行的研究领域，即便在1960年访问日本的中国大学者也表示道教之类多为迷信，没什么可以让国立大学教授来研究的东西。1974—1979年的五年间，他在东京大学文学部中国哲学中国文学第三讲座专门讲授《老庄 道教》，使得他成为日本学术界研究道教的第一人。之前日本的道教研究是超越本土的中国以及欧美的相关研究的，且早在1950年就设立了道教学会。他的研究继承了小柳司气太、福井康顺、吉冈义丰等先辈学者的成果，并通过自身的努力，使得道教学和道教研究开始从东洋史、中国哲学和中国佛教史的研究中独立出来，并开启了后来者对于中国道教的研究潮流。他与同乡五木宽之的交流很多，且合著丰厚。

主要著作：

『列子』（全2卷：訳著 平凡社東洋文庫1991年）、ワイド版2008年、元版は平凡社「中國古典文學大系4」

『道教と日本文化』（人文書院1982年）

『道教と日本思想』（德間書店1985年）

『道教思想史研究』（岩波書店1987年）

『道教と古代日本』（人文書院1987年）

『中國の哲學・宗教・芸術』（人文書院 1988 年）

『「馬」の文化と「船」の文化 古代日本と中國文化』（人文書院 1996 年）

『魏晋思想史研究』（岩波書店 2005 年）遺著・あとがきは興膳宏

2. 楠本正继，文学博士，九州大学名誉教授，中国古代哲学研究家，以研究朱子学和阳明学而著名。1922 年毕业于东京帝国大学中国哲学文学科，是宇野哲人的弟子，与后藤俊瑞被称作继承了宇野学统的"双璧"。1923 年出任浦和高等学校教授，1926 年任九州帝国大学法文学部副教授，1927 年任中国哲学教授，1934 年担任文科研究室主任。1942 年，以《陆王学派思想的发展》获东京帝国大学文学博士学位。1944 年任九州帝国大学附属图书馆馆长，1953 年任九州中国学会会长。

楠本正继是日本学界中研究中国近世儒学思想并在教育方面具有卓越贡献的学林人物，他开创了九州岛大学宋明儒学研究的格局。1962 年出版了代表性专著《宋明时代儒学思想之研究》（『宋明時代儒學思想の研究』，広池學園出版部），此书分"宋学"与"明学"两部分，虽然是宋元明儒学的通史性研究，但涉及朱子与朱门诸子的章节（第一编第四章）亦颇有发明。楠本用"全体大用"来概括朱子的思想体系，认为朱子的这一思想为黄干、陈埴、陈淳等弟子所继承，认为朱子的社仓法与《仪礼经传通解》均是"全体大用"之学的产物，在详细地论述了社仓法的产生、内容与理念后，楠本指出这一政治实践体现了"同胞爱"的精神。《宋明时代儒学思想之研究》作为日本近代宋明儒学思想研究之金字塔，其地位与评价至今仍旧屹立不摇，还获得了日本最高奖的朝日文化奖。

主要著作：

1942—1944 年参加《东洋思想丛书》（83 种）的编写，主编其中的第 36 种《王阳明》。20 世纪 50 年代起从事"清代思想史研究"。1955—1958 年参加《世界大百科事典》（33 卷本）中国哲学部分的编写。1957 年任《九州儒学思想研究》主编。1970—1974 年参加《世界大百科事典》（33 卷本）中国哲学部分的修订工作。

3. 和田清，文学博士，东京大学名誉教授，著名东洋史家。1915 年从东京帝国大学东洋史学专业毕业后，进入东大大学院，并成为东京帝国大学讲师。

后经其导师白鸟库吉引荐进入"满洲及朝鲜历史地理调查室"工作。1939 年以《明初的满洲经略》论文获文学博士学位。1947 年任日本"东方学会"第一届理事会的理事。1951 年退休，同年当选日本学士院会员。1963 年 6 月 22 日去世，享年 72 岁。被授予从三位勋二等瑞宝章。

代表作有《内蒙古诸部落的起源》《东亚史论薮》《中国史概说》《东洋史》《东亚史研究·满洲篇》《东亚史研究·蒙古篇》等，在日本东洋史学界名高一时，产生过深远的影响。

公元 1964 年

一、大事记

1. 第十六届日本中国学会在庆应义塾大学召开，第十五届日本道教学会召开，第十四届东方学会全国会员会召开，第九届"国际东方学者会议"召开。

2. 大学汉文教育研究全国大会在庆应大学召开。

3. 青木正儿（1887—1964）去世。

二、书（文）目录

1. 調和の哲學：禪易自然科學の一致（《调和的哲学：禅·易与自然科学的一致性》），永井了吉（著），経済往来社刊、東京

2. 易：萬有無雙原理（《易：万有无双原理》），櫻澤如一（著），日本 CI 協會刊

3. 老子·列子（《老子·列子》），奥平卓、大村益夫（译），経営思潮研究会、東京；中國の思想：6

4. 老子：現代語訳（《〈老子〉：现代语译》），原富男（著），春秋社、東京

5. 東洋の微笑：芭蕉と孔子（《东洋的微笑：芭蕉与孔子》），河野喜雄（著），

コロナ社刊、東京

6. 論語: 現代に生きる中國の知恵（《〈论语〉: 现代生活的中国智慧》），貝塚茂樹（著），講談社刊、東京；講談社刊現代新書: 13

7. 論語と孔子の思想（《〈论语〉与孔子的思想》），津田左右吉（著），岩波書店刊、東京；津田左右吉全集；津田左右吉著: 第 14 巻

8. 中國における回教の傳來とその弘通（《中国的回教传入及其传播》），田坂興道（著），東洋文庫、東京；東洋文庫論叢，第 43

9. 中國美術の研究（《中国美术的研究》），田中豊蔵（著），二玄社、東京

10. 中國古小説集（《中国古代小说集》），吉川幸次郎（編）、荘司格一（译），筑摩書房、東京；世界文學大系，71

11. 中國音韻史論考（《中国音韵史论考》），満田新造博士（著）、武蔵野書院、東京

12. 中國文明と日本: 羽田亨博士記念座談会記録（《中国文明与日本: 羽田亨博士纪念座谈会记录》），カルピス食品工業（編輯），出版項不明

13. 中國歴代刑法志: 譯注（《中国历代刑法志: 译注》），内田智雄（著），創文社、東京

14. 狩野文庫目録（《狩野文库目录》），京都大學文學部図書室（編），京都大學文學部図書室、京都；京都大學文學部図書月報，別巻第 5

15. 中國の歴史（《中国的历史》），貝塚茂樹（著），岩波書店、東京

16. 中國絵画の流れ: 名作に見る（《中国绘画的流脉: 名作所见》），本間美術館（編），出版項不明、出版地: 酒田

17. 中國古典解釈史（《中国古典解释史》），加賀栄治（著），勁草書房、東京

18. 詩と月光: 中國文學論集（《诗与月光: 中国文学论集》），吉川幸次郎（著），筑摩書房、東京

19. 中國の哲學（《中国的哲学》），阿部吉雄（著），明徳出版社、東京

20. 戰國策（《战国策》），守屋洋（译），経営思潮研究会、東京；中國の思想，2

21. 中國學論集: 目加田誠博士還暦記念（《中国学论集: 目加田诚博士

六十纪念》)，目加田誠博士還暦記念論文集刊行会（编），大安、東京

22. 中國名詩集（《中国名诗集》)，内田泉之助（著），河出書房新社、東京

公元 1965 年

一、大事记

1. 第十七届日本中国学会在冈山大学召开，第十六届日本道教学会召开，第十五届东方学会全国会员会召开，第十届"国际东方学者会议"召开。

2. 全国汉字汉文教育研究会结成。

3. 文学博士、京都大学教授吉川幸次郎为天皇讲授"中国文学的特质"。

二、书（文）目录

1. 禮経の儀禮主義：宗教學的考察（《〈礼经〉的仪礼主义：宗教学的考察》），谷田孝之（著），広島大學文學部中國哲學研究室、広島

2. 鄉飲酒禮·鄉射禮（《乡饮酒礼·乡射礼》)，広島大學文學部中國哲學研究室（编），広島大學文學部中國哲學研究室、広島；広島大學文學部中國哲學研究室（编），儀禮國譯：第4集

3. 孔子誕生す（《孔子诞生》），植木昌一郎（著），俳句研究社刊、東京；天·黄河·人間：史記をたずねる，植木昌一郎（著）；第3卷

4. 論語と人間孔子（《〈论语〉与凡人孔子》），山田統（著），明治書院、東京

5. 論語（《论语》），吉川幸次郎（著），朝日新聞社刊、東京；新訂中國古典選；2—3

6. 論語知言（《〈论语〉知言》），東條一堂刊（著)、原田種成（校），書籍文物流通會、東京；東條一堂刊著作集

7. 論語（《论语》），久米旺生（译），経営思潮研究会、東京；中國の思想；9

8. 經営論語（《经营〈论语〉》），渋沢栄一（著）、経営思潮研究会（编），德間書店刊、東京

9. 中國の宗教と社會（《中国的宗教与社会》），東京教育大學東洋史學研究室中國思想宗教史研究會（东京教育大学东洋史学研究室中国思想宗教史研究会），不昧堂書店、東京；東洋史學論集，第7

10. 中國思想文學史（《中国思想文学史》），飯田利行、中村璋八（著），明治書院、東京

11. 左伝（《左传》），松枝茂夫（译），経営思潮研究会、東京；中國の思想，11

12. 論語（《论语》），吉川幸次郎（著），朝日新聞社刊、大阪；上，下；新訂中國古典選：2—3

13. 中國の思想と民俗（《中国思想与民俗》），瀧澤俊亮（著），校倉書房、東京

14. 莊子（《庄子》），岸陽子（译），経営思潮研究会、東京；中國の思想，12

15. 中國の孝道（《中国的孝道》），桑原隲蔵（著），三島海雲、東京；カルピス文化叢書

16. 中國の仏教（《中国的佛教》），中村元（编），隆文館、東京；現代仏教名著全集／中村元 [ほか] 編，5

17. 中國語と中國文化（《中国语与中国文化》），中國語學研究会関西支部（编），光生館、東京

18. 中國語への招待（《中国语招待》），安藤彦太郎、新島淳良（编），大學書林、東京

19. 四書五経：中國思想の形成と展開（《四书五经：中国思想的形成与展开》），竹内照夫（著），平凡社、東京；東洋文庫，44

20. 新訂中國古典選（《新订中国古典选》），吉川幸次郎（主编），朝日新聞社、東京；1965—1974年出版14卷

21. からもの因縁（《唐物因缘》），佐藤春夫（著），勁草書房、東京；中國新書，10

22．易経（《易经》），丸山松幸（译），経営思潮研究会、東京；中國の思想，第 7

23．論語のことば：人間主義の人生観（《论语的话：人本主义的人生观》），吉田賢抗（著），黎明書房、名古屋；中國の知恵，1

24．中國古典文學（《中国古典文学》），大矢根文次郎、船津富彦（编），高文堂、東京

25．中國畫論の展開（《中国画论的展开》），中村茂夫（著），中山文華堂、京都

26．中國佛教文學研究（《中国佛教文学研究》），加地哲定（著），高野山大學文學部中國哲學研究室、高野町（和歌山県）；中國叢書，第 1 卷

27．誕生仏像・中國の古美術：特集（《诞生佛像：中国古代美术特集》），三彩社；古美術，10

28．中國方志所録方言匯編（《中国方志所录方言汇编》），波多野太郎（编），横浜市立大學、横浜；横浜市立大學紀要

29．中國古代帝國の形成：特にその成立の基礎条件（《中国古代帝国的形成：以其成立的基础条件为中心》），木村正雄（著），不昧堂書店、東京

30．隋の煬帝（《隋炀帝》），宮崎市定（著），人物往来社、東京；中國人物叢書，第 4

31．中國散文選（《中国散文选》），吉川幸次郎（编）、三木克己（译），筑摩書房、東京；世界文學大系，72

32．中國の音楽（《中国的音乐》），村松一弥（著），勁草書房、東京

33．白居易詩鈔：附・中國古詩鈔（《白居易诗抄：附中国古代诗抄》），森亮（译），平凡社、東京；東洋文庫，52

34．中國歷代地名要覽：讀史方輿紀要索引（《中国历代地名要览：读史方舆纪要索引》），青山定雄（编），大安、東京

35．日本文化と中國文化（《日本文化与中国文化》），三島海雲、出版项不明；カルピス文化叢書，2

36．儒教の研究（《儒教的研究》），津田左右吉（著），岩波書店、東京；津田左右吉全集／津田左右吉著 第 16—18 卷

37.「儒将」曾國藩：保守中國の基本的生活形式（《儒将曾国藩：保守中国的基本生活方式》），大谷孝太郎（著），出版项不明

三、备注

吉川幸次郎主编的《新订中国古典选》(『新訂中國古典選』)于本年度开始刊行（1965—1974），其具体卷次目录如下：
易　本田済著　新訂中國古典選 1
論語　吉川幸次郎著　新訂中國古典選 2—3
大學；中庸　島田虔次著　新訂中國古典選 4
孟子　金谷治著　新訂中國古典選 5
老子　福永光司著　新訂中國古典選 6
莊子　福永光司著　新訂中國古典選 7—9
史記　田中謙二著　一海知義著　新訂中國古典選 10—12
古詩選　入谷仙介著　新訂中國古典選 13
唐詩選　高木正一，大田信男著　新訂中國古典選 14—15
三体詩　村上哲見著　新訂中國古典選 16—17
宋詩選　入谷仙介著　新訂中國古典選 18
唐宋八家文　清水茂著　新訂中國古典選 19—20

公元 1966 年

一、大事记

1. 第十八届日本中国学会在大正大学召开，第十七届日本道教学会召开，第十六届东方学会全国会员会召开，第十一届"国际东方学者会议"召开。
2. 全国汉字汉文教育研究会向文部省提交"汉字汉文教育相关事项"的请示。

3. 京都大学人文科学研究所设置"东洋文献中心"（東洋文献センター）。

4. 小岛祐马（1881—1966）、武内义雄（1886—1966）、仁井田升（1904—1966）去世。

二、书（文）目录

1. 易（《易经》），本田済（著），朝日新聞社刊、大阪；新訂中國古典選：1

2. 春秋戦國における尚書の展開：歴史意識の發展を中心に(《春秋战国〈尚书〉的展开：以历史意识发展为中心》)，松本雅明（著），風間書房刊本、東京

3. 詩經（《诗经》），高田眞治（著），集英社、東京；漢詩大系，青木正兒等編集；1—2

4. （儀禮）有司徹注疏補義（《仪礼：有司彻注疏补义》），影山誠一（著），千葉県富來田町松翠庵

5. （儀禮）牢饋食禮注疏補義（《仪礼：牢馈食礼注疏补义》），影山誠一（著），千葉県富來田町松翠庵 1

6. 老子（《老子》），阿部吉雄、山本敏夫（著）；荘子（上）（《庄子 上》），市川安司，遠藤哲夫（著），明治書院、東京；新釈漢文大系；7

7. 老子原義の研究：軟体の民間知識人が民族生活の智慧を思想的に解釈したもの（《老子原义研究：软体民间知识分子对民族生活智慧的思想阐释：实在论·政治观·人生观》），加藤常賢（著），明德出版社、東京

8. 孔子；孟子（《孔子；孟子》），貝塚茂樹（編），中央公論社刊、東京；世界の名著；3

9. 掌中論語の講義（《掌中〈论语〉的讲义》），諸橋轍次（著），大修館書店刊、東京；22 版

10. 論語集註：標註（《〈论语〉集注：标注》），渡辺末吾（著），武蔵野書院、國分寺

11. 論語（《论语》），村田正志、太田正弘（著），猿投神社刊誌刊行会、東京；第 26，27，28 輯

12. 論語私感（《〈论语〉私感》），武者小路実篤（著），芳賀書店刊、東京

13. 論語物語（《〈论语〉物语》），下村湖人（著），旺文社刊、東京；旺文社刊文庫

14. 馮道：乱世の宰相（《冯道：乱世宰相》），礪波護（著），人物往来社、東京

15. 中國の俗信と法思想（《中国的民俗信仰与法的思想》），増田福太郎（著），三和書房、京都

16. 古代中國の都市とその周邊（《古代中国的都市与其周边》），服部克彦（著），ミネルヴァ書房、京都

17. 中國に於ける貴族文學と庶民文學（《中国的贵族文学与庶民文学》），目加田誠（著），大東文化研究所、東京；大東文化研究所東洋學術論叢，第 5

18. 中國文化の成立（《中国文化的成立》），水野清一（著），人物往来社、東京；東洋の歴史，第 1 卷

19. 白楽天（《白乐天》），田中克己（著），集英社、東京；コンパクト・ブックス，中國詩人選‖チュウゴク シジンセン；4

20. 中國古典文學（《中国古典文学》），大矢根文次郎、船津富彦（編），高文堂出版社、東京

21. 儒教と老荘：中國古代における人文と超人文（《儒教与老庄：中国古代的人文与超人文》），山室三良（著），明德出版社、東京

22. 中國仏教彫刻史研究：特に金銅仏及び石窟造像以外の石仏についての論考（《中国佛教雕刻史研究：以金铜佛及石窟造像之外的石佛为中心》），松原三郎（著），吉川弘文館、東京；増訂版

23. 中國詩入門：古代から現代まで（《中国诗歌入门：古代至现代》），藤堂明保、船津富彦（著），大學書林、東京；大學書林語學文庫

24. 中國文明の伝統（《中国文明的传统》），香川宏（編），日本放送出版協会、東京

25. 無著者名古典統一標目表（案）：中國編（《无著者名的古典统一标目表：中国编》），私立大学図書館協会東地区部会研究部目録分科会（編），出版項不明

26. 諸子百家（《诸子百家》），金谷治（編），中央公論社、東京；世界の名著，10

27. 文天祥（《文天祥》），梅原郁（著），人物往来社、東京；中國人物叢書，7

28. 中國散文論（《中国散文论》），吉川幸次郎（著），筑摩書房、東京；筑摩叢書，48

29. 中國名詩鑑賞のすすめ：陶淵明より査慎行まで（《中国名诗鉴赏推荐：陶渊明到査慎行》），和田利男（著），愛育出版、東京

30. 李白（《李白》），前野直彬（著），集英社、東京；コンパクト・ブックス，中國詩人選‖チュウゴク シジンセン；2

31. 清國通考（《清国通考》），服部宇之吉（著），大安、東京；中國學術研究叢書，5

32. 近世の儒教思想（《近世的儒教思想》），相良亨（編著），塙書房、東京；塙選書 54

三、备注

1. 福井康顺于1966年获文部省科学研究费15万日元，进行"唐代老子注释学的研究"。

2. 砺波护（となみ まもる，1937—　），生于日本大阪，京都大学名誉教授，大谷大学教授，中国唐史学者、中国佛教史专家。宫崎市定的弟子，也以出版宫崎相关著述而闻名。1960年毕业于京都大学东洋史学专业。1965年，京都大学东洋史学专业博士课程毕业，任京都大学人文科学研究所助教。1971年任神户大学副教授。1975年任京都大学副教授，1984年升任教授。1987年被京都大学授予文学博士称号。2000年，任京都大学大学院文学研究科长兼文学部长，2001年从京都大学退休被授予名誉教授称号，后到大谷大学文学部任教授。

他主要致力于三国至隋唐时期的中国历史研究，在具体研究当中，特别注重历史学和文献学的方法，出版了多部相关的研究专著。其代表著作《隋唐佛教文化》（上海古籍出版社，2004）以文献考证为基础，用历史的方法阐释佛教问题，主要考察佛教在东亚世界的传播及传播过程中同中国儒、道两家的矛盾冲突与朝廷在不同背景下采取的不同政策，从而勾勒出佛教是如何在中国社会生存和发展的。该书共分为上下两编，上编为"隋唐时期的佛教文化与国家政

策"，主要是根据文献记载考察佛教在东亚世界的传播，以及传播过程中同中国已有的儒家伦理道德和道教势力的冲突斗争；下编为"佛教文物"，主要收录了研究唐代碑铭的两篇重要论文，并发表了日本收藏的唐代的过所与公验。

此外，还编著有《唐代的行政机构与官僚》（『唐の行政機構と官僚』，中央公论社，1998）、《唐宋变革与官僚制度》（『唐宋の変革と官僚制』，中央公论社，2011）、《京洛学风》（『京洛の學風』，中央公论社，2001），还与杉山正明、岸本美绪合编了《中国历史研究入门》（『中國歷史研究入門』，名古屋大學出版会，2006）等。

3. 仁井田升（にいだ のぼる，1904—1966），中国法制史学家、汉学家，法学博士。1928年毕业于东京帝国大学法学部，在东方文化学院东京研究所任职，1942—1964年任东京大学东洋文化研究所教授，并担任所长一职。曾被授予"正三位勋二等瑞宝章"。

他主攻唐令的研究，一生致力于推进中国法制史的研究，在日本研究中国法制史方面做出了卓越的贡献，是日本研究中国法制史的开拓者，尤其是对唐代法制史的研究的资料整理贡献良多。他著述颇丰，主要有《中国身份法史》（『中國身分法史』，东方文化學院，1942）、《唐令拾遗》（『唐令拾遺』，东方文化學院东京研究所，1932）、《唐宋法律文书研究》（『唐宋法律文書の研究』）、《中国法制史》（『中國法制史』，岩波書店，1952）、《中国社会的法与伦理》（『中國社會の法と倫理』，弘文堂，1954）、《中国的传统与革命》（『中國の傳統と革命』，平凡社，1974）、《中国法制史研究》（『中國法制史研究』，东京大學出版会，1959—1964）等。

公元1967年

一、大事记

1. 第十九届日本中国学会在北海道大学召开，第十八届日本道教学会召开，第十七届东方学会全国会员会召开，第十二届"国际东方学者会议"召开。

2. 大学汉文教育研究会提交"据教育课程改定扩充中小学汉字汉文教育""教育系的大学研究生院设置应配套设置汉学讲座"的请愿书。

3. 斯文会举办第六十一届孔子祭典活动。

4. 辛岛骁（1903—1967）去世。

二、书（文）目录

1. 支那古代の祭礼と歌謡（《中国古代的祭祀与歌谣》），マーセル・グラネー（著），内田智雄（译），清水弘文堂書房、東京；限定版

2. 大射儀・燕禮（《大射义・燕礼》），広島大學文學部中國哲學研究室（编），広島；広島大學文學部中國哲學研究室编 儀禮國譯 第5集

3. 老子（《老子》），奥平卓（译）；列子、大村益夫（译），德間書店、東京；新裝版；中國の思想；6

4. 老子（《老子》），山室三良（著），明德出版社、東京；中國古典新書

5. 老子原始：附諸子攷略（《〈老子〉原始：附诸子考略》），武内義雄（著），清水弘文堂書房、東京

6. 孔子と老子（《孔子与老子》），カール・ヤスパース（著），田中元（译），理想社、東京；ヤスパース選集；22

7. 孔子名言集（《孔子名言集》），伊藤貴麿（著），ポプラ社刊、東京；世界名言集；6

8. 論語（《论语》），宇野哲人（著），明德出版社刊、東京；中國古典新書

9. 明解論語（《明解〈论语〉》），吉田賢抗（著），明治書院、東京

10. 論語（《论语》），久米旺生（译），德間書店刊、東京；新版；中國の思想；9

11. 論語（《论语》），斯文會（编），斯文会、東京

12. 中國の思想：伝統と現代（《中国的思想：传统与现代》），竹内実（著），日本放送出版協会、東京；NHKブックス，53

13. 中國の佛教（《中国的佛教》），宮本正尊（编），大蔵出版、東京；講

座佛教 4

14. 墨子（《墨子》），高田淳（著），明德出版社、東京；中國古典新書

15. 中國禪宗史(《中国禅宗史》),柳田聖山(著),花園大學學生仏教研究会、京都

16. 初期禪宗史書の研究：中國初期禪宗史料の成立に關する一考察(《初期禅宗史书的研究：中国初期禅宗史料的成立相关考察》)，柳田聖山（著），禪文化研究所、京都；禅文化研究所研究報告，第 1 冊

17. 江戸時代における唐船持渡書の研究(《江户时代唐船持渡书的研究》)，大庭修（著），関西大學東西學術研究所、大阪

18. 明治における中國文學研究資料（《明治时期中国文学研究资料》），森川竹磎（編），森川竹磎遺稿刊行會、新宮町（兵庫縣）

19. 玄奘三蔵（《玄奘三藏》），兼子秀利（著），人物往来社、東京；第 2 期中國人物叢書，3

20. 紅楼夢（《红楼梦》），曹雪芹（著）、君島久子（译），盛光社、東京；中國文學名作全集／奥野信太郎編，8

21. 唐宋法律文書の研究（《唐宋法律文书的研究》），仁井田陞（著），大安、東京；中國學術研究叢書，6

22. 北宋に於ける儒學の展開（《北宋儒学的展开》），麓保孝（著），書籍文物流通會、東京

23. 儒家思想（《儒家思想》），宇野精一（編），東京大學出版会、東京；講座東洋思想／宇野精一 [ほか] 編 第 2 卷.中國思想

24. 儒教と道教(《儒教与道教》),マクス・ウエバー(著)、細谷德三郎(译),清水弘文堂書房、東京

三、备注

1. 辛岛骁（からしま たけし，1903—1967）生于日本福冈县，中国文学研究学者，文学博士，曾担任朝鲜京城帝国大学讲师，昭和女子大学、相模女子大学教授。1928 年毕业于东京帝国大学文学部中国文学科，师承盐谷温，在

京城帝国大学先后担任中国语学和中国文学讲座副教授、教授，主要从事中国近世文学，尤其是中国小说的研究。1939年提交了博士论文《中国现代文学研究》(『支那現代文學の研究』)。

著有《中国现代文学研究：从国共分裂至上海事变》(『中國現代文學の研究：國共分裂から上海事変まで』，汲古書院，1983)、《新十八史略详解》(『新十八史略詳解』，与多久弘一合著，明治書院，1959)、《唐诗详解：实力本位》(『唐詩詳解：実力本位』，山海堂，1954)、《中国的新剧》(『中國の新劇』，昌平堂，1948)等，此外还翻译、注释了大量的中国经典著作，例如"三言二拍"系列(『覚世名言』『醒世恒言』『拍案驚奇』等，东洋文化协会1958—1959年全译中国文学大系)、《鱼玄机、薛涛》(『魚玄機、薛濤』，收录于集英社『汉诗大大系』，1964)等。

2. 高田淳 (たかだ あつし，1925—2010)，1925年5月28日生于朝鲜京城，日本大分县人。中国文学与中国思想学家，学习院大学 (學習院大學) 名誉教授。其父是中国古代哲学研究专家高田真治。1952年毕业于东京大学中国文学科，进大学院继续攻读。1957年任学习院高等科教谕，1964年任东京女子大学专任讲师、副教授，1972年任东京大学 (東京大學) 文学部副教授，1974年任学习院大学教授，1996年退休，被授予名誉教授称号。

高田淳的研究领域广泛，既包括近代文学研究与近代思想研究，也包括古代易学研究等，主要研究鲁迅文学、戊戌变法思想、近代哲学、周易哲学等，在研究章太炎思想方面颇有建树。著有《中国近代与儒教：戊戌变法的思想》(『中國の近代と儒教：戊戌変法の思想』，纪伊國屋书店，1970)、《〈易经〉的故事》(『易のはなし』，岩波书店，1988)、《王船山易学述义 (上、下)》(『王船山易學述義 (上、下)』，汲古書院，2000)等多部著作。

3. 大庭脩 (おおば おさむ，1927—2002)，也写作大庭修，日本著名学者。曾任日本关西大学教授、名誉教授，皇学馆大学教授、校长，大阪府立近飞鸟博物馆馆长；中国社会科学院历史研究所客座研究员、北京大学历史系兼职教授、甘肃省文物考古研究所客座研究员。其治学领域涉及中日交流史、秦汉法制史、秦汉简牍研究，著述宏富，影响深远。

本年度出版第一部影响较大的作品：《江户时代的唐船持渡书的研究》（『江户時代における唐船持渡書の研究』）。

1986年，《江户时代中国文化传播之研究》一书获日本学术研究最高奖——日本学士院奖。1991年至1997年，任关西大学东西学术研究所所长。1992年，在他的主持下，"汉简研究国际学术研讨会"在日本关西大学举行。1994年兼任大阪府立近飞鸟博物馆馆长。1997年自关西大学荣退，获名誉教授。随后担任皇学馆大学教授。2000年，当选皇学馆大学校长。2002年去世。

主要专著：

『親魏倭王』（學生社，1971年。增補版，2001年）

『図説中國の歴史2 秦漢帝國の威容』（講談社，1977年）

『江戸時代の日中秘話』（東方書店，1980年。増補版『日中交流史話』燃燒社，2003年）

『秦漢法制史の研究』（創文社，1982年）

『漢簡研究』（同朋舎出版，1992年）

『古代中世における日中関係史の研究』（同朋舎出版，1996年）

『昭和元年生まれ達』（同朋舎出版，1997年）

『漢籍輸入の文化史』（研文出版，1997年）

『象と法と』（大庭脩先生古稀記念祝賀会，1997年）

『徳川吉宗と康熙帝』（大修館書店，2000年）

『漂着船物語』（岩波書店［岩波新書］，2001年）

『唐告身と日本古代の位階制（皇學館出版部，2003年）

4. 明德出版社（めいとくしゅっぱんしゃ），是日本一家以儒学相关书籍出版为中心的小型出版社，1954年在安冈正笃的主导下以东洋思想的学术出版为目的而创立。自1967年起开始刊行出版的139册件大型丛书"中国古典新书"最为著名。以"朱子学大系""朱熹诗集传全注释""孔子全书""楚辞集注全注释""王阳明全集"和日本儒学著述丛书"日本的思想家"等大型学术丛书出版为代表，亦有江户时代日本儒学代表人物的中江藤树、二宫尊德、佐藤一斋等著作的现代日语译本、传记等出版。财团法人霞山会主办的《中国研究论丛》（『中國研究論叢』）也在此刊行。其中，仅"中国古典新书"一项在1967—2000年期间即出版 125 册件，1967 年出版的 10 册目次如下：

『塩鉄論』山田勝美著. 明德出版社，1967. 253p

『近思録』山崎道夫著. 明德出版社，1967. 302p

『公孫竜子』天野鎮雄著. 明德出版社，1967. 270p

『菜根譚』今井宇三郎著. 明德出版社，1967. 316p

『貞観政要』原田種成著. 明德出版社，1967. 276p 図版

『孫子』田所義行著. 明德出版社，1967. 258p

『抱朴子』村上嘉実著. 明德出版社，1967. 241p

『墨子』高田淳著. 明德出版社，1967. 290p

『老子』山室三良著. 明德出版社，1967. 284p

『論語』宇野哲人著. 明德出版社，1967. 2 册

5. 日本大型出版社平凡社（へいぼんしゃ），起步于 1914 年，其株式会社成立于 1923 年，是与岩波书店、筑摩书房并称的学术出版集团。出版与中国相关的丛书有"东洋文库"（『東洋文庫』）和"中国古典文学大系"（『中國古典文學大系』）等，其中，"东洋文库"是其代表性支柱丛书，出版以中国和日本为主的亚洲各国家和地区的思想、历史、民俗、地理、文学、宗教等古典的现代翻译，启动于 1963 年，截至 2010 年已经出版 800 册。而"中国古典文学大系"则于本年度开始出版，截至 1975 年，共计出版中国古典名著的翻译 60 卷册。1994 年恢复。

6. 德间书店（とくましょてん）自本年起至 1973 年，共出版了"中国思想丛书"（含增补版）25 册。以先秦诸子的著作为主。

7. 大修馆书店（たいしゅうかんしょてん）创设于 1918 年，以汉文和言语学相关的书籍和教科书为主要出版方向。该出版社自该年度至 1971 年，出版"中国文化丛书"10 卷，撰写者多为一流中国学研究者，影响较大。具体卷次和编者如下：

『言語』牛島徳次，香坂順一，藤堂明保 [編]. 1967

『思想概論』赤塚忠 [ほか] 編. 1968. 4

『思想史』赤塚忠 [ほか] 編. 1967

『文學概論』鈴木修次，高木正一，前野直彬

『文學史』鈴木修次，高木正一，前野直彬

『宗教』窪德忠，西順藏 [編].1967.12

『芸術』鈴木敬，町田甲一編 1971

『文化史』小倉芳彦編 1968

『日本漢學』水田紀久，賴惟勤 1968

『日本文化と中國』尾藤正英編 1968

公元 1968 年

一、大事记

1. 第二十届日本中国学会在大东文化大学召开，第十九届日本道教学会召开，第十八届东方学会全国会员会召开，第十三届"国际东方学者会议"召开。

2. 斯文会举办第六十二届孔子祭典活动。

二、书（文）目录

1. 桑原隲蔵全集（《桑原骘藏全集》），桑原隲蔵（著），岩波書店、東京；1968.2—12，一至五卷各目次：

東洋史説苑；東洋文明史論叢；支那法制史論叢・東西交通史論叢；中等東洋史・東洋史教授資料他；蒲壽庚の事蹟・考史遊記

2. 古代中國研究（《古代中国研究》），小島祐馬（著），筑摩書房、東京

3. 中國政治思想史研究（《中国政治思想史研究》），岩間一雄（著），未来社、東京

4. 日本と中國（《日本与中国》），貝塚茂樹、桑原武夫（著），筑摩書房、東京；講座中國，5

5. 中國の佛教美術（《中国的佛教美术》），水野清一（著），平凡社、東京

6. 漢書: 後漢書: 三國志列伝選 (《汉书 后汉书 三国志列传选》), 本田済 (译), 平凡社、東京; 中國古典文學大系第 13 卷

7. 仏教と儒教倫理: 中國仏教における孝の問題 (《佛教与儒教伦理: 中国佛教的"孝"》), 道端良秀 (著), 平楽寺書店、京都; サーラ叢書 17

8. 中國思想史 (《中国思想史》), 小島祐馬 (著), 創文社、東京

9. 大學; 中庸 (《大学・中庸》), 俟野太郎 (著), 明德出版社、東京; 中國古典新書 6

10. 古代中國美術: 日本美術の源流 (《古代中国美术: 日本美术的源流》), 大塚巧芸社 (印刷)、東京; 出版项不明

11. 日本歌學と中國詩學 (《日本歌学与中国诗学》), 太田青丘 (著), 清水弘文堂書房、東京; 改訂版

12. 荀子のことば: 性悪的人生観 (《荀子的言辞: 性恶的人生观》), 常盤井賢十 (著), 黎明書房、東京; 中國の知恵, 6

13. 古代中國 (《古代中国》), 著者不明, 世界文化社、東京; 世界歷史シリーズ, 第 3 卷

14. 弥勒地蔵 十王宝卷 (《弥勒地藏 十王宝卷》), 中國仏教思想史談会 (編), 道教刊行会 (大正大學中國學研究室)、東京; 中國仏教思想史談会報, 第 2 号

15. 書の古典美: 眼で見る中國と日本の書道史 (《书的古典美: 目之所见中国与日本的书道史》), 飯島春敬 (著), 書芸文化院、東京

16. 中國仏教通史 (《中国佛教通史》), 塚本善隆 (著), 鈴木學術財団、東京

17. 中國文化関係文献目録 (《中国文化关系文献目录》), アジア・アフリカ総合研究組織 (編), アジア経済研究所、東京; アジア・アフリカ文献解題, 2

18. 中國の思想家たち (《中国的思想家们》), 野末陳平 (著), 桃源社、東京; 桃源ブックス

19. 文心雕龍 (《文心雕龙》), 刘勰 (著)、興膳宏 (译), 筑摩書房、東京; 世界古典文學全集 25 復刊 2005 年

20. 大學寮と古代儒教: 日本古代教育史研究 (《大学寮与古代儒教: 日本

古代教育史研究》），久木幸男（著），サイマル出版会、東京

21. 仏教と儒教倫理：中國仏教における孝の問題（《佛教与儒教伦理：中国佛教中"孝"的问题》），道端良秀（著），平楽寺書店、京都

三、备注

1. 岩间一雄（いわま かずお，1936—　），冈山大学名誉教授，中国政治思想史研究专家，法学博士。1958 年毕业于名古屋大学法学部政治学科，1963 年本校博士课程毕业，1967 年获博士学位。历任名古屋大学法学部助教，冈山大学助教、副教授、教授，2001 年退休。1998 年被授予地方出版文化功劳奖。

岩间一雄在《中国政治思想史研究》（『中國政治思想史研究』，未来社，1968 年）中提出，朱子学的思维发展的结果面临着解体的危机，王阳明和李贽都是处于封建社会末期的试图"补天"的理想主义者，而明末清初仍然是旧的封建时代，他们是想为这个时代弥补破绽，改弦更张，而不是真的要破坏这个社会的秩序，所以实际上当时中国思想世界已经没有创新的活力了。

2. 兴膳宏（こうぜん ひろし，1936—　），生于福冈。中国文学研究家。日本京都大学文学部教授。本年度出版了其翻译的《文心雕龙》，开始了其中国文学理论的研究，这也是日本第一次刊印出版《文心雕龙》的全译本，其后成为日本中国文学理论和南北朝文学研究第一人。

1961 年京都大学本科毕业，1966 年修完京都大学博士课程，1989 年获京都大学文学博士。曾任教于爱知教育大学、名古屋大学，1974 年起任京都大学助教授、教授，2000 年任京都国立博物馆馆长，2009 年起任东方学会理事长。2013 年获得日本学士院奖。

兴膳宏关于《文心雕龙》的研究论文主要有《〈文心雕龙〉与〈诗品〉的文学观的对立》《〈文心雕龙〉的自然观》《〈文心雕龙〉与〈出三藏记集〉》《日本对〈文心雕龙〉的接受和研究》。

除关于《文心雕龙》的专论以外，涉及六朝文论的有《文学批评的发生》《关于〈诗品〉》《挚虞〈文章流别志论〉考》《〈诗品〉与书画论》《颜之推的文学论》《〈宋书·谢灵运传论〉评述》《〈玉台新咏〉成立考》《〈文心雕龙〉

在〈文镜秘府论〉中的反映》《〈古今集·真名序〉笔记》《王昌龄的创作论》《〈文赋〉在文学理论上的地位》《文学与文章》等。

主要著作：

『潘岳 陸機』〈中國詩文選 10〉筑摩書房 1973 年

『庾信—望郷詩人』〈中國の詩人—その詩と生涯 4〉集英社 1983 年

『中國の文學理論』筑摩書房 1988 年

『異域の眼 中國文化散策』筑摩書房 1995 年

『風呂で読む陶淵明』世界思想社 1998 年

『乱世を生きる詩人たち 六朝詩人論』研文出版 2001 年

『古典中國からの眺め』〈研文選書 87〉研文出版 2003 年

『中國名文選』岩波新書 2008 年

『新版 中國の文學理論』〈中國文學理論研究集成 1〉清文堂出版 2008 年

『中國文學理論の展開』〈中國文學理論研究集成 2〉清文堂出版 2008 年

『中國古典と現代』〈研文選書 100〉研文出版 2008 年

『杜甫 憂愁の詩人を超えて』〈書物誕生—あたらしい古典入門〉岩波書店 2009 年

『漢語日歷』岩波新書 2010 年

编著：

『中國文學を學ぶ人のために』世界思想社 1991 年

『六朝詩人群像』大修館書店〈あじあブックス〉2001 年

『隋書経籍志詳攷』川合康三と共著 汲古書院 1995 年

『興膳教授退官記念 中國文學論集』汲古書院 2000 年

『吉川幸次郎 杜甫詩注』岩波書店 2012 年—全 10 冊

3. 本年度明德出版社的"中国古典新书"系列丛书有：

『漢書芸文志』鈴木由次郎著 明德出版社 1968 年

『韓非子』小野沢精一著 明德出版社 1968 年

『春秋左氏伝』鎌田正著 明德出版社 1968 年

『十八史略』市川任三著 明德出版社 1968 年

『戰國策』沢田正熙著 明德出版社 1968 年

『莊子』阿部吉雄著 明德出版社 1968年

『大學・中庸』俣野太郎著 明德出版社 1968年

『唐宋八家文』佐藤一郎著 明德出版社 1968年

『白氏文集』内田泉之助著 明德出版社 1968年

『蒙求』柳町達也著 明德出版社 1968年

4. 平乐寺书店（平楽寺書店），出版佛教书籍的老牌出版社，本部位于京都市的中京区。日本江户时代庆长年间创立，创立者为村上净德。1955年与另外三家出版佛教书籍的出版社即法藏馆、永田文昌堂、百华苑结成四社联盟即"佛书联盟"(「仏書連盟」)，专门出版佛教书籍和书目。由此也为1974年日本结成"佛教图书出版贩卖联盟"(「仏教書出版販売連盟」)以及"日本全国佛教图书总目录"(「仏教書総目録」)的出版打下了基础。

公元1969年

一、大事记

1. 第二十一届日本中国学会在广岛大学召开，第二十届日本道教学会召开，第十九届东方学会全国会员会召开，第十四届"国际东方学者会议"召开。

2. 斯文会举办第六十三届孔子祭典活动。

二、书（文）目录

1. 易思想の研究：易の予言の信頼性について（《〈易〉思想的研究：〈易〉的预言可信赖性》），脇田三治（著），新日本易學研究会刊、西尾

2. 易と経営（《〈易〉与其经营》），歌丸光四郎（著），雄松堂、東京

3. 詩経國風（《诗经・国风》），橋本循、尾崎雄二郎（译），筑摩書房、東京；世界古典文學全集；2

4. 詩經；楚辭（《诗经；楚辞》），目加田誠（译），平凡社、東京；中國古典文學大系，第 15 卷

5. 老子・莊子と韓非子（《老子、庄子及韩非子》），宇野哲人（著），三島海雲記念財團、東京；カルピス文化叢書；5

6. 老子本原（《老子本相》），金戶守（編），日本公論社、東京

7. 孔子（《孔子》），內野熊一郎、西村文夫、鈴木総（著），清水書院、東京；Century books；人と思想；2

8. 孔子（《孔子》），和辻哲郎（著），角川書店刊、改版；角川文庫、東京

9. 孔子廟堂刊之碑（《孔子庙堂刊之碑》），虞世南（書），上，下；日本書館、東京；展大古法帖：9，10

10. 如是我聞孔子傳（《如是我闻孔子传》），諸橋轍次（著），大法輪閣、東京

11. 論語：現代語訳（《〈论语〉：现代语译》），原富男（著），春秋社刊、東京

12. 中國思想論集（《中国思想论集》），西順蔵（著），筑摩書房、東京

13. 唐代詩集（《唐代诗集》），田中克己（編），平凡社、東京；中國古典文學大系，第 17 卷—第 18 卷

14. 中國神話傳說の研究（《中国神话传说的研究》），出石誠彥（著），古亭書屋、台北；復刻版

15. 仏教要説：インドと中國（《佛教概说：印度与中国》），前田惠學（著），山喜房仏書林、東京

16. 中國古典詩叢考：漢詩の意境（《中国古典诗丛考：汉诗的意境》），近藤光男（編），勁草書房、東京

17. 中國古代神話（《中国古代神话》），森三樹三郎（著），清水弘文堂書房、東京

18. 紅楼夢（《红楼梦》），曹霑（著），伊藤漱平（译），平凡社、東京；中國古典文學大系，第 44 卷—第 46 卷 上，中，下

19. 中國的思惟の伝統：対立と統一の論理（《中国的思维传统：对立与统一的论理》），大濱晧（著），勁草書房、東京

20. 中國學藝大辭典（《中国学艺大辞典》），近藤杢（著）、近藤春雄（改定），

有明書房、東京；第9版／近藤春雄改訂

21. 中國思想のフランス西漸（《中国思想的法兰西传播》），後藤末雄（著）、矢沢利彦（校），平凡社、東京；東洋文庫，144，148

22. 中國史研究（《中国史研究》），佐伯富（著），東洋史研究會、東京；東洋史研究叢刊，21（1—3）

23. 中國地方志總合目録：日本主要図書館・研究所所藏 = Union catalogue of Chinese local gazetteers in 14 major libraries and research institutes in Japan（《中国地方志综合目录：日本主要图书馆、研究所所藏：收藏地方志的14个主要图书机构与科研机构》），國立國会図書館参考書誌部アジア・アフリカ課（編），國立國会図書館参考書誌部、東京

24. 河南省における漢代製鉄遺跡鞏県鉄生溝：中國野外考古學調査報告（《河南省汉代制铁遗迹巩义县铁生沟：中国野外考古学调查报告》），河南省文化局文物工作隊（編）、大場憲郎（译），たたら書房、米子

25. 清末民初を中心とした中國近代詩の研究（《清末民初为中心的中国近代诗歌研究》），倉田貞美（著），大修館書店、東京

26. 中國思想について（《中国的思想》），福永光司（述），富山県教育委員会、富山；精神開発叢書，5

27. 古典への道：吉川幸次郎対談集（《通往古典之路：吉川幸次郎对谈集》），吉川幸次郎（著），朝日新聞社、東京；新訂中國古典選，別巻

28. 古代東洋：先史―5世紀（《古代东洋：先史至5世纪》），學習研究社、東京；日本と世界の歴史，第3巻

三、备注

1. 本年度明德出版社的"中国古典新书"系列丛书有：
『晏子春秋』山田琢著
『緯書』安居香山著
『楽府』沢口剛雄著
『國語』大野峻著

『朱子行状』佐藤仁著

『小學』遠藤哲夫著

『戰國策』沢田正熙著

『説苑』高木友之助著

『竹窓随筆』荒木見悟著

『文選』網祐次編著

『列子』穴沢辰雄著

『列女伝』荒城孝臣著

2. 友枝龙太郎（ともえだ　りゅうたろう，1916—1986），日本著名的中国古代哲学研究家、朱子学家，广岛大学教授，长期讲授朱子学。毕业于东京大学，是宇野哲人的学生。日本中国学会评议员，东方学会会员。

本年度他出版自己的代表作之一:《朱子的思想形成》(『朱子の思想形成』，春秋社)。这是战后朱子思想研究领域中最重要的成果之一，全面地再现了朱子思想形成的过程，同时也可以当作一种"哲学性传记"来读。全书目录为:《序论》，第一章《意识的问题》，第二章《存在的问题》，第三章《知识与实践的问题》，第四章《朱陆异同及其背景》《结论》《附录》(收录三篇论文)。友枝龙太郎认为，在朱子的知识论里，"反省知"介于"直接知"与"悟觉知"之间，而朱子的格物说与其"社仓法""经界法案""水稻生产技术的指导"等一系列政治实践是密切相关的。他强调朱子的立场乃根据"识别反省知"对事物的所以然之则的究明，以及此知识立场在中国近世的重要性。考证学与哲学分析在此书中有机地结合在一起，在方法论上开创了一条新的途径。

友枝龙太郎于1962年参加《中国的思想家》(2卷本)的编写，撰写《朱熹》一章。1966—1967年参加"中国天人合一思想体系的综合研究"，具体负责"宋明形而上学的天人思想的研究"。1968年进行"关于王安石思想的研究"。

此外还著有《朱子文集》(『朱子文集』，明德出版社，1984)、《李退溪的生涯与思想》(『李退溪:その生涯と思想』，东洋书院，1985)等。他的《朱子文集》是部分地选译《朱子文集》，分"诗""奏札""书简""杂著""公移"五类。

公元 1970 年

一、大事记

1. 第二十二届日本中国学会在早稻田大学召开，第二十一届日本道教学会召开，第二十届东方学会全国会员会召开，第十五届"国际东方学者会议"召开。
2. 斯文会举办第六十四届孔子祭典活动。
3. 矢野仁一（やの じんいち，1872—1970）去世。
4. 岩村忍（いわむら しのぶ，1905—1988）本年度创立了"日本蒙古学会"，并出任首任会长。
5.《中国文学论集》(『中國文學論集』九州大學中國文學会主办）自本年度创刊，发行至今。

二、书（文）目录

1. 詩経：中國の古代歌謡（《〈诗经〉：中国古代的歌谣》，白川静（著），中央公論社、東京；中公新書
2. 五経・論語（《五经・论语》），吉川幸次郎、福永光司（编），筑摩書房、東京；世界文學全集；3
3. 論語の世界（《〈论语〉的世界》），金谷治（著），日本放送出版協会、東京；NHK ブックス；123
4. 口語訳 論語（《口语翻译〈论语〉》），倉石武四郎（译），筑摩書房、東京；筑摩叢書；152
5. 書経講義・論語講義（《〈书经〉讲义・〈论语〉讲义》），元田永孚（著），元田竹彦，海後宗臣（编），元田文書研究会、東京；元田永孚文書，元田永孚著；第3卷
6. 近世日本思想と倭論語（《近世日本思想与倭论语》），栂野守雄（著），富山県護國神社刊、富山
7. 論語（《论语》），木村英一、鈴木喜一（译）；孟子（《孟子》），藤堂刊

明保、福島中郎（译）；荀子（《荀子》），竹岡八雄、日原利國（译）；礼記（抄）（《礼记》），竹内照夫（译），平凡社刊、東京；中國古典文學大系；第 3 卷

8. 役者論語（《艺人〈论语〉》），守随憲治（編），東京大學出版会、東京

9. 中國歷代傑作小説十講（《中国历代杰作小说十讲》），下斗米晟（著），大東出版センター、東京

10. 中國仏教要史（《中国佛教史》），布施浩岳（著），山喜房仏書林、東京

11. 中國漢方医學概論（《中国汉方医学概论》），南京中医學院（編）、中医學概論邦訳委員会（译），中國漢方医學書刊行会、東京；再版

12. 中國小説の世界（《中国小说的世界》），内田道夫（編），評論社、東京；評論社叢書，6

13. 禹域通纂（《禹域通纂》），井上陳政（編），汲古書院、東京；中國研究資料叢刊 1

14. 中國の科學文明（《中国的科学文明》），藪内清（著），岩波書店、東京

15. 中國における近代思維の挫折（《中国近代思维的挫折》），島田虔次（著），筑摩書房、東京；新版

16. 中國の名言・格言：中國五千年の歷史から生まれた処世の道標（《中国的名言与格言：中国五千年历史诞生的处世道标》），戸崎平爾（著），日本文芸社、東京

17. 資治通鑑選（《资治通鉴选》），司馬光（著），賴惟勤、石川忠久（編），新田大作（译），平凡社、東京；中國古典文學大系，第 14 卷

18. 中國経學史綱（《中国经学史纲》），影山誠一（著），大東文化大學東洋研究所、東京；大東文化大學東洋研究所襟刊，9

19. 中國古代喪服の基礎的研究（《中国古代丧服的基础性研究》），谷田孝之（著），風間書房、東京

20. 中國中世史研究：六朝隋唐の社会と文化（《中国中世研究：六朝隋唐的社会文化》），中國中世史研究会（編），東海大學出版会、東京

21. 中國美術の研究（《中国美术的研究》），田中豊蔵（著），二玄社、東京；再版

22. 書の歴史：中國と日本（《书的历史：中国与日本》），榊莫山（著），創元社、大阪

23. 黄帝傳説：古代中國神話の研究（《皇帝传说：古代中国神话研究》），森安太郎（著），京都女子大學人文學會、東京

24. 中國古代政治思想研究：「左伝」研究ノート（《中国古代政治思想研究：〈左传〉研究笔记》），小倉芳彦（著），青木書店、東京；歷史學研究叢書

25. 中國の古典詩：詩経から唐詩まで（《中国的古典诗歌：诗经到唐诗》），村山吉広（著），早稲田大學出版部、東京

26. 中國古代の葬禮と文學（《中国古代葬礼与文学》），西岡弘（著），三光社出版、東京

27. 中國食貨志考：宋元明の貨幣史を中心として（《中国食货志考：以宋元明的货币史为中心》），市古尚三（著），鳳書房、東京

28. 漢字の起原（《汉字的起源》），加藤常賢（著），角川書店、東京

29. 王陽明と明末の儒學（《王阳明与明末的儒学》），岡田武彦（著），明徳出版社、東京

三、备注

1. 岩村忍（いわむら しのぶ，1905—1988），出生于北海道小樽市，1929年毕业于加拿大渥太华大学社会学系，毕业之后在新闻联合社（现"共同通信社"）就职。1932年多伦多大学硕士毕业。1942年至1945年，在文部省民族研究所工作。1948年任参议员常任委员会专门委员，参与了《文化财产保护法》等法律法规的起草。1950年组织和领导元典章研究班，此后主要研究元代法制与经济史。1950年至1965年任京都大学人文科学研究所教授，1965年至1969年期间担任东南亚研究中心首任所长。1970年创立了"日本蒙古学会"，并出任首任会长。1988年6月1日去世，享年82岁。

岩村忍主要研究游牧民族史和东西关系史，尤其以研究蒙古帝国和丝绸之路为主，着重于蒙元与西方关系的研究，著述有《十三世纪东西交涉史序说》（『十三世紀東西交渉史序説』，三省堂，1939）、《蒙古的欧洲远征》（『蒙

古の欧洲遠征』，三省堂，1941）、《蒙古史杂考》（『蒙古史雜考』，白林书房，1943）、《马可波罗研究》（『マルコポーロの研究』，筑摩书房，1948）等，对于"支那"一词，岩村忍在《十三世纪东西交涉史序说》一书中考证说："但是，有关'Sin'、'Sinai'等语源的通说，都把'秦'作为其起源。此说是根据'秦'的北京音 ts'in（通俗的 chin）而来。这一音中的 ch 的发音是由不发 ch 音的阿拉伯人传向欧洲成了 Shin、Thin 的发音，更进而形成了 Sinae、Thinae 的发音。"

2. 本年度，本田济（ほんだ わたる，1920—2009）参加了《世界大百科事典》（24 卷本）中国哲学部分的修订，该项目截至 1974 年（其 1955—1958 年参加了初版《世界大百科事典》中国哲学部分的编写）。

本田济，文学博士，中国古代哲学研究学者、易学专家，大阪市立大学文学部名誉教授，梅花女子大学校长。1943 年毕业于京都帝国大学中国哲学文学科，1949 年任大阪市立大学副教授，兼任京都大学文学部讲师讲授中国哲学史。1964 年，以《〈易经〉的思想史研究》被授予京都大学文学博士。他还是东方学会关西地区委员、日本中国学会理事评议员兼专门委员、阪神中国哲学会会员。

3. 本年度明德出版社的"中国古典新书"系列丛书有：

『陰隲録』石川梅次郎著 明德出版社

『王陽明文集』岡田武彦著 明德出版社

『管子』柿村峻著 明德出版社

『後漢書』藤田至善著 明德出版社

『三國志』宮川尚志著 明德出版社

『商子』清水潔著 明德出版社

『晋書』越智重明著 明德出版社

『正蒙』山根三芳著 明德出版社

『世説新語』八木沢元著 明德出版社

『楚辞』星川清孝著 明德出版社

『文中子』市川本太郎著 明德出版社

公元 1971 年

一、大事记

1. 第二十三届日本中国学会在金泽大学召开，第二十二届日本道教学会召开，第二十一届东方学会全国会员会召开，第十六届"国际东方学者会议"召开。
2. 斯文会举办第六十五届孔子祭典活动。
3. 高桥和巳（たかはし かずみ，1931—1971）去世。

二、书（文）目录

1. 太陽は每朝昇る：易と人生（《太阳每日升起：〈易〉与人生》），春野鶴子（著），文芸春秋刊、東京
2. 易の秘密（《〈易〉的秘密》），ジョセフ・マーフィー（著），桑名一央（译），産業能率短期大學出版部刊、東京
3. 孔子家語（《孔子家语》），清田清（著），明德出版社刊、東京；中國古典新書
4. 孔子と論語（《孔子与〈论语〉》），木村英一（著），創文社刊、東京；東洋學叢書
5. 孔子廟堂刊碑：楷書 虞世南（《孔子庙堂刊碑：楷书 虞世南》），天石東村（編），二玄社刊、東京；書道技法講座；15
6. 「論語」のために（《〈论语〉目的》），吉川幸次郎（著），筑摩書房、東京
7. 論語源流（《〈论语〉源流》），林泰輔（著），汲古書院、東京
8. 論語（《论语》），吉川幸次郎（译），筑摩書房、東京；世界古典文學全集；4
9. 論語の発掘：道義の再興を念じて（《〈论语〉的发掘：道义再兴》），佃井久満治（著），「論語の発掘」刊行会、長野
10. 大唐西域記（《大唐西域记》），玄奘（著），水谷真成（译），平凡社、東京；中國古典文學大系，第 22 卷

11. 中國人の思想（《中国人的思想》），野末陳平（著），陳文館、東京

12. 中國の神話:神々の誕生（《中国神话:众神的诞生》），貝塚茂樹（著），筑摩書房、東京；筑摩教養選，10

13. 高野山「國文學・國語學・中國文學・語學」文献目録（《高野山〈国文学・国语学・中国文学・语学〉文献目录》），山内潤三（編），高野山大學國文學会、高野町（和歌山）

14.「名」と「恥」の文化：中國人と日本人（《名与耻的文化：中国人与日本人》），森三樹三郎（著），講談社、東京；講談社現代新書，261

15. 中國文學史（《中国文学史》），佐藤一郎（著），慶応通信、東京

16. 中國律令史の研究（《中国律令史的研究》），曾我部静雄（著），吉川弘文館、東京

17. 史記（《史记》），司馬遷（著），小竹文夫、小竹武夫（译），筑摩書房、東京；筑摩世界文學大系，6，7

18. 周詩—漢詩（《周诗—汉诗》），目加田誠（著），社会思想社、東京；現代教養文庫，718.中國詩選‖チュウゴク シセン；1

19. 中國仏教思想の形成（《中国佛教思想的形成》），玉城康四郎（著），筑摩書房、東京；第1巻

20. 中國古代文書文稿（《中国古代文书文稿》），池田温（著），北大文學部東洋史研究室、札幌

21. 中國文化の成熟（《中国文化的成熟》），鈴木勤（編），世界文化社、東京；世界歷史シリーズ，第13巻

22. 沖縄の習俗と信仰：中國との比較研究（《冲绳的习俗与信仰：与中国的比较研究》），窪徳忠（著），東京大學東洋文化研究所、東京；東京大學東洋文化研究所報告＼東洋文化研究所紀要，別冊

23. 中國古典思想の研究（《中国古典思想的研究》），根本誠（著），現代アジア出版会、東京

24. 日本と中國における「儒林外史」研究要覧稿（《日本与中国的〈儒林外史〉研究要览稿》），塚本照和、天理大學學術研究会（編），天理大學學術研究会、奈良；天理大學學術研究会シリーズ8

25. 儒林外史語彙索引（《〈儒林外史〉语汇索引》），香坂顺一（编），明清文學言語研究会、采華書林（发售）、名古屋

三、备注

1. 本年度日本文部省对中国经典文化研究的資助立项：

A. 集体综合研究

关于中国思想与日本思想之间相互影响及其差异性的研究，负责人：赤冢忠（东京大学教授）。

朱子语类的研究。

关于加强中国语入门教育的研究，负责人：香坂顺一（大阪市立大学教授）。

B. 个人研究项目

关于中国神仙思想的基础研究，负责人：粟田直躬（早稻田大学）。

《法言增注》（日本桃井白鹿撰）与中国诸家注释的比较，负责人：藤川正数（香川大学）。

以台湾、日本留存钞本为中心的大唐开元占经以及纬书资料的研究，负责人：安居香山（大正大学）。

日本平安时代文学中的老庄道教的影响，负责人：藤原高男（高松高专）。

近世中国文献中有关日本语表记资料的收集、整理和研究，负责人：坂井健一（日本大学）。

三重县内留存的日本与中国古文献调查研究，负责人：竹冈八雄（三重大学）。

中国辞赋史，负责人：中岛午秋（爱媛大学）。

明清戏曲小说的质的转变——关于民间艺术与文人艺术之间的关系，负责人：尾上兼英（东京大学）。

近世日本汉学家的诗论与中国明清诗论之间的关系，负责人：松下忠（和歌山大学）。

2. 本年度明德出版社的"中国古典新书"系列丛书有：

『淮南子』楠山春樹著

『居業錄』平田栄著

『孔子家語』清田清著

『古文真宝』柳町達也著

『呉子』松井武男著

『五代史』日野開三郎著

『資治通鑑』竹内照夫著

『天主実義』後藤基巳著

『孟子』渡辺卓著

3. 设立于1940年的筑摩书房(ちくましょぼう)出版社自本年度起发行"筑摩世界文学大系"(『筑摩世界文學大系』)，1998年完结，共91册。

4. 朝日新闻社（あさひしんぶんしゃ，英称：The Asahi Shimbun Company）自本年度起至1976年刊行由吉川幸次郎和小川环树监修的15卷本"中国文明选"丛书(『中國文明選』)。卷次目录如下（按照出版时间顺序排列）：

『芸術論集』福永光司著 14

『近世詩集』入谷仙介，福本雅一，松村昂著 9

『政治論集』宮崎市定著 11

『近世散文集』本田済，都留春雄著 10

『戴震集』安田二郎，近藤光男著 8

『文學論集』荒井健，興膳宏著 13

『革命論集』小野信爾 [ほか] 著 15

『近思録』湯浅幸孫著 4—5

『蘇東坡集』小川環樹，山本和義著 2

『革命論集』小野信爾，吉田富夫，狹間直樹著 15

『史學論集』川勝義雄著修 12

『顧炎武集』清水茂著 7

『資治通鑑』田中謙二著 1

『王陽明集』島田虔次著 6

『朱子集』吉川幸次郎，三浦國雄著修 3

5. 高桥和巳（たかはし かずみ，1931—1971），日本作家，中国文学研究者。1949年入京都大学文学系学习中文学。20世纪50年代初曾参加学生运动。1959

年任立命馆大学讲师。1963 年辞去教职，开始文学创作生涯。1966 年任明治大学助教，1967 年任京都大学副教授，并与妻子高桥たか子分居。1969 年因抗议"白川"事件辞职，60 年代末学生运动高潮中支持学生斗争。曾与小田实、柴田翔等创办同人刊物《作为人》。1969 年 10 月《高桥和巳作品集》(『高橋和巳作品集』全 9 卷，河出書房新社，1969—1971）开始出版。1971 年 5 月 3 日死于结肠癌，享年 40 岁。

1977—1980 年出版全集（『高橋和巳全集』全 20 卷，河出書房新社，1977—1980）。

作为中国文学研究者，翻译出版有：

『中國詩人選集』第 15 卷 李商隐 岩波書店 1958

『中國詩人選集二集』第 13 卷 王士禎 岩波書店 1962

『世界の文學』第 47 鲁迅 中央公論社 1967 中公文庫 1973

6. 本年度大阪的凤出版社（鳳出版）再版关仪一郎（関儀一郎）主编的《日本儒林丛书》(『日本儒林叢書』14 卷）、《续日本儒林丛书》(『續日本儒林叢書』4 册）以及《续续日本儒林丛书》(『續續日本儒林叢書』3 册）。

公元 1972 年

一、大事记

1. 1972 年，中日两国实现了邦交正常化，其后又签订了友好条约，政治形势的发展使正在发展中的"中国学"受到了新刺激，得到了鼓舞与推动。

2. 第二十四届日本中国学会在国学院大学召开，第十七届"国际东方学者会议"召开。斯文会举办第六十六届孔子祭典活动。

3. 第二届国际道教研究会（2nd International Conference on Taoist Studies）于 1972 年 9 月 2 日至 7 日在日本长野县举行，由日本道教学会主办。

4.《中国的语言与文化》(『中國の言語と文化』）创刊，发行至今。由大阪中国语言・文化恳话会（大阪中國語・文化懇話會）主办编辑。

二、书（文）目录

1. 易の話（《〈易〉的话》），金谷治（著），講談社、東京；講談社現代新書 303
2. 易と呪術（《〈易〉和呪术》），服部龍太郎（著），新人物往来社、東京
3. 易経（《易经》），赤塚忠（译），平凡社、東京；中國古典文學大系；第 1 卷
4. 書経（《书经》），赤塚忠（译），平凡社、東京；中國古典文學大系；第 1 卷
5. 周篆老子（《周篆老子》），松本道玄（著），松本禎郎、神戸
6. 孔子伝（《孔子传》），白川静（著），中央公論社刊、平凡社；中公叢書
7. 孔子（《孔子》），孔徳成（著），内藤幹治（译），モラロジー研究所、柏林
8. 論語；孟子；大學；中庸（《〈论语〉〈孟子〉〈大学〉〈中庸〉》），倉石武四郎、湯浅幸孫、金谷治（译），筑摩書房、東京；筑摩世界文學大系 5
9. 伊藤仁斎（《伊藤仁斎》），貝塚茂樹（编），中央公論社、東京；日本の名著.13
10. 論語之研究（《〈论语〉之研究》），武内義雄（著），岩波書店、東京
11. 唐話辭書論類集（《唐话辞书类集》），古典研究会（编），汲古書院、東京
12. 近世後期儒家集（《近世后期儒家集》），中村幸彦、岡田武彦（校注），岩波書店、東京；日本思想大系 47

三、备注

1. 本年度日本文部省对中国经典文化研究的资助立项：

A．集体综合研究

佛教传来之前中国宗教思想发展的研究，负责人：池田末利（广岛大学文学部教授）。

朱子的综合研究，负责人：宇野精一（东京大学教授）。

《诗品》的综合研究，负责人：高木正一（立命馆大学教授）。

"清末文学语言的综合研究"，负责人：香坂顺一（大阪市立大学教授）。

"汉字文化圈内汉字汉语的基础研究"，负责人：河野六郎（东京教育大学

教授）。

B. 个人研究项目

天命思想的各种类型研究，责任人：穴泽辰雄（秋田大学）。

纬书索引，责任人：内野熊一郎（东京教育大学）。

道藏中纬书新资料的收集及整理，责任人：安居香山（东京教育大学）。

魏晋玄学研究，责任人：关正郎。

从《说文解字》中所见到的"易"的体系研究，责任人：福田襄之介（风山大学）。

老子河上公注的研究，责任人：楠山春村（早稻田大学）。

贞观政要语汇索引，责任人：原田种成（关东短期大学）。

中国古代田制与军制的研究，责任人：大岛隆（北海道大学）。

《管子》研究，责任人：町田三郎。

中国古典文学所表现的星宿研究，责任人：近藤光男（北海道大学）。

王荆公诗文系年，责任人：清水茂（京都大学）。

明清戏曲评论研究，责任人：岩城秀夫（山口大学）。

六朝文学与佛教关系的研究，责任人：三木克己（大谷大学）。

朱元虚词的研究，责任人：工藤篁（东京大学）。

古代汉语语法研究，责任人：牛岛德次（东京教育大学）。

2. 日本社会从佛典中获得"震旦""支那"等词，皆可指称中国，并无恶意。明治起始，"支那"一词则对中国含有强烈的轻侮之意，引起了中国人广泛的愤慨。日本政府在其后的官方文书中，竟执意称中国为"支那"。1930年5月26日，当时的中国政府"训令"其外交部及所有驻外机构，"倘若日方公文使用'支那'之类文字，中国外交部将断然拒绝接受"。然而，在1972年中日邦交正常化之前，日本仍然执意广泛地使用这一称呼。我国学者不明就里，无端把20世纪初期的"中国学"也随日本潮流至今称为"支那学"，遑论其政治上的荒谬，就研究的"文化语境"而言，也几乎是云里雾中，一种意念性的表述。

3. 第二届国际道教研究会于1972年9月2日至7日在日本长野县的蓼科举行，由日本道教学会主办，美国学术团体理事会及美国哈佛大学东亚中心和世界宗教研究中心（The East Asian Research Center and the Center for the Study

of World Religions at Harvard University）也是会议的发起单位。这次会议结束后陆续出版了两种文本的论文集。1976年酒井忠夫主编出版了日文版的《道教综合的研究》（国学刊行会版）；1979年韦尔奇和赛德尔合作主编出版了英文版《道教面面观·中国宗教论文集》（耶鲁大学出版社）。

中日关系正常化后，日本掀起了中国研究的高潮。道教研究亦是如此。在继承第三阶段的文献学、历史学研究成果的基础上，进一步拓展领域，同时培养了一大批中青年学者，进而形成了一支庞大的研究队伍。这个阶段的特点是道教研究国际化，进一步加强了与中国及法国、美国、德国等国汉学界的联系，增加了利用外国语文献、挖掘《道藏》以外的新出资料，进行实地考察（中国大陆、台湾和香港以及东南亚华人社会）三项内容。

4. 本年度明德出版社的"中国古典新书"系列丛书有：

『元史』小林高四郎著

『五雑俎』藤野岩友著

『史記』福島中郎著

『書譜』西林昭一著

『宋名臣言行録』諸橋轍次，原田種成著

『太玄経』鈴木由次郎著

『大戴礼』新田大作著

『文心雕竜』戸田浩暁著

『陸象山文集』福田殖著

公元 1973 年

一、大事记

1. 第二十五届日本中国学会在九州大学召开，第十八届"国际东方学者会议"召开。斯文会举办第六十七届孔子祭典活动。

2. 二松学舍大学中国文学刊行会主编的《中国文学论考》(『中國文學論考』) 创刊，发行至今。

二、书（文）目录

1. 無雙原理易：実用弁証法(《无双原理〈易〉：实用辩证法》)，櫻澤如一（著），日本 CI 協会刊、東京

2. 儀禮（《仪礼》），池田末利（注），東海大學出版會、東京；東海大學古典叢書

3. 儀禮釈攷（《〈仪礼〉释考》），川原壽市（撰），京都朋友書店、京都川原壽市

4. 古代中國思想の研究：「孔子傳の形成」と儒墨集團の思想と行動（《古代中国思想研究："孔子传的形成"与儒墨集团的思想及行动》），渡邊卓（著），創文社刊、東京；東洋學叢書；第 7

5. 孔子と論語（《孔子与〈论语〉》），金谷治等（著），三省堂、東京

6. 經・論語（《经・〈论语〉》），安居香山、中村璋八（編），明德出版社、東京；重修緯書集成，安居香山，中村璋八編；卷 5

7. 不信の哲學：韓非子（《不信的哲学：韩非子》），稲田孝（著），新人物往来社、東京；現代人のための中國思想叢書，5

8. 役者論語（《艺人〈论语〉》），守屋毅（译），德間書店刊、東京；增補

9. 論語の講義（《〈论语〉的讲义》），諸橋轍次（著），大修館書店刊、東京；改版

10. 渋沢栄一翁の論語処世訓（《渋沢栄一翁的〈论语〉处世训言》），片山又一郎（著），評言社刊、東京

11. 甲骨金文學論集（《甲骨金文学论集》），白静川（著），朋友書店、東京

12. 宋時代儒學の倫理學的研究（《宋代儒学的伦理学研究》），山本命（著），理想社、千葉

13. 支那神話伝説の研究（《中国神话传说的研究》），出石誠彦（著），中

央公論社、東京

三、备注

1. 本年度日本文部省对中国经典文化研究的资助：

中国元代法律政治思想的研究（中國元代における法律政治思想の研究），负责人：丹羽友三郎。

中国佛教的教理与实践的关系（中國仏教における教理と実践の関係），负责人：福島光哉。

中国净土教的人间论之系谱（中國浄土教における人間論の系譜），负责人：矢田丁章。

中国古代官制发达史的研究（中國古代官制発達史の研究），负责人：永田英正。

中国近世文书的基础研究（中國近世文書の基礎的研究），负责人：竺沙雅章。

"列国志伝"系列为基础的中国小说史研究（「列國志伝」の系列による中國小説史の研究），负责人：橋本堯。

中国近世的佛教接受体系研究（中國近世における佛教受容の体系的研究），负责人：藤島建樹。

2.《中国神话传说的研究》要目简介，本书初版于1943年，此次为增补版，目录如下：

序（津田左右吉）；一、古代中国的神话及传说；二、古代中国关于日和月的传说；三、龙的由来；四、牵牛织女传说的考察；五、古代中国的异常诞生传说；六、中国古文献所记载的麒麟；七、天马考；八、浦岛的传说与其类似的洪水传说；九、凤凰的由来；一〇、古代中国"巨鳌负山"传说的由来；一一、以社为中心所见社稷考；一二、鬼神考；一三、古代中国的旱魃和请雨；一四、中国的帝王传说考察；一五、对尚书胤征的考察；一六、尧典所见义和的由来；一七、有关夏朝的史传及批判；一八、古代中国史籍所见梦的传说；一九、关于汉代祥瑞思想的考察；二〇、作为仙山禽的鹤的由来；二一、中国古代史研究趋势与传说考察的意义；二二、Herrlee Glessner Creel 著《关于中国文明形成期的考察》；二三、James George Frazer 著《原始宗教对死者的恐怖》；二四、Herrlee Glessner Creel 著《古代中国文化研究》；本书附录：一、出石诚彦略年谱，二、出石诚彦主要著作论文目录，三、出石诚彦先生其人和学问（松岛荣一）。附各种图版 36 幅。

3. 白川静（しらかわ しずか，1910—2006），日本著名的汉字学家，其研究立足汉字学，横跨考古与民俗，旁及神话和文学。透过卜辞金文，取得了庞大的研究业绩，系统性、独创性地对于中国及日本的古代文化，提出丰富又生动的见解，旗帜鲜明，别树一格。横跨考古学与民俗学，旁及神话和文学，被称为"日本汉字研究第一人""日本的季羡林"，2006 年病逝。主要著作：除本年度的《甲骨金文学论集》(『甲骨金文學論集』，朋友书店，1973 年、新版 1996 年）之外，主要有：

『白川静著作集』平凡社〈全 12 卷〉

『白川静著作集 別卷』平凡社〈全 23 卷 予定〉

4. 在岩波书店、平凡社和明治书院等大型学术出版机构之外，集英社自本年度开始到 1980 年为止，也出版了以儒学为中心的中国古典翻译丛书即《全释汉文大系》(『全釈漢文大系』)，具体目次如下：

全釈漢文大系 1 論語 平岡武夫訳注・解説（以下略），1980 年

全釈漢文大系 2 孟子 宇野精一，1979 年

全釈漢文大系 3 大學、中庸 山下龍二，1974 年

全釈漢文大系 4.5.6 春秋左氏伝 竹内照夫，1974—1975 年

全釈漢文大系 7.8 荀子 金谷治・佐川修，1973—1974 年

全釈漢文大系 9.10 易経 鈴木由次郎，1974 年

全釈漢文大系 11 尚書（書経）池田末利，1976 年

全釈漢文大系 12.13.14 礼記 市原亨吉・今井清・鈴木隆一，1976—1979 年

全釈漢文大系 15 老子 斎藤响（しょう），1979 年

全釈漢文大系 16.17 荘子 赤塚忠，1974—1977 年

全釈漢文大系 18.19 墨子 渡辺卓・新田大作，1974—1977 年

全釈漢文大系 20.21 韓非子 小野沢精一，1975—1978 年

全釈漢文大系 22 孫子、呉子　山井湧，1975 年

全釈漢文大系 23.24.25 戦國策　近藤光男，1975—1979 年

全釈漢文大系 26—32 文選　小尾郊一・花房英樹，1974—1976 年（全 7 卷）

全釈漢文大系 33 山海経、列仙伝 前野直彬，1975 年

公元 1974 年

一、大事记

1. 第二十六届日本中国学会在二松学舍大学召开，第十九届"国际东方学者会议"召开。斯文会举办第六十八届孔子祭典活动。

2. 石田干之助（いしだ みきのすけ，1891—1974）去世。

二、书（文）目录

1. 乱世の詩人たち：『詩経』から毛沢東まで（《乱世诗人：〈诗经〉到毛泽东》），松本一男（著），徳間書店、東京；人間學シリーズ

2. 孔子批判：付・魯迅の孔孟批判抄録（《孔子批判：付〈鲁迅的孔孟批判抄录〉》），中國通信社刊（译），中國通信社刊，東方書店刊出版部（編），東方書店刊、東京

3. 中國文明と内陸アジア（《中国文明与内陆亚洲》），三上次男、護雅夫、佐久間重男（著），講談社、東京；人類文化史，4

4. 論語：大東急記念文庫文化講座講演録（《〈论语〉：大东急纪念文库文化讲座讲演录》），石井千明等（述），大東急記念文庫、東京

5. 論語と孔子の思想（《〈论语〉与孔子的思想》），津田左右吉（著），岩波書店刊、東京

6. 論語の新研究（《〈论语〉新研究》），宮崎市定（著），岩波書店刊、東京

7. 論語（《论语》），桑原武夫（著），筑摩書房、東京；中國詩文選；4

8. 入矢教授小川教授退休記念中國文學語學論集（《入矢教授小川教授退休纪念中国文学语学论集》），入矢教授小川教授退休記念会（编），入矢教授小川教授退休記念会、東京

9. 中國古典講話（《中国古典讲话》），倉石武四郎（著），大修館書店、東京

10. 日本の中の中國文化（《日本之中的中国文化》），大芝孝（著），日中出版、東京

11. 中國古典シリーズ1—4,（《中国古典系列：史记·唐传奇·水浒》），陳舜臣（著），朝日新聞社、東京

12. 明時代儒學の倫理學的研究（《明代儒学的伦理学研究》），山本命（著），理想社、千葉

13. 朱子；王陽明（《朱子；王阳明》），荒木見悟（编），中央公論社、東京

三、备注

1. 本年度日本文部省对中国经典文化研究的资助立项：

中国近世逻辑学史的研究（中國近世論理學史の研究），负责人：加地伸行。

中国中世以前的山岳表现与山水画的成立（中國中世以前における山岳表現と山水画の成立），负责人：新藤武弘。

中国古文书学的体系化（中國古文書學の体系化），负责人：藤枝晃。

史学史年表的制作为中心的中国中世史学史研究（史學史年表の作成を中心とした中國中世史學史の研究），负责人：勝村哲也。

中国史散文诗以及文章论的研究（中國史散文詩及び文章論の研究），负责人：今鷹眞。

中国民间文学的研究（中國民間文學の研究—子弟書の整理校勘），负责人：波多野太郎。

清末民国初思想史研究（清末民國初思想史の研究—西洋近代に対する中國の反応—），负责人：河田悌一。

2. 波多野太郎（はたの　たろ，1912—2003），知名汉学家，文学博士，横滨市立大学名誉教授。1912年出生于日本神奈川县，1937年大东文化学院中国文学研究科毕业，任东北帝国大学助教。1946年参加中国研究所的创建，并任大东文化学院教授，1949年任日本大学文学部讲师，讲授"汉文学"。1955年任横滨市立大学副教授，其后任教授。1956年获广岛文理科大学（今广岛大学）文学博士。1977年退休，被横滨市立大学授以名誉教授称号，任东洋大学教授。曾担任过中国语学会会长、中华古籍整理研究所名誉所长、日本道教学会理事等职务，还是日本中国学会会员、现代中国学会会员、东方学会会员。

波多野太郎在日本汉语学界中以训诂校勘学成名，还是中国古代文学戏曲史研究者。1959—1962年参加《亚洲历史事典》（10卷本，平凡社刊）的编写。1967年获文部省科学研究费11万日元，进行"中国地方志所收录的各地方言的搜集、整理和研究"。1969年参加中国语学研究会《中国语学辞典》的编写。1971—1972年参加《中国的语言与文学》（天理出版社）、《文学篇》的编写，撰写《读词杂志》一章。1973年参加《万有百科大事典》（24卷本，小学馆刊）第1卷《文学》中国部分的编写。

著作有《中国小说戏曲词汇研究辞典》（横滨市立大学，1956—1961）、《游仙窟新考》（樱枫社，1963）、《关汉卿现存杂剧研究》（横滨市立大学，1964）、《宋词评释》（樱枫社，1971）、《中国文学史研究：小说戏曲论考》（樱枫社，1976）、《老子道德经研究》（国书刊行会，1979）、《中国地方志所录方言汇编》（江南书院，1953）等，还翻译了《中国文言语法》（杨伯峻原著，江南书院，1956）、《中国历史概要》（翦伯赞原著，一桥书房，1956）等。

3. 石田干之助（いしだ　みきのすけ，1891—1974），日本著名汉学家，日本学士院会员，东洋文库的创建者之一，历任国学院大学、大正大学和日本大学等校的教授，中国边疆问题研究的开拓者之一，在近代中日文化交流以及近代日本与西方文化交流诸多领域，都有着很重要的位置。1960年，因在日法文化交流中的重要贡献，被法国政府授予文化功劳勋章；1964年获得紫绶褒章；1966年获得勋三等瑞宝章。

石田干之助出生于千叶县千叶市，1916年毕业于东京帝国大学（今东京大学）。1917年受三菱财团第三代财阀岩崎久弥委托来华办理莫里循文库收购事宜，并以此为基础创建东洋文库。1917—1934年间任东洋文库主任。在石田干之助、榎一雄等人的经营下，东洋文库收藏各国有关东方研究的书籍相当全面，其中包括敦煌文书微缩胶卷和照片。文库设有研究部，聘任兼职或专职的东洋文库研究员，编辑出版《东洋文库欧文纪要》（Memoirs of the Research Department of the Toyo Bunko）、《东洋文库和文纪要》（即《东洋学报》），以及《东洋文库论丛》《东洋文库欧文论丛》等杂志、丛书。研究部下设敦煌文献、西藏、中亚、伊斯兰等研究委员会。代表作品有：

「欧米支那學界現況一斑」（東亜研究講座.東亜研究会，1925）

「西洋人の眼に映じたる日本」（岩波講座日本歴史：國史研究会編、岩波書店，1934）

4. 大型出版集团讲谈社（こうだんしゃ，英称：Kodansha Ltd.），成立于1938年，是日本代表性的出版集团。本年度至1975年出版十卷本"中国历史"（『中國の歷史』）系列丛书，具体卷次如下：

『原始から春秋戰國』（貝塚茂樹・伊藤道治）

『秦漢帝國』（西嶋定生）

『魏晋南北朝』（川勝義雄）

『隋唐帝國』（布目潮渢・栗原益男）

『五代・宋』（周藤吉之・中嶋敏）

『元・明』（愛宕松男・寺田隆信）

『清帝國』（増井経夫）

『近代中國』（佐伯有一）

『人民中國の誕生』（野村浩一）

『目で見る中國の歷史』（日比野丈夫）

公元 1975 年

一、大事记

1. 第二十七届日本中国学会在秋田大学召开，第二十届"国际东方学者会议"召开。斯文会举办第六十九届孔子祭典活动。

2. 高田真治（たかだ しんじ，1893—1975）、仓石武四郎（くらいし たけしろう，1897—1975）去世。

二、书（文）目录

1. 易と日本人：その歴史と思想（《〈易〉与日本人：其历史和思想》），服部竜太郎（著），雄山閣出版刊、東京；カルチャーブックス 4

2. 五行易の研究：易の原理と五行思想と実占例と（《五行易的研究：〈易〉的原理与五行思想与实例》），脇田三治（著），新日本易學研究会刊、西尾

3. 尚書（《尚书》），星野恆（校），冨山房、東京；増補普及版；漢文大系；第 12 卷

4. 毛詩（《毛诗》），星野恆（校），冨山房、東京；增補版；漢文大系，冨山房，編輯部編輯；第 12 卷；普及版

5. 孔子（《孔子》），和辻哲郎（著），角川書店、東京；角川文庫；1114

6. 孔子傳（《孔子传》），錢穆（著）、池田篤紀（译），アジア問題研究会、東京

7. 聖人孔子の化けの皮をひっ剥がせ（《剥去圣人孔子之表皮》），香坂順一（編译），青年出版社刊、東京

8. 論語講義（《〈论语〉讲义》），澁澤榮一（述）、尾高維孝（录），二松學舍大學出版部、東京；新版

9. 論語発掘：通釈への疑問と解明（《〈论语〉发掘：通释的疑问和解明》），合山究（著），明治書院、東京

10. 中國中世仏教史論攷（《中国中世佛教史论考》），塚本善隆（著），大東出版社、東京；塚本善隆著作集／塚本善隆著，第3卷

11. 中國の名詩鑑賞（《中国的名诗鉴赏》），内田泉之助（監修），明治書院、東京；1975—1993

12. 中國歷史に生きる思想（《中国历史产生的思想》），重沢俊郎（著），日中出版、東京

13. 宗密教學の思想史的研究（《宗密教学的思想史研究》），鎌田茂雄（著），東京大學東洋文化研究所、東京；東京大學東洋文化研究所報告，中國華嚴思想史の研究‖チュウゴク ケゴン シソウシ ノ ケンキュウ；第2＼東洋文化研究所紀要，別冊

14. 三國志入門（《〈三国志〉入门》），立間祥介（著），日本文芸社、東京

15. 儒海：儒者名鑑（《儒海：儒者名鉴》），杉村顕道（編），大久保書院、東京

16. 春秋儒家物語（《春秋儒家物语》），田所義行（著），秋山書店、東京

三、备注

1. 本年度日本文部省对中国经典文化研究的资助立项：

明末清初的中国思想的展开情况（明末清初における中國思想の展開の様相），负责人：溝口雄三。

中国南北朝时代佛像的南北样式的相关研究——兼论其对日本飞鸟时代雕刻的影响（中國南北朝時代における仏像の南北様式に関する研究—付わが飛鳥彫刻に及ぼした影響について），负责人：町田甲一。

中国文学在日本的接受研究——以朝鲜汉文学为契机（中國文學の日本的受容の研究—朝鮮漢文學を契機として），负责人：小西甚一。

儒道佛三教争论看中国的思维（儒道仏三教論争に見えたる中國的思惟），负责人：若槻俊秀。

中国小说史的研究——道教思想的影响（中國小説史の研究—道教思想の影響について），负责人：小野四平。

印度中观思想的中国式变容（インド中観思想の中國的変容に関する研究），负责人：伊藤净厳。

2. 立间祥介（たつま　しょすけ，1928—　　），日本著名的中国文学专家、翻译家，庆应义塾大学名誉教授。本年度出版代表作之一的《〈三国志〉入门》（『三國志入門』，日本文艺社）。

立间祥介，1948年毕业于善邻外事专门学校，历任庆应义塾大学教授、滨松大学教授。参加过新中国文学研究运动，翻译了大量的中国古典白话小说和近代散文等，是日本研究《三国演义》的大家之一。

其著述颇丰，著有《乱世生存：孙子》（『乱世を生きる：孫子』，1974）、《兵法六韬三略入门》（『兵法六韜三略入門：人を制する六つの智謀，三つの策略』，1974）、《孝经入门》（『孝経入門：孝行の本質を説く』，1974）、《人物中国志4 豪杰篇：民众与英雄》（『人物中國志4 豪傑編：民衆と英雄』，毎日新聞社，1976）、《真说诸葛孔明》（『真説諸葛孔明』，三笠書房，1992）、《诸葛孔明》（『諸葛孔明』，岩波書店，1990）、《三国志事典》（『三國志事典』，与丹羽隼兵合著，岩波書店，1994）、《中国群雄》（『中國の群雄：英雄台頭』，与守屋洋合著，講談社，1997）等。

此外，他还翻译出版了《三国志演义》（『中國古典文学全集第8—9卷：三國志演義』，平凡社，1958）、《红楼梦》（『紅楼夢』，集英社，1971）、《水浒传》（『世界文学全集43：水滸伝』，學習研究社，1979）、《聊斋志异》（『聊斎志異』，岩波書店，1997）等多部名著。

3. 高田真治（たかだ　しんじ，1893—1975），日本大分县人，中国思想学家，东京帝国大学名誉教授。1920年毕业于东京帝国大学汉学科，1924年任京城帝国大学预科教授。1928—1930年赴德国、意大利留学。1930年任东京帝国大学副教授，到美国和中国留学，回国后的1934年任教授，1936年获文学博士学位。1939年曾为日本天皇讲解《汉书》。1932年创立了汉学会，并开办了《汉学会杂志》。1946年从东京大学退职，被授予名誉教授，任大东文化大学文学家政学部教授，从事"史记研究"，并讲授"孔子传记"。1962年参加东京大学文学部中国哲学研究室主编的《中国的思想家》的编写，撰写《孟子》一章。高田真治去世后，以所藏有关中国宋明理学的汉文献5115册为主，在国士馆大学图书馆内建立了"陶轩文库",供研究者阅读。

高田真治主要从事中国思想史特别是先秦儒学的研究,所论往往将儒学与国家意识形态结合起来,在批判性吸收西方研究成果上代表了当时日本学术界一种新的视野与倾向。抗日战争初期,当侵华日军攻打山东曲阜时,高田真治上书日本军部:"山东作战,如破坏曲阜古迹,日本将负破坏世界文化遗迹的责任。"日军军部于是急令前线部队避开曲阜一带的战斗。晚年致力于《易经》与《诗经》研究。主要著作有《中国思想的发展》(『東洋思想の展開』,旧月社,1930)、《儒教伦理》(『儒教倫理』第一部,『汉文學讲座』3卷,1933年;第二部,『汉文學讲座』5卷,共立社,1935)、《儒教的历史性概观:〈论语〉讲座,研究篇》(『儒教の史的概観』,春阳堂书店,1937)、《〈论语〉的文献、注释书:〈论语〉讲座,研究篇》(『論語の文献・註釋書』,春阳堂书店,1937)、《儒教的精神》(『儒教の精神』,大日本图书出版,1937)、《中国思想研究》(『支那思想研究』,春秋社,1939)、《中国哲学概论》(『支那哲學概説』,岩波书店,1940)、《禅的思想》(『禅の思想』,日本评论社,1943)、《东洋思潮研究》(『東洋思潮の研究』,春秋松杨馆,1944)、《中国思想的展开》(『支那思想の展開』,弘道馆,1946)等。

4. 仓石武四郎(くらいし たけしろう,1897—1975),国立东京大学名誉教授,日中学院院长,东方学会评议员,中国语学研究会理事长,勋二等瑞宝章获得者,日本朝日文化奖获得者,中国语学文学研究家。他的父亲仓石昌吉是著名思想家福泽谕吉的学生。1922年进入当时日本中国学的中心——京都帝国大学大学院,在狩野直喜、内藤虎次郎等中国学奠基者的指导下从事研究。1926年,他担任京都帝国大学讲师,1927年升任助理教授,1928—1930年被日本文部省派往北京留学。1939年,他以《段懋堂的音韵学》获文学博士学位。同年,任京都帝国大学教授。1940年,又兼任东京帝国大学教授。1949—1958年,任东京大学专任教授。

其成就除战后汉语教育和研究的推广(第一部现代中国语辞典以及NHK汉语教学等)外,更多地表现在清代音韵学、中国经学、文学等多重研究领域。

主要著作:

『支那語語法篇』弘文堂书房,1938

『支那語繙訳篇』弘文堂书房,1938—1940

『支那語法入門』弘文堂書房，1939

『支那語教育の理論と実際』岩波書店，1941

『漢字の運命』岩波新書，1952

『ラテン化新文字による中國語初級教本』岩波書店，1953

『中國文學史』中央公論社，1956

『中國語法読本』江南書院，1956

『ローマ字中國語 初級』岩波書店，1958

『漢字からローマ字へ 中國の文字改革と日本』弘文堂 1958

『とろ火』くろしお出版，1960

『岩波中國語辞典』岩波書店，1963

『中國文學講話』岩波新書，1968

『ローマ字中國語 語法』岩波書店，1969

『中國語五十年』岩波新書，1973

『中國古典講話』大修館書店，1974

『中國へかける橋（遺稿集）』亜紀書房，1977

『倉石武四郎著作集』全 2 卷 くろしお出版，1981

公元 1976 年

一、大事记

第二十八届日本中国学会在东洋大学召开，第二十一届"国际东方学者会议"召开。斯文会举办第七十届孔子祭典活动。

二、书（文）目录

1. 易と自然科學：運命之研究（《〈易〉与自然科学：运命之研究》），武市

雄図馬（著），東明社刊、東京；復刻版

2. 尚書（《尚书》），池田末利（著），集英社刊、東京；全釈漢文大系，第 11 巻

3. 毛詩の歌物語（《〈毛诗〉歌物语》），田所義行（著），秋山書店、東京；秋山叢書

4. 仏教と儒教（《佛教和儒教》），道端良秀（著），第三文明社、東京；レグルス文庫，69

5. 読書人の文學と思想（《读书人的文学和思想》），中國古典文學研究会編、笠間書院、東京；笠間選書；55. 中國文學の世界；[1]

6. 和刻本経書集成（《和刻本经书集成》），長沢規矩也（編），汲古書院、東京；第 1 輯；正文之部 1—第 7 輯：古注之部 3

7. 論語について（《关于〈论语〉》），吉川幸次郎（著），講談社刊、東京；講談社刊學術文庫；61

8. 論語（《论语》），吉田賢抗（著），明治書院、東京；改訂；新釈漢文大系；1

9. 論語；孟子；大學；中庸（《〈论语〉〈孟子〉〈大学〉〈中庸〉》），倉石武四郎等（译），筑摩書房、東京

10. 修訂論語年譜（《修订〈论语〉年谱》），林泰輔（編），國書刊行会、東京

11. 守随憲治著作集（《守随宪治著作集》），守随憲治（著），守随憲治著，笠間書院、東京

12. 日本民族と神道. 日本人の精神形成と儒教（《日本民族和神道：日本人的精神形成与儒教》），平井直房、赤塚忠（述），ぎょうせい、東京；教養講座シリーズ／國立教育会館編集，28

13. 近世儒學思想史の研究（《近世儒学思想史的研究》），衣笠安喜（著），法政大學出版局、東京；叢書·歷史學研究

14. 儒林源流（《儒林源流》），西島醇（著），飯塚書房、東京

15. 宋元明清近世儒學変遷史論（《宋元明清近世儒学变迁史论》），麓保孝（著），國書刊行会、東京

16. 日本儒學年表（《日本儒学年表》），斯文会（编），飯塚書房、東京

17. 李白研究：抒情の構造（《李白研究：抒情的构造》），松浦友久（著），三省堂、東京

18. 中國の古典文學（《中国古典文学》），さ・え・ら書房、東京；1—10卷，1976—1978

19. 近世儒家史料（《近世儒家史料》），関儀一郎（编），飯塚書房、東京

三、备注

1. 本年度日本文部省对中国经典文化研究的资助立项：

中国社会的传统与变革的历史考察（中国社会における伝統と変革の歴史的考察），负责人：川勝義雄。

儒佛道三教相互关系所见中国思想史的形成及展开——尤其是魏晋南北朝时代为中心（儒・仏・道の三教の相互関係よりみた中國思想史の形成と展開—とくに魏晋南北朝時代を中心に），负责人：蜂屋邦夫。

中国净土教的研究——昙鸾，道绰，善专为中心（中國净土教の研究—曇鸞，道綽，善專を中心として），负责人：石田充之。

中国古代神话的比较神话学研究（中國古代神話の比較神話学的研究），负责人：鉄井慶紀。

中国华严思想的研究（中國華厳思想の研究），负责人：吉津宜英。

敦煌出土西藏文献的研究——以中国禅宗资料为中心（燉煌出土西蔵文献の研究—中國禅宗資料を中心として），负责人：沖本克己。

中国回教文献的基础研究——汉文和波斯文的比较分析（中國回教文献の基礎的研究—漢文・ペルシァ文の比較分析），负责人：片岡一忠。

2. 松浦友久（まつうら ともひさ，1935—2002），汉语语言学与古代文学研究学者，早稻田大学文学部教授。其唐诗尤其是李白研究建树非凡。本年出版其代表作《李白诗歌抒情艺术研究》（三省堂）。

松浦友久1963年毕业于日本早稻田大学文学部国文学科博士课程，1978

年以《李白研究：抒情的构造》获得文学博士学位。

松浦友久致力于汉文学史、唐诗和日中比较诗学研究，他对李白研究中的诸多问题提出了自己独特的看法，其专著《李白的客寓意识及其诗思》(『李白伝記論：客寓の詩想』，研文出版，1994）介绍了李白的出生地与家世，李白的蜀中生活、李白家室考、李白在长安的体验、李白在安史之乱时期、李白晚年考、关于李白"捉月"的传说等，针对李白长期异乡生活的状态，松浦提出了"客寓意识"这一新颖概念，成为本书的精髓所在。李白为实现自己的政治抱负在异乡漂泊，却一直没能实现他始终怀揣着的"经世济民，功成身退"的理想，"客寓意识"就代表了如李白一样长期处在游历漂泊之中的有志之士们于思想上形成的"客居"意识和"他乡"意识，也成为文学创作中使李白作品能贴上"李白"标签不可或缺的重要因素。他的另一著作《唐诗语汇意象论》(『詩語の諸相：唐詩ノート』，研文出版，1981）论述了唐代诗歌语言，指出："一般讲，照中国（汉语）的表达习惯，特别喜欢具体的、具象性的意象。"全书共分两部分，首先说明了唐诗中经常出现的语词的形成过程以及它们的意象特征，并与日本和歌加以比较，分析中日两国诗歌语言的不同与导致这一不同现象产生的文化背景的差异，其次还主要说明了一些唐诗名句的内涵。

其他代表著作还有《中国诗歌原论》(『中國詩歌原論』，大修館書店，1986）、《韵律美学：日中诗歌论》(『リズムの美学：日中詩歌論』，明治書院，1991；该书已有中译本）等。

公元1977年

一、大事记

第二十九届日本中国学会在武库川女子大学召开，第二十二届"国际东方学者会议"召开。斯文会举办第七十一届孔子祭典活动。

二、书（文）目录

1. 周礼通释（《〈周礼〉通释》），本田二郎（著），秀英出版、東京；上下卷

2. 中國古代文學論：詩経の文芸性（《中国古代文学论：〈诗经〉的文艺性》），鈴木修次（著），角川書店、東京

3. 淮南子；孔子家語（《淮南子；孔子家语》），服部宇之吉（校），冨山房、東京；増補版，普及版；漢文大系；冨山房編輯部編輯；第20卷

4. 孔子（《孔子》），貝塚茂樹（著），岩波書店刊、東京；改版；岩波新書

5. 篆文對照論語讀本：附老子（《篆文对照论语读本：付〈老子〉》），呉大澂（书）、藤原（译），省心書房、東京

6. 論語講義（《〈论语〉讲义》），渋沢栄一（著），講談社刊、東京；講談社刊學術文庫

7. 論語孟子研究（《〈论语〉〈孟子〉研究》），狩野直喜（著），みすず書房、東京

8. 武内義雄全集（《武内义雄全集》），武内義雄（著），角川書店刊、東京

9. 國士館大學漢學紀要（《国士馆大学汉学纪要》），國士館大學漢學会（編），國士館大學漢學会、東京

10. 中江藤樹の儒學：その形成史的研究（《中江藤树的儒学：其形成史的研究》），山本命（著），風間書房、東京

11. 和刻本漢籍文集（《和刻本汉文集》），長澤規矩也（編），汲古書院（發行）、東京；1977—1979，共20辑，另有別卷1辑

12. 道教の総合的研究（《道教的综合研究》），酒井忠夫（編），國書刊行会、東京

13. 儒教の変遷と現況：日本・中國・朝鮮の比較（《儒教的变迁与现状：日本・中国・朝鲜的比较》），阿部吉雄（著），霞山会、東京

14. 三教指帰：口語訳 仏教と儒教・道教との対論（《三教指归：口语译 佛教与儒教及道教的对论》），加藤純隆（译著），世界聖典刊行協会、東京

15. 江戸文學と中國（《江户文学与中国》），諏訪春雄、日野龍夫（編），毎日新聞社、東京

16. 東國儒賢淵源錄：全（《东国儒贤渊源录：全》），尹泰順（编），玉江古典文物编刊所、大阪

三、备注

本年度日本文部省对中国经典文化研究的资助立项：

中国禅思想及其周边地域的波及以及印度禅定思想的综合研究（中國禅思想とその周辺地域への波及，及びインド禅定思想の総合的研究），负责人：柳田聖山。

明治以来中国思想研究史的研究（明治以降における中國思想研究史の研究），负责人：赤塚忠。

中国古代宗教．文化及政治．社会及其相关的基础研究（中國古代における宗教・文化と政治・社会との関連についての基礎的研究），负责人：佐久間吉也。

中国律令制及其展开——包含对周边诸国的影响（中國律令制とその展開 周辺諸國への影響を含めて），负责人：堀敏一。

中国前近代社会的社会．文化的地域研究（中國前近代社会の社会・文化の地域的研究），负责人：福井重雄。

中国古代婚姻及亲族组织相关的综合研究（中國古代婚姻と親族組織に関する綜合的研究），负责人：谷田孝之。

元末明初的中国社会和宗教（元末明初の中國社会と宗教），负责人：野口鐵郎。

中国中世的文化与社会（中國中世の文化と社会），负责人：吉川忠夫。

中国佛教中的菜食主义思想的形成（中國仏教における菜食主義思想の形成），负责人：諏訪義純。

公元 1978 年

一、大事记

1. 第三十届日本中国学会在樱美林大学召开，第二十三届"国际东方学者会议"召开。斯文会举办第七十二届孔子祭典活动。
2. 加藤常贤（かと　じょけん，1894—1978）去世。

二、书（文）目录

1. 易（《易经》），本田济（著），朝日新聞社刊、大阪；上．下；新訂中國古典選 1—2
2. 易と漢法：経世済民の思想（《〈易〉与汉法：经世济民的思想》），吉田寅二（著），東明社刊、東京
3. 易のしるべ（《〈易〉的指南》），奥野粂吉（著），奥野粂吉刊、深谷
4. 孔子；孟子（《孔子；孟子》），貝塚茂樹（編），中央公論社刊、東京；中公バックス；世界の名著；3
5. 孔子廟堂刊碑；1—3.（《孔子庙堂刊碑；1—3》），二玄社刊；東京、拡大法書選集
6. 儒・道四子名言考（《儒・道四子名言考》），五十嵐一郎（著），笠間書院、東京；笠間選書；96
7. 『論語』新訳（《〈论语〉新译》），魚返善雄（译），學生社刊、東京；新装版
8. 武士道の証明：私釈「葉隠」論語（《武士道的证明：私译"叶隐"〈论语〉》），郡順史（著），櫂書房、東京；Kai books
9. 明治思想史：儒教的伝統と近代認識論（《明治思想史：儒学的传统与近代认识论》），渡辺和靖（著），ぺりかん社、東京
10. 日本儒林叢書（《日本儒林丛书》），関儀一郎（編），鳳出版、東京；1—

14 卷

11. 儒家教育思想の研究（《儒家教育思想的研究》），洪祖顕（著），高陵社書店、東京

12. 儒教と「言語」観（《儒教与"言语"观》），今浜通隆（著），笠間書院、東京；笠間選書 112. 並木の里シリーズ ‖ ナミキ ノ サト シリーズ；2

13. 古代の思想：儒家と道家（《古代的思想：儒家与道家》），久米旺生（译），さ・え・ら書房、東京；中國の古典文學 1

14. 朱子；王陽明（《朱子；王阳明》），荒木見悟（編），中央公論社、東京

三、备注

1. 本年度日本文部省对中国经典文化研究的资助立项：

日本现存的中国画，尤其是鉴赏画的综合资料收集及其研究（日本に現存する中國画，ことに鑑賞画の総合的資料収集とその研究），负责人：鈴木敬。

中国近世目录学的历史性考察（中國近世における目録學の歴史的考察），负责人：勝村哲也。

中国文学中的女性像和女性观的综合研究（中國文學における女性像と女性観の総合研究），负责人：石川忠久。

古代中国的婚姻制礼理念化（古代中國における婚姻制の礼理念化），负责人：栗原圭介。

中国哲学在欧美东洋学界的研究与理解（中國哲學の欧米東洋學界における研究と理解について），负责人：新田大作。

中国诗歌中七夕传说的世界（中國詩に於ける七夕伝説の世界），负责人：西村富美子。

章学诚的中国解释学史上史的意义（章學誠の中國解釈學史上における史的意義について），负责人：関口順。

中国的鬼信仰相关的文献研究（中國における鬼の信仰に関する文献的研究），负责人：山田利明。

中国唐宋时代天台实相论的逻辑的解说（中國唐宋代における天台実相論

の論理的解明），负责人：大野荣人。

《古今韵会举要》的综合研究：中国近世音韵史研究的一个侧面（『古今韻会挙要』の総合的研究：中國近世音韻史研究の一端），负责人：花登正宏。

中国外交史上的中华思想（中國外交史における中華思想），负责人：近藤英雄。

中国儒佛道三教的调和论展开及其融合过程研究（中國における儒仏道三教の調和論の展開とその融合過程の研究），负责人：秋月観暎。

中国正史西域传的译注（中國正史西域伝の訳註），负责人：内田吟風。

2. 加藤常贤（かとう じょうけん，1894—1978），中国古代哲学研究学者，东京大学名誉教授、二松学舍大学教授。原姓为"早川"，别号维轩。1920年毕业于东京帝国大学中国哲学文学科，师从服部宇之吉、宇野哲人。1928年3月，继高田真治后，出任京城帝国大学中国哲学副教授。1930年3月，受当时日本朝鲜总督府派遣，赴中国学习哲学，研究家族制度。1938年12月，以论文《古代中国家族制度研究》获得文学博士学位。1947年即广岛卸任文理大学教授，专任东京帝国大学教授。1962年出任二松学舍校长一职。他还是日本中国学会的首任理事长。

加藤常贤对中国古代宗教与思想，尤其是"礼"的形成、家族制度、古姓氏及古文字学等方面有相当深入的研究。他精通古文字学，在中国神话的研究方法上从文字的原初音义的解明去构架中国神话的秩序。

他著述颇丰，出版了《荀子》（『荀子：現代語譯』，新光社，1923）、《中国古代家族制度研究》（『中國古代家族制度研究』，岩波书店，1940）、《礼的起源与发展》（『礼の起源と其発達』，中文馆书店，1943）、《中国古代的宗教与思想》（『中國古代の宗教と思想』，哈佛燕京同志社东方文化讲座委员会，1954）、《汉字的起源》（『漢字の起原』，角川书店，1970）、《汉字的发掘》（『漢字の発掘』，角川书店，1971）、《中国思想史》（『中國思想史』，東京大學中國哲學研究室，1952）、《中国古代文化研究》（『中國古代文化の研究』，加藤常贤论文刊行委员会，1980）等多部专著。《汉字的起源》和《中国古代文化研究》在今天依然是经典之作。另外还参与了角川书店的《中国故事成语词典》《中国故事名言词典》《角川字源辞典》等多部词典的编纂工作。

3. 明德出版社本年度出版日本的思想家丛书，其中有儒学篇专辑。本年度相关图书有：『月田蒙斎・楠本端山』(《月田蒙斎・楠本端山》)、『広瀬淡窓；広瀬旭荘』(《广濑淡窗；广濑旭庄》)、『帆足万里；脇愚山』(《帆足万里；脇愚山》)、『山鹿素行』(《山鹿素行》)、『中江藤樹・熊沢蕃山』(《中江藤树・熊泽蕃山》)等。

公元 1979 年

一、大事记

第三十一届日本中国学会在东北大学召开，第二十四届"国际东方学者会议"召开。斯文会举办第七十三届孔子祭典活动。

二、书（文）目录

1. 易と人生哲學：安岡正篤先生講録（《〈易〉与人生哲学：安冈正笃先生演讲录》），安岡正篤関西師友協会（编），関西師友協会、大阪

2. 人間孔子：その思想と生涯（《人间孔子：其思想与生涯》），李長之（著），守屋洋（译），德間書店刊、東京

3. 文學としての論語（《作为文学的〈论语〉》），鈴木修次（著），東京書籍、東京；東書選書；39

4. 仏教の比較思想論的研究（《佛教比较思想论的研究》），玉城康四郎（编），東京大學出版会、東京

5. 儒教倫理の溯源的研究（《儒教伦理的溯源研究》），佐藤嘉祐（著），明德出版社、東京

6. 中國思想文集（《中国思想文集》），野村茂夫、武田秀夫（编），學術図書出版社、東京

7. 中國宗教における受容・変容・行容：道教を軸として（《中国宗教的接受、变异和实践：以道教为中心》），窪德忠（著），山川出版社、東京

8. 中國思想源流の考察（《中国思想源流的考察》），原富男（著），朝日出版社、東京

9. 中國佛教史籍要説（《中国佛教史籍要说》），林傳芳（著），永田文昌堂、京都；上巻

10. 中國仏教文學研究（《中国佛教文学研究》），加地哲定（著），同朋舍出版、東京；増補

11. 中國古代再発見（《中国古代再发现》），貝塚茂樹（著），岩波書店、東京；岩波新書

12. 中國文學研究文献要覽（《中国文学研究文献要览》），吉田誠夫、高野由紀夫、桜田芳樹（編），紀伊國屋書店、東京；20世紀文献要覽大系，9.外國文學研究文献要覽／「20世紀文献要覽大系」編集部編

13. 中國古代の「家」と國家：皇帝支配下の秩序構造（《中国古代的"家"与国家：皇帝统治下的秩序构造》），尾形勇（著），岩波書店、東京

14. 康熙帝の手紙（《康熙帝的书信》），岡田英弘（著），中公新書、東京

三、备注

1. 本年度日本文部省对中国经典文化研究的资助立项：

中国文化史上的道教及科学相关基础性批判研究（中國文化史上における道教と科学に関する基礎的批判的研究），负责人：吉岡義豊 → 牧尾良海。

中国近代史的近代化及传统（中國近代史における近代化と伝統），负责人：田中正美。

古代・中世佛经绘画样式史的研究（以中国・朝鲜・日本三国间的交涉为中心）〔古代・中世における経絵様式史の研究（中國・朝鮮・日本三國間の交渉を中心として）〕，负责人：すどう　ひろとし。

中国官僚制形成期的社会史研究（形成期における中國官僚制の社会史的

研究），负责人：江村治樹。

中国权力构造的历史研究（中國における権力構造の史的研究），负责人：今永清二。

中国西南诸省少数民族的研究：以清代以来为中心（中國西南諸省における少数民族の研究：清代以降を中心として），负责人：神戶輝夫。

中国近世音的研究（中國近世音の研究），负责人：慶谷寿信。

2. 尾形勇（おがた いさむ，1938—　），中国古代历史研究学者，文学博士，东京大学名誉教授，原立正大学教授。1962年毕业于东京大学文学部东洋史学科，1964年博士课程中退。1965年任北海道大学助教。1972年任山梨大学讲师，1974年任副教授，1982年任教授。1983年任东京大学文学部教授，1998年退休被东大授予名誉教授称号。2001年任立正大学人文科学研究所所长，2008年退休。曾担任日本秦汉史研究会会长、史学会理事长、中国文化学会理事长等职务。

本年度出版其代表专著《中国古代的"家"与国家：皇帝统治下的秩序构造》（『中國古代の「家」と國家：皇帝支配下の秩序構造』，岩波书店），探讨了关于中国古代国家构成的特征问题，通过对"家""国""臣""民""天子""皇帝""家人"等一系列政治称谓的条分缕析和深入考证，揭示了中国古代帝制时期，究竟是依靠何种政治方式实现了较为稳定的管理，在批评"家族国家观"存在的缺陷和错误的基础上，提出了中国古代皇帝的统治是建立在一种以君臣关系为媒介的秩序构造上的理论。中国古代国家构成的特征问题一直是中国古代史研究中的重要课题，中外学者均在这方面作了很多研究，日本学者尤其注重从中国古代家族和国家关系上说明这一问题。在他们的研究成果中，比较流行的看法是"家族国家观"。虽然"家族国家观"有不同的类型，但是它们的共同之处在于把中国古代的国家构成看成是家族的简单扩大。而本书的目的，正是要突破对中国古代国家构成认识上的这种传统模式。

尾形勇师出日本东洋学泰斗西嶋定生门下，在秦汉历史和中国古代国家形态研究方面卓有成就，编著了《中国历史纪行》（『中國歷史紀行』，角川书店，1993）、《中华文明的诞生》（『中華文明の誕生』，中央公论社，1998）、《中国史》（『中國史』，山川出版社，1998）等。

3. 冈田英弘（おかだ ひでひろ，1931—2017），日本著名历史学家。专业领域："满洲"历史、蒙古历史，他对这两个领域的研究在业界影响较大，被称为国际学术界的权威学者，同时也从事中国历史、古代日本历史以及韩国历史的研究，但反对者也有很多。著作颇丰，成就突出，影响深远。

本年度出版作品：《康熙帝的书信》(『康熙帝の手紙』，中公新書)。

1953年东京大学文学部毕业，1957年获日本学士院奖。1963年任德意志共和国大学的东洋研究所客座研究员，1966年任东京外国语大学亚洲·非洲语言文化研究所副教授，1973年任教授，1993年任东京外国语大学名誉教授。

主要作品：

『康熙帝の手紙』（中公新書 1979年／改訂増補版，藤原書店〈清朝史叢書〉2013年）

『中國の英傑9 チンギス・ハーン―将に将たるの戦略』（集英社 1986年／「チンギス・ハーン」朝日文庫 1994年）

『台湾の命運 最も親日的な隣國』（弓立社 1996年）

『中國意外史』（新書館 1997年／「やはり奇妙な中國の常識」ワック 2003年）

『妻も敵なり 中國人の本能と情念』（クレスト社 1997年／改訂版「この厄介な國、中國」ワック 2001年）

『現代中國と日本』（新書館 1998年／「厄介な隣人、中國人」ワック 2008年）

『皇帝たちの中國』（原書房 1998年／「誰も知らなかった皇帝たちの中國」ワック 2006年）

『モンゴル帝國の興亡』（ちくま新書 2001年）

『中國文明の歴史』（講談社現代新書 2004年）

『だれが中國をつくったか 負け惜しみの歴史観』（PHP新書 2005年）

『モンゴル帝國から大清帝國へ』（藤原書店 2010年）

『読む年表 中國の歴史』（ワック 2012年）

公元 1980 年

一、大事记

1. 第三十二届日本中国学会在东京大学召开，第二十五届"国际东方学者会议"召开。斯文会举办第七十四届孔子祭典活动。

2. 20世纪日本中国学巨匠、学界领袖吉川幸次郎（よしかわ こうじろう，1904—1980）去世。

3. 日本著名文献学家、汉学家长泽规矩也（ながさわ きくや，1902—1980）去世。

二、书（文）目录

1. 周禮（《周礼》），栗田奏二（编），栗田、東京

2. アジア宗教への序章：神道・儒教・仏教（《亚洲宗教序章：神道、儒教、佛教》），守本順一郎（著），未来社、東京

3. 儀禮經傳通解續（《仪礼经传通解续》），黃幹（撰），汲古書院、東京；長沢規矩也、戸川芳郎編；儀禮経伝通解；和刻本；第 2—3 輯

4. 雨蘇經解（《雨苏经解》），湯淺幸孫（解说），同朋舎出版、東京；京都大學漢籍善本叢書；第 1 卷—第 4 卷

5. 孔子（《孔子》），金谷治（著），講談社刊、東京；人類の知的遺産；4

6. 中國三千年の体質：孔子から現在まで（《中国三千年的体质：孔子至今》），村松暎（著），高木書房、東京

7. 黃庭経 孔子廟堂刊碑（《黄庭经 孔子庙堂刊碑》），金子鴎亭（临书），日貿臨出版社刊、東京；古碑帖臨書精選；第 1 期 第 5 卷

8. 論語（《论语》），平岡武夫（著），集英社刊、東京；全釈漢文大系；宇野精一、平岡武夫編；第 1 卷

9. 論語新釈（《〈论语〉新释》），宇野哲人（著），講談社刊、東京；講談

社刊學術文庫；451

　　10. 神農本草経・神農本草経考異（《神农本草经・神农本草经考异》），森立之（著），有明書房、東京

　　11. 宋代儒學の禅思想研究（《宋代儒学"禅"的思想研究》），久須本文雄（著），日進堂書店、名古屋

　　12. 荀子注釈史上における邦儒の活動（《荀子注释史上我国儒学的活动》），藤川正数（著），風間書房、東京；1980.1—1990.2，正篇、続篇

　　13. 近世儒者の書（《近世儒者的书》），山内長三（編），グラフィック社、東京

三、备注

1. 本年度日本文部省对中国经典文化研究的资助立项：

欧美与日本对中国思想及文化的理解之比较哲学研究（中國思想ならびに文化についての理解に関する欧米と日本との比較哲學的研究），负责人：新田大作。

中国政治文化的展开对周边民族的影响（中國における政治文化の展開と周辺諸民族への影響），负责人：長瀬守。

中国士大夫阶级与地域社会关系的综合研究（中國士大夫階級と地域社会との関係についての総合的研究），负责人：谷川道雄。

中国文艺思想的综合研究（中國における文芸思想の総合的研究），负责人：伊藤漱平。

中国宗教史相关的基础研究（中國宗教史蹟に関する基礎的研究），负责人：勝村哲也。

近代中国学术思想史上的湖南学派的基础研究（近代中國學術思想史上における湖南學派の基礎的研究），负责人：竹内弘行。

佛教的中国变容相关研究（仏教の中國的変容に関する研究），负责人：鎌田茂雄。

中国净土教的研究：安乐集的思想史意义（中國浄土教の研究—安楽集の

思想史的意義），负责人：三桐慈海。

中国书人传的基础研究（中國書人伝の基礎的研究），负责人：杉村邦彦。

中世中国的学术文化研究：《隋书》经籍志为中心（中世中國における學術文化の研究—「随書」経籍志を中心として），负责人：興膳宏。

幕府维新时期的儒学思想中中国儒学的影响研究（幕末維新期の儒学思想における中國儒學の影響），负责人：宮城公子。

中国言论史的基础研究（中國言論史の基礎的研究），负责人：石田肇。

2. 吉川幸次郎（よしかわ こうじろう，1904—1980），号善乏，日本神户人。文学博士，国立京都大学名誉教授，曾任东方学会会长，日本艺术院会员，日本中国学会评议员兼专门委员，日本外务省中国问题顾问，京都日中学术交流座谈会顾问，日中文化交流协会顾问，中国文学和历史研究家。

1923年考入京都帝国大学，师从著名汉学家狩野直喜教授。1926年从京都帝国大学中国哲学文学科毕业。1928年赴中国，在北京大学留学。1931年回国，任教于母校京都帝国大学，并任东方文化研究所研究员。1939年任东方文化研究所经学文学研究室主任。1945年任东方文化研究所商议员。1946年任文部省人文科学委员会委员。1947年任京都大学文学部教授，同年以《元杂剧的研究》获文学博士学位。1947年参加《中国文学报》的创刊。1953—1954年赴美国考察，在洛克菲勒基金会资助下从事中国问题研究。1954年参加《世界美术大系》（26卷本，平凡社刊）第14卷《宋元画》的编写。1955—1956年任《中国古典选》（10卷本，朝日新闻刊）主编。1955—1958年参加《世界大百科事典》（33卷本，平凡社刊）中国文学部分的编写。1959年在日本中国学会第11届学术大会上作了题为《宋诗的地位》的报告。1959—1961年参加《中国古典文学全集》（33卷本，平凡社刊）的编译。1962年参加"《诗品》的综合研究"，具体负责"《诗品》的批评与它的对象的研究"。1963年在日本中国学会第15届学术大会上作了题为《从文学史上看明代》的报告。1965—1966年任《世界文学小辞典》的编集委员兼中国文学主编。1967年在人文科学研究所所长任内退休，改聘为名誉教授，获日本国家文化勋章。1970—1974年参加《世界大百科事典》（33卷本，平凡社刊）中国文学部分的修订。1973年参加《中国讲座》（5卷本，筑摩书房刊）的编写。1975年任日本政府文化使节团团长访问中国。同年出席日本文部大臣永井道雄召开的文明问题座谈会，任会议顾问。1976 年任《中国古典名著总解说》（自由国民社刊）的总指导。1977 年与小川环树一起完成《中国诗人选集》（33 卷本，岩波书店刊）。同年 7 月，被日中文化交流协会 68 次常任理事会聘请为该会顾问。1978 年任京都日中学术交流座谈会顾问。1979 年 4 月再次应邀访华。

主要著作（全集）：

『吉川幸次郎全集』（全 20 卷）、筑摩书房（1968—1970）

『增補 吉川幸次郎全集』（全 24 卷）、筑摩书房（1973—1976）

『吉川幸次郎遺稿集』（全 3 卷）、筑摩书房（1995）

『吉川幸次郎講演集』（全 1 卷）、筑摩书房（1996）

『杜甫詩注』（第 1 期全 10 卷）、岩波书店（2012 秋より刊）、興膳宏編、全 20 卷

3. 以佛教相关书籍出版为核心的大东出版社（だいとうしゅっぱんしゃ），自本年度起出版了《讲座敦煌》丛书（『講座敦煌』大東出版社 1980.4—1992.3），具体发行时间和目次如下：

『敦煌の社會』池田温責任編集，大東出版社 1980.8 講座敦煌 3

『敦煌の歷史』榎一雄責任編集，大東出版社 1980.7 講座敦煌 2

『敦煌仏典と禅』篠原壽雄，田中良昭責任編集，大東出版社 1980.11 講座敦煌 8

『敦煌の自然と現状』榎一雄責任編集，大東出版社 1980.4 講座敦煌 1

『敦煌と中國道教』金岡照光 [ほか] 責任編集，大東出版社 1983.12 講座敦煌 4

『敦煌と中國仏教』牧田諦亮，福井文雅責任編集，大東出版社 1984.12 講座敦煌 7

『敦煌胡語文献』山口瑞鳳責任編集，大東出版社 1985.8 講座敦煌 6

『敦煌の文學文献』金岡照光責任編集，大東出版社 1990.4 講座敦煌 9

『敦煌漢文文献』池田温責任編集，大東出版社 1992.3 講座敦煌 5

4. 沟口雄三（みぞぐち ゆうぞう，1932—2010）著名汉学家、中国思想史学家。本年度出版了其代表作《中国前近代思想的曲折与展开》（『中國前近

代思想の屈折と展開』，東京大學出版会）。

沟口雄三是日本中国学界颇具开拓精神的著名学者，曾在东京大学文学部中国哲学科主任教授。1932 年出生于日本爱知县名古屋市，1958 年毕业于东京大学文学部中国文学科，1967 年获名古屋大学硕士学位，并就教于东京大学中国文学科。1969 年应聘为琦玉大学教养部副教授，1975 年升任教授。1978 年转任一桥大学社会学部教授，1982 年回母校东京大学中国哲学科任教授至去世。

沟口专攻宋至明清思想史，而以其广博的功力和独到的思辨涉猎文学、哲学、语言学、社会学、文化学、政治学、经济学及比较研究诸领域，从而享誉世界。他曾以《中国前近代思想的曲折与展开》一书，荣获东京大学文学博士学位。其著述之丰，可谓"等身"。专著《李卓吾》(『中國の人と思想 10 李卓吾』，集英社，1985)、《作为方法的中国》(『方法としての中國』，1989) 及《中国的思想》(『中國の思想』，放送大學教育振興会，1991) 等，不仅为各国学者所注重、评介，而且尤为我国学术界所重视。沟口教授先后翻译出版了《鲁迅集》(合译)、《焚书》、《传习录》、《天演论》等名作，其发表的学术论文，包括以中文在《中国哲学史研究》《世界宗教研究》《史学评论》等刊物上发表的著述多篇。目前国内已翻译出版多部沟口作品，如《作为方法的中国》《中国的冲击》《中国前近代思想的曲折与展开》等。

主要著作另有：

『中國の公と私』 研文出版，1995

『公私（一語の辞典）』三省堂，1996

『中國の衝撃』東京大學出版会，2004

『〈中國思想〉再発見』(放送大學叢書) 左右社，2010

『中國思想のエッセンス I 異と同のあいだ』岩波書店，2011

『中國思想のエッセンス II 東往西来』(解説：伊東貴之) 岩波書店，2011

『儒教ルネッサンスを考える』中嶋嶺雄共編 大修館書店，1991

『中國思想文化事典』丸山松幸、池田知久共編 東京大學出版会，2001

『中國思想史』池田知久・小島毅共著 東京大學出版会，2007

5. 松丸道雄（まつまる みちお，1934—　　），甲骨文、金文学家，东京大学名誉教授。1954 年入东京大学，主攻中国古代史、甲骨学。1960 年毕业于东

京大学大学院。先后任东京大学东洋文化研究所助理、副教授、教授，并兼任东京大学大学院人文科学研究所教授、博士生导师等，现为东京大学名誉教授、日本甲骨学会会长、东洋文库特别研究员、每日书道图书馆名誉馆长，还曾任书学书道史学会副理事长。

本年度出版代表作：《西周青铜器与其国家》(『西周青銅器とその國家』，東京大学出版会)。

松丸道雄长期致力学术研究，在甲骨学、中国古代史、考古学等领域影响深远，代表论著有《殷周青铜器的资料收集与其综合研究》(『殷周青銅器の資料収集とその総合的研究』，東京大學，1979)、《殷周青铜器分类图录》(『殷周青銅器分類図録』，汲古書院，1977)、《新编金石学目录：附字号索引和生卒年表》(『新編金石學録：附字号索引、生卒年表』，汲古書院，1976)、《甲骨文字字释综览》(『甲骨文字字釈綜覧』，東京大學出版会，1993)、《东京大学东洋文化研究所藏甲骨文字：图版篇》(『東京大學東洋文化研究所蔵甲骨文字：図版篇』，東京大學出版会，1983) 等。

他与高屿谦一合编的《甲骨文字字释综览》博采众说，收甲骨文字 3395 个，简明扼要集录 1989 年以前中日诸国学者发表的甲骨文字释，一改《甲骨文字集释》"辑录诸家著述力求详尽，故多迻录全文"的烦琐编纂体例，仅录诸家字释结论，间记诸家有关该字的词义用法作为参考，简洁明了，特别是提供了不少海外甲骨学者的字释和见解。

此外，还发表有《殷周秦汉字正统书体的传流》(史学杂志 104—12，1995)、《西周青铜器制作的背景》(东洋文化研究所纪要 72，1977)、《殷墟卜辞中的田猎地》(东洋文化研究所纪要 31，1963)、《汉字研究的制度性支持》(中国 11，1996)、《古文字的解读方法》(月刊 Sinica) 等多篇学术论文。

6. 长泽规矩也，字士伦，号静庵，神奈川人。东京帝国大学中国哲学文学科毕业。后历任法政大学讲师、教授，并在静嘉堂任职。1961 年以《日汉书的印刷及其历史》获文学博士学位。1970 年从法政大学退休，获名誉教授称号。

长泽十分擅长采购古籍，有一则逸事：长泽之名在中国甚为响亮，他来中国后，北京图书馆曾专门委派人员，在长泽购书旅程的杭州、南京、苏州等沿线，一路抢先地走在前，严防好书落入长泽之手。但颇让长泽得意的是，就在这样的情形下，他仍然不无收获：在苏州意外廉价地买到了在日本极为罕见的金陵小字本《本草纲目》，以及日本复刻宋刊本《千金方》等。

主要著述：

《书目学论考》(1937)

《中国版本目录学书籍解题》(1940)

《中国文学概论》(1951)

《汉文学概论》(1952)

《周易注疏》(1973)

《汉籍整理法》(1974)

《古书目录法解说》(1976)

编著：

《和刻本文选》(三卷 1974)

《和刻本诸子大成》(五卷 1975)

公元 1981 年

一、大事记

1. 第三十三届日本中国学会在北海道大学召开，第二十六届"国际东方学者会议"召开。斯文会举办第七十五届孔子祭典活动。

2. 木村英一（きむら えいいち，1906—1981）去世。

二、书（文）目录

1. 易（《易》），安居香山、中村璋八（解说），明德出版社刊、東京；上下二册；重修緯書集成；卷一

2. やさしい易と占い（《简单的〈易〉与占卜》），竹内照夫（著），社会思

想社刊、東京; 教養文庫 1043

　　3. 詩経研究:通論篇(《〈诗经〉研究:通论篇》), 白川静(著), 朋友書店、京都; 朋友學術叢書

　　4. 詩経研究(《〈诗经〉研究》), 目加田誠(著), 龍溪書舍、東京; 第一卷

　　5. 虞世南 孔子廟堂刊碑(《虞世南 孔子庙堂刊碑》), 虞世南(筆), 辻本春彦(解説), 同朋舍出版、京都; 書迹名品集成; 第六卷

　　6. 中國の近代と儒教: 戊戌変法の思想(《中国的近代与儒教: 戊戌变法的思想》), 高田淳(著), 紀伊國屋書店、東京; 新装版

　　7. 栴檀: 孔子の生涯(《旃檀: 孔子的生涯》), 生田盛(著), 地球科學研究所、東京; 前編

　　8. 人の道天の道: 孔子(《人道与天道: 孔子》), 宇野茂彥(著), 日本教文社刊、東京; 聖者物語 2

　　9. 歷史小品(《历史小品》), 郭沫若(著), 平岡武夫(译), 岩波書店刊、東京; 岩波文庫; 赤(32)—26—2, , 32—026—2

　　10. 論語私感(《〈论语〉私感》), 内田智雄(著), 創文社刊、東京

　　11. 論語(《论语》), 藤堂明保(译), 學習研究社刊、東京; 中國の古典; 1

　　12. 論語物語(《〈论语〉物語》), 下村湖人(著), 講談社刊、東京; 講談社刊學術文庫; 493

　　13. 論語知らずの論語読み(《〈论语〉初读》), 阿川弘之(著), 講談社刊、東京; 講談社刊文庫

　　14. 新訳論語(《新译〈论语〉》), 穗積重遠(著), 講談社刊、東京; 講談社刊學術文庫

　　15. 論語新探: 論語とその時代(《〈论语〉新探:〈论语〉及其时代》), 趙紀彬(著), 高橋均(译), 大修館書店刊、東京; 中國叢書

　　16. 朝の論語(《早晨的〈论语〉》), 安岡正篤(述), 明德出版社刊、東京; 新版; 講座・暁の鐘

　　17. 大學參解・論語參觧(《〈大学〉参解・〈论语〉参解》), 鈴木朖(著), 鈴木朖學会、名古屋; 鈴木朖著作集; 經學篇

　　18. 入門論語の解釋: 仕事と生活に奥ゆきをつけるために(《入門〈论

语〉的解释:为了更好地工作与生活》),柳濑喜代志(著),日本実業出版社刊、東京

19. よみがえる論（《觉悟〈论语〉》),色部義明（著),徳間書店刊、東京

20. 論語を読む（《诵读〈论语〉》),常石茂（著),勁草書房、東京

21. 論語の読み方:いま活かすべきこの人間知の宝庫（《〈论语〉的读法:当下活用人类智慧的宝库》),山本七平（著),祥伝社刊、東京;ノン・ブック;194. 知的サラリーマン・シリーズ; 13

22. 論語墨書:名筆による名言鑑賞（《〈论语〉墨书:名家之名言鉴赏》),広論社刊出版局（编),広論社刊、東京

23. 中國文學の世界（《中国文学的世界》),中國古典文學研究会（编),笠間書院、東京;笠間選書,133, 146

24. 中國哲學の探究（《中国哲学的探究》),木村英一（著),創文社、東京;東洋學叢書

25. 中國哲學史研究論集:荒木教授退休記念（《中国哲学史研究论集:荒木教授六十纪念》),荒木教授退休記念会（编),葦書房、福岡

26. 中國文化史・近代化と伝統（《中国文化史:近代化与传统》),野原四郎 [ほか]（著),研文出版、東京

27. 遣唐使時代の日本と中國:日本・中國文化交流シンポジウム（《遣唐使时代的日本与中国:日本与中国的文化交流研讨集》);出版项不明

28. 中國文化と南島（《中国文化与琉球诸岛》),窪徳忠（著),第一書房、東京;南島文化叢書

29. 日本訳中國書綜合目録（《日本翻译中国书综合目录》),譚汝謙（主编)、小川博（编),中文大學出版社、香港;香港中文大學中國文化研究所書目引得叢刊, 2

三、备注

1. 本年度日本文部省对中国经典文化研究的资助立项:
弘法大师与中国思想（弘法大師と中國思想),负责人:静慈円。

出云中国山地的宗教文化与北方萨满信仰（出雲中國山地の宗教文化と北方シャマニズム），负责人：野村暢清。

中国篆文之前文字创作中〈会意〉及〈形声〉的成立与发展（中國の篆文以前の文字製作における〈会意〉ならびに〈形声〉の成立と発展），负责人：吉田恵。

孙过庭《书谱》的综合研究兼论其在中国书史上的位置（孫過庭『書譜』の総合的研究とその中國書論史上の位置に就いて），负责人：井上和男。

中国明末清初的画坛动向：尤其以同一时期的逸品画风的消长为中心（中國明末清初の画檀の動向—特に同時期の逸品画風の消長について），负责人：西上实。

中国语・江淮方言（江苏省）与东方方言（山东省）的邻接地区的诸方言的研究 [中國語・江淮方言（江蘇省）と山東方言（山東省）の隣接地域諸方言の研究]，负责人：岩田礼。

中国律令制的展开及其国家、社会的关系（周边诸地区包含在内）[中國律令制の展開とその國家・社会との関係（周辺諸地域の場合を含めて）]，负责人：堀敏一。

中国史上所见中国文化的传播与文化变容（中國史上よりみた中國文化の伝播と文化変容），负责人：酒井忠夫 → 大川富士夫。

2. 藤枝晃（ふじえだ あきら，1911—1998），生于大阪。京都大学人文科学研究所教授，被日本学界称为世界敦煌学及西域出土古写本研究的第一人。1975年退休后被该大学授予名誉教授称号。据说"敦煌在中国，敦煌学在国外"之说法，源自于其本年度即1981年在南开大学的演讲之后，中国学者有感而发之故。

藤枝晃教授是日本多年从事敦煌学（古代写本研究）及西域学的卓有成就的专家之一。曾参与原东德（德意志民主主义共和国）文化部的吐鲁番写本研究，以及法国CNRS ERS738 郭煌写本研究，并任哥本哈根大学、南开大学、加利福尼亚大学客座教授。1959年获得日本学士院奖，1972年获得法国朱里安奖。1998年去世，著作有《居庸关》（合著）、《高昌残影》、《敦煌学及其周边》。已发表的有关敦煌学和中西交通史的著作有240余篇。他曾多次访问中国，研究和讲授敦煌学，出席过各国东方学会议，被丹麦哥本哈根大学聘为教授并获得名誉哲学博士学位，受过法国学士院儒莲奖，获得法兰西教育勋章，曾任日本国家重点文物选定委员。

主要著作：

『征服王朝』秋田屋 /1948 年

『文字の文化史』岩波書店 1971 年 / 岩波同時代ライブラリー 1991 年 / 講談社學術文庫 1999 年

『高昌残影』法藏館 1978 年、改訂版 2005 年

『トルファン出土仏典の研究』法藏館 2005 年

『居庸関』京都大學工學部，1955—1957 年、村田治郎との編著

『日本思想大系 2 聖徳太子集』岩波書店，1975 年、新装版「原典日本仏教の思想.1」

「勝鬘経義疏 解説」を収む。編者は、早島鏡正・築島裕

『日本語の世界 3 中國の漢字』中央公論社，1981 年

「楷書の生態」を収む。編者は、貝塚茂樹・小川環樹

其中，其著作《汉字的文化史》（翟德芳、孙晓林译 知识出版社 1991 年 12 月）在大陆已经出版。

3. 木村英一（きむら えいいち，1906—1981），日本京都人。文学博士，中国古代哲学研究家，大阪大学名誉教授。1930 年京都帝国大学中国哲学文学科毕业，赴中国留学。1939 年任京都帝国大学文学部讲师。1944 年任京都帝国大学人文科学研究所研究员、副教授。1949 年任大阪大学文学部教授。1960 年以《老子的新研究》被京都大学授予博士学位。1970 年从大阪大学退休，获大阪大学名誉教授称号。曾任东方学会常任评议员、日本中国学会评议员兼专门委员、中国语学研究会会员、东洋文化振兴会会员、日本道教学会会长等职务。

1950 年至 1952 年参加收集中国风俗习惯资料的工作。1954 年至 1961 年参加编集《书道全集》，负责"南北朝书道""唐代书道""唐、五代书道""宋代书道""元明书道"等卷的解说。1962 年至 1966 年参加"六朝至唐中国思想界若干问题的综合研究"项目。1970 年至 1972 年参加编译《中国古典文学全集》，主编第三卷《论语》。1973 年至 1975 年间，于"怀德堂讲座"主讲《新的中国文化与古典》《中国的思想革命》。

著有《中国实在观之研究》(『中國的実在観の研究：その學問的立場の反省』，弘文堂书房，1948）、《法家思想之研究》(『法家思想の研究』，弘文堂书房，1944）、《中国民众的思想与文化》(『中國民衆の思想と文化』，弘文堂书房，1947）、《慧远研究：遗文篇》(『慧遠研究：遺文篇』，創文社，1960）、《慧远研究：研究篇》(『慧遠研究：研究編』，創文社，1962）、《〈老子〉的新研究》(『老子の新研究』，創文社，1959）、《中国哲学史展望与摸索》(『中國哲學史の展望と模索』，創文社，1976）、《孔子与〈论语〉》(『孔子と論語』，創文社，1971）、《中國哲学的探究》(『中國哲學の探究』，創文社，1981）等多部著作。

此外，还撰写了《公羊学答问》(『公羊學答問』，东光7，1949）、《滑稽》(『滑稽』，东光6，1948）、《孔子学校小论》(『孔子の學校について』，东方學38，1969）、《从黄老至老庄及道教》(『黄老から老荘及び道教へ』，东方學报25，1954）、《道教与中国思想》(『道教と中國の思想』，东方宗教37，1971）等多篇学术论文。

公元 1982 年

一、大事记

1. 第三十四届日本中国学会在日本大学召开，第二十七届"国际东方学者会议"召开。斯文会举办第七十六届孔子祭典活动。

2. 竹内照夫（たけうち　てるお，1910—1982）去世。

二、书（文）目录

1. 古文尚書音義；莊子音義（《〈古文尚书〉音义；〈庄子〉音义》），陸德明（撰），天理：天理大學出版部，八木書店，東京；天理図書館善本叢書漢籍之部；天理図書館善本叢書漢籍之部編集委員會編；第1卷

2. 詩経 (《诗经》), 加納喜光 (译), 學習研究社、東京; 中國の古典; 18—19

3. 定本詩経訳注; 定本楚辭訳注(《定本〈诗经〉译注; 定本〈楚辞〉译注》), 龍溪書舍、東京; 目加田誠著作集; 第 2 巻, 第 3 巻

4. うたの始め詩経(《唱咏〈诗经〉》), 目加田誠(译), 平凡社刊、東京; 1904—メカダ, マコト

5. 論語(《论语》), 桑原武夫(著), 筑摩書房、東京

6. 論語(《论语》), 金谷治(译注), 岩波書店刊、東京; 岩波クラシックス; 13

7. 論語八方破れ: 孔子と私の人間學(《〈论语〉千疮百孔: 孔子与我的人间学》), 竹村健一(著), 德間書店刊、東京; Tokuma books

8. 論語のことば: 人間としての考え方・生き方(《〈论语〉的话: 作为人的思考方法与生存方式》), 堀秀彦(著), 大和出版、東京; グリーン・ブックス; 45

9. 孔子・老子・釈迦「三聖会談」(《孔子・老子・释迦 "三圣会谈"》), 諸橋轍次(著), 講談社刊、東京; 講談社刊学術文庫; 574

10. 思想概論(《思想概论》), 赤塚忠[ほか](編), 大修館書店、東京; 中國文化叢書, 2

11. 中國文化史における中世と近世(《中国文化史的中世与近世》), 筑波大學中國文化研究プロジェクト(編), 筑波大學中國文化研究プロジェクト、茨城県; 筑波中國文化論叢／筑波大學中國文化研究プロジェクト編, 1

12. 遣唐使時代の日本と中國: 日本・中國文化交流シンポジウム(《遣唐使时代的日本与中国: 日本与中国文化交流论文集》), 江上波夫(編), 小學館、東京

13. 中國思想文集(《中国思想文集》), 野村茂夫、武田秀夫(編), 學術図書出版社、東京

14. 中國繪畫總合圖録(《中国绘本书籍综合图录》), 鈴木敬(編), 東京大學出版會、東京; 1982—2001

具体目次: 第 1 巻 アメリカ・カナダ篇; 第 2 巻 東南アジア・ヨーロッパ篇; 第 3 巻 日本篇 1: 博物館; 第 4 巻 日本篇 2: 寺院・個人; 第 5 巻 總索

引；續編 第 1 卷 アメリカ・カナダ篇；續編 第 2 卷 アジア・ヨーロッパ篇；續編 第 3 卷 日本篇；續編 第 4 卷 總索引

15. 中國の修驗道：翻訳老子原義（《中国的修验道：翻译〈老子〉原意》），加藤常賢（著）、水上静夫（補）、雄山閣出版、東京

16. 中國の古典（《中国的古典》），學習研究社、東京；1981—1986，共 21 卷

17. 関東の中國陶磁：中世社会の中國文化（《关东的中国陶瓷：中世社会的中国文化》），群馬県立歴史博物館，群馬県立歴史博物館企画展，第 13 回

18. 支那に於ける仏教と儒教道教（《中国的佛教与儒教、道教》），常盤大定（著），東洋書林、東京

19. 儒教の精神（《儒教的精神》），武内義雄（著），岩波書店、東京；岩波新書 特装版 赤—54

20. 江戸期の儒學：朱王學の日本的展開（《江户的儒学：朱王学在日本的展开》），岡田武彦（著），木耳社、東京

三、备注

1. 本年度日本文部省对中国经典文化研究的资助立项：

中国农书的研究（中國農書の研究），负责人：佐藤武敏。

中国宗教史迹相关基础资料的整理及调查（中國宗教史蹟に関する基礎的資料整理並びに調査），负责人：勝村哲也。

近代百年中国画家资料的收集与研究（近代百年中國画家資料の収集と研究），负责人：鶴田武良。

中国北宋末南宋初绘画史研究：以佛教画为中心 [中國北宋末南宋初期絵画史研究（仏画を中心として）]，负责人：宫嵜法子。

近世中国方言语汇资料研究研究：以"蜀语"为中心（近世中國方言語彙資料研究 -「蜀語」を中心として），负责人：坂井健一。

中国诸大乘教经典的接受与传播研究（中國における諸大乘経典の受容と伝播に関する研究），负责人：佐藤心岳。

2. 竹内照夫（たけうち　てるお，1910—1982），关西大学文学部教授，中国古代哲学研究学者。1934 年东京帝国大学中国哲学文学科毕业后于第五高等学校执教。1951 年任北海道大学文学部教授，从事"汉字、汉语的字源和语源的研究"，以及"清代哲学思想的研究"。1961 年以《"仁"的古义研究》获文学博士学位。1964 年任静冈药科大学（静岡薬科大學）教授。1967 年任关西大学文学部教授，同年参加"关于中国历史哲学思想发展的综合研究"，具体负责"战国诸子的历史论及前汉经学的历史观的研究"。

1942—1944 年参加"东洋思想丛书"（83 种）的编写，主编第 22 种《春秋》。1959 年至 1961 年参加"中国古典文学全集"（33 卷本）的编译，主编第 2 卷《春秋左氏传》。1962 年为《中国的思想家》（2 卷本）撰写"韩非"一章。1966 年在日本中国学会第 18 届学术大会上作了题为《关于"人"的争论》的报告。1969 年任《〈易〉的解释与鉴赏》的主编。1970—1972 年参加"增订中国古典文学全集"（60 卷本）的编译，主编第 2 卷《春秋左氏传》和第 3 卷《礼记》。

著述颇丰，主要著作有《四书五经入门：中国思想的形成与发展》（『四書五経入門：中國思想の形成と展開』，平凡社，2000）、《简明易懂的〈周易〉与占卜》（『やさしい易と占い』，社会思想社，1981）、《四书、汉诗抄》（『四書、漢詩抄』，大成出版社，1977）、《十八史略入门》（『十八史略入門』，日本文艺社，1974）、《春秋左氏传》（『春秋左氏伝』，平凡社，1972）、《天干地支物语》（『干支（えと）物語』，社会思想社，1971）、《明解诸子》（『明解諸子』，明治书院，1969）、《"仁"的古义研究》（『仁の古義の研究』，明治書院，1964）等。

3. 学习研究社（がくしゅうけんきゅうしゃ）自 2009 年更名为"株式会社學研ホールディングス"，本年度至 1986 年，出版了 21 卷本的系列丛书"中国的古典"（『中國の古典』），包括了先秦诸子和中国初期的《楚辞》和六朝隋唐文学等的翻译解说内容。

公元 1983 年

一、大事记

第三十五届日本中国学会在广岛大学召开，第二十八届"国际东方学者会议"召开。斯文会举办第七十七届孔子祭典活动。

二、书（文）目录

1. 詩経（《诗经》），中島みどり（著），筑摩書房、東京；中國詩文选；第 2 册
2. 周禮（《周礼》），栗田奏二（编），栗田、東京；日本食肉史基礎資料集刊；第 151 輯
3. 爾雅（《尔雅》），栗田奏二（编），栗田、東京；日本食肉史基礎資料集刊；第 151 輯
4. 新編論語：孔子が説くものの見方・考え方（《新编〈论语〉：孔子论说的观点和思想》），村山孚（著），PHP 研究所、東京
5. 孔子新伝：『論語』の新しい読み方（《孔子新传：〈论语〉新读法》），林復生（著），新潮社刊、東京
6. 伊藤仁斎（《伊藤仁斎》），貝塚茂樹（编），中央公論社刊、東京；中公バックス；日本の名著；13
7. 孔子のことば：現代語訳の「論語」（《孔子的话：现代语译〈论语〉》），林復生（译），グラフ社刊、東京
8. 指導者論としての論語：先哲に學ぶ經營者の条件（《指导者的〈论语〉：向先哲学习经营》），色部義明（著），PHP 研究所、東京
9. 論語を経営に生かす（《〈论语〉中的经营管理思想》），村岡有尚（著），明日香出版社刊、東京
10. 中國思想における理想と現実（《中国思想的理想与现实》），岡田武彦（著），木耳社、東京

11. 中國の詩人: その詩と生涯 (《中国的诗人: 诗歌与生涯》), 興膳宏、松枝茂夫、和田武司、前野直彬、斎藤茂等 (著)，集英社、東京；丛書, 共 12 册

12. 道教の展開 (《道教的发展》), 福井康順 [ほか](監修)，平河出版社、東京；道教, 第 2 卷

13. 中國古棋譜散歩 (《中国古棋谱漫谈》), 渡辺英夫 (著)，新樹社、東京

14. 中國人物画の描法 (《中国人物画的描法》), 馬驍 (著)、鶴田武良 (译)，日貿出版社、東京

15. 楽府；散曲 (《乐府和散曲》), 田中謙二 (著)，筑摩書房、東京；中國詩文選 22

16. 漢訳仏典 (《汉译佛典》), 金岡照光 (译)，學習研究社、東京；中國の古典, 10

17. 中國論理學史研究: 経學の基礎的探究 (《中国逻辑学史研究: 经学的基础性探究》), 加地伸行 (著)，研文出版、東京

18. 儒家類 (《儒家类》), 汲古書院、東京；四庫提要: 訓點本／原田種成 編 子部 1

三、备注

1. 本年度日本文部省对中国经典文化研究的资助立项：

中国文学的比较文学研究（中國文學の比較文學の研究），负责人：古田敬一。

旧中国社会指导层的研究（旧中國社會に於ける指導者層の研究），负责人：寺田隆信。

中国古代土器、陶瓷器的样式历史研究（中國古代土器・陶磁器の樣式史の研究），负责人：秋山進午。

中国契约文书及私人文书的历史研究（中國契約文書及び私文書の歷史の研究），负责人：池田温。

中国母神的综合研究: 其成立与展开（中國母神の総合の研究——その成立と展開），负责人：平木康平。

中国佛教仪礼的成立历史研究（中國仏教儀礼の成立史の研究），负责人：柴田泰。

日本现存中国古代佛教拓本的佛教雕刻师资料之调查（日本にある中國古代石仏拓本の仏教彫刻史資料としての調査研究），负责人：松原三郎。

中国春秋战国时代史料的再探讨（中國春秋戰國時代史料の再檢討），负责人：平勢隆郎。

中国通俗小说的书志研究（中國通俗小說の書誌の研究——日本の公私機関所蔵本を中心として），负责人：大塚秀高。

2. 加地伸行（かじ のぶゆき，1936—   ），中国哲学研究专家，著名东洋学学者，大阪大学名誉教授，也是著名的保守派人士，积极推动儒学的研究、教育和社会讲演等实践活动。代表作是本年度出版的《中国伦理学史研究：经学的基础性探究》(『中國論理學史研究：經學の基礎的探究』)和《何为儒教》(『儒教とは何か』)、《沉默的宗教——儒教》(『沈黙の宗教—儒教』)等。

主要著述：

『加地伸行著作集』全3卷、研文出版 2010.10—：Ⅰ.中國論理學史研究；Ⅱ.中國思想から見た日本思想史研究；Ⅲ.孝研究—儒教基礎論

译注作品：

『論語 鑑賞中國の古典』第2卷（共訳）角川書店 1987

『論語 全訳註』講談社學術文庫 2004、増補版 2009

『孝経 全訳註』講談社學術文庫 2007

共同编著：

『諸葛孔明の世界』新人物往来社 1983

『孫子の世界』新人物往来社 1984、中公文庫 1993

『論語の世界』新人物往来社 1985、中公文庫 1992

『易の世界』新人物往来社 1986、中公文庫 1994

『三國志の世界』新人物往来社 1987

『老子の世界』新人物往来社 1988

『老荘思想を學ぶ人のために』世界思想社 1997

『日本と中國永遠の誤解 異母文化の衝突』（稲垣武共著）文藝春秋

1999、文春文庫 2002

『中國學の十字路』加地伸行博士古稀記念論集、同刊行会編 研文出版 2006

3. 冈田武彦（おかだ たけひこ，1908—2004），日本兵库县姬路市生。日本当代著名阳明学研究者、著作家。日本学界有"冈田学"之说。以他为首的九州学术圈，在为学方法、致思理路等方面有许多共同点，以至在一定程度上显示出有别于东京、京都等地学术圈的学派雏形，有学者据此将其称为"九州学派"。但冈田先生却将此学术思潮用其恩师楠本正继的名字命名为"楠门学"。后来冈田先生的学生又在"楠门学"之后加上了"冈田学"，想用"楠门学"和"冈田学"来概括和统称九州学派。

主要著作有：

『王陽明と明末の儒學』明德出版社，1970

『江戶期の儒學：朱王學の日本的展開』木耳社，1982

『中國思想における理想と現実』木耳社，1983

『宋明哲學の本質』木耳社，1984

『孫子新解』日経 BP 社，1992

『現代の陽明學』明德出版社，1992.12

『儒教精神と現代』明德出版社，1994

『王陽明紀行』登竜館，明德出版社（発売），1997

公元 1984 年

一、大事记

1. 第三十六届日本中国学会在大东文化大学召开，第二十九届"国际东方学者会议"召开。斯文会举办第七十八届孔子祭典活动。

2. 本年度 6 月份，由大阪大学文学部中国哲学研究室主编的《中国研究集刊》创刊，发行至今。

3. 日中出版社自本年度开始刊行"中国古典入门丛书"(『中國古典入門叢書』)，主要涉及中国古典文学的翻译和解说，截至 2003 年已经出版 21 卷本。

二、书（文）目录

1. 易と日本の祭祀：神道への一視点(《〈易〉与日本的祭祀：神道的视点》)，吉野裕子（著），人文書院刊、京都

2. 詩経全釈(《〈诗经〉全释》)，境武男（著），境武男教授頌壽記念、汲古書院、東京

3. 中國文學館：詩経から巴金(《中国文学馆：〈诗经〉到巴金》)，黎波（著），大修館書店、東京

4. 詩経(《诗经》)，石川忠久（著），明德出版社、東京；中國古典新書

5. 孔子廟堂刊碑(《孔子庙堂刊碑》)，虞世南（书），飯島春敬（編），東京書籍；一碑一帖中國碑法帖精華；第 14 卷

6. 孔子：時を越えて新しく(《孔子：超越时代的新生》)，加地伸行（著），集英社刊、東京；中國の人と思想；1

7. 孔子(《孔子》)，和辻哲郎（著），岩波書店刊、東京；大教育家文庫；1

8. 小説人間孔子(《小说人间孔子》)，林復生（著），論創社刊、東京

9. 論語と孔子：人間関係論のエッセンス「論語」の新しい読み方(《〈论语〉与孔子：人间关系论本相的〈论语〉的新读法》)，鈴木修次（著），PHP 研究所、東京；21 世紀図書館 35 年版

10. 精神文化の源流をたずねて：ソクラテス，イエス・キリスト，釈迦，孔子天照大神(《精神文化源流探寻：苏格拉底、耶稣・基督、释迦、孔子、天照大神》)，林善人写真；広池學園出版部（編），広池學園出版部、柏

11. 論語：自由思想家孔丘：全訳と吟味(《〈论语〉：自由思想家孔丘：全译和欣赏》)，新島淳良（著），新地書房、東京

12. 日本思想史への試論(《日本思想史试论》)，愛知教育大學哲學教室内

日本思想史研究会（編）、みしま書房、秋田

13. 論語抄の國語學的研究（《〈论语〉抄的国语学研究》），坂詰力治（編）、武蔵野書院、東京

14. 江戸時代における中國文化受容の研究（《江户时代中国文化受容的研究》），大庭脩（著）、同朋舎出版、京都

15. 中國史上よりみた中國文化の伝播と文化変容（《中国历史上所见中国文化的传播与文化发展》），大川富士夫（編），大川富士夫、東京；昭和58年度科學研究費補助金（総合研究A）研究成果報告書

16. 対訳中國歴史小説選集1—8（《对译中国历史小说选1—8卷》），徳田武（編），ゆまに書房、東京；1983—1984

17. 司馬遷：起死回生を期す（《司马迁：起死回生的期待》），林田慎之助（著），集英社、東京；中國の人と思想，6

18. 中國の歴史書：中國史學史（《中国的历史书：中国史学史》），増井経夫（著），刀水書房、東京；刀水歴史全書，20

19. 中國學論集：大東文化大學創立六十周年記念（《中国学论集：大东文化大学创立六十周年纪念》），大東文化大學文學部中國文學科中國學論集編輯委員會（編），大東文化學園、東京

20. 帝王學の知恵：中國古典に學ぶ（《帝王的智慧：向中国古典学习》），守屋洋（著），プレジデント社、東京

21. 御進講録（《御进讲录》），狩野直喜（著），みすず書房、東京

22. 儒教思想（《儒教思想》），宇野精一（著），講談社、東京

23. 儒學と國學：「正統」と「異端」との生成史的考察（《儒学与国学："正统"与"异端"生成史的考察》），潟沼誠二（著），桜楓社、東京

三、备注

1. 本年度日本文部省对中国经典文化研究的资助立项：

中国山地・山阴地方的旧石器文化的考古学・地学研究（中國山地・山陰

地方における旧石器文化の考古学的・地学的研究），负责人：稲田孝司。

中国史学史、目录学的基础性研究（中國史學史・目錄學の基礎的研究），负责人：石田肇。

中国政府王朝的信仰形态（中國征服王朝期における信仰形態），负责人：藤島建樹。

2. 新岛淳良（にいじま あつよし，1928—2002）中国研究所研究员，亚非作家协会日本委员会委员，日本科学家会议（日科）成员，山岸会成员，中国政治和教育研究家。本年度出版其中国文化研究的代表作《〈论语〉：自由思想家孔丘：全译和欣赏》。

新岛淳良，在战后不久协助仓石武四郎以东京大学为中心创办中国语讲习会。1948年参加中国研究所工作，1953年在中国研究所从事中国教育状况的研究。1959年任早稻田大学政经学部副教授。1959—1962年参加《亚洲历史事典》（10卷本，平凡社刊）的编写。1960年在早稻田大学东洋文学研究会上作了题为《论中国语现代语法》的报告。1964年参加北京科学讨论会日本筹备会。1965—1966年参加《世界文学小辞典》的编写。1969年参加中国语学研究会《中国语学辞典》的编写，并任《现代中国》主编。同年参加中国研究所主持的"毛泽东思想与日本的学生运动专题讨论会"。1972年参加《中国的革命与文学》的编译。1973年辞去早稻田大学政经学部教授之职，参加山岸会，专事中国研究。

3.《中国语学资料丛刊》（『中國語學資料叢刊』，波多野太郎编，解题不二出版，1984.7— ）开始刊行，已经刊行的卷次目录如下：

『古典小説・精選課本篇』第1—4卷

『尺牘編』第1—4卷

『第4篇：尺牘・方言研究編』第1—4卷

『第5篇：公文研究・日語中譯・聲音研究篇・補遺』第1—4卷

『白話研究篇』第1—4卷

『燕語社会風俗官話翻訳古典小説・精選課本篇』第1—4卷

4. 德田武（とくだ たけし，1944— ），中日近世文学研究者，明治大学法学部教授。1987年以《日本近世小说与中国小说》（『日本近世小説と中國小

説』）获得日本学士院奖，同样以此作获得 1988 年早稻田大学博士学位。

本年度出版发行其主编的《对译中国历史小说选》(『対訳中國歷史小説選集』）丛书，共 8 册。

主要著作：

『江戶漢學の世界』（ぺりかん社、1990）

『八犬伝の世界』（日本放送出版協会、1995）

『中國文人が批評した江戶漢詩』（農文協、2001）

『近世近代小説と中國白話文學』（汲古書院、2004）

『近世日中文人交流史の研究』（研文出版、2004）

公元 1985 年

一、大事记

1. 第三十七届日本中国学会在京都大学召开，第三十届"国际东方学者会议"召开。斯文会举办第七十九届孔子祭典活动。

2. 中国研究所主编的连续出版物《中国年鉴》（大修馆书店出版）自本年度 5 月份开始刊行，发行至今。

二、书（文）目录

1. 詩経研究（《〈诗经〉研究》），目加田誠（著），龍溪書舍、東京；目加田誠著作集；第 1 卷

2. 虞世南 孔子廟堂刊碑、欧陽詢 化度寺碑（《虞世南 孔子庙堂刊碑、欧阳询 化度寺碑》），雄山閣出版、東京；シリーズ書道基本名品集；比田井南谷編；2. 楷書編

3. 孔子廟堂刊碑（《孔子庙堂刊碑》），虞世南（書），二玄社刊、東京；原

色法帖選；12

　　4. 魯迅のリアリズム：「孔子」と「阿Q」の死闘（《鲁迅的现实主义：〈孔子〉与〈阿Q〉的斗争》），片山智行（著），三一書房、東京

　　5. 古代中國の思想（《古代中国的思想》），戸川芳郎（著），放送大學教育振興会、東京；放送大學教材

　　6. 語と算盤（《〈论语〉与盘算》），渋沢栄一（述），梶山彬（編），國書刊行会、東京

　　7. 論語の世界（《〈论语〉的世界》），加地伸行（編），新人物往来社刊、東京

　　8. 中國の思惟（《中国的思维》），蜂屋邦夫（著），法藏館、京都；法藏選書，34

　　9. 中國古代人の夢と死（《中国古代人的梦与死》），吉川忠夫（著），平凡社、東京；平凡社選書，89

　　10. 中國仏教史全集 1—11（《中国佛教史全集 1—11》），道端良秀（著），書苑、東京；共十一卷

　　11. 中國古典詩総説（《中国古典诗歌总说》），前野直彬（著），尚學図書、東京；中國古典詩聚花，11

　　12. 文學史（《文学史》），鈴木修次、高木正一、前野直彬（編），大修館書店、東京；中國文化叢書，5，7 版

　　13. 李白（《李白》），王運煕、李宝均（著）、市川桃子（译），日中出版、東京；中國古典入門叢書，5

　　14. 中國庭園の技法：劉敦楨著「蘇州古典園林」抄訳ほか（《中国庭园的技法：刘敦桢著〈苏州古典园林〉等抄译》），河原武敏（著），河原武敏、東京

　　15. 西湖案内：中國庭園論序説（《西湖指南：中国庭园论序说》），大室幹雄（著），岩波書店、東京；旅とトポスの精神史

　　16. 図説中國書道史（《图说中国书道史》），小野寺啓治（著），同朋舎出版、京都；書學大系，研究篇 1

　　17. 儒家の教育思想：その本質と近代教育（《儒家的教育思想：其本质与近代教育》），洪祖顕（著），高陵社書店、東京

三、备注

1. 本年度日本文部省对中国经典文化研究的资助立项：

中国古代养生思想的综合研究（中國古代養生思想の総合の研究），负责人：坂出祥伸。

文房四宝为中心的中国文人遗品资料收集及其研究（文房四宝を中心とする中國・文人遺品の資料収集とその研究），负责人：西岡康宏。

中国古代农业及农民生活（中國古代の農業と農民生活），负责人：太田幸男。

中国农书《耕织图》的流传及其影响（中國農書『耕織図』の流伝とその影響について），负责人：渡部武。

评论所见2—4世纪中国人与社会（評論からみた2～4世紀中國の人と社会），负责人：多田狷介。

琉球文学的中国思想传播及接受相关研究（琉球文學における中國思想の伝播と受容に関する研究），负责人：比嘉实。

中国文献所见中央亚洲古代地名和人名的研究（中國文献に見える中央アジア古代の地名・人名研究），负责人：山本光朗。

中国的西厢记演出状况的历史变迁及戏曲观念的研究（中國における西廂記の演出状況の歴史的変遷及び戯曲観の研究），负责人：磯部祐子。

2. 户川芳郎（とがわ よしお，1931— ），著名中国思想研究者，东京大学文学部名誉教授，日本象棋协会理事长。曾在2003—2009年间任日本东方学会理事长。本年度出版其代表作之一的《古代中国的思想》一书。

1955年东京大学文学部中国文学科毕业，1963年在京都大学研究生院修完中国哲学博士课程，之后又分别在东京大学教养学部担任助教，茶水女子大学专任讲师、助理教授等职，随后在东京大学文学部中国哲学学科担任助理教授和教授，并成为东京大学20世纪80年代以后至20世纪末的"中国文史部"掌门人。1992年退休，并在2003至2009年间担任日本东方学会理事长一职。著有《古代中国的思想》、《汉代的学术和文化》、《儒教史》（合著），以及关于汉学的论文多篇。后出任北京大学汤一介领衔的"儒藏"项目学术顾问。

户川芳郎长期致力于研究汉学，把儒学尊称为"儒教"，更加偏重儒学的教化意义。他一生主要精力用于协助日本学者搜集整理日本的儒家著作，探寻中华文化的内核和意义，推动汉学在世界的发展。

主要著作：

『儀礼経伝通解』第1—3辑 長沢規矩也共編 汲古書院，1980

『儒教史』共著 山川出版社，1987

『令集解引書索引』共著 汲古書院，1990

『例解新漢和辞典』山田俊雄、影山輝國共編 三省堂，1998

『三島中洲の學芸とその生涯』（編）雄山閣出版，1999

3. 吉川忠夫（よしかわ ただお，1937—   ），日本著名的东洋史学家，京都大学名誉教授、日本学士院会员、东方学会会长，专业是中国思想史。父亲是吉川幸次郎。本年度出版了其代表作之一的《中国古代人的梦与死》。

主要著作：

『王羲之 六朝貴族の世界』清水書院，1972／新版・清水新書，1984

『侯景の乱始末記』中公新書，1974

『六朝精神史研究』同朋舎出版〈東洋史研究叢刊36〉，1984

『秦の始皇帝』集英社〈中國の英傑1〉，1986／講談社學術文庫，2002

『書と道教の周辺』平凡社，1987 I

『古代中國人の不死幻想』東方書店〈東方選書〉，1995

『風呂で読む竹林の七賢』世界思想社，1996

『中國人の宗教意識』創文社，1998

『王羲之 六朝貴族の世界』岩波現代文庫，2010

4. 道端良秀（みちばた りょうしゅう，1903—   ），日本著名佛教学者，曾任日本佛教协会会长。本年度出版11卷本的《中国佛教史全集》，集中反映了其研究的成果。

道端良秀，北海道人。1928年自大谷大学东洋史学科毕业后，复在母校研究科结业。历任大谷大学教授、比睿山学院讲师。曾为调查佛教史迹而来中国留学，回国后任大谷专修院院长、光华女子大学教授。

另有代表著作:《中日佛教友好二千年史》(『日中仏教友好二千年史』大東出版社,1987.2;大東名著選14)、《佛教与儒教伦理》(『佛教與儒家倫理』中華佛教文獻編撰社,1972.4 初版)等。

公元 1986 年

一、大事记

1. 第三十八届日本中国学会在筑波大学召开,第三十一届"国际东方学者会议"召开。斯文会举办第八十届孔子祭典活动。

2. 1986 年 6 月,《中国:社会与文化》(『中國:社會と文化』)由东京大学中国学会主编发行创刊,并发行至今。

3. 1986 年 11 月,大阪市立大学中国文学会主办的《中国学志》(『中國學志』)开始发行,刊行至今。

二、书(文)目录

1. 中國思想概論(《中国思想概论》),山井湧(著),高文堂出版社、東京;中國文化全書,1

2. 易の世界(《〈易〉的世界》),加地伸行(編),新人物往来社、東京

3. 易:占法の秘伝(《〈易〉:占法秘传》),柳下尚範(著),國書刊行会、東京

4. 現代易入門:決断のときのために(《现代〈易〉入门:为了决断》),井田成明(著),明治書院、東京;増補版

5. 詩経研究(《〈诗经〉研究》),赤塚忠(著),研文社、東京;赤塚忠著作集;第 5 巻

6. 毛詩正義訳注(《〈毛诗正义〉译注》),岡村繁(訳注),福岡中國書店、福岡

7. 詩経諸篇の成立に関する研究（《〈诗经〉诸篇成立的研究》），松本雅明（著），弘生書林、東京；松本雅明著作集；第5—6卷

8. 周禮鄭氏注（《〈周礼〉郑氏注》），主婦の友社、東京；複製版

9. 天石東村臨孔子廟堂刊碑（《天石东村临孔子庙堂刊碑》），天石東村（著），二玄社刊、東京；臨書手本；4

10. 虞世南孔子廟堂刊碑（《虞世南 孔子庙堂刊碑》），松下芝堂刊、秋山元秀（著），同朋舎出版、京都；和装；書學大系；碑法帖篇 第25卷

11. 世南 孔子廟堂刊碑・尺牘（《虞世南 孔子庙堂刊碑・尺牍》），桃山艸介（解说），マール社刊、東京；書聖名品選集；8

12. 孔子の復活：孔子をめぐる虚構と真実（《孔子复活：围绕着孔子的虚构与真实》），李家正文（著），冨山房、東京

13. 孔子の末裔（《孔子的末裔》），孔德懋（述）、和田武司（译），筑摩書房、東京

14. 論語の人間學：孔子學園の人びととその思想（《〈论语〉的人间学：孔子学园的人们与思想》），服部武（著），冨山房、東京

15. 論語の読み方：いま活かすべきこの人間知の宝庫（《〈论语〉的读法：活用人类智慧宝库》），山本七平（著），祥伝社刊、東京

16. 中國思想研究論集：欧米思想よりの照射（《中国思想研究论集：欧美思想的参照下》），新田大作（編），雄山閣出版、東京

17. 論語と体育：吉田松陰における体育実践とその解釈學的分析の体育思想史的考察（《〈论语〉与体育：吉田松隐的体育实践及其解释学分析的体育思想史考察》），水野忠文（著），出版地不明，出版者不明

18. 論語（《论语》），吹野安（著），笠間書院、東京

19. 中國思想を學ぶ人のために（《为了学习中国思想的人们》），森三樹三郎（編），世界思想社、京都；2版

20. 中國美術史：日本美術の源流（《中国美术史：日本美术的源流》），小杉一雄（著），南雲堂、東京

21. 旧唐書倭國日本伝；宋史日本伝；元史日本伝（《旧唐书倭国日本传；

宋史日本伝；元史日本伝》），石原道博（编译），岩波書店、東京；岩波文庫，青（33）—402—1. 中國正史日本伝／石原道博編訳‖チュウゴク セイシ ニホンデン；2；新訂版

22. 日本における『紅楼夢』の流行——幕府末年から現代までの書誌式素描（《日本的〈红楼梦〉流行——幕府末年至今的书志式素描》），伊藤漱平（著），汲古書院、東京；中國文學の比較文學的研究

23. 中國儒道佛三教史論（《中国儒道佛三教史论》），久保田量遠（著），國書刊行會、東京

24. 儒家思想研究（《儒教思想研究》），赤塚忠（著），研文社、東京；赤塚忠著作集／赤塚忠著；赤塚忠著作集刊行会編 第3卷

三、备注

本年度日本文部省对中国经典文化研究的资助立项：

中国诗语研究：文学言语的宇宙论（中國における詩語の研究一文學言語のコスモロジー），负责人：内山知也。

西北中国少数民族叙述诗歌相关的基础研究（西北中國の少数民族の叙事詩に関する基礎的研究），负责人：西脇隆夫。

中国近代经济思想关系文献的收集整理及其分析（中國近代における経済思想関係文献の蒐集整理とその分析），负责人：岸本美緒。

江户时代中国戏曲的接受：中日戏曲的相互比较为中心（江戸時代における中國戲曲の受容—日中戲曲の相互比較を中心に），负责人：磯部祐子。

中国语明清音韵资料与现代北方方言的比较研究（中國語明清音韻資料と現代北方方言との比較研究），负责人：遠藤光暁。

杜甫诗歌为中心所见中国诗歌展开的基础研究（杜詩を中心に見た中國詩の展開の基礎の研究），负责人：加藤國安。

中国近代的秩序观念的转换（中國近代における秩序観の転換），负责人：富田昇。

公元 1987 年

一、大事记

1. 第三十九届日本中国学会在名古屋大学召开，第三十二届"国际东方学者会议"召开。斯文会举办第八十一届孔子祭典活动。

2. PHP研究所开始刊行大型丛书"中国古典百言百话"。

3. 贝冢茂树(かいづか しげき，1904—1987)，小林高四郎(こばやし たかしろう，1905—1987)去世。

二、书（文）目录

1. 詩経國風篇の研究（《〈诗经〉国风篇的研究》），松本雅明（著），弘生書林、東京；松本雅明著作集；第1卷

2. 訓讀周禮正義（《训读〈周礼正义〉》），孫詒讓（撰）、原田悦穂（著），二松學舍大學附屬東洋學研究所（編），二松學舍、東京；卷一、二一卷第四十五、四十六

3. 孔子廟堂刊碑：楷書 唐 虞世南（《孔子庙堂刊碑：虞世南》），天石東村（編），二玄社刊、新裝版；書道技法講座；15

4. 孔子伝邦文文献目録（《孔子传日文文献目录》），欠端実（編），モラロジー研究所研究部、柏；研究ノート；no.157

5. 論語（《论语》），加地伸行、宇佐美一博、湯浅邦弘（著），角川書店刊、東京；鑑賞中國の古典；小川環樹、本田済監修；第2卷

6. 論語（《论语》），久米旺生（著），PHP研究所、東京；中國古典百言百話；村山孚，守屋洋（編）；7

7. 論語との対話（《与〈论语〉对话》），金子知太郎（著），竹井出版、東京

8. 論語の活學：人間學講話（《〈论语〉的活学：人间学讲话》），安岡正篤

（著），プレジデント社刊、東京

9. 中國古典小説研究動態（《中国古典小说研究动态》），中國古典小説研究動態刊行会（編），中國古典小説研究動態刊行会、東京；1987—1994，连续出版物：1 号（1987）—最終 [7] 号（1994）

10. 蒙求・小學（《蒙求・小学》），村山吉広（编译），講談社、東京；中國の古典

11. 中國社會文化史（《中国社会文化史》），愛宕松男（著），三一書房、東京；愛宕松男東洋史學論集／愛宕松男著，第 2 卷

12. 呉子（《吴子》），尾崎秀樹（译），教育社、東村山；中國古典兵法書

13. 中國書道史事典（《中国书道史事典》），比田井南谷（著），雄山閣、東京

14. 中國思想文選（《中国思想文选》），野村茂夫、宇佐美一博（編），學術図書出版社、東京

15. 中國古典一日一言（《中国古典一日一言》），守屋洋（著），PHP 研究所、東京；PHP 文庫

16. 老子・莊子（《老子・庄子》），守屋洋（著），PHP 研究所、東京；中國古典百言百話／村山孚，守屋洋責任編集，6

17. 新儒家哲學について：熊十力の哲學（《新儒教哲学：熊十力的哲学》），島田虔次（著），同朋舍、東京；京都大學人文科學研究所共同研究報告．五四運動の研究

18. 日本倫理思想史の學的形成の研究：仏教の移入から儒學、國學の解体まで（《日本伦理思想史的形成研究：佛教传入至儒学、国学的解体》），佐藤正英（著），東京大學，出版不明

19. 儒教史（《儒教史》），戶川芳郎、蜂屋邦夫、溝口雄三（著），山川出版社、東京；世界宗教史叢書 10

三、备注

1. 本年度日本文部省对中国经典文化研究的资助立项：

前近代中国的身份制研究（前近代中國における身分制の研究），负责人：津田芳郎。

中国古代写本经卷所见书风的变迁：两晋南北朝期（中國古写経にみる書風の変遷—両晋南北朝期），负责人：赤尾栄慶。

东南亚华侨中国语的言语学研究：以与大陆语的比较为中心（東南アジア華僑中國語に対する言語學的研究：大陸中國語との比較を中心として），负责人：郭春貴。

17—19世纪漂流中国船资料所见清代海上贸易史的研究（17—19世紀における漂着中國船資料よりみた清代海上貿易史の研究），负责人：松浦章。

古代朝鲜与中国、日本的文化交流（古代朝鮮と中國・日本との文化交流），负责人：井上秀雄。

中国思想史上"心"概念成立及其展开（中國思想史に於ける「心」概念の成立とその展開），负责人：山下龍二 → 今鷹眞。

中国为中心的东亚不同的接触之基础研究（中國を中心とした東アジアにおける異文化接触の基礎的研究），负责人：長瀬守。

中国边境社会的历史研究（中國辺境社会の歴史的研究），负责人：谷川道雄。

中国边境民族的历史文化（中國辺境民族の歴史と文化），负责人：岡本敬二。

2. 贝冢茂树（かいづか しげき，1904—1987），日本东洋历史学家，中国古代史专家，京都大学教授，在甲骨文和金文方面有较深的造诣。1928年京都帝国大学毕业，在研究院毕业后，1932年进入东京文化学院京都研究所，1949年任京都大学教授，在人文研究所工作，以后任该所所长。1948年以《中国古代史学的发展》（『中國古代史學の發展』）一书获得朝日新闻社文化奖金，1961年以《甲骨文时代区分的基础研究》（『甲骨文時代区分の基礎的研究』）获得文学博士学位。1981年担任东方学会会长。1984年获得日本文化勋章。他以卓越的成就和忠厚的人格博得声望，1951和1954年先后两次被选为日本学术会议员，1954年参加日本学术文化访华团访问了中华人民共和国，同吉川幸次郎、桑原武夫（桑原骘藏之子）并称为"京都大学三杰"，其论著很受欢迎。

主要著作：

『孔子』（岩波新書、1951）

『諸子百家』（岩波新書、1961）

『史記』（中公新書、1963）

『中國の歷史（上）』（岩波新書、1964）

『中國の歷史（中）』（岩波新書、1969）

『中國の歷史（下）』（岩波新書、1970）

『論語 訳註』（中公文庫、1973）

『貝塚茂樹著作集』（全 10 冊、中央公論社、1976—1978）

『韓非』（講談社學術文庫、1982）

『孟子』（講談社學術文庫、2004）

3. 爱岩松男（おたぎ まつお，1912—2004），东洋史学者，东北大学名誉教授。京都出身，京都帝国大学毕业，1951 年被聘为教授。1959 年获得京都大学文学博士学位。1974 年退休，名誉教授。京都女子大学教授。专业是元朝等征服王朝的历史，另以陶瓷器为中心的产业史、戏曲和演剧史的研究。主要代表作：

1987—1990 年出版了全集《爱岩松男东洋史学论集 全 5 卷》（『愛宕松男東洋史學論集 全 5 卷』，三一書房，1987—1990），目次如下：

第 1 卷　中國陶瓷産業史

第 2 卷　中國社会文化史

第 3 卷　キタイ・モンゴル史

第 4 卷　元朝史

第 5 卷　東西交渉史

4. 守屋洋（もりや ひろし，1932—　），中国文学、文化研究和翻译学者。1932 年宫城县出生。在东京都立大学修完中国文学科硕士课程。他是当今最为活跃的中国文学、文化研究专家和翻译专家，并将之发挥到商业领域。是日本许多大公司的御用文化讲习教师，讲授中国古典文学，主要讲授《论语》《老子》《庄子》《孙子兵法》《三国演义》等。自 1964 年至今，已出版中国文化的翻译和研究书目近 200 种，本年度又出版数种中国古典译本。

守屋洋先生的著作中，最畅销的是《新译菜根谭》。《菜根谭》在日本有数种译本，都很畅销，守屋洋先生的译作已经售出 20 多万册。这本书是日本人学习中国古典文学的入门书籍。许多日本企业家把书中介绍的中国古人处世哲学的精辟论述当作待人处事的座右铭。守屋洋先生翻译、注解和讲授的有关《论语》《孙子兵法》和《三国演义》的书籍，都是战后日本长盛不衰的畅销书。

主要著作：

『老荘入門 逆境を乗り切る本』徳間書店 1975 徳間文庫

『孫子の兵法』産業能率大學出版部 1979.12 のち三笠書房知的生き方文庫

『呉子・尉繚子の兵法』産業能率大學出版部 1980.11

『「三國志」の人物學』PHP 研究所 1981.7 のち文庫

『新釈「老子」講義』PHP 研究所 1983.4「新釈老子」文庫

『韓非子 強者の管理學』PHP 研究所 1984.9 のち文庫

『十八史略の人間學』新人物往来社 1986.7

『中國古典一日一言』PHP 文庫 1987.12

『中國古典名著に學ぶ人生訓』日本法令 1988.3

『大學・中庸 中國古典百言百話』PHP 研究所 1989.5 のち文庫

『「四書五経」の名言録 成功の経営學』歴思書院 1997.7

『菜根譚の人間學 珠宝の言葉人生の知恵』プレジデント社 1997.11

『「書経」の帝王學 リーダー學の原点』プレジデント社 1998.8

『「老子」の人間學 上善は水の如し』プレジデント社 2002.11

『勝つためにリーダーは何をなすべきか 中國古典の名言に學ぶ』PHP 研究所 2003.11「リーダーのための中國古典」日経ビジネス人文庫

『「貞観政要」のリーダー學 守成は創業より難し』プレジデント社 2005.12

『「大學」を読む 修己治人の學』致知出版社 2005.1

『老子・荘子 中國古典百言百話』東洋経済新報社 2007.4

『孫子に學ぶ 12 章 兵法書と古典の成功法則』角川 SSC 新書 2008.9

『実践・老荘思想入門 一喜一憂しない生き方』角川 SSC 新書 2009.9

『「三國志」正史に學ぶ生き残り術』明治書院 2009.12

5. PHP 研究所，1964 年由松下幸之助创办，为民间形式运行的智库兼出版机构。"PHP" 取自 "Peace and Happiness through Prosperity"。松下幸之助希望透过心灵与物质两方面的繁荣兴盛，以达到和平与幸福。

自本年度起，该社开始刊行大型丛书"中国古典百言百话"，由村山孚和守屋洋两位学者担当责任编辑，截至2007年已经出版31册，涵盖了许多中国的古典著作的翻译和注解。

6. 小林高四郎（こばやし たかしろう，1905—1987），蒙古史、元史学家。1930年毕业于庆应义塾大学中国文学科，于日本侵华期间在驻华使馆供职。1951年获文学博士学位，1954年任庆应义塾大学教授，此后任土耳其大使馆书记官，1949年至1971年期间任横滨国立大学教授。1987年1月2日去世。

小林高四郎精通汉语、蒙古语，以精湛研究《元朝秘史》著称，擅长蒙古语言学，善于博搜资料，精于历史考证。最重要的研究成果是《元朝秘史的研究》（日本学术振兴会，1954），为该领域的名著。其他的重要著作还有《通制条格研究译注》（合编，中国刑法制研究会，1964）、《东西文化交流》（刀江书院，1951）、《蒙古史论考》（雄山阁，1983）、译著《蒙古秘史》（生活社，1940）等。

此外还出版了传记《成吉思汗》（岩波书店，1960），这是一部以蒙古帝国建设为中心的成吉思汗传记，颇受日本学术界重视，多次重印并被翻译为中文出版。1941年出版了《秘史》译注本，并出了两种《黄金史》译注本（1940、1941）。

公元1988年

一、大事记

第四十届日本中国学会在大正大学召开，第三十三届"国际东方学者会议"召开。斯文会举办第八十二届孔子祭典活动。

二、书（文）目录

1. 易のはなし（《〈易〉之话》），高田淳（著），岩波書店刊、東京；岩波新書；新赤版；25

2. 易と人生哲學（《〈易〉与人生哲学》），安岡正篤（著），致知出版社刊、東京

3. 原始尚書の成立（《原始〈尚书〉的成立》），松本雅明（著），弘生書林刊本、東京；松本雅明著作集；第7卷

4. 春秋戰國における尚書の展開（《春秋战国〈尚书〉的展开》），松本雅明（著），弘生書林刊、東京；松本雅明著作集；第12卷

5. 詩経入門（《〈诗经〉入门》），趙浩如（著）、増田栄次（译），日中出版、東京；中國古典入門丛叢書；第13輯

6. 儀禮索引（《〈仪礼〉索引》），野間文史（编），福岡中國書店、福岡

7. 儒教文化圏の秩序と経済（《儒教文化圈的秩序与经济》），金日坤（著），名古屋大學出版会、名古屋；國際経済摩擦研究叢書，2

8. 孔子（《孔子》），和辻哲郎（著），岩波書店刊、東京；岩波文庫；青（33）—144—5

9. 子と『論語』：大學漢文テキスト（《孔子与〈论语〉：大学汉文教科书》），森野繁夫（编），白帝社刊、東京

10. 孔子の経営學（《孔子的经营学》），孔健（著），PHP研究所、東京

11. 孔子廟堂刊：唐（《孔子庙堂刊碑：唐》），虞世南（书），二玄社刊、東京；中國法書選；32

12. 小説孔子（《小说孔子》），谷崎旭壽（著），新人物往来社刊、東京

13. 中華五千年史：孔子と現代（《中华五千年史：孔子与现代》），張其（著），岡田武彦（译），文言社刊、東京；上卷—下卷

14. 孔子暗黒伝（《孔子暗黑传》），諸星大二郎（著），創美社刊、東京；Jump super ace；701

15. 法言：もうひとつの「論語」（《法言：另一种〈论语〉》），田中麻紗巳（编译）講談社刊、東京；中國の古典

16. 論語總説（《〈论语〉总说》），藤塚鄰（著），國書刊行会、東京

17. 現代に生きる論語：心豊かな日々のために（《现代〈论语〉：为了心灵的丰富》），広瀬幸吉（著），學校図書

18. 近世日本の儒學と洋學（《近世日本的儒学与洋学》），大月明（著），

思文閣出版、京都

19. 朱熹集註論語全訳（《朱熹集注〈论语〉诠译》），沢正明（著），白帝社刊、東京

20. 論語と禅（《〈论语〉与禅》），半頭大雅、山田邦男（著），春秋社刊、東京

21. 日中儒學の比較（《中日儒学的比较》），王家驊（著），六興出版、東京；東アジアのなかの日本歴史，5

22. 江戸儒學私見（《江户儒学私见》），吉川幸次郎（著），岩波書店、東京；カセットできく學芸諸家：岩波の文化講演会から，第2集

23. 儒者の書（《儒学之书》），三浦思雲（編），同朋舎出版、東京；日本書學大系，研究篇第8巻

24. 江戸の儒學：『大學』受容の歴史（《江户的儒学：〈大学〉接受的历史》），源了圓（著），思文閣出版、東京

25. 國儒論争の研究：直毘霊を起点として（《国儒争论的研究：以直毘灵为起点》），小笠原春夫著ぺりかん社、東京

三、备注

1. 本年度日本文部省对中国经典文化研究的资助立项：

中国古代射礼及投壶礼的起源及其游戏化（中國古代における射礼及び投壺礼の起源とその遊戯化について），负责人：小滝敬道。

中国古代历法、天文用语及天文常数的历史的变迁研究（中國古代における暦法・天文用語および天文常数の歴史的変遷の研究），负责人：新井晋司。

中国战国时代青铜镜的集成及样式的分类（中國戰國時代青銅鏡の集成と型式分類），负责人：岡村秀典。

15—17世纪中国与日本的中心集落网的展开及相关的比较历史地理学研究（15~17世紀の中國と日本における中心集落網の展開に関する比較歴史地理学研究），负责人：林和生。

明末清初中国基督教的接受：明末清初思想史研究（明末清初の中國におけるキリスト教の受容，明末清初思想史），负责人：葛谷登。

中国周王朝的构造及机能（中國周王朝の構造と機能），负责人：松井嘉德。

中国古代社会的生产与流通（中國古代社會における生産と流通），负责人：大櫛敦弘。

中国出土文物所见战国史的研究（中國出土文物により戰國史の研究），负责人：藤田勝久。

北海道及中国东北部的先史文化交流的基础研究（北海道と中國東北部における先史文化交流に関わる基礎研究），负责人：中田幹雄。

中国中世的儒佛道三教的谶纬思想研究（中國中世の儒・仏・道三教における讖緯思想の研究），负责人：安居香山 → 今枝二郎。

2. 川合康三（かわい こうぞう，1948— ），中国文学研究者，京都大学文学研究科教授。

1971 年京都大学中国文学科毕业，1976 年京都大学大学院博士中退，并担任该校助手一职，后担任东北大学讲师、副教授，1987 年任京都大学文学部副教授，1995 年升至教授。2000 年以《中国自传文学研究》(『中國自伝文學研究』) 获得京都大学文学博士学位。

本年度和兴膳宏共著出版《〈文选〉鉴赏中国的古典 12》(『文選 鑑賞中國の古典 12』，角川書店)。

主要著作：

『中國の自伝文學』創文社〈中國學芸叢書〉1996

『風呂で読む杜甫』世界思想社 1996 編訳著

『終南山の変容 中唐文學論集』研文出版 1999

『中國のアルバ 系譜の詩學』汲古書院〈汲古選書〉2003

『中國古典文學彷徨』研文出版〈研文選書〉2008

『白楽天 官と隠のはざまで』岩波新書 2010

『中國の恋のうた「詩経」から李商隠まで』岩波書店〈岩波セミナーブックス〉2011

『杜甫』岩波新書 2012

『隋書経籍志詳攷』興膳宏共著 汲古書院 1995

『中唐文學の視角』松本肇共編 創文社 1998

『中國の文學史觀』（編著）創文社 2002

『中國文學研究文献要覽古典文學 1978—2007』（監修）日外アソシエーツ 2008

公元 1989 年

一、大事记

1. 第四十一届日本中国学会在大谷大学召开，第三十四届"国际东方学者会议"召开。斯文会举办第八十三届孔子祭典活动。

2. 榎一雄（えのき　かずお、1913—1989）去世。

二、书（文）目录

1. 日本儒教史（《日本儒教史》），市川本太郎（著），汲古書院、東京；東亜學術研究会，1989.7—1995.10

2. 山の神：易 五行と日本の原始蛇信仰（《山之神：〈易〉〈五行〉与日本的原始蛇信仰》），吉野裕子（著），人文書院刊

3. 中國古代の祭礼と歌謠（《中国古代的祭礼与歌谣》），グラネ（著），内田智雄（译），平凡社、東京

4. 詩経・楚辞（《〈诗经〉〈楚辞〉》），牧角悦子、福島吉彦（著），角川書店、東京；小川環樹、本田済監修；鑑賞中國の古典；第 11 巻

5. 周禮注疏（《〈周礼〉注疏》），（清）阮元（校），京都中文出版社、東京；十三經注疏附校勘記；第三版

6. 周禮索引（《〈周礼〉索引》），野間文史（編），福岡中國書店、福岡

7. 孔家秘話：孔子七十七代の子孫が語る（《孔家秘话：孔子七十七代孙之语》），孔德懋（述）、柯蘭（记）、相川勝衛（译），大修館書店刊、東京

8. 孔子：日本人にとって『論語』とは何か（《孔子：日本人的〈论语〉》），山本七平（著），プレジデント社刊、東京

9. 孔子（《孔子》），井上靖（著），新潮社刊、東京

10. 津田左右吉全集：第1巻（《津田左右吉全集：第1卷》）岩波書店刊、東京；付録

11. 日本の孔子廟と孔子像（《日本孔子庙与孔子像》），鈴木三八男（著），斯文会、東京

12. 人間孔子（《人间孔子》），李長之（著），守屋洋（译），徳間書店刊、東京；徳間文庫；652—2

13. マンガ孔子の思想（《漫画孔子思想》），蔡志忠作画、和田武司、胎中千鶴（译），講談社刊、東京

14. 論語は問いかける：孔子との対話（《〈论语〉问答：与孔子对话》），H. フィンガレット著；山本和人（译），平凡社刊、東京

15. 論語の講義（《〈论语〉讲义》），諸橋轍次（著），大修館書店刊、東京

16. 古今役者論語魁（《古今演员论语魁》），近仁斎薪翁（編），東京大學総合図書館、東京；写真印画；私家複製版

17. 古典のかが（《古典的价值》），諸橋轍次（著），大修館書店刊、東京；諸橋轍次選書；6

18. 現代に生きる論語（《现代〈论语〉》），岡田武彦、熊谷八州男（著），文言社刊、東京

19. 口語訳・論語：現実を生きるための書（《口语译〈论语〉：现实生存之书》），純丘綺、樹玄静輝（著），JICC出版局、東京；別冊宝島；96

20. 論語の人間學：人間と知恵とを語り尽す（《〈论语〉的人间学：说尽人间智慧》），守屋洋（著），プレジデント社刊、東京

21. 論語名言集：中國古典の不滅の知恵（《〈论语〉名言集：中国古典不灭的智慧》），村山吉広（著），永岡書店刊、東京；ビジネス選書；8

22.「民國初期の文化と社會」班報告論文合集：京都大學人文科學研究所共同研究（《"民国初期的文化与社会"研讨班报告论文集：京都大学人文科学研究所共同研究》），人文學会（編），東方學報、京都；第61冊 別刷

23. 儒教ルネッサンス：アジア経済発展の源泉（《儒学复兴：亚洲经济发展的源泉》），レジ・リトル，ウォーレン・リード（著），池田俊一（译），サイマル出版会、東京

24. 中國象徵詩學としての神韻説の発展；國學興起の背景としての近世日本儒學（《中国象征诗学的神韵说之发展：作为国学兴起背景的近世日本儒学》），太田青丘（著），桜楓社、東京；太田青丘著，第3卷

25. 中國書籍総目録・内部発行編（《中国书籍总目录・内部发行编》），中國版本図書館（编），不二出版、東京；復刻版

26. 中國歷代詩歌選集（《中国历代诗歌选集》），福田稔（编），丘書房、三鷹

27. 中國五千年（《中国五千年》），陳舜臣（著），講談社、東京；講談社文庫

28. 中國史籍解題辞典（《中国史籍解题辞典》），神田信夫、山根幸夫（编），燎原書店、東京

29. 蘇軾・陸游（《苏轼、陆游》），村上哲見、浅見洋二（著），角川書店、東京；鑑賞中國の古典／小川環樹，本田済監修，第21卷

三、备注

1. 本年度日本文部省对中国经典文化研究的资助立项：

中国周边民族的中国文化接受及相伴的汉化研究[中國周辺民族による中國文化の受容、及びそれに伴う中國化（漢化）についての研究]，负责人：川本芳昭。

中国历史上的正统与异端（中國史における正統と異端），负责人：安藤正士。

日本对于中国山水画的接受问题：特别是以渐派系绘画的影响（日本における中國山水画受容の問題－特に漸派系絵画の影響について），负责人：横田忠司。

中国语学史的综合研究：言语观念及研究活动的展开为轴（中國語學史の総合的研究－言語観・研究活動の展開を軸として），负责人：大島正二。

中国佛教金石学的基础研究（中國仏教金石學の基礎的研究），负责人：石田肇。

新出土资料为中心的中国古代兵学思想史的基础研究（新出土資料を中心

とした中國古代兵學思想史の基礎的研究），负责人：湯浅邦弘。

八、九世纪木雕像的再探讨：中国样式的接受与传播为视点（八・九世紀木彫像の再検討—中國樣式の受容と伝播という視点から），负责人：長岡龍作。

中国古代史料的文献学研究：《国语》《战国策》为中心（中國古代史料の文獻學的研究—『國語』・『戰國策』を中心に），负责人：吉本道雅。

唐宋变革期的中国的地方统治（唐宋變革期中國における地方統治），负责人：辻正博。

中国辽东半岛四平山积石冢研究（中國遼東半島四平山積石塚の研究），负责人：宮本一夫。

前近代中国的法制与社会（前近代中國における法制と社會），负责人：梅原郁。

2. 二玄社（にげんしゃ，英称 Nigensha Co，Ltd），创立于 1955 年，专门从事与东洋相关的书画复制、影印和出版。中国大陆和台湾等地的书法和绘画，多由其在日本出版发行。代表丛书之一就是其 1987—1991 年刊行的 60 卷 "中国碑文丛书"，具体目次如下（按照出版顺序）：

『九成宮醴泉銘』：唐　歐陽詢 [筆]〈中國法書選 31〉1987.11

『集字聖教序』：東晋 王羲之 [筆]〈中國法書選 16〉1987.11

『礼器碑』：後漢〈中國法書選 5〉1987.12

『雁塔聖教序』：唐 褚遂良 [筆]〈中國法書選 34〉1987.12

『孔子廟堂碑』：唐 虞世南 [筆]〈中國法書選 32〉1988.1

『張猛龍碑』：北魏〈中國法書選 23〉1988.1

『書譜』：唐 孫過庭 [筆]〈中國法書選 38〉1988.2

『関中本千字文』：隋 智永 [筆]〈中國法書選 28〉1988.2

『曹全碑』：後漢〈中國法書選 8〉1988.3

『孟法師碑』：唐 褚遂良 [筆]〈中國法書選 33〉1988.3

『興福寺断碑』：東晋 王羲之 [筆]〈中國法書選 17〉1988.4

『多宝塔碑』：唐 顔真卿 [筆]〈中國法書選 40〉1988.4

『蘭亭叙』[五種]：東晋 王羲之 [筆]〈中國法書選 15〉1988.5

『化度寺碑・温彦博碑』：唐 歐陽詢 [筆]〈中國法書選 30〉1988.5

『十七帖「二種」』:東晉 王羲之 [筆]〈中國法書選 14〉1988.6

『真草千字文』:隋 智永 [筆]〈中國法書選 27〉1988.6

『祭姪文稿・祭伯文稿・争坐位文稿』:唐 顏真卿 [筆]〈中國法書選 41〉1988.7

『石鼓文・泰山刻石』:周・秦〈中國法書選 2〉1988.7

『李思訓碑』:唐 李邕 [筆]〈中國法書選 39〉1988.8

『鄭羲下碑』:北魏 鄭道昭 [筆]〈中國法書選 22〉1988.8

『龍門二十品』:北魏〈中國法書選 20-21 上,下〉1988.9

『玄秘塔碑』:唐 柳公權 [筆]〈中國法書選 45〉1988.10

『道因法師碑・泉男生墓誌銘』:唐 欧陽通 [筆]〈中國法書選 37〉1988.10

『顏勤礼碑』:唐 顏真卿 [著]〈中國法書選 42〉1988.11

『米芾集』:宋〈中國法書選 48〉1988.11

『蘇軾集』:宋〈中國法書選 46〉1988.12

『草書千字文「二種」』:唐 懷素 [筆]〈中國法書選 44〉1988.12

『史晨前碑・史晨後碑』:後漢〈中國法書選 6〉1989.2

『黃庭堅集』:宋〈中國法書選 47〉1989.3

『皇甫誕碑』:唐 欧陽詢 [筆]〈中國法書選 47〉1989.4

『自叙帖』:唐 懷素 [筆]〈中國法書選 43〉1989.5

『乙瑛碑』:後漢〈中國法書選 4〉1989.6

『王獻之尺牘集』:東晉〈中國法書選 18〉1989.7

『墓誌銘集』〈中國法書選 25-26 上 北魏,下 北魏・隋〉1989.8

『文徵明集』:明〈中國法書選 50〉1989.9

『褚遂良法帖集』:唐 褚遂良 [筆]〈中國法書選 35〉1989.9

『董其昌集』:明〈中國法書選 51〉1989.10

『西狹頌』:後漢〈中國法書選 7〉1989.10

『張瑞図集』:明〈中國法書選 52〉1989.11

『爨宝子碑・爨龍顏碑』:東晉・劉宋〈中國法書選 19〉1989.11

『王鐸集』:明〈中國法書選 53〉1989.12

『晉祠銘・温泉銘』:唐太宗〈中國法書選 36〉1989.12

『吳昌碩集』：清〈中國法書選60〉1990.2

『魏晉唐小楷集』：魏・晉・唐〈中國法書選11〉1990.3

『張遷碑』：後漢〈中國法書選9〉1990.3

『高貞碑』：北魏〈中國法書選24〉1990.4

『何紹基集』：清〈中國法書選57〉1990.4

『傅山集』：明 傅山 [筆]〈中國法書選55〉1990.5

『鄧石如集』：清 鄧石如 [筆]〈中國法書選56〉1990.5

『趙之謙集』：清 趙之謙 [筆]〈中國法書選59〉1990.6

『倪元璐集』：明 倪元璐 [筆]〈中國法書選54〉1990.6

『吳熙載集』：清 吳熙載 [筆]〈中國法書選58〉1990.7

『木簡・竹簡・帛書』：戰國・秦・漢・晉〈中國法書選10〉1990.10

『甲骨文・金文』：殷・周・列國〈中國法書選1〉1990.11

『王羲之尺牘集』：東晉 王羲之 [筆]〈中國法書選12-13 上，下〉1990

『中國法書選・中國法書ガイド総索引』1991.1

3. 榎一雄（えのき かずお，1913—1989），生于兵库县神户市。日本东洋史学家。毕业于东京帝国大学文学部史学科，曾任东京大学教授，东洋文库理事长。东京文献学派第二代的代表性学者。

榎一雄于1937年3月从东京帝国大学文学部东洋史学科毕业后，进入东京的财团法人东洋文库工作，给东洋文库理事兼研究部长白鸟库吉当助手。白鸟库吉去世后，榎一雄于1943年9月担任母校东京帝国大学文学部讲师。第二次世界大战结束后，榎一雄从1947年4月起担任东洋文库研究员，从1948年5月起担任东京大学（东京帝国大学于1947年10月改名东京大学）文学部助理教授。1955年1月升任东京大学文学部东洋史学教授，1957年6月担任东洋文库研究部长。

1960年12月，榎一雄被任命为财团法人东洋文库专务理事，1970年11月至1974年3月代理东洋文库理事长。1974年4月，榎一雄从东京大学教授职位上退休，随后就任国立国会图书馆支部东洋文库长，1974年5月获东京大学名誉教授称号，1979年11月第二次代理东洋文库理事长，1984年9月辞去国立国会图书馆支部东洋文库长一职。1985年6月，榎一雄被选为东洋文库理事长，这是东洋文库的最高领导职位。1986年3月，榎一雄辞去东洋文库研究部长职务，1987 年 3 月又辞去东洋文库图书部长职务。1989 年 11 月 5 日下午，榎一雄突发虚血性心力衰竭，在家中病逝，终年 76 岁。

主要著作集结在其 13 卷本的《榎一雄著作集》(『榎一雄著作集』全 13 卷，汲古書院，1992—1998）之中。

4. 浅见洋二（あさみ ようじ，1960—　　），日本崎玉县人，大阪大学大学院文学研究科中国文学专业教授，研究中国古典文学，尤其是唐宋时代的诗论。

本年度与村上哲见合作出版了《苏轼·陆游》(角川書店、東京；『鑑賞中國の古典』，小川環樹，本田済監修，第 21 卷）。

1985 年毕业于东北大学大学院文学研究科博士前期课程中国学专业，获文学硕士。历任东北大学助教，山口大学助教、讲师、副教授，大阪大学副教授，2003 年至 2004 年任美国哈佛燕京学社访问学者。

另有著作:《中国的诗学认识：从中世到近世的转换》(『中國の詩學認識：中世から近世への転換』，創文社，2008）、《距离与想象：中国诗学的唐宋转型》(上海古籍出版社，2005）、《苏轼、陆游》(『蘇軾·陸遊』，合著，角川书店，1989）、《现代中国诗集》(『現代中國詩集』，合著，思潮社，1996）等。

此外，还发表了《晚唐五代诗词中的风景与绘画》(『閨房のなかの山水，あるいは瀟湘について：晚唐五代詞における風景と絵画』，唐代文學研究第 3 輯，1992）、《李商隐的咏物诗》(『李商隱の詠物詩』，集刊東洋學 54，1985）、《论李商隐的咏史诗》(『商隱の詠史詩について』，文化 50，1987）、《初盛唐诗中的风景与绘画》(『初盛唐詩における風景と絵画』，山口大學文學会志 42，1991）、《中晚唐诗中的风景与绘画》(『中晚唐詩における風景と絵画』，日本中國學会報 44，1992）等多篇学术论文。

5. 金文京（きん ぶんきょう，1952—　　），中国文学研究者，京都大学文学研究科教授。

庆应义塾大学文学部毕业，京都大学大学院中国语学文学专业博士课程修满退学。庆应义塾大学副教授，京都大学人文科学研究所教授、所长。2001 年以《汉文与东亚》(『漢文と東アジア』）获得角川财团学艺奖。

本年度出版专著:《鉴赏中国的古典 第 23 卷 中国小说》(『鑑賞中國の古典 第 23 卷 中國小説選』，角川書店）。

主要作品：

『鑑賞中國の古典 第 23 巻 中國小説選』角川書店 1989

『教養のための中國語』大修館書店 1991

『三國志演義の世界』東方書店 1993 東方選書

『三國志の世界 後漢三國時代』（中國の歴史）講談社 2005

『漢文と東アジア 訓読の文化圏』岩波新書 2010

『能と京劇 日中比較演劇論』國際高等研究所 2011

『水戸黄門「漫遊」考』講談社學術文庫 2012

『李白 漂泊の詩人 その夢と現実』岩波書店 2012

公元 1990 年

一、大事记

1. 第四十二届日本中国学会在驹泽大学召开，第三十五届"国际东方学者会议"召开。斯文会举办第八十四届孔子祭典活动。

2.《中国哲学研究》创刊，发行至今。该刊由东京大学中国哲学研究会主办。

二、书（文）目录

1.『儒教文化圏』の経済と社会：昭和 62 年度・昭和 63 年度・平成元年度研究実績報告書：文部省科學研究費重点領域研究「東アジア比較研究」(《"儒教文化圏"的经济与社会：昭和 62 年、昭和 63 年、平成元年年度研究实绩报告书：文部省科学研究经费赞助重点领域研究》)，飯田経夫（代表），出版项不明

2. 儒教とは何か（《何为儒学》），加地伸行（著），中央公論社、東京；中公新書，989

3. 東西文明を結ぶ新しい易の世界（《东西文明的连接：新的〈易〉世界》），

白上一空軒（著），中野出版企画刊、広島

4．詩経國風(《〈诗经〉国风》)，白川靜（译注），平凡社、東京；東洋文庫；518

5．詩経（《诗经》），海音寺潮五郎（译），中央公論社、東京；中公文庫

6．孔子（《孔子》），金谷治（译注），講談社刊、東京；講談社刊學術文庫

7．入門論語の読み方：人間孔子の魅力と論語に學ぶ人生の知恵(《入门〈论语〉的读法：孔子的魅力与〈论语〉中的人生智慧》)，村山孚（著），日本実業出版社刊、東京；エスカルゴ・ブックス

8．如是我聞孔子伝（《如是我闻孔子传》），諸橋轍次（著），大修館書店刊、東京；上，下

9．論語一日一話：孔子に學ぶ人生の知恵（《〈论语〉一日一话：向孔子学习人生的智慧》），松本一男（著），PHP研究所、東京；PHP business library

10．孔子と教育：「好學」とフィロソフィア(《孔子与教育："好学"与哲学》)，俵木浩太郎（著），みすず書房、東京

11．論語細讀（《〈论语〉细读》），深津胤房（著），深津胤房、東京

12．近世日本の儒教と文化（《近世日本的儒教与文化》），衣笠安喜（著），思文閣出版、京都；思文閣史學叢書

13．哲學としての論語十五章（《作为哲学的〈论语〉十五章》），松川健二（著），響文社刊、札幌

14．論語を読む：現代の人間學を求めて（《读〈论语〉：现代人的人间学》），伊藤利朗（著），かんき出版、東京

15．論語集註（《〈论语〉集注》），真田但馬、吹野安（编），笠間書院、東京

16．論語注疏（《〈论语〉注疏》），森野繁夫（编），白帝社刊、東京

17．中國の歷史（《中国的历史》），陳舜臣（著），講談社、東京；講談社文庫；1990—2007

18．中國畸人伝（《中国奇人传》），陳舜臣（著），新潮社、東京；新潮文庫，ち—1—5

19．木簡・竹簡・帛書：戰國・秦・漢・晋(《木简・竹简・帛书：战国・秦・汉・晋》)，二玄社；中國法書ガイド，10

20．酒仙たちの心（《酒仙们的心》），田川純三（著），世界文化社、東京；

中國漢詩心の旅／田川純三執筆，1

21. 中國文學における孤独感（《中国文学中的孤独感》），斯波六郎（著），岩波書店、東京；岩波文庫，33（青）—180—1

22. 中國學論集：沼尻博士退休記念（《中国学论集：沼尻博士六十纪念》），沼尻正隆先生古稀紀念事業會（編），沼尻正隆先生古稀紀念事業會、東京

23. 中國道教の現狀：道士・道協・道観（《中国道教的现状：道士、道协、道观》），蜂屋邦夫（編），東京大學東洋文化研究所、東京；東京大學東洋文化研究所報告）（東洋文化研究所叢刊／東京大學東洋文化研究所編，第10輯）

24. 近代中國の國際的契機：朝貢貿易システムと近代アジア（《近代中国的国际契机：朝贡贸易体系与近代亚洲》），浜下武志（著），東京大學出版会、東京

25. 朱子學的思惟：中國思想史における伝統と革新（《朱子学的思维：中国思想史的传统与革新》），有田和夫、大島晃（編），汲古書院、東京

三、备注

1. 本年度日本文部省对中国经典文化研究的资助立项：

中国中世老子经类书的形成（中國中世における老子経類の形成について），负责人：前田繁樹。

中国初期农耕文化的研究（中國における初期農耕文化の研究），负责人：渡辺芳郎。

中国近现代戏曲史的基础研究（中國近現代戲曲史の基礎的研究），负责人：松浦恒夫。

"流行神"的形成及其展开相关的实证研究：中国地方的事例为中心（「流行神」の形成とその展開に関する実証的研究―中國地方の事例を中心に），负责人：鈴木岩弓。

中国基督教传道史的研究（中國キリスト教伝道史の研究），负责人：吉田寅。

中国思想史基础范畴的体系研究（中國思想史基礎範疇の体系的研究），负

责人：沟口雄三。

旧中国的地域社会与特质（旧中國における地域社会の特質），负责人：森正夫。

出土文物为基础的中国古代社会的地域研究（出土文物による中國古代社会の地域的研究），负责人：牧野修二。

中国地方旧石器文化的编年及生活地研究（中國地方旧石器文化の編年と生活地の研究），负责人：稻田孝司。

2. 滨下武志（はました たけし，1943— ），本年度出版《近代中国的国际契机：朝贡贸易体系与近代亚洲》（『近代中國の國際的契機：朝貢貿易システムと近代アジア』）一书，系统阐述了其有关近代之前的以中国为中心的朝贡贸易体系相关见解，奠定了其一流汉学家的地位。

滨下武志，日本著名的历史学家、汉学家，曾在东京大学、京都大学和龙谷大学等担任教授，现任中山大学亚太研究院院长。1943年出生于日本静冈市，1972年毕业于东京大学文学部东洋史专业，1974年硕士毕业，并攻读博士学位。1979年到一桥大学经济学部任教，先后担任专职讲师、副教授。1982年转到东京大学东洋文化研究所，历任副教授、教授、所长、东大评议员、东洋学文献中心长等。2000年又被京都大学东南亚研究中心聘为教授。2006年被龙谷大学聘为教授，同年，受聘中山大学历史系全职教授。2008年3月至今担任中山大学亚太研究院院长。

其主要研究领域为中国社会经济史、东亚经济史、东南亚华侨华人史等，围绕中国和亚洲纳入世界经济探讨了许多关键性的问题，包括从海洋的视角透视中国、亚洲和世界经济，亚洲的内部贸易，中国的国家财政和朝贡贸易体系，银行和金融，海关等。在东亚区域秩序的背景中，继而在欧洲—美洲—亚洲贸易和金融秩序更大的框架内，重新诠释了中国的位置。

滨下武志著述宏富，主要有《中国近代经济史研究：清末海关财政与通商口岸市场圈》（『中國近代經濟史研究：清末海關財政と開港場市場圈』，汲古书院，1989）、《朝贡体系与近代亚洲》（『朝貢システムと近代アジア』，岩波书店，1997）等。

3. 蜂屋邦夫（はちや くにお，1938— ），中国思想史的研究者，东京大学名誉教授。本年度发表研究报告书《中国道教的现状：道士、道协、道理》。

1963 年在东京大学教养学部毕业，1974 年任助理教授，1987 年任教授，1993 年以《金代道教研究：王重阳与马丹阳》(「金代道教の研究 —王重陽と馬丹陽」) 获文学博士学位，1999 年退官，并任大东文化大学教授。2009 年退职。专业研究领域为老庄和道教思想。主要代表作：

『中國の思惟』法藏館 1985、「中國的思考」講談社學術文庫 2001

『老莊を読む』講談社現代新書 1987

『金代道教の研究 王重陽と馬丹陽』汲古書院 1992

『中國の不思議な物語 夢と幻想・寓意譚』同文書院 1993

『中國思想とは何だろうか』河出書房新社 1996、オンデマンド版 2006

『孔子 中國の知的源流』講談社現代新書 1997

『金元時代の道教 七眞研究』汲古書院 1998

『莊子＝超俗の境へ』講談社選書メチエ 2002

『図解雜學老子』ナツメ社入門書 2006

公元 1991 年

一、大事记

1. 第四十三届日本中国学会在神户大学召开，第三十六届"国际东方学者会议"召开。斯文会举办第八十五届孔子祭典活动。
2.《中国史学》(『中國史學』) 创刊，发行至今。该刊由中国史学会主办。
3. 井上靖 (いのうえ やすし，1907—1991) 去世。

二、书（文）目录

1. 儒教ルネッサンスを考える (《对儒学复兴的思考》)，溝口雄三、中嶋嶺雄 (编著)，大修館書店、東京

2. 儒家思想と教育：教育の歴史と哲學と思想と（《儒教思想与教育：教育的历史与哲学及思想》），鍾清漢（著），成文堂、東京

3. 易總説（《〈易〉总说》），今井勇（著），中尾書店刊、大阪

4. 詩経字典（《〈诗经〉字典》），高橋公麿（著），萬葉學舎、東京

5. 詩経（《诗经》），目加田誠（著），講談社、東京；講談社學術文庫；953

6. 孔子画伝：聖蹟図にみる孔子流浪の生涯と教え（《孔子画传：圣迹图所见的孔子流浪生涯》），加地伸行（著），集英社刊、東京

7. 孔子伝（《孔子传》），白川静（著），中央公論社刊、東京；中公文庫

8. 天と地と人・孔子（《天地人・孔子》），林大幹（著），立花書房、東京

9. 日中比較文學上の「孔子」（《中日比较文学上的"孔子"》），徳田進（著），ゆまに書房、東京

10. 孔子：時を越えて新しく（《孔子：历久弥新》），加地伸行（著），集英社刊、東京；集英社刊文庫

11. いどばた論語（《民间〈论语〉》），邱永漢（著），実業之日本社刊版、東京；邱永漢ベスト・シリーズ；6

12. 九州の儒者たち：儒學の系譜を訪ねて（《九州的儒学者：儒学谱系的寻访》），西村天囚（著）、菰口治（校注），海鳥社、福岡；海鳥ブックス，9

13. 論語（《论语》），金谷治（译注），岩波書店刊、東京；ワイド版岩波文庫；6

14. 論語（《论语》），樽本樹邨（著），同朋舎出版、東京；実作する古典；7

15. 論語の散歩道（《〈论语〉散步之道》），重沢俊郎（著），日中出版、東京；新装版

16. 論語を楽しむ：己れを生かし、人を生かす書（《享受〈论语〉：乐己助人之书》），平澤興（讲义），関西師友協会、大阪

17. 論語正義源流私攷（《〈论语〉正义源流私考》），野間文史（著），広島大學文學部、広島；広島大學文學部紀要.特輯号；広島大學文學部；第51卷特輯号1

18. 日中文化研究（《中日文化研究》），大林太良（編），勉誠社、東京；1991.4—1999.3，共十六冊

19. 中國思想と書誌學: 吉沢秀則先生還暦記念論文集（《中国思想与书志学: 吉沢秀則先生六十纪念论文集》），吉沢秀則（著），吉沢秀則先生還暦記念論文集刊行会、京都

20. 故宮博物院秘宝物語: 中國四千年の心をもとめて（《故宫博物院秘宝物语: 中国四千年之精华》），古屋奎二（著），淡交社、京都

21. 中國歷代家訓選（《中国历代家训选》），永井義男（编译），德間書店、東京

22. 日本と中國楽しい民俗學（《日本与中国欢乐民俗学》），賈蕙萱、春日嘉一（著），社会評論社、東京

23. 日本・中國の宗教文化の研究（《日本与中国的宗教文化研究》），酒井忠夫、福井文雅、山田利明（编），平河出版社、東京

24. 中國傑物伝（《中国杰出人物传》），陳舜臣（著），中央公論社、東京

25. 中國音楽再発見（《中国音乐再发现》），瀧遼一（著），第一書房、東京; Academic series new Asia, 3, 6—7. 瀧遼一著作集／瀧遼一著 ‖ タキ リョウイチ チョサクシュウ；1—3，1991.7—1992.9

三、备注

1. 本年度日本文部省对中国经典文化研究的资助立项:

中国汉代碑形式的变迁及古代说话的融合考察（中國漢代碑碣形式の変遷と古代説話の融合に関する一考察），负责人: 岡村浩。

中国社会的道教礼仪的历史研究（中國社会における道教儀礼の歴史的研究），负责人: 丸山宏。

纪元前3000年前后的东中国海岸的地域玉器交流及背景（紀元前3000年前後の東中國海沿岸地域における玉器の交流とその背景），负责人: 岡村秀典。

中国新出土文字资料的基础性研究（中國新出土文字資料の基礎的研究），负责人: 福田哲之。

中国出土文字资料的基础研究（中國出土文字資料の基礎的研究），负责人: 永田英正。

中国士大夫的趣味与生活（中國士大夫の趣味と生活），负责人：花登正宏。

古代中国齐文化基础性研究：《管子》为中心（古代中國における齐文化の基礎的研究—『管子』を中心として），负责人：谷中信一。

中国现代文学研究者的"西洋文化"接受与"传统文化"观的研究（中國現代文學者における「西洋文化」受容と「伝統文化」観に関する研究），负责人：斉藤敏康。

2. 陈舜臣（ちん しゅんちん，1924—2015），日本著名文学创作者，以中国历史小说的创作最为著名，开创了日本的中国历史小说创作之流，在他之后田中芳树、宫城谷昌光、酒见贤一、冢本青史等众多日本籍"中国历史小说作家"陆续出现。

陈舜臣，中国台湾裔日本人，出生于神户市，本籍中国台湾台北。在神户发迹，毕业于大阪外事专门学校（现大阪外国语大学）印度语专门科。陈舜臣于1990年取得日本国籍，1996年（平成八年）成为日本艺术院会员。1998年受章勋三等瑞宝章。

据日本国立情报学研究所（CINII 数据）检索可知，自1961年起，其作品已经出版（含再版）584部之多。几乎每年都有数种出版或再版，以小说创作、访谈等现代媒介和社会活动等方式与形式传播着中国的历史与文化。

代表作有《鸦片战争》（『阿片戰争』）、《太平天国》（『太平天國』）、《秘本三国志》（『秘本三國志』）、《小说十八史略》（『小説十八史略』）等。

全集作品：

『陳舜臣全集』（全27卷）講談社 1986—1988年

『陳舜臣中國ライブラリー』（全30卷·別卷1）集英社 1999—2001年

『陳舜臣中國歷史短編集』（全5卷）中央公論新社 2000年

陈舜臣的小说在国内已出版上百部，其中代表作《小说十八史略》由新星出版社于2010年1月出版，其前言中有如下表述："中国历史是一枚古币，正面是《资治通鉴》，反面就是《十八史略》。《十八史略》是一部被中国人遗忘了四百余年的史学著作，它由宋代学者曾先之撰写，成书于元朝，有明一代成为史学畅销书。后来传入日本，曾被采用为教科书，至今仍是日本人阅读最多的历史书。陈舜臣以《十八史略》为底本，以独特的史家眼光和鲜活的小说笔法重新改写。"

3. 井上靖（いのうえ　やすし，1907—1991），是日本当代著名作家、评论家和诗人。担任日本艺术院会员，日本中国文化交流协会常任顾问，日本文化财产保护委员会委员，日本文艺家协会前理事长，日中古代文化交流史和中国古代史研究家，日中友好社会活动家。

1926年其在静冈县立沼津中学毕业，在武者小路实笃等人的影响下转向文学。1930年进入九州帝国大学学习，加入诗刊《焰》社。1932年从九州帝国大学转入京都帝国大学哲学科美学专业。1935年放弃毕业考试，入《每日新闻》社任记者。1937年应征加入陆军，驻中国华北。1938年退伍，继续从事新闻工作。1946年任《每日新闻》社学艺部部长，1950年以小说《斗牛》获芥川奖，1951年退出《每日新闻》社，成为专业作家。1955年任芥川奖选考委员会委员。1957年发表描述古代日中文化交流友好历史的中篇小说《天平之甍》，被誉为井上文学的代表作品之一。同年10月访问中国。1958年以《天平之甍》获日本艺术选奖，并获日本文部大臣奖。同年发表描写古代中国与西域关系的小说《楼兰》。1959年又发表小说《敦煌》《河口》。1960年以《楼兰》《敦煌》两部小说获每日艺术大奖。同年开始编辑《井上靖文库》，共26卷。1961年发表据《元朝秘史》创作的小说《苍狼之争》。同年与龟井胜一郎等访问中国，回国后又发表小说《补陀落渡海记》，获第14届野间文艺奖。

1964年起任日本艺术院会员。1965年赴中亚细亚考察"丝绸之路"。1969—1972年任日本文艺家协会理事长。1972年任川端康成纪念会理事长。1974年赴中国访问，同年任日中文化交流协会常任理事、日本文化财产保护委员会委员。1975年任日本作家代表团团长访华，1976年获文化勋章，1977年和1978年几度访问中国。1979年任中日文化交流协会常任顾问。

主要全集作品：

『井上靖文庫』全26巻　新潮社　1960—1963

『井上靖小説全集』全30巻　新潮社　1972—1974

『井上靖全集』全28巻（監修：司馬遼太郎・大岡信・大江健三郎）新潮社　1995—1997

『井上靖歴史小説集』全11巻　岩波書店　1981—1982

『井上靖歴史紀行文集』全4巻　岩波書店　1992

『井上靖短篇集』全 6 卷 岩波書店 1998

『井上靖エッセイ全集』全 10 卷 學習研究社 1983—1984

『井上靖自伝的小説集』全 5 卷 學習研究社 1985

公元 1992 年

一、大事记

第四十四届日本中国学会在东京学艺大学召开，第三十七届"国际东方学者会议"召开。斯文会举办第八十六届孔子祭典活动。

二、书（文）目录

1. 洛書発見：易六十四卦の謎から明らかにされた中國古代思想体系（《洛书发现：〈易〉六十四卦之谜解开之后的中国古代思想体系》），林慶信（著），林慶信自刊、名古屋；聖人達の遺言 3

2. 易の世界：占い 社会思想（《〈易〉的世界：占卜社会思想》），井澤彌男（著），創造社刊、東京

3. 儒教三千年（《儒教三千年》），陳舜臣（著），朝日新聞、東京

4. 詩経研究文獻目録（《〈诗经〉研究文献目录》），村山吉広、江口尚純（編），汲古書院、東京

5. 毛詩鄭箋（《〈毛诗〉郑笺》），鄭玄（箋），米山寅太郎（解題），汲古書院、東京；古典研究会叢書；漢籍之部 1—3）；静嘉堂文庫蔵写本『毛詩 20 卷』の影印

6. 孔子：人間、どこまで大きくなれるか（《孔子：人，伟大何处？》），渋沢栄一（著），三笠書房、東京

7. 論語と算盤（《〈论语〉与算盘》），渋沢栄一（述），梶山彬（編），大和出版、東京；創業者を読む；1

8.『孔子』への道: 晩年の井上靖先生（《通往"孔子"之道: 晩年的井上靖先生》），山川泰夫（著），講談社刊出版、東京

9. 孔子の原郷（ふるさと）四千年展: 山東省文物（《孔子故乡四千年展: 山东省文物》），古代オリエント博物館等（編），旭通信社刊、東京

10. 孔子廟堂刊碑二種（《孔子庙堂刊碑两种》），秦公等（編），同朋舎出版、東京; 中國石刻大観; 精粹篇 22

11. 孔子・孟子に関する文献目録（《孔子・孟子相关文献目录》），瀬尾邦雄（著），白帝社刊、東京

12. シャカ・孔子・始皇帝: 東洋の古代文明（《释迦、孔子、始皇帝: 东洋的古代文明》），木村尚三郎（監修），ぎょうせい、東京; 世界歴史人物なぜなぜ事典: 2

13. 良識の聖人: 孔子（《良识的圣人: 孔子》），水木ひろかず（著），人と文化社刊、東京; 叢書・人と文化 11

14. 欄外書類（《栏外书类》），佐藤一斎（著），明徳出版社刊、東京; 版 12; 佐藤一斎全集，岡田武彦監修; 第 4—8 巻

15. 役者論語評註（《演员〈论语〉评注》），今尾哲也（著），玉川大學出版部、町田; 版 11; 八文舎自笑（3 世）（編）

16. ママさん論語: 心豊かな世紀をめざして（《主妇〈论语〉: 面向心灵丰富的世纪》），内田忠之（著），内田忠之、月夜野町

17.『論語』と日本人: 経済発展の根源をさぐる（《〈论语〉与日本人: 经济发展的根源》），伊東教夫（著），北樹出版、東京

18. 論語の世界（《〈论语〉的世界》），加地伸行（編），中央公論社刊、東京; 中公文庫

19. 日本の儒教（《日本的儒教》），相良亨（著），ぺりかん社、東京; 1992.1—1996.6; 相良亨著作集／相良亨著，1—2

20. 中國文化論叢（《中国文化论丛》），帝塚山學院大學中國文化研究会（主編），帝塚山學院大学中国文化研究会、大阪; 創刊发行至今

21. 中國の説話と古小説（《中国的说话与古代小说》），竹田晃（著），放送大學教育振興会、東京; 放送大學教材，55685—1—9211

22. 中國古代教育思想研究: 儒・墨教育思想の特質（《中国古代教育思想研究: 儒墨教育思想的特质》），洪祖顕（著）、東京

23. 日本中世禅林の儒學（《日本中世禅林的儒学》），久須本文雄（著），山喜房佛書林、東京

24. 林羅山・(附) 林鵝峰 [《林罗山・(附) 林鹅峰》]，宇野茂彦（著），明德出版社、東京；叢書・日本の思想家 儒學篇2

三、备注

1. 本年度日本文部省对中国经典文化研究的资助立项:

中国古代神话与道教的身体论研究（中國古代神話と道教の身体論的研究），负责人: 石田秀实。

日本现存中国书画家印章及鉴赏藏书印的研究（日本に現存する中國の書画家印・鑑蔵印の研究），负责人: 湊信幸。

中国华北的刻经事业综合研究: 以房山云居寺石经的研究为中心（中國河北における刻経事業の総合的研究—房山雲居寺石経を中心に），负责人: 気賀沢保規。

中国明清文人集出版及刻本相关的基础研究（中國明清期文人の文集出版とその和刻本に関する基礎的研究），负责人: 竹村則行。

中国福建地域的庭院桥及其社会史和比较史的研究（中國福建地域の屋根付橋（風雨橋・廊橋・屋蓋橋）に関する社会史的・比較史的研究），负责人: 三木聰。

近世中国、朝鲜和日本三国的《西游记》演剧的比较研究（近世における中國・朝鮮・日本三國の『西遊記』演劇の比較研究），负责人: 磯部彰。

《中国绘画综合图录》增订版制作所需的日本国内中国绘画调查（「中國絵画総合図録」増補改訂版制作のための日本國内の中國絵画調査），负责人: 戸田禎佑。

中国唐、北宋时代的道教思想基础研究: 其思想史的继续和展开（中國唐～北宋時代の道教思想の基礎的研究—その思想史的継続と展開），负责人: 山

田俊。

中国古代"气"的思想展开的基础研究：以《国语》为中心（中國古代における気の思想的展開の基礎的研究—『國語』を中心に），负责人：竹田健二。

六朝隋唐时代中国及吐鲁番盆地的葬送文书研究（六朝隋唐期の中國およびトルファン盆地における葬送文書の研究），负责人：浅見直一郎。

2. 本年度再版了已于1931年去世、被称为"日本企业之父""日本企业创办之王""日本资本主义之父""日本产业经济的最高指导者""儒家资本主义的代表"的涩泽荣一（しぶさわ えいいち，1840—1931）的代表作《〈论语〉与算盘》（『論語と算盤』初版1916），暗合了日本当时内在的精神焦虑和期待。与官家学派将儒学接受并改造成国权和天皇驭民之权术与工具不同，涩泽荣一将儒学与工商经营相联系，在经济界指导了日本资本主义与儒学的融通与合作。

3. 竹田晃（たけだ あきら，1930— ），中国文学研究家，东京大学教养部名誉教授。专业是六朝志怪小说和唐传奇研究。本年度出版其代表作之一的《中国的说话与古代小说》。

主要著作有：

『曹操 その行動と文學』評論社 1973 のち講談社學術文庫

『中國の幽霊 怪異を語る伝統』東京大學出版会 1980

『四字熟語・成句辞典』講談社，1990

『三國志の英傑』講談社現代新書，1990

『中國の説話と古小説』放送大學教育振興会，1992

『中國における小説の成立』放送大學教育振興会，1997

『中國小説史入門』岩波書店，2002

『三國志・歴史をつくった男たち』明治書院，2005

翻译作品：

『搜神記』干宝 平凡社・東洋文庫，1964 のち平凡社ライブラリー

『中國の古典 世説新語』劉義慶 學習研究社 1983

『中國幻想小説傑作集』白水Uブックス，1990

『新釈漢文大系 文選 文章篇』明治書院 1998—2001

『中國古典小説選』黒田真美子と共編 明治書院 2005—

公元 1993 年

一、大事记

1. 第四十五届日本中国学会在大阪大学召开，第三十八届"国际东方学者会议"召开。斯文会举办第八十七届孔子祭典活动。
2. 小川环树（おがわ たまき，1910—1993）去世。

二、书（文）目录

1. 仏教と儒教（《佛教与儒教》），荒木見悟（著），研文出版、東京；新版
2. 東洋大學中國哲學文學科紀要（《东洋大学中国哲学文学科纪要》），東洋大學文學部中國哲學文學科（主編），東洋大學文學部、東京；本年创刊，发行至今
3. 東アジアの儒教と近代：特集（《东亚儒教与近代化：特集》），子安宣邦（责任编辑），ぺりかん社、東京；季刊日本思想史／日本思想史懇話会編集，41
4. 孔子：人間一生の心得（《孔子：人间一生的心得》），渋沢栄一（著），三笠書房、東京
5. 孔子を語る（《话说孔子》），山下龍二（述），日本放送出版協会、東京；上，下；NHK こころをよむ
6. 孔子とその學問：永遠の心を求めて（《孔子及其学问：追寻永远的心》），林大幹（著），立花書房、東京
7. 孔子・孟子に関する文献目録（《孔子、孟子相关文献目录》），瀬尾邦雄（編），白帝社刊、東京；2 刷
8. 晩年の井上靖：「孔子」への道（《晚年的井上靖：通往"孔子"之道》），山川泰夫（著），求竜堂刊、東京
9. 論語：聖人の虚像と実像（《〈论语〉：圣人的虚像与实像》），駒田信二（著），岩波書店刊、東京；同時代ライブラリー；141

10. 論語（《论语》），宮崎市定（著），岩波書店刊、東京；宮崎市定全集；佐伯富［ほか］編纂委員；4

11. 論語講義：東洋思想研究（《〈论语〉讲义：东洋思想研究》），松村吉助（著），道会、東京

12. 論語集註大全，20卷（《〈论语〉集注大全，20卷》），胡広等（撰），汪増訂、吉村晉［秋陽］點；中文出版社刊、東京；上，下；和刻本四書大全；3，4

13. 論語と警察（《〈论语〉和警察》），清水熙康（著），展転社刊、東京

14.『論語』と日本企業：ビジネスに活きる孔子の人間學（《〈论语〉与日本企業：商業活用孔子人间学》），孔健（著），実業之日本社刊、東京

15.『論語』の教育論（《〈论语〉的教育论》），塚越喜一郎（著），筑波書林

16.『論語』の名言115選：孔子の人間の見方・人生の考え方（《〈论语〉的名言115选：孔子世界观及人生观》），堀秀彦編（著），大和出版、東京

17. 虞世南孔子廟堂刊碑（《虞世南孔子庙堂刊碑》），虞世南（书），佐野光一（编），天来書院、東京；古典で習う楷書；3

18. 道教と中國文化（《道教与中国文化》），葛兆光（著）、坂出祥伸、大形徹、戸崎哲彦、山本敏雄（译），東方書店、東京

19. 中國文化伝来事典（《中国文化传来事典》），寺尾善雄（著），河出書房新社、東京；1993.8—1999.1

20. 雲烟の國：風土から見た中國文化論（《云烟之国：风土看中国文化论》），合山究（著），東方書店、東京；東方選書，24

21. 中國文明（《中国文明》），宮崎市定（著），岩波書店、東京；宮崎市定全集／宮崎市定著；佐伯富［ほか］編纂委員，17

22. 教養の漢字學（《教养的汉字学》），阿辻哲次（著），大修館書店、東京

三、备注

1. 本年度日本文部省对中国经典文化研究的资助立项：

17世纪中国思想史像的再探讨（17世紀中國における思想史像の再検討），负责人：本間次彦。

日本华侨社会的中国传统文化构造及变容：以函馆市为例（日本華僑社会における中國傳統文化の構造と変容に関する研究—函館市を事例として），负责人：高橋晋一。

东南中国、台湾民间信仰相关的民族语汇集成制作的研究（東南中國、台湾の民間信仰に関わる民俗語彙集作成のための基礎研究），负责人：三尾裕子。

中国古代的情报传送体系（中國古代における情報伝達システム），负责人：大櫛敦弘。

中国先史时代的玉器制作技术（中國先史時代の玉器制作技術），负责人：岡村秀典。

中国歌辞文学的音谱资料及和本资料相关的基础研究（中國歌辞文學の音譜資料の記譜法及びその和本資料に関する基礎的研究），负责人：明木茂夫。

中国方言与地域文化（中国の方言と地域文化），负责人：平田昌司。

新出土资料为基础对于中国古代医学的研究：以张家山出土的汉简为中心（新出土資料による中國古代医學の研究—張家山出土漢簡を中心に），负责人：坂出祥伸。

中国知识分子的精神构造展开的历史研究（中國知識人の精神構造に展開についての史的研究），负责人：中嶋隆藏 → 三浦秀一。

中国花鸟画的图像学研究（中國花鳥画の図像學的研究），负责人：宮嵜法子。

中国山地的民俗形成和传播：以社会传承为中心（中國山地における民俗の形成と伝播—社会伝承を中心として），负责人：喜多村正。

中国少数民族文化持续性相关的基础性研究：新疆维吾尔自治区为中心（中國少数民族の文化的持続性に関する基礎的研究—新疆維吾爾自治区を中心に），负责人：丸山孝一。

冲绳民俗文化中的中国影响及接受和同化相关的比较民俗学研究（沖縄の民俗文化における中國的影響の受容と変容および同化に関する比較民俗學的研究），负责人：小熊誠。

中国古代共同体的变迁（中國古代における共同体の変遷），负责人：太田幸男。

中国少数民族的研究（中國少數民族の研究），负责人：神戸輝夫。

中国脸谱考（中國臉譜考），负责人：磯部祐子。

2. 阿辻哲次（あつじ てつじ，1951—　），日本的中国文学、汉语、中国文字文化史研究学者。京都大学研究生院人间·环境学研究学科教授。日本文化厅文化审议会国语分科会汉字小组委员会委员。2010 年负责《常用汉字》的选定。在古代文字学领域较为著名，研究方法为通过电脑、打字机等现代的技术为途径对古代汉字进行研究。

其作品有：

『教養の漢字學』大修館書店、1993

『漢字のベクトル』ちくまライブラリー　筑摩書房、1993

『漢字の字源』講談社現代新書、1994

『中國漢字紀行』あじあブックス　大修館書店、1998

『漢字の社会史—東洋文明を支えた文字の三千年』PHP 新書、1999

『漢字の知恵』ちくま新書、2003

『部首のはなし—漢字を解剖する』中公新書、2004

『近くて遠い中國語—日本人のカンちがい』中公新書、2006

『漢字を楽しむ』講談社現代新書、2008

『漢字の相談室』文春新書、2009

『漢字文化の源流　京大人気講義シリーズ』角川書店、2009

『漢字と日本人の暮らし』大修館書店、2010

『戦後日本漢字史』新潮選書、2010

『漢字の社会史　文明を支えた文字の三千年』吉川弘文館、2012

3. 富永一登（とみなが かずと，1949—　）本年度出版《先秦、两汉、三国辞赋索引》。

富永一登，中国古典学研究专家，现为广岛大学文学部大学院文学研究科教授。1972 年，广岛大学文学部文学科中国语中国文学专业毕业，1974 年获得文学硕士学位，1978 年获得文学博士学位。毕业后，先后在广岛县熊野高中、宇部工业高等专门学校、大阪教育大学等学校任职。1993 年 4 月 1 日至 1996 年 10 月 31 日，任广岛大学文学部副教授，1996 年 11 月成为教授。

富永一登专门研究中国的六朝和唐代文学，尤其是以《文选》（李善注）、六朝志怪小说和唐代传奇小说的研究为主，先后出版了《文选李善注研究》（『文選李善注の研究』，研文出版，1999）、《文选李善注引书索引》（『文選李善注引書索引』，研文出版，1996）等。

4. 小川环树（おがわ　たまき，1910—1993），原日本京都大学教授，曾任日本中国学会理事长、日本学士院会员，20世纪日本最著名汉学家之一，与吉川幸次郎齐名。著作宏富，对中国文史哲的研究范围自先秦直至现当代，而在唐宋文学研究方面建树尤多；对汉语语言学亦有精深研究。

1932年毕业于京都帝国大学文学部，师承铃木虎雄、青木正儿，在语言学方面，受仓石武四郎影响最深。1934年曾留学中国，受教于魏建功、吴承仕、钱玄同、罗常培等人，归国后长期任教于京都大学，是日本京都学派的代表之一。在中国有周先民翻译其《风与云——中国诗文论集》（中华书局，2005）和谭汝谦编小川环树著的《论中国诗》（贵州人民出版社，2009）出版。

小川环树的治学范围很广，举凡中国传统经、史、子、集均有涉及，特别对中国古典诗文有独到的见解。借用周先民《风与云——中国诗文论集》后记中的话："在中国文学的研究方面，他有两个突出特点：一是'通'，这是从纵向上看的，上自先秦《诗》《骚》、诸子开始，历两汉、魏晋、南北朝、唐、宋、明、清，直至现代的鲁迅、老舍、闻一多，在每一个时段上他都曾辛勤耕耘，都有大量收获；二是'广'，这是从横向上看的，他对诗、词、史传文学、散文、小说的方方面面，都进行了系统的研究，留下了丰厚的著作。"

主要著作：

『小川環樹著作集』（全5卷．筑摩書房，1997）

中國文學史論考

唐詩概説ほか

蘇東坡論考ほか

中國小説史の研究ほか

随想ほか、著作目録．年譜・索引

5. 土田健次郎（つちだ　けんじろう，1949—　），现任早稻田大学文学部教授、常任理事。1982年获得日本中国学会奖，1988年获得东方学会奖，2010

年获得社会教育功劳者表彰（文部科学省）。本年度发表了《王安石的学术构造》（「王安石における學の構造」），收录于《宋代知识分子：思想、制度、地域社会》（汲古书院，1993）。

其父土田国保曾任日本警视厅总监，其兄土田龙太郎为印度哲学研究者、东京大学教授，其弟土田英三郎为东京艺术大学教授。

土田健次郎是中国学和儒学研究学者，主要的研究领域是中国哲学、日本哲学和儒教，主要研究课题包括道学形成史和江户儒学。他的代表著作《道学之形成》（『道學の形成』，创文社，2002）始终把握住自北宋初延绵至南宋的思想动向，从中钩沉出道学形成与发展的历史，包括了宋代思想、政治结构、士大夫社会、家族、都市、货币等多个方面的研究，具体描述了北宋以二程为主的道学之形成过程，通过对道学论敌王安石之新学与苏轼之蜀学的辨析，从反面廓清了道学的存在形态与理论要点，又在对二程高足杨时的叙写中展开了道学于南宋开始愈见盛行的情形，以及集大成者朱熹出现的社会及理论背景。此书被翻译为中文由上海古籍出版社2010年出版。其他主要著作还有《近世儒学研究的方法与课题》（『近世儒學研究の方法と課題』，汲古書院，2006）、《圣教要录》（『聖教要錄』，讲谈社，2001）、《21世纪问儒教》（『21世紀に儒教を問う』，早稻田大學出版部，2010）、《儒教入门》（『儒教入門』，東京大學出版社，2011）等。

公元 1994 年

一、大事记

第四十六届日本中国学会在东京御茶女子大学召开，第三十九届"国际东方学者会议"召开。斯文会举办第八十八届孔子祭典活动。

二、书(文)目录

1. 百家争鳴：中國思想の源流 小説（《百家争鸣——中国思想的源流：小说》），大川富之助（著），近代文芸社、東京

2. 気の中國文化：気功 養生 風水 易（《"气"的中国文化：气功、养生、风水、易》），三浦國雄（著），創元社刊、東京

3. 江河万里流る：甦る孔子と亀陽文庫（《江河万里流：复活孔子与龟阳文库》），庄野寿人（編），亀陽文庫・能古博物館、甘木

4. 孔子：成功者の人間學（《孔子：成功者的人间学问》），渋沢栄一（著），三笠書房、東京

5. 孔子：聖としての世俗者（《孔子：作为圣人的世俗者》），H. フィンガレット（著）、山本和人（译），平凡社刊、東京；平凡社刊ライブラリー；54

6. 孔子（《孔子》），和辻哲郎（著），岩波書店刊、東京；ワイド版岩波文庫；155

7. 孔子ものがたり：人の道天の道（孔子物语：人道与天道），宇野茂彦（著），斯文会、東京；聖堂刊選書

8. 真説人間孔子（《真说人间孔子》），孔祥林（著），河出書房新社刊、東京

9. マンガ孔子の思想（《漫画孔子的思想》），蔡志忠（画）、和田武司（译），講談社刊、東京；講談社刊文庫

10. 論語徴（《〈论语〉徴》），荻生徂徠（著），小川環樹（译注），平凡社刊、東京；東洋文庫；575，576

11. 論語の思想史（《〈论语〉的思想史》），松川健二（著），汲古書院、東京；版.2

12. 儒教の毒（《儒教之毒》），村松暎（著），PHP研究所、東京；PHP文庫

13. 沈黙の宗教：儒教（《沉默的宗教：儒教》），加地伸行（著），筑摩書房、東京；ちくまライブラリー，99

14. 儒教精神と現代（《儒教精神与现代》），岡田武彦（著），明徳出版社、東京

15. 『管子』地員篇研究（《〈管子〉地员篇的研究》），原宗子（著），研文出版、

東京；古代中國の開発と環境，[1]

16. 古代中國社会：美術・神話・祭祀（《古代中国社会：美术、神话和祭祀》），張光直（著），伊藤清司、森雅子、市瀬智紀（译），東方書店、東京

17. 韓非子（《韩非子》），西野広祥（著），PHP 研究所、東京；PHP 文庫，中國古典百言百話 || チュウゴク コテン ヒャクゲン ヒャクワ；2

18. 中國史における教と國家（《中国史上的教与国家》），野口鐵郎（編），雄山閣出版、東京；筑波大學創立二十周年記念東洋史論集

19. 中國古典百の名言（《中国古典百句名言》），豊平峰雲（书）、中國古典百の名言編集委員会（編），郷土出版、西原町（沖縄県）

20. 朱熹（《朱熹》），衣川強（著），白帝社、東京；1994.8 中國歷史人物選／竺沙雅章，衣川強監修 第 7 卷

21. 中國歷史文化風俗（《中国历史文化风俗》），金丸邦三、呉悦（編），白水社、東京

22. 中國文化と日本（《中国文化与日本》），山形県立米沢女子短期大學（編），山形県立米沢女子短期大學、米沢；山形県立米沢女子短期大學共同研究報告書，平成 5 年度

23. 中國の方言と地域文化（《中国的方言与地域文化》），平田昌司（研究代表），京都；平成 5—7 年度科學研究費總合研究（A）研究成果報告書（課題番号 05301056；1994—1996）

24. 中國史（《中国史》），榎一雄（著）、榎一雄著作集編集委員会（編），汲古書院、東京；榎一雄著作集／榎一雄著作集編集委員会編，第 7 卷

25. 中國古代國家の思想構造：專制國家とイデオロギー（《中国古代国家的思想构造：专制国家与意识形态》），渡辺信一郎（著），校倉書房、東京；歷史科學叢書

26. 原典中國アナキズム史料集成（《原典中国无政府主义史料集成》），坂井洋史、嵯峨隆（編），緑陰書房、東京；1994.4 復刻版，共 12 卷，另附別卷一冊

27. 中國武術史大觀（《中国武术史大观》），笠尾恭二（著），福昌堂、東京

28. 中國法華思想の研究（《中国法华思想的研究》），菅野博史（著），春秋社、

東京

29．中國宋・元時代の版本（《中国宋元时代的版本》），静嘉堂文庫（编），静嘉堂文庫、東京；静嘉堂文庫の古典籍，第1回

三、备注

1．本年度日本文部省对中国经典文化研究的资助立项：

中国青海塔尔寺的佛教文献调查研究（中國青海省塔爾寺における佛教文献調査研究），负责人：多田孝文。

中国古代中世女性史关系资料历史的思想史研究（中國古代中世における女性史関係資料についての歴史的思想史の研究），负责人：下見隆雄。

日本现存中国书画家印章、鉴赏藏书印的编年研究（日本に現存する中國の書画家印、鑑蔵印の編年的研究），负责人：湊信幸。

江户时代中国音乐在日影响和接受的研究：以雅乐的复兴为中心（江戸期における中國系外来音楽の研究—雅楽の復興を中心に），负责人：塚原康子。

中国小说文体论的研究（中国小説の文体論の研究），负责人：中里見敬。

中国初期禅宗文献的计量学研究：利用计算机进行的实践思想的系谱研究（中國初期禅宗文献の計量の研究—パソコン利用による実践思想の系譜研究），负责人：沖本克己。

中央亚洲・库车地区中国绘画样式的移入（中央アジア・クチャ地方における中國絵画様式の移入），负责人：中野照男。

欧美及中国的中国历史研究的历史特质（欧米及び中國に於ける中國史研究の歴史の特質），负责人：近藤一成。

中国新石器时代葬礼制度的考古学研究：特别以二次葬为核心（中國新石器時代葬制の考古學の研究 特に二次葬をめぐって），负责人：横田禎昭。

中国"物语"的盛衰及其主题：以俗文学尤其是俗曲和宝卷为中心（中國における「物語」文学の盛衰とそのモチーフについて—俗文學、とりわけ俗曲と宝卷を中心に），负责人：大塚秀高。

2．渡边欣雄（わたなべ よしお，1947— ）现任东京都立大学社会人类

学教授、日本风水研究者会议代表、比较家族史学会干事；并先后担任日本民族学会理事、日本民俗学会理事等。本年度出版了《风水论集：环中国海的民俗与文化》(『風水論集：環中國海の民俗と文化』，凯風社）和《风水·气的景观地理学》(『風水気の景観地理學』，人文書院）两本代表作。

渡边欣雄出生于日本东京，1969年在埼玉大学教养学部教养学科毕业，1975年在东京都立大学研究生院社会科学研究科社会人类学专业博士课程结业。1993—1994年，先后在中国首都师范大学和北京师范大学任交流研究员及访问学者，在中国大陆进行有关"中国汉族民间风水和民俗宗教研究"的调查研究。1994年1月12日，渡边教授曾应邀来北京大学社会学人类学研究所，发表了题为"日本社会人类学的历史与现状"的学术讲演。1994—1996年，渡边教授先后多次应邀随东京都立大学访华团，前来北京大学社会学人类学研究所交流访问。1995—1996年应聘为北京大学人类学与民俗研究中心的特约（通讯）研究员。

作为一位社会人类学家，渡边欣雄的涉猎范围十分广泛。其主要研究领域有：地域社会研究，亲族与社会组织研究，宴会研究，社会变迁研究（尤其是进化论研究），民俗宗教与礼仪研究，民居研究，坟墓研究，风水研究，歌谣研究，人类学的知识论等。

渡边欣雄所在的东京都立大学，其社会人类学一直把重点放在太平洋、东南亚、西亚及非洲研究方面，自博士课程40年来，只有少数几位学者研究中国，渡边欣雄则是其中十分积极投入的一位。通过他的努力，有关中国的研究现在也开始在东京都立大学引起更多的关心和注目。渡边教授对中国的社会人类学研究始于我国台湾，从1993年起又逐渐扩展到大陆。他长期致力于中国文化例如风水问题的研究，致力于汉民族之民俗宗教的研究，为日中学术交流做了许多事情。据日本"河合塾·全国进学情报中心"1992年2月的统计调查，渡边欣雄是目前日本十分活跃的文化人类学家之一。

主要著述有：《风水思想与东亚》（人文書院，1990）、《汉民族的宗教——社会人类学的研究》（第一书房，1991）、《风水·气的景观地理学》（人文書院，1994）等多种及大量的学术论文。另编著有：《亲族的社会人类学》（至文堂，1982）、《象征和权力》（合编，弘文堂，1988）、《祖先祭祀》（凯風社，1989）、

《风水论集》（合编，凯风社，1994）等。1985 年，渡边欣雄因《冲绳的社会组织和世界观》一书荣获第十三届"伊波普猷奖"。1993 年，由于他"对冲绳的社会及文化人类学的研究"，荣获冲绳协会该年度的"冲绳研究奖"（第十四届）。

3. 木田知生（きだ ともお，1949—　），龙谷大学教授、文学研究科长，宋史学家。1974 年毕业于京都大学文学部东洋史学科，1980 年获得京都大学文学硕士学位。京都大学大学院文学研究科博士后期课程毕业。1982 年任龙谷大学文学部讲师，1985 年任副教授，1998 年升任教授，2007 年任龙谷大学图书馆馆长，2009 年开始担任龙谷大学大学院文学研究科长。2006 年 12 月至 2011 年 12 月期间，在北京大学历史文化研究所任客座研究员。本年度出版代表作：《司马光和他的时代》（『司馬光とその時代』，白帝社，1994）。该书在对中国史学名著《资治通鉴》的作者司马光的生平、宦海浮沉、撰写工作进行介绍的同时，还对其同时代活跃在史学和政治等各个领域的如王安石等人进行了研究。

其研究课题主要包括中国近世社会史研究、宋代史研究、中国城市史和中国近世文献研究，已出版专著《司马光和他的时代》以及合著《中国人物列传》（1、2）（『中國人物列伝』，恒星出版，2002）、《中国人物列传》（3、4）（『中國人物列伝』，恒星出版，2005）等，并翻译出版了《中日文化交流史话》一书。

其论文《略论宋代礼俗思想：以司马光〈书仪〉和〈家范〉为主》收录在《宋史研究论文集：国际宋史研讨会暨中国宋史研究会第九届年会编刊》（河北大学出版社，2002），其他有关宋史研究的主要论文还有《江浙早期佛寺考："早期佛教造像南传体系"研究》（「江浙初期佛寺ち：『佛教初伝南方ルート』研究序説」，龙谷大学论集，1991）、《包公传说的形成与其演变》（「包公伝承の形成とその演変」，龙谷史坛 84，1984）、《杨业与杨家将诸问题》（「楊業と楊家将をめぐる諸問題」，龙谷史坛 114，2000）、《中国近现代史与中国宋史研究的主流》（「中國近現代史と中國宋史研究の主潮」，龙谷史坛 119—120，2003）、《入矢义高等〈东京梦华录译注〉书评》（「東京夢華録：宋代の都市と生活」，孟元老著，入矢義高，梅原郁訳注，东洋史研究 43—1，1984）、《司马光的佛教观：宋代士大夫接纳佛教的一形态》（「司馬光の仏教観：宋代士大夫の仏教受容の一形態」，龙谷大學论集 448，1996）、《北宋时代的洛阳与士人阶层》(「北宋時代の洛陽と士人達」, 东洋史研究 38—1, 1979) 等。

公元 1995 年

一、大事记

1. 第四十七届日本中国学会在立命馆大学召开, 第四十届"国际东方学者会议"召开。斯文会举办第八十九届孔子祭典活动。

2. 由中国的浙江人民出版社与日本大修馆出版社共同组织出版（各自拥有中日文版权）的系列丛书"中日文化交流史大系"（『日中文化交流史叢書』) 自本年度至 1998 年在日本出版, 著者均为中日学界一流学者, 影响较大, 成为该领域内的必读书目。

3. 宫崎市定 (みやざき いちさだ, 1901—1995)、平冈武夫 (ひらおか たけお, 1909—1995) 去世。

二、书（文）目录

1. 中國哲學史（《中国哲学史》), 馮友蘭（著)、柿村峻、吾妻重二（译), 冨山房、東京

2. 町田三郎教授退官記念 中國思想史論叢（《町田三郎教授退官纪念 中国思想史论丛》), 町田三郎教授退官記念論文集刊行会（编), 町田三郎教授退官記念論文集刊行会, 中國書店（发售)、東京

3. 中國自然詩の系譜: 詩経から唐詩まで（《中国自然诗的系谱: 从诗经到唐诗》), 田部井文雄（著), 大修館書店、東京

4. 孔子 (《孔子》), 井上靖 (著), 新潮社刊、東京; 新潮文庫; い—7—36 年版

5. 論語（《论语》），漢詩・漢文教材研究会（編），昌平社刊、東京；上，下；漢詩・漢文解釈講座；第 5—6 巻.思想；1—2

6. 遣唐使が見た中國文化：白楽天の時代を中心に：特別展（《遣唐使所见的中国文化：白乐天时代为中心特别展览》），奈良県立橿原考古學研究所附属博物館（編），「遣唐使が見た中國文化」展福山会場実行委員会、福山

7. 異域の眼：中國文化散策（《异域之眼：中国文化散策》），興膳宏（著），筑摩書房、東京

8. 佛教與中國文化國際學術會議論文集（《佛教与中国文化国际学术会议论文集》），中華文化復興運動總會宗教研究委員會（編），中華文化復興運動總會宗教研究委員會、新莊

9. 中國文化人類學文獻解題（《中国文化人类学解题》），末成道男（編），東京大學出版会、東京

10. 中國文化と南島（《中国文化与琉球诸岛》），窪徳忠（著），第一書房、東京；南島文化叢書／高宮広衞［ほか］編，1

11. 中國古典小説研究（《中国古典小说研究》），中國古典小説研究会（主編），中國古典小説研究会、東京；连续出版物，本年度创刊，发行至今

12. 商君書：中国流統治の學（《商君书：中国统治之学》），商鞅（著）、守屋洋（編译），德間書店、東京

13. 中國古典文學選（《中国古典文学选》），松崎治之（著），中國書店、東京

14. 中國文明の誕生（《中国文明的诞生》），林巳奈夫（著），吉川弘文館、東京

15. 中國文學概論（《中国文学概论》），岩城秀夫（著），朋友書店、京都

16. 中國叢書綜録未収日藏書目稿（《中国丛书总录未收日藏目稿》），李鋭清（編），京都大學人文科學研究所附属東洋學文獻センター、京都；索引叢刊，第 3 冊

17. 中國戲曲小説の研究（《中国戏曲小说的研究》），日下翠（著），研文出版、東京

18. 中國の伝統美學（《中国的传统美学》），李沢厚（著）、興膳宏、中純子、松家裕子（译），平凡社、東京

19. 京劇と中國人（《京剧与中国人》），樋泉克夫（著），新潮社、東京；新潮選書

20. 中國の儒教的近代化論（《中国儒教的近代化论》），竹内弘行（著），研文出版、東京；研文選書，63

21. 遣唐使が見た中國文化：奈良・藤原京建都千三百年（《遣唐使所见中国文化：奈良、藤原京建都一千三百年》），樋口隆康（执笔），四日市市立博物館、四日市

22. 太極の道：中國五千年の生きる心と叡智（《太极之道：中国五千年的生存体验与智慧》），楊名時（著），海竜社、東京

23. 中國の宗族と社会（《中国的宗教与社会》），モーリス・フリードマン（著），田村克己 瀬川昌久（译），弘文堂、東京

24. 古代中國 考古・文化論叢（《古代中国考古・文化论丛》），土居淑子（著），言叢社、東京

25. 中國とペルシア（《中国与波斯》），天理大學附属天理参考館（編），天理ギャラリー、東京；天理ギャラリー，第101回展．三彩‖サンサイ

26. 新出土資料による中國古代醫學の研究：張家山出土漢簡（《依据新出土资料的中国古代医学的研究：张家山出土汉简》），坂出祥伸（研究代表），関西大學文學部、大阪；科學研究費補助金（総合研究A）研究成果報告書，平成6年度

三、备注

1. 本年度日本文部省对中国经典文化研究的资助立项：

中国古代画像所见生活风俗资料集大成（中國古代の画像に現れた生活風俗資料の集大成），负责人：渡部武。

十九世纪欧洲对于中国文学的接受（十九世紀ヨーロッパに於ける中國文學の受容），负责人：市川桃子。

西洋学者对于中国思想和宗教解释的研究：以17—18世纪为例（西洋の哲學者による中國思想・宗教解釈の研究—17世紀と18世紀），负责人：堀池信夫。

中国中世的信仰意识形成的基础研究（中國中世における信仰意識の形成についての基礎的研究），负责人：山田利明。

中国中世时代的传统文化构造中"史"的学问位置之研究（中國中世期の伝統文化構造における「史」の學問の位置についての研究），负责人：関口順。

中国佛教的禅净双修思想的研究（中國仏教における禅浄双修思想の研究），负责人：柴田泰。

日中两国交流的禅宗史料之调查和研究（日・中國際交流に関する禅宗史料の調査・研究），负责人：上田純一。

中国山水文学的历史地理学研究（中國山水文學の歴史地理學の研究），负责人：戸崎哲彦。

编集史的观点来看中国语音韵史料的再探讨（編集史的観点からの中國語音韻史資料の再検討），负责人：遠藤光暁。

中国西晋诗文中的隐逸、游仙和山水（中國西晋の詩と文章における隠逸・遊仙・山水），负责人：佐竹保子。

越南、老挝北部中国西南部民族的传统音乐文化的变容及比较研究（ベトナム・ラオス北部、中國西南部諸民族の伝統の音楽文化の変容に関する比較研究），负责人：藤井知昭。

中国新疆及哈萨克斯坦的少数民族文化的持续与变化的基础研究（中國新疆及びカザフスタンにおける少数民族文化の持続と変容に関する基礎の研究），负责人：丸山孝一。

中国美学概念的哲学和文学含义及构造之再探讨（中國美學概念の哲學の・文學のな含意と構造の再検討），负责人：中島隆博。

中国禅的形成过程之基础研究（中國禅の形成過程に関する基礎の研究），负责人：伊吹敦。

江戸时代的唐式书所受中国书法的影响研究（江戸時代の唐様の書に与えた中國書法の影響について），负责人：富田淳。

中国北方青铜器的研究（中國北方系青銅器の研究），负责人：高浜秀。

中国江南的都市文艺形成的综合研究（中國江南における都市文芸形成の総合の研究），负责人：尾上兼英。

2. 宫崎市定（みやざき いちさだ，1901—1995），日本著名东洋史学家，战后日本"京都学派"导师，20世纪日本东洋史学第二代巨擘和代表性学者。

他生于日本长野县下水内郡秋津村（2009年改为饭山市）静间。早年毕业于秋津小学校和县立饭山中学校（即长野县饭山北高等学校的前身）。1919年入新开设的松本高校（现在的信州大学）文科一类学习，同校的晚辈生有后来的著名东洋史学家曾我部静雄和仁井田升。1922年进入京都帝国大学文学部史学科学习，师从内藤湖南、桑原骘藏、羽田亨、狩野直喜等人专攻东洋史。

1932年"一·二八"事变，宫崎市定应召入伍，任军马厂厂长。1933年退伍回国，返回京大。1936年2月赴法国留学，入巴黎东方语学校学习阿拉伯语。1938年经美国回国。1944年5月任京都帝国大学（即京都大学）文学部教授。1958年以《九品官人法研究·科举前史》获日本学士院奖。1960年10月赴法国任巴黎大学客座教授，后回国。不久又赴美国，任哈佛大学客座教授，1962年7月回国。1965年于京都大学退休后任京大名誉教授，同时兼任德国汉堡大学和鲁尔大学客座教授。1978年获法兰西学士院颁发的儒莲奖，1989年获日本政府颁发的"文化功劳者"奖章。曾获日本从三位勋二等旭日重光章。

宫崎市定对中国学的很多领域，包括社会结构、政治体制、经济形态、权力关系、政府组织等方面均有独到的研究。中国"文化大革命"开始之前，尽管当时宫崎市定在中国史学界被定为"资产阶级史学家"，但在1963—1965年依然内部出版了《宫崎市定论文选集》两卷，作为党内高级干部和史学专家的参考读物，可见其东洋史学研究成果的影响力。而在日本和国际汉学界，他的著述被广为阅读和频繁引用。他执笔的面对一般读者的史学概论书，在日本广为畅销。其生前著述全部结集为《宫崎市定全集》（全24卷，别册1卷，共25卷，岩波书店，1991—1994）。除此之外尚有代表作品：

『アジア史研究 第1—5』（東洋史研究叢刊、1957—1964年、第2版 同朋舍、1974—1975年）、第5巻のみ、1978年

『九品官人法の研究』（東洋史研究叢刊、1956年、第2版 同朋舍、1974年／中公文庫、1997年）

『論語の新研究』（岩波書店、1974年、復刊1997年 ほか）

『宮崎市定アジア史論考』（上中下巻、朝日新聞社、1976年，上巻・概説

編、中卷・古代中世編、下卷・近世編）

  3. 坂出祥伸（さかで よしのぶ，1934—　），中国哲学研究学者、中国医学养生思想研究专家，关西大学名誉讲授。本年发表《依据新出土资料的中国古代医学的研究：张家山出土汉简》（「新出土資料による中國古代醫學の研究：張家山出土漢簡」，科學研究費補助金（総合研究 A）研究成果報告書，平成 6 年）研究报告书。1985 年以《中国近代的思想与科学》（「中國近代の思想と科學」）获得名古屋大学文学博士学位。

  主要作品：

『大同書』明德出版社 1976（中國古典新書）

『中國近代の思想と科學』同朋舍出版 1983.3

『中國の人と思想 11 康有為 ユートピアの開花』集英社 1985.4

『中國古代の占法 技術と呪術の周邊』研文出版 1991.9（研文選書）

『道教と養生思想』ぺりかん社 1992.2

『「氣」と養生 道教の養生術と呪術』人文書院 1993.1

『東西シノロジー事情』東方書店 1994.4

『「氣」と道教・方術の世界』1996.12（角川選書）

『中國思想研究. 醫藥養生・科學思想篇』關西大學出版部 1999.9

『道教とはなにか』2005.11（中公叢書）

『中國古典を読むはじめの一歩 これだけは知っておきたい』集広舍 2008.10（あじあ樂學選書）

『道家・道教の思想とその方術の研究』汲古書院 2009.2

『日本と道教文化』2010.3（角川選書）

  4. 平冈武夫，日本汉学家，学士院院士。师从狩野直喜、小岛祐马，曾任教于京都大学、日本大学。

  平冈武夫 1909 年生于日本大阪，1933 年毕业于东京帝国大学中国学文学科，1939 年进入东方文化研究所从事经学及文学研究，1947 年任东方文化研究所经学研究室主任。1948 年，东方文化研究所并入京都大学人文科学研究所，成为助教。1950 年至 1956 年，成为中国古典校注和编辑班的负责人，从事唐代基础文献之整理，其成果为十二册的《唐代研究指南》（『唐代研究のしおり』）。

1963 年，哈佛燕京学社社长埃里绥夫（叶理绥）赴日访问，并决定资助《唐代研究指南》的出版（1957 年由同明舍出版）。1960 年平冈武夫升任教授，1966 年至台湾，曾于台湾大学、东吴大学讲授经学。1967 年参加第 27 届国际东方学者会议。1973 年从京都大学退休，成为名誉教授。1974 年任日本大学文理学部教授。平冈武夫一生的学术走向，有从经学转入史学，再从史学转入文学的倾向，十分专注于文献的考证。与吉川幸次郎、花房英树、斯波六郎、入矢义高、田中谦二等学者常有学术交流。在中国留学时，曾是顾颉刚的学生，且非常心仪中国文化，与台静农、屈万里等学者有来往。

主要著作：

『経書の成立 支那精神史序説』全國書房 1946 東京文化研究所研究報告

『経書の伝統』岩波書店 1951

『漢字の形と文化』ハーバード燕京同志社東方文化講座委員會 1959

『白居易』筑摩书房 1977. 12. 中國诗文选

『経書の成立 天下的世界観』創文社 1983. 12. 東洋學叢書

『白居易 生涯と歳時記』朋友書店 1998. 6. 朋友叢書

『平冈武夫遺文集』礪波護編 私家版 2002. 9.

5. 日文版《中日文化交流史大系》具体目次如下（按照出版倒序排列）：

『科學技術』吉田忠，李廷举編 大修館書店 1998. 38

『民俗』宮田登，馬興國編 大修館書店 1998. 115

『法律制度』池田温，劉俊文編 大修館書店 1997. 12

『芸術』上原昭一，王勇編 大修館書店 1997. 57

『典籍』大庭脩，王勇編 大修館書店 1996. 59

『人物』中西進，王勇編 大修館書店 1996. 1010

『宗教』源了圓，楊曾文編 大修館書店 1996. 74

『思想』源了圓，嚴紹璗編 大修館書店 1995. 103

『歷史』大庭脩，王曉秋編 大修館書店 1995. 71

『文學』中西進，嚴紹璗編 大修館書店 1995. 126

6. 中西进（なかにし すすむ, 1929— ），日本著名学者，《万叶集》研究权威、比较文学专家。现任万叶文化馆馆长、高志国文学馆馆长、池坊短期大学校长等。

曾任比较文学学会会长、日本全国国语文学会会长等职。获得多次文化奖赏，如 1970 年以《万叶史的研究》(『万葉史の研究』) 获得日本学士院奖，1992 年以《源氏物语与白乐天》(『源氏物語と白楽天』) 获得大佛次郎赏奖，2004 年获得文化劳动者称号，2005 年获得瑞宝重光奖章，2010 年获得菊池宽奖等。著作百部有余。

其以比较文学的视角进入中日古代文学的比较研究，并注重日本文化对于中国古代文化的吸收与变异。主要代表作有《中西进著作集》(『中西進著作集』全 36 卷，四季社，2007—) 等。

公元 1996 年

一、大事记

1. 第四十八届日本中国学会在神奈川大学召开，第四十一届"国际东方学者会议"召开。斯文会举办第九十届孔子祭典活动。

2.《日野开三郎 东洋史学论集》(『日野開三郎 東洋史學論集』，三一書房)，全卷 20 卷本年度全部完成出版。

3. 创文社（そうぶんしゃ）于本年度开始刊行 15 卷本的"中国学艺丛书"(『中國學芸叢書』)。

二、书（文）目录

1. 毛詩抄：詩経（《毛詩抄：〈诗经〉》），清原宣賢（述）、倉石武四郎、小川環樹（校），岩波書店、東京

2. 詩経（《诗经》），高田眞治（译），集英社、東京；漢詩選；1—2

3. 朱熹詩集伝全注釈（《〈朱熹诗集传〉全注释》），吹野安、石本道明（著），明德出版社、東京

4. 中國哲學とヨーロッパの哲学者（《中国哲学与欧洲的哲学者》），堀池信夫（著），明治書院、東京；1996.2—2002.2

5. 孔子家語（《孔子家语》），宇野精一（著），明治書院、東京；新釈漢文大系；53

6. 孔子家の心（《孔子家之心》），孔祥林（著），扶桑社刊、東京

7. 儒家の道德論：孔子・孟子・易の道（《儒家的道德论：孔子、孟子、易之道》），千徳広史（著），ぺりかん社刊、東京

8. 論語と孔子の事典（《〈论语〉与孔子事典》），江連隆（著），大修館書店刊、東京

9. 中國思想とは何だろうか（《什么是中国思想》），蜂屋邦夫（著），河出書房新社、東京

10. 吉川幸次郎講演集（《吉川幸次郎讲演集》），吉川幸次郎（著），筑摩書房、東京

11. 論語（《论语》），吉川幸次郎（著），朝日新聞社刊、東京；版.10；朝日選書；1001，1002.中國古典選

12. 論語の新しい読み方（《〈论语〉的新读法》），宮崎市定（著）、砺波護（編），岩波書店刊、東京；版.5；同時代ライブラリー；267

13. 論語雕題：懷德堂刊文庫本（《〈论语〉雕题：怀德堂刊文库本》），中井履軒（著），大阪；懷德堂刊・友の会，吉川弘文館、東京；懷德堂刊文庫復刻叢書；9

14. 渋沢論語をよむ（《读"涩泽〈论语〉"》），深沢賢治（著），明徳出版社刊、東京

15. 中國思想における自然と人間（《中国思想中的自然与人》），栗田直躬（著），岩波書店、東京

16. 中國思想の流れ（《中国思想之流》），橋本高勝（編），晃洋書房、京都；1996—2006.11

17. 東洋大學大學院紀要・文學研究科・哲學・仏教學・中國哲學（《东洋大学大学院纪要、文学研究科、哲学、佛学、中国哲学》），東洋大學大學院、東京；年刊，发行期间 1996—1999

18．中國絵画（《中国绘画》），泉屋博古館（編），泉屋博古館、京都

19．中國小説史研究: 水滸伝を中心として（《中国小说史研究: 以〈水浒〉为中心》），中鉢雅量（著），汲古書院、東京; 汲古叢書，8

20．隋～唐時代前期（《隋至唐朝前期》），陳舜臣、松浦友久（監修），松原朗（執筆），世界文化社、東京; 漢詩で詠む中國歴史物語／陳舜臣，松浦友久監修，3

21．「清朝考証學」とその時代: 清代の思想（《清代考证学及其时代: 清代的思想》），木下鉄矢（著），創文社、京都; 中國學芸叢書，2

22．砂漠の美術館: 永遠なる敦煌: 中國敦煌研究院創立50周年記念（《沙漠的美术馆: 永远的敦煌: 中国敦煌研究院成立50周年纪念》），水野敬三郎、田口榮一（企劃），朝日新聞社文化企画局東京企画部（編），朝日新聞社、東京; 展览图录

23．中國歴史紀:遥かなる歴史、勇躍する英傑、広大な風土をたどる（《中国历史纪念:遥远的历史、光耀的英杰、广袤的土地》），學習研究社、東京; 2—5卷; 三國兩晋、隋唐、宋元、明清

24．中國古典選（《中国古典选》），朝日新聞社、東京;朝日選書之:唐诗选、论语、史记三册

25．中國の歴史と地理（《中国历史与地理》），中國の歴史と地理研究会（編），中國の歴史と地理研究会、八王子; 中國の歴史と地理 第1集

26．柳宗元永州山水游記考（《柳宗元永州山水游记考》），戸崎哲彦（著），中文出版社、京都; 中國山水文學研究，1

27．宋元時代史の基本問題（《宋元时代历史的基本问题》），宋元時代史の基本問題編集委員会（編），汲古書院、東京; 中國史學の基本問題，3

28．中國思想とは何だろうか（《什么是中国思想》），蜂屋邦夫（著），河出書房新社、東京

29．中國古代紀年の研究: 天文と暦の檢討から（《中国古代纪年的研究: 从天文与历法的探讨开始》），平勢隆郎（著），東京大學東洋文化研究所、東京; 東京大學東洋文化研究所報告

30．古代中國天命思想の展開: 先秦儒家思想と易的論理（《古代中国天命思

想的展开：先秦儒家思想与〈易经〉的逻辑》），佐藤貢悦（著），學文社、東京

31. 近世防長儒學史関係年表（《近世防长儒学史关系年表》），河村一郎（编），出版不详

三、备注

1. 本年度日本文部省对中国经典文化研究的资助立项：

东亚（朝鲜、中国和日本）近世社会的比较研究 [東アジア（朝鮮、中國、日本）近世社会の比較研究]，负责人：宮嶋博史。

中国古坟壁画的综合调查与保存法的开发研究（中國古墳壁画の総合的調查と保存法の開発研究），负责人：田中琢。

佛教为中心的印度河中国文化交流相关研究：入竺求法僧的实际状态（仏教を中心としたインド・中國の文化交流に関する研究—入竺求法僧の実態解明），负责人：木村宣彰。

中国宗教史学习者的资料集制作之准备作业 [中國宗教史學習者のための資料集（source book）作成の準備作業]，负责人：池澤優。

中国人物画的研究：明代宫廷画家、职业画家的作品及其主题为中心（中國人物画の研究：明代宫廷画家、職業画家の作品とその主題を中心に），负责人：宮崎法子。

古代东亚世界对于中国法继承和接受相关的基础研究（古代東アジア世界における中國法継受に関する基礎の研究），负责人：坂上康俊。

中国游戏史的研究（中國遊戲史の研究），负责人：寺田隆信。

中国古代边境出土木简的研究（中國古代辺境出土木簡の研究），负责人：角谷常子。

在欧美中国诗歌的传播状态之比较研究（欧米における中國詩の伝播の実態の比較研究），负责人：門田眞知子。

中国明清道教资料的基础研究（中國明清道教資料の基礎の研究），负责人：横手裕。

中国中原地区的新石器时代至殷代的文化变容及其背景（中國中原地区に

おける新石器時代から殷代への文化変容とその背景），负责人：小澤正人。

利用日本现存古代乐谱资料进行的中国戏曲演剧研究（日本に伝存する古楽譜資料を使用しての中國戲曲演劇研究），负责人：加藤徹。

从诗歌与绘画的交涉观察中国文学艺术论中的"情"和"景"的问题（詩と絵画の交渉から見た中國の文學・芸術論における「情」と「景」の問題に関する研究），负责人：浅見洋二。

中国历代王朝的都市管理相关的综合研究（中國歷代王朝の都市管理に関する総合の研究），负责人：礪波護。

中国文学史观的形成与展开（中國における文学史観の形成と展開），负责人：川合康三。

前近代中国知识阶层的日常活动相关的政治、社会、文化史的研究（前近代中國知識人の日常活動に関する政治・社会・文化史の研究），负责人：熊本崇。

2. 日野开三郎（ひの かいさぶろう，1908—1989），东洋史学家，爱媛县伊予郡（现在的伊予市）出生。1928年考入东京帝国大学文学部东洋史学科，师从日本史学大家池内宏、和田清、加藤繁。1931年毕业。1935年被九州大学法文学部聘请。率先在研究中导入东洋史分野与社会经济史的方法。以研究中国中世纪的社会史与经济史而出名。1946年晋升为教授，1972年退休。其间，1958年以《五代史的基调》一书，被授予文学博士学位，历任日本学术会议会员。九州大学退职后担任久留米大学商学部教授直至1984年。1979年被授予勋二等瑞宝章。

日野开三郎的研究范围很广，不仅包括中世中国的政治、经济、社会史研究，而且还有关于靺鞨、渤海、女真的民族史研究与东亚关系史的研究。特别在两税法，藩镇、邸店、飞钱、漕运，以及唐宋基础的分期（《五代史的基调》）等专题领域中发挥了卓越的才能，以"日野史学"著称。对于均田法的实施提出了否定的论断。成为战后日本东洋史学领域的先驱，在日本历史研究会等机构十分活跃。代表作《中世中国的军阀——唐代藩镇的研究》（『支那中世の軍閥』，三省堂，1942），《五代史的基调》（『五代史の基調』，三一书房，1980），《唐代邸店的研究》（『唐代邸店の研究』，自行刊印，1968，此书获得日本学士院奖）。

1980年开始刊行《日野开三郎 东洋史学论集》，20卷目次分别如下：

第一卷：唐代藩鎮の支配体制；第二卷：五代史の基調；第三、四卷：唐代兩稅法の研究；第五卷：唐・五代の貨幣と金融；第六、七卷：宋代の貨幣と金融；第八卷：小高句麗國の研究；第九、十卷：北東アジア國際交流史の研究；第十一卷：戶口問題と糴買法；第十二卷：行政と財政；第十三卷：農村と都市；第十四、十五、十六卷：東北アジア民族史；第十七、十八卷：唐代邸店の研究；第十九卷：唐末混乱史考；第二十卷：東洋史學研究。

3. 平势隆郎（ひらせ たかお，1954— ），于本年发表研究报告《中国古代纪年的研究：从天文与历法的探讨开始》。

平势隆郎，中国历史学家，东京大学大学院教授。主要的研究领域是古代史的部分，例如指出《史记》同一个人物的复数化、年代的错误等。总体讲主要包括：先秦编年的补正和传统经典的重新阐释两部分。在此专业领域有较大的影响力。

该学者在日本学术界也引起很多争议，其中对其持反对和批判的人居多，其中吉本道雅指出，其编年内部是具有不可调和的矛盾的，而且其研究方法存在严重问题即随意篡改原始文献资料。

个人研究主页：http://edo.ioc.u-tokyo.ac.jp/edo2/edo.cgi/hirase

主要著作：

『史記の「正統」』講談社學術文庫，2007年

『都市國家から中華へ 中國の歷史02』講談社，2005年

『亀の碑と正統』白帝社アジア史選書，2004年

『「春秋」と「左伝」』中央公論新社，2003年

『中國古代の予言書』講談社現代新書，2000年

『中華文明の誕生』中央公論社，1998年

『中國古代紀年の研究 東京大學東洋文化研究所研究報告』汲古書院，1998年

『左傳の史料批判的研究 東京大學東洋文化研究所報告』汲古書院，1996年

『新編史記東周年表』東京大學出版会，1995年

『「史記」二二〇〇年の虛実：年代矛盾の謎と隠された正統観』講談社，1995年

『春秋晋國「侯馬盟書」字体通覧』東京大學東洋文化研究所附属東洋學

文献センター刊行委員会，1988 年

  4. 创文社（そうふんゆ），设于 1951 年，是一家以出版日本的宗教、思想和东洋文化为中心的出版社。本年度开始刊行 15 卷本的"中国学艺丛书"，具体目次如下（按照出版时间顺序）：

  『中國の科學思想：両漢天學考』川原秀城著　創文社 1996.1 中國學芸叢書 1

  『「清朝考証學」とその時代：清代の思想』木下鉄矢著　創文社 1996.1 中國學芸叢書 2

  『中國の自伝文学』川合康三著　創文社 1996.1 中國學芸叢書 3

  『魯迅「故郷」の読書史：近代中國の文學空間』藤井省三著　創文社 1997.11 中國學芸叢書 4

  『中國の道教』小林正美著　創文社 1998.7 中國學芸叢書 6

  『中國人の宗教意識』吉川忠夫著　創文社 1998.7 中國學芸叢書 5

  『中國の歴史思想：紀伝体考』稲葉一郎著　創文社 1999.3 中國學芸叢書 7

  『宋學の形成と展開』小島毅著　創文社 1999.6 中國學芸叢書 8

  『明清の戯曲：江南宗族社会の表象』田仲一成著　創文社 2000.9 中國學芸叢書 9

  『唐宋の文學』松本肇著　創文社 2000.9 中國學芸叢書 10

  『先秦の社会と思想：中國文化の核心』高木智見著 2001.12 中國學芸叢書 11

  『中國音楽と芸能：非文字文化の探究』吉川良和著 2003.12 中國學芸叢書 12

  『中國古代の祭祀と文學』牧角悦子著　創文社 2006.10 中國學芸叢書 13

  『明清文學の人びと：職業別文學誌』大木康著　創文社 2008.8 中國學芸叢書 14

  『六朝の文學：覚書』林田愼之助著　創文社 2010.7 中國學芸叢書 15

  5. 杉山正明（すぎやま まさあき，1952—　），现任京都大学文学研究科教授。1974 年毕业于京都大学文学部。1979 年京都大学大学院研究科博士毕业，此后任京都大学人文科学研究所助教。1988 年任京都女子大学文学部讲师，1989 年任副教授。1992 年被聘任为京都大学文学部副教授，1995 年起任教授。

  本年度出版两本代表性著作：《蒙古帝国的兴亡（上—下）》（『モンゴル帝國の興亡（上—下）』，讲谈社，1996）、《耶律楚材和他的时代》（『耶律楚材とその時代』，白帝社，1996）。

其主要研究领域为蒙古时代史，1995 年以《忽必烈的挑战：蒙古海上帝国之路》(『クビライの挑戦：モンゴル海上帝國への道』，朝日新闻社，1995) 一书获得 Suntory 学艺奖，2003 年获得司马辽太郎奖，2006 年被授予"紫绶褒章"，2007 年以《蒙古帝国及大元王朝》(『モンゴル帝國と大元ウルス』，京都大學學术出版会，2004）获得日本学士院奖。其他的主要著作还包括《大蒙古的世界：陆地与海上的巨大帝国》(『大モンゴルの世界：陸と海の巨大帝國』，角川书店，1992）、《从游牧民族来看世界历史：超越民族与国境》(『遊牧民から見た世界史：民族も國境もこえて』，日本经济新闻社，1997）。

另外，还发表了《蒙古帝国的原像》(东洋史研究 37，1978）、《忽必烈政权与东方三王家》(东方學报 54，1982）、《元代蒙汉合壁命令文研究（一）》(外國學研究 21，1989）、《从八不沙大王的令旨碑说起》(东洋史研究 52—3，1993）、《日本的辽金元时代史研究》(中國社会与文化 12，1997）等多篇学术论文。

6. 大木康（おおき やすし，1959—　），生于日本横滨。东京大学文学博士。曾任广岛大学文学部副教授、东京大学文学部副教授，现任东京大学东洋文化研究所教授、所长。

本年度出版代表作品：《明末迷失的知识分子：冯梦龙与苏州文化》(『明末のはぐれ知識人—馮夢龍と蘇州文化』，講談社選書メチエ）。

主要研究方向为中国明清文学、明清江南社会文化史等。

主要论著：

『不平の中國文學史』筑摩書房 1996 年

『中國明清時代の文學』放送大學教育振興会 2001 年

『中國近世小説への招待 才子と佳人と豪傑と』（〈NHK ライブラリー〉日本放送出版協会 2001 年）

『中國遊里空間 明清秦淮妓女の世界』青土社 2002 年（中國語訳：台北 聯経出版 2007 年）

『馮夢龍「山歌」の研究 中國明代の通俗歌謡』勁草書房 2003 年

『明末江南の出版文化』研文出版 2004 年（韓國語訳：ソウル ソミョン出版 2007 年）

『原文で楽しむ明清文人の小品世界』集広舎 2006 年

『明清文學の人びと 職業別文學誌』創文社 2008 年

『「史記」と「漢書」—中國文化のバロメーター〈書物誕生〉』岩波書店 2008 年

『中國明末のメディア革命—庶民が本を読む〈世界史の鏡〉』刀水書房 2009 年

『冒襄と「影梅庵憶語」の研究』汲古書院 2010 年

公元 1997 年

一、大事记

第四十九届日本中国学会在大阪市立大学召开，第四十二届"国际东方学者会议"召开。斯文会举办第九十一届孔子祭典活动。

二、书（文）目录

1. 三浦梅園と中國哲學思想（《三浦梅园与中国哲学思想》），浜松昭二朗（著），大分梅園研究会、大分
2. 易（《易》），本田濟（著），朝日新聞社刊、東京；中國古典選 10
3. 易・近思録講義（《易・近思录讲义》），西晉一郎（述），本間日出男（録），木南卓一（校），増渓水社刊、広島
4. 詩経（《诗经》），石川忠久（著），明治書院、東京；新釈漢文大系；110—112
5. 孔子神話：宗教としての儒教の形成（《孔子神话：作为宗教的儒教之形成》），浅野裕一（著），岩波書店刊、東京
6. 孔子：中國の知的源流（《孔子：中国知识的源流》），蜂屋邦夫（著），講談社刊、東京；講談社刊現代新書

7. 孔子の見た星空：古典詩文の星を読む（《孔子所见的星空：古典诗文赏析》），福島久雄（著），大修館書店刊、東京

8. 濟寧市文物展：孔子、孟子の故郷（ふるさと）（《济宁市文物展：孔子、孟子的故乡》），足利市教育委員会（編），足利市教育委員会、足利市

9. 新／孔子に學ぶ人間學（《新版向孔子学习人间学》），戶来勉，河野としひさ（著）明窓出版、東京

10. 論語の読み方（《〈论语〉读法》），山本七平（著），文藝春秋、東京；版.8；山本七平ライブラリー（著）；10

11. 東方學論集：東方學會創立五十周年記念（《东方学论集：东方学会五十周年纪念》），東方學会、東京

12. 儒家思想と道家思想（《儒家思想与道家思想》），金谷治（著），平河出版社、東京；金谷治中國思想論集／金谷治著，中卷

13. 中國禪宗史：禪思想の誕生（《中国禅宗史：禅思想的诞生》），印順（著），伊吹敦（译），山喜房佛書林、東京

14. 故事ことわざで読む論語（《故事〈论语〉》），坂田新（著），小學館、東京；小學館ジェイブックス

15. 人生は論語に窮まる（《人生尽在〈论语〉》），谷沢永一、渡部昇一（著），PHP研究所、東京

16. 中國古典詩學（《中国古典诗学》），佐藤保（著），放送大學教育振興会、東京；放送大學教材

17. 足利學校所藏「论语义疏」をめぐって：明治前期清國駐日公使館の文化活動に関する一考察（《足利学校所藏〈论语义疏〉为中心：明治前期清国驻日公使馆的文化活动相关考察》），陳捷（著），富士ゼロックス小林節太郎記念基金（編），小林節太郎記念基金、富士ゼロックス—東京

18. 論語で仕事が生きる（《工作活用〈论语〉》），森田琢夫（編），広済堂刊出版、東京

19. 三國志英傑列伝：中國歷史小説（《三国志英杰列传：中国历史小说》），伴野朗（著），有楽出版社，実業之日本社（发售）、東京

20. 中國近世現代書法芸術（《中国近世现代书法艺术》），中村象谷（編），

共同精版、奈良

21. 中國人の思想構造（《中国人的思想构造》），邱永漢（著），中央公論社、東京

22. 中國名詩選（《中国名诗选》），松枝茂夫（編），岩波書店、東京

23. 明清時代史の基本問題（《明清时代历史的基本问题》），明清時代史の基本問題編集委員会（編），汲古書院、東京；中國史學の基本問題，4

24. 李清照：その人と文學（《李清照及其文学》），徐培均（著）、山田侑平（译），日中出版、東京；中國古典入門叢書，15

25. 中國南朝仏教史の研究（《中国南朝佛教史的研究》），諏訪義純（著），法藏館、京都

26. 菜根譚：中國の人生訓に學ぶ（《〈菜根谭〉：中国人生的智慧》），鎌田茂雄（著），日本放送出版協会、東京；NHKライブラリー，50

27. 隱者の尊重：中國の歷史哲學（《隐者的尊敬：中国历史哲学》），島田虔次（著），筑摩書房、東京

28. 物語中國の歷史：文明史的序説（《物语中国历史：文明史的序说》），寺田隆信（著），中央公論社、東京

29. 科挙と官僚制（《科举和官僚制度》），平田茂樹（著），山川出版社、東京

30. 日本の近世と老荘思想：林羅山の思想をめぐって（《日本近世与老庄思想：林罗山思想为中心》），大野出（著），ぺりかん社、東京

三、备注

1. 本年度日本文部省对中国经典文化研究的资助立项：

中国意识形态与少数民族文化的变容过程相关文化人类学的研究（中國ナショナリズムと少数民族文化の変容過程に関する文化人類學の研究），负责人：丸山孝一。

"中国地域"为中心东亚社会的交流为基础历史特质的形成与发展（「中國地域」を中心とする東アジア社会との交流に基づく史の特質の形成とその展開），负责人：岸田祐之。

明清时代中国档案史料来分析研究政策立案执行过程（明清代中國における档案史料からみた政策立案・遂行プロセスの分析と研究），负责人：佐藤文俊。

中国文学对于日本文学的影响为中心的日本文学历史研究（中國文學が日本文學に及ぼした影響を中心として見た日本文學の歴史），负责人：日野龍夫。

中国明清地方档案的研究（中國明清地方档案の研究），负责人：夫馬進。

中国陵墓的考古学研究（中國陵墓の考古學の研究），负责人：樋口隆康。

中国诸民族文化的动态与国家为中心的人类学研究（中國における諸民族文化の動態と國家をめぐる人類學の研究），负责人：横山広子。

中国长白山巨大喷火年代与渤海相关的年轮年代学的研究（中國長白山の巨大噴火年代と渤海に関する年輪年代學の研究），负责人：光谷拓実。

中国华东、华南地区与日本的文化交流（中國華東・華南地区と日本の文化交流），负责人：藤善真澄。

古代中国的五惑星与政治预言的研究：作为科学的天文学与社会思想史的接点（古代中國における五惑星と政治の予言の研究—科學としての天文學と社会思想史との接点），负责人：串田久治。

日本伦理思想史中的中国文化要素：中国思想、汉学、汉文学等的生成、位置、变化（日本倫理思想史における中國文化要素—中國思想・漢學・漢文學等の生成・位置・変容），负责人：黒住真。

日本现存中国书画家印、鉴赏藏书印、落款的比较研究（日本に現存する中國の書画家印・鑑蔵印・落款の比較研究），负责人：湊信幸。

中国山地的牛鸟饲养为中心的民俗比较研究（中國山地における牛鳥飼養をめぐる民俗の比較研究），负责人：喜多村正。

15—18世纪中国首都北京的社会史研究（15～18世紀における中國の首都北京の社会史の研究），负责人：新宮学。

中国边境出土汉简的综合研究（中國辺境出土漢簡の総合の研究），负责人：籾山明。

东南亚诸国与中国的"朝贡贸易"之基础研究（東南アジア諸國をめぐる

中國「朝貢貿易」の基礎の研究），负责人：大隅晶子。

文学与绘画的关系为基点的中国、韩国、日本比较研究（文學と絵画の関係についての中國・韓國・日本の比較研究），负责人：林雅彦。

中国女性文学相关研究：先秦汉魏至唐代中国文学中女性文学所占的位置（中國女性文學に関する研究——先秦漢魏より唐代に至る中國文學に於ける女性文學の占める位置），负责人：西村富美子。

中国训诂学关系论文目录与重要文献解说之作成（中國訓詁學関係論文目録と重要文献解説集の作成），负责人：福満正博。

中国风俗小说的接受所见情爱感的比较研究（中國煙粉小説の受容に見る情愛感の比較研究），负责人：磯部裕子。

中国传统文化的经济历史观所达成的文化统合的功能研究（中國伝統文化において経済の歴史観の果たした文化統合の役割についての研究），负责人：関口順。

中国古代王朝形成时期的畜产和动物牺牲的研究（中國古代王朝形成期における畜産と動物犠牲の研究），负责人：岡村秀典。

人情本所见中国"才子佳人"的接受研究（人情本における中國「才子佳人小説」受容の研究），负责人：閻小妹。

中国麦积山石窟的南北朝时代的石窟研究（中國麦積山石窟における南北朝時代の石窟研究），负责人：八木春生。

中国少数民族相关民族志的资料为基础的"文化人类学异文化间教育模式"的形成（中國少数民族に関する民族誌的資料に基づく「文化人類學の異文化間教育モデル」の形成），负责人：西原明史。

中国南宋时期永嘉学派的社会史研究（中國南宋期永嘉學派の社会史の研究），负责人：岡元司。

朝鲜三韩时代的坟墓与中国汉墓的比较研究（朝鮮三韓時代の墳墓と中國漢墓との比較研究），负责人：高久健二。

中国的言语地理与人文、自然地理（中國における言語地理と人文・自然地理），负责人：遠藤光曉。

2. 平田茂树（ひらた　しげき，1961—　），现为大阪市立大学大学院文学

研究科教授，主要研究中国宋代政治史。2009年，被大阪市立大学授予文学博士学位。1994年任东北大学助教，此后任大阪市立大学讲师、副教授、教授。

本年度出版代表作：《科举和官僚制度》(『科挙と官僚制』，山川出版社，1997)。

主要学术论著有《宋代社会网络》(汲古書院，1998)、合编《宋代社会的空间与人际交流》(『宋代社会の空間とコミュニケーション』，汲古書院，2006)、合编《日本宋史研究的现状与课题：以1980年之后为中心》(『日本宋史研究の現状と課題：1980年代以降を中心に』，汲古書院，2010)、《宋代政治结构研究》(『宋代政治構造研究』，汲古書院，2012)等。

公元1998年

一、大事记

第五十届日本中国学会在早稻田大学召开，第四十三届"国际东方学者会议"召开。斯文会举办第九十二届孔子祭典活动。

二、书（文）目录

1. 書経（《尚书》），加藤常賢（著），明治書院刊本、東京；十三版；上册；新釈漢文大系；卷25
2. 詩経雅頌（《〈诗经〉雅颂》），白川靜（译），平凡社、東京；東洋文庫；635—636
3. 儒教道徳の美：王陽明の論語解釈（《儒教道德的美：王阳明的解释》），中田勝（著），中央法規出版、東京；シリーズ儒教道徳・哲学の研究，2
4. 孔子：「論語」の人間学（《孔子：〈论语〉的人间学》），學陽書房、東京
5. 漢字文化圈の思想と宗教：儒教，仏教，道教（《汉字文化圈的思想与宗教：

儒教、佛教、道教》),福井文雅(著),五曜書房,星雲社(发售),東京

6. 孔子研究(《孔子研究》),蟹江義丸(著),大空社刊、東京;改版;アジア學叢書36

7. 儒のこころ:孔子と目指したその思想(《儒之心:孔子与其思想》),鈴木利定(著),中央法規出版;東京;シリーズ儒教道徳・哲學の研究;1

8. 儒教と老荘(《儒教与老庄》),安岡正篤(著),明德出版社、東京

9. 論語或問(《〈论语〉或问》),朱熹(撰),中文出版社刊、京都;和刻本四書或問;下

10.「論語」を読む(《阅读〈论语〉》),井原隆一(著),プレジデント社刊、東京

11. 家族の思想:儒教的死生観の果実(《家族的思想:儒教的生死观之果》),加地伸行(著),PHP研究所、東京;PHP新書,057

12. 孔子:「論語」の人間學(《孔子:〈论语〉的人间学》),狩野直禎(著),學陽書房、東京

13. 今こそ論語(《〈论语〉正当时》),増田周作(著),プレジデント社刊、東京

14. 日本儒教の精神:朱子學・仁斎學・徂徠學(《日本儒教的精神:朱子学、仁斎学、徂徠学》),西晋一郎(述)、野口恒樹、野木村規矩雄(笔记)、木南卓一(补),渓水社、広島

15. 幕末・明治期の儒學思想の変遷(《幕末明治时期的儒学思想变迁》),山田芳則(著),思文閣出版、京都

16. 先人に學ぶ「政治」「生き方」:『論語』・『武士道』より(《向先哲学习"政治"与"生存":〈论语〉与〈武士道〉》),塚越喜一郎(著),筑波書林、東京

17. 当たり前に生きるということ:「論語」が教える人生・仕事の賢愚善悪(《自然的生活:〈论语〉告诉我们人生与工作中的贤愚善恶》),市側二郎(著),文香社刊、東京

18. 日中英対訳論語(《日中英対译〈论语〉》),孔祥林(总编),住友生命保険相互会社刊、東京

19. 論語と経営(《〈论语〉与经营》),柳橋由雄(著),邑心文庫、吹上町

20. 論語の智慧 50 章（《〈论语〉的智慧 50 章》），中野孝次（著），潮出版社刊、東京；潮ライブラリー

21. 論語を活かす（《活用〈论语〉》），渋沢栄一（著），明徳出版社刊、東京；新版

22. 論語物語（《〈论语〉物语》），下村湖人（著），青竜社刊、東京；名著発掘シリーズ

23. 論語類似章句集：私の読み方（《〈论语〉类似章句集：私人读法》），中道喜治（著），中道喜治、柏；上卷，下卷

24. 中國古典詩考（《中国古典诗考》），坂井のぶこ（著），滬林書房、東京；滬林叢書，6

25. 中國學研究論集（《中国学研究论集》），広島中國學學会（编），広島中國學學会、広島；本年度创刊，发行至今

26. 中國の道教（《中国的道教》），小林正美（著），創文社、東京；中國學芸叢書，6

27. 中國漢字紀行（《中国汉字纪行》），阿辻哲次（著），大修館書店、東京；あじあブックス，004

28. 中國における諸民族の文化変容と民族間関係の動態（《中国诸民族的文化变容和民族关系的动态》），周達生、塚田誠之（编），國立民族學博物館、吹田；Senri ethnological reports，8

三、备注

1. 本年度日本文部省对中国经典文化研究的资助立项：

中国前世传记类的基础研究（中國往生伝類の基礎の研究），负责人：柴田泰。

极乐净土为象征主题的迦陵频伽诸相与其文化特质：通过鸟与人变成动物来看东西文化交流及其在中国的接受（極楽浄土を表象するモチーフとしての迦陵頻伽の諸相とその文化の特質—鳥と人からなる動物を通してみた東西文化の交流とその中國の受容），负责人：勝木言一郎。

西夏文字资料为基础对于中国近世语言史研究的可能性之相关研究（西夏

文字資料による中國近世語史研究の可能性に関する基礎の研究），负责人：大塚秀明。

国际学会"中国史学的现状与展望"的相关调查（國際學会「中國史學の現状と展望」に関する企画調査），负责人：近藤一成。

《今昔物语集》与《法苑珠林》为中心的中国说话集的比较研究（『今昔物語集』と『法苑珠林』を中心とする中國説話集との比較研究），负责人：三田明弘。

口头传承文艺的变容过程的比较民俗学的研究：日本西南诸岛与中国长江流域（口承文芸の変容のプロセスについての比較民俗學の研究——日本南西諸島と中國長江流域），负责人：津田順子。

日本初期天台密教的形成及与中国佛教的关系研究（日本の初期天台密教の形成及びそれと中國仏教の関係），负责人：荒牧典俊。

清末、民国时期中国穆斯林相关基础研究：民族意识的展开为中心（清末・民國期の中國ムスリム（回民）に関する基礎の研究——民族意識の展開を中心に），负责人：安藤潤一郎。

中国秦汉时代的裁判制度（中國秦漢時代の裁判制度），负责人：鷹取祐司。

中国中世佛教史的善导净土教的成立（中國中世仏教史における善導浄土教の成立），负责人：宮井里佳。

中国、朝鲜和日本的孝子说话的综合研究（中國・朝鮮・日本における孝子説話の総合的研究），负责人：金文京。

宋代至清代间的比较视点所见中国官僚犯罪的法制史研究（宋～清間の比較の視点から見た中國官僚犯罪についての法制史の研究），负责人：青木敦。

铭文数据库的作成为基础的中国秦汉时代青铜器的生产、流通研究（銘文データベース作成による中國秦漢時代青銅器の生産と流通に関する研究），负责人：吉開将人。

环东中国海的两个周边文化相关研究：冲绳与济州的"交界地区"人类学研究尝试（環東中國海における二つの周辺文化に関する研究—沖縄と済州の'間地方'人類學の試み），负责人：津波高志。

中国小说、戏曲的发展史过程中游民的位置（中國小説・戲曲の発展史に

おける遊民の役割に関する研究），负责人：磯部彰。

近世以来中国宗教世界的多元文化及其相互影响（近世以降の中國における宗教世界の多元性とその相互受容），负责人：濱田正美。

中国新疆吐鲁番亚尔湖古坟群综合研究（中國新疆トルファンヤールホト古墳群の総合研究），负责人：菊池徹夫。

中国通俗文学的发展及其影响（中國における通俗文學の発展及びその影響），负责人：小南一郎。

中国"宗教"中的道教神秘主义的意义（中國「宗教」における道教の神秘主義の役割），负责人：鈴木健郎。

道教与楚文化：初期中国的竹简研究（道教と楚文化・初期中國の竹簡研究），负责人：浜下武志。

中国陕西省唐代石窟造像的调查研究：慈善寺与麟溪桥摩崖佛像为中心（中國陝西省唐代石窟造像の調査研究—慈善寺石窟と麟溪橋摩崖仏を中心として），负责人：水野敬三郎 → 岡田健。

冲绳与中国云南少数民族的基层文化的比较研究（沖縄と中國雲南省少数民族の基層文化の比較研究），负责人：加治工真市。

2. 平田昌司（ひらた しょうじ，1955—　），京都大学大学院文学研究科教授。1977 年在京都大学文学部中国语学中国文学专业毕业，1979 年获得硕士学位。1981—1985 年，任京都大学人文科学研究所助教，1985—1989 年任山口大学人文学部副教授，1989—2000 年任京都大学文学部副教授，2000 年被聘为教授。曾担任过日本中国学会理事、中国社会文化学会评议员、日本中国学学会理事等职务。是当今日本中国学界中国方言研究的代表学者，也是汉语实践能力最好的学者之一。本年度出版了其代表作《徽州方言研究》（『徽州方言研究』，好文出版，1998）。

他专攻中国文化史和汉语研究，研究的课题主要有科举制度与汉语史、东亚与近世社会，出版有专著《孙子：没有答案的兵法》（『孫子：解答のない兵法』，岩波書店，2009）、《中国的方言与地域文化》（『中國の方言と地域文化』，京都大學，1993）等。《徽州方言研究》由中日六位学者合著，比较全面地调查了徽州各地的方言状况，对徽州府六县七点方言的语音、词汇和语法首次做了全面的调查报告和研究总结，是第一部全面详细地研究徽州方言的专著，具有重大的开创意义，也是汉语方言研究的一个重要成果。

平田昌司在中国进行过"中国安徽省徽州休宁县方言调查"（1980—1981年，1993—1998年）与"中国东南方言研究"（1993—1995年）两个项目的调查研究，对徽州方言有深入的研究，自1980年起着手调查休宁方言，掌握了大量的第一手材料。他在中国语言学杂志发表多篇论文，如《闽北方言"第九调"的性质》（《方言》，1988年第1期）、《休宁音系简介》（《方言》，1982年第4期）、《清代鸿胪寺正音考》（《中国语文》，2000年第6期）、《审视文本：读醒世姻缘传》（《清代文学研究集刊》，人民教育出版社，2008）。此外，还发表过《皇极经世声音唱和图与切韵指掌图：试论语言神秘思想对宋代等韵学的影响》（「皇極経世声音唱和図」与「切韻指掌図」—試論語言神秘思想対宋代等韻学的影響（華文），东方學報56，1984）、《唐代小说史上的根本说一切有部律》（「唐代小説史における根本説一切有部律」，中國文學報50，1995）等。

3. 前野直彬（まえの なおあき，1920—1998），中国文学专家，东京大学文学部名誉教授，以汉诗的注解和研究闻名。著名汉学家，东京大学文学部名誉教授。前野教授对中国文学研究涉猎甚为广泛，诗歌、小说、散文、戏曲方面都有成果。主要著述有：《中国文学的世界》《蒲松龄传》《中国小说史考》等。

前野直彬，生于东京，1947年在东京帝国大学文学部中国文学专业毕业。1952年京都大学大学院中国文学专业毕业。先后在名古屋大学、东京教育大学和东京大学文学部任教，1981年退休，被授予东京大学名誉教授。1976年至1977年作为外务省特别研究员在中国工作，1994年获得勋三等瑞宝章。1998年去世，有多部作品被译成中文并出版，与中国学术界联系较为紧密。

2012年复旦大学出版社翻译出版了前野直彬教授的名作《中国文学史》（中国文学史，東京大学出版会，1975），译著者骆玉明等在序言中认为：前野直彬主编的这部《中国文学史》，能以简驭繁，以朝代为经，以作品体裁为纬，由十一位各自领域内的日本汉学名家执笔各代，由前野氏统摄全书。通过一个总体的对中国文学史演进脉络的贯穿，将原本论述难度很大的内容在相对很小的篇幅中展现得清晰精到。

本书相较于国内通行的各文学史著述，多有新见与异同，甚有引人启迪之处。以他者的眼光观察自身，可能是这部《中国文学史》独具的价值。

主要著作：

『漢文入門』講談社現代新書、1968

『唐詩鑑賞辞典』東京堂出版、1970、編

『唐代の詩人達』東京堂出版、1971

『風月無尽 中國の古典と自然』東京大學出版会、1972

『中國文學史』東京大學出版会、1975、編

『中國小説史考』秋山書店、1975

『蒲松齡伝』秋山書店、1976

『韓愈の生涯』秋山書店、1976

『漢文珠玉選』平凡社、1976、編

『宋詩鑑賞辞典』東京堂出版、1977、新版1998、編

『漢詩の解釈と鑑賞事典』旺文社、1979、石川忠久共編

『中國文學序説』東京大學出版会、1982

『韓退之―豪放詩人』集英社〈中國の詩人 その詩と生涯8〉、1983、斎藤茂共著

『中國文學史資料選 古典篇』東京大學出版会、1989、今西凱夫共編

『春草考 中國古典詩文論叢』秋山書店、1994

『名句でたどる漢詩の世界』小學館、1997

4. 鹤间和幸（つるま かずゆき，1950—   ），1974 年从东京教育大学文科部史学科东洋史学毕业。1981 年任茨城大学教养部讲师。1982 年晋升筑城大学副教授。1985 年 4 月至 1986 年 1 月，任中国社会科学院历史研究所外国人研究员。1994 年至 1996 年，任茨城大学教养部教授。1996 年任学习院大学文学部教授，日本秦汉史研究会会长。研究领域有中国古代帝国（秦帝国）的形成和地域、中国古代文明和自然环境、中国古代长城等。本年度以《秦帝国的形成与地域》（「秦帝國の形成と地域」）获得东京大学文学博士学位。

主要著作：

『秦漢帝國へのアプローチ』山川出版社 1996.11（世界史リブレット）

『秦の始皇帝 伝説と史実のはざま』吉川弘文館 2001.12（歴史文化ライブラリー）

『始皇帝の地下帝國』講談社 2001.5「始皇帝陵と兵馬俑」學術文庫

『ファーストエンペラーの遺産 秦漢帝國』講談社 2004.11（中國の歴史 3）

公元 1999 年

一、大事记

1. 第五十一届日本中国学会在关西大学召开，第四十四届"国际东方学者会议"召开。斯文会举办第九十三届孔子祭典活动。

2. 大修馆出版发行修订版的《中国文化丛书》(『中國文化叢書』)。

二、书（文）目录

1. 古代中國思想ノート（《古代中国思想笔记》），長尾龍一（著），信山社出版、東京；信山社叢書

2. 新訂現代易入門：開運法（《新订现代易入门：开运法》），井田成明（著），明治書院刊、東京

3. 岡村貞雄博士古稀記念中國學論集（《冈村贞雄博士古稀纪念中国学论集》），岡村貞雄博士古稀記念中國學論集刊行會（編），白帝社刊、東京

4. 中國思想研究：醫藥養生・科學思想篇（《中国思想研究：医药养生・科学思想篇》），坂出祥伸（著），関西大學出版部、吹田

5. 孔子全書（《孔子全书》），吹野安、石本道明（著），明徳出版社刊、東京

6. 孔子廟堂刊碑（《孔子庙堂刊碑》），虞世南（书）、須田義樹（編），天来書院、東京

7. 論語紀行：孔子の素顔を探る（《〈论语〉纪行：探求孔子的素颜》），坂田新（讲），日本放送出版協会、東京；NHK 人間講座；10—12 月期

8. 論語（《论语》），孔子（著）、金谷治（译注），岩波書店刊、東京；岩波文庫

9. 論語（《论语》），吹野安、石本道明（著），明徳出版社刊、東京

10. 男の論語（《男人的〈论语〉》），童門冬二（著），PHP 研究所、東京；1

11. 論語に學ぶ「人の道」（《学习〈论语〉的人道》），ビル・トッテン等（著），ビジネス社刊、東京；One plus book；7

12. 論語知らずの論語読み（《初读者的〈论语〉读法》），阿川弘之（著），PHP 研究所、東京；PHP 文庫

13. 論語漫画（《〈论语〉漫画》），森哲郎（著），明治書院、東京；其の 1，其の 2

14. 論語名言集（《〈论语〉名言集》），村山吉広（著），中央公論新社刊、東京；中公文庫；む—13—3

15. 中國文化研究（《中国文化研究》），天理大學國際文化學部中國學科研究室（編），天理大學國際文化學部中國學科研究室、天理；年刊 16 号

16. 中國の思想大全：マンガ特別版（《中国的思想大全：漫画特别版》），蔡志忠（画）、野末陳平（監修）、和田武司（译注），講談社、東京；Kodansha sophia books

17. 中國古代北方系青銅器文化の研究（《中国古代北方区域青铜器文化研究》），三宅俊彥（著），國學院大學大學院、東京；國學院大學大學院研究叢書：文學研究科，6

18. 環東中國海沿岸地域の先史文化（《环东中国海沿岸地域的史前文化》），甲元眞之（編），國立歷史民俗博物館内春成研究室、佐倉，1999.3；熊本大學考古學研究室、熊本，2000.2；5 卷本

19. 中國神話・伝説大事典（《中国神话传说大事典》），袁珂（著）、鈴木博（译），大修館書店、東京

20. 中國善書の研究（《中国善本的研究》），酒井忠夫著（著），國書刊行会、東京；酒井忠夫著作集／酒井忠夫著，1，2 増補版

21. 宋元明清（《宋元明清》），南得二（编），古川柳電子情報研究会、高槻；中國史伝川柳，8

22. 宋學の形成と展開（《宋学的形成与发展》），小島毅（著），創文社、東京；中國學芸叢書，8

23. 宋元版：中國の出版ルネッサンス（《宋元版：中国出版的文艺复兴》），天理大學附属天理図書館（编），天理大學出版部、天理

24. 中國古代軍事思想史の研究（《中国古代军事思想史的研究》），湯浅邦弘（著），研文出版、東京

25. 中國の仏教美術：後漢代から元代まで（《中国佛教美术：后汉至元代》），久野美樹（著），東信堂、東京；世界美術双書，006

26. 神話と思想（《神话与思想》），白川静（著），平凡社、東京；白川静著作集／白川静著，6

27. 禅學典籍叢刊（《禅学典籍丛刊》），柳田聖山、椎名宏雄（编），臨川書店、京都；1999.4—2001.7 共計 11 卷，另附别卷一册

三、备注

1. 本年度日本文部省对中国经典文化研究的资助立项：

中国古代王朝的天下观及其在对内对外政策上的反映（中國古代諸王朝の天下観とその対内、対外政策への反映），负责人：阿部幸信。

5—6 世纪中国佛教戒律思想史的多角度研究（5・6 世紀中國における仏教戒律思想史の多角の研究），负责人：船山徹。

日本及中国的经变（经典变相图、经典绘）的图像交流的研究（日本及び中國の経変（経典変相図、経典絵）における図像交流の研究），负责人：渡辺里志。

中国西南地方的民族间关系史相关的研究（中國西南地方の民族間関係史に関する研究），负责人：林謙一郎。

地方裁判文书所见清代中国的口诵文化与书写文化（地方裁判文書から見た清代中國の口誦文化と書字文化），负责人：唐澤靖彦。

游牧民族与农耕民族的文化接触而促成的中国文明形成过程的研究（遊牧民と農耕民の文化接触による中國文明形成過程の研究），负责人：宮本一夫。

据波斯资料为基点的中国音韵史研究（ペルシャ資料による中國語音韻史研究），负责人：遠藤光曉。

中国江南村落的民俗志的研究（中國江南村落の民俗誌の研究），负责人：福田アジオ。

室町时期中国禅文化吸收的文献和思想研究（室町期における中國禅の受容に関する文献的・思想の研究），负责人：末木文美士。

16、17世纪中国北部边境的多元社会形成与发展（16・17世紀中國北部辺境における多元社会の形成と発展），负责人：岩井茂樹。

中国文学理论的表现形式相关研究（中國文學理論の表現形式に関する研究），负责人：和田英信。

中国演剧的写实主义概念的成立与发展（中國演劇におけるリアリズム概念の成立と発展），负责人：瀬戸宏。

中国语言的空间方位参照体系的认知研究（中國語における空間方位参照体系の認知の研究），负责人：方経民。

中国古代字书《五音集韵》的综合研究（中國古代字書『五音集韻』の総合の研究），负责人：大岩本幸次。

中国古代小说的类话集成相关研究（中國古小説の類話集成に関する研究），负责人：富永一登。

17世纪日本对于中国、韩国汉籍的接受分析及综合研究（17世紀日本における中國・韓國の漢籍受容の分析並びに総合の研究），负责人：冨士昭雄 → 江本裕。

中国西北部的美术、考古学调查（中國西北部の美術・考古學調査），负责人：谷一尚。

中国西南地区的假面剧与基层文化研究（中國西南の仮面劇と基層文化の研究），负责人：稲畑耕一郎。

2. 大修馆于本年度出版发行修订版的《中国文化丛书》，撰写者均为当下日本权威的中国学研究者，成为日本中国学研究的入门推荐书目。共计五册，分别是:『言語新装版』(牛島徳次、香坂順一、藤堂明保),『思想概論』(赤塚忠、金谷治、福永光司、山井湧),『思想史』(赤塚忠、金谷治、福永光司、山井湧),『文學概論』(鈴木修次、高木正一、前野直彬),『文學史』(鈴木修次、高木正一、前野直彬)。

3. 富永一登(とみなが かずと,1949—),本年度出版其代表作《文选李善注研究》(『文選李善注の研究』,研文出版,1999)。

《文选李善注研究》被称为文选李善研究的集大成之作,由"李善注前史""李善传记与文选学的成立""版本《文选》李善注的形成过程""《文选》李善注的特质""《文选》李善注的影响""《文选》李善注的活用"等内容构成。

4. 神塚淑子(かみつか よしこ,1953—),东京大学教授,中国宗教思想研究学者。1975年在东京大学文学部中国哲学专业毕业,1977年获得东京大学大学院人文科学研究科中国哲学专业硕士学位。1979年东京大学博士课程中途退学,并担任东京大学文学部助教。1981年起任名古屋大学教养部讲师,后来分别担任大学教养部副教授和情报文化学部副教授,1999年起担任文化学部教授,2003年起担任文学研究科教授。

本年度出版其代表作:《六朝道教的思想研究》(『六朝道教の思想研究』,创文社,1999)。

神塚淑子的研究方向是六朝和隋唐思想史,主要的研究课题是道教思想的形成和发展,她认为道教的成立是建立在中国古代的原始宗教基础之上的,另外还吸纳了佛教思想的仪礼,道教的世界观、生死观和救赎思想中既包含中国特有的元素也有与世界各种宗教共有的元素。神塚淑子从历史学、文学、宗教学等各领域、各角度出发,研究中国六朝和隋唐时期宗教思想的特点。

专著另有:《道教经典的形成与佛教》(『道教経典の形成と仏教』,名古屋大學出版社,2017),《唐代道教关系石刻史料研究》(『唐代道教関係石刻史料の研究』,名古屋大學出版社,2006,文部省科学研究费补助金资助成果报告书),《老子:道的回归》(『老子:〈道〉への回帰』,岩波書店,2009),合译有《真理的偈与物语:法句譬喻经现代语译(上—下)》(『真理の偈と物語:法句譬喻経現代語訳上—下』,大蔵出版,2001)。

5. 竹村则行(たけむら のりゆき,1951—),日本汉学家,现为九州大

学人文科学研究院文学部教授，主要研究中国文学史和佛教文学。九州大学中国文学会会长、九州中国学会理事、日本中国学会理事、日本中国学会理事、九州中国学会会长、全国汉文教育学会理事。

本年度与康保成合著了《长生殿笺注》（郑州：中州古籍出版社，1999）。

其研究课题主要包括杨贵妃文学史研究（1981）、《中国文学史》著述史研究（2004—2008）、中国出版文化史研究（2005）、王昭君文学史研究（2008）、孔子与《圣迹图》研究（2007—2011），以及清朝文学史研究等。

代表作品：《杨贵妃文学史研究》（『楊貴妃文學史研究』，研文出版，2003年）。

6. 小岛毅（こじま つよし，1962— ），东京大学大学院人文社会系研究科教授，中国思想史研究专家。1981年麻布高等学校毕业，1985年东京大学文学部中国哲学专业毕业，1987年东大大学院修士课程修业，成为东大东洋文化研究所助手，1992年任德岛大学讲师、副教授，1996年任职东京大学大学院人文社会系研究科，2007年任副教授，2012年任教授。

本年度出版代表著作：《宋学的形成与展开》（『宋學の形成と展開』，創文社）。

另有著作：

『中國近世における礼の言説』東京大學出版会 1996

『東アジアの儒教と礼』山川出版社 2004（世界史リブレット）

『朱子學と陽明學』放送大學教育振興会 2004

『中國の歴史7 中國思想と宗教の奔流 宋朝』講談社 2005

『近代日本の陽明學』講談社選書メチエ 2006

『海からみた歴史と伝統 遣唐使・倭寇・儒教』勉誠出版 2006

『知識人の諸相 中國宋代を基点として』伊原弘共編 勉誠出版 2001

『中國思想史』溝口雄三、池田知久共著 東京大學出版会 2007

人名索引（以拼音字母排序）

A

阿部吉雄（あべ よしお, 1905—1978）98, 165, 166, 199, 204, 217, 248

阿辻哲次（あつじ てつじ, 1951—　）316, 318, 348

爱岩松男（おたぎ まつお, 1912—2004）289

安部健夫（あべ たけお, 1903—1959）177, 179

安冈正笃（やすおか まさひろ, 1898—1983）77, 80, 94, 211, 253

岸本美绪（きしもと みお, 1952—　）141, 143, 207

B

白川静（しらかわ しずか, 1910—2006）221, 230, 235, 307, 355

白鸟库吉（しらとり くらきち, 1865—1942）5, 7, 9, 10, 18, 26, 28, 30, 36, 37, 42, 63, 76, 86, 87, 99, 126, 142, 198, 300

坂出祥伸（さかで よしのぶ, 1934—　）281, 316, 317, 328, 331, 353

北一辉（きた いっき, 1883—1937）63

贝冢茂树（かいづか しげき, 1904—1987）286, 288

本田济（ほんだ わたる, 1920—2009）224

滨田耕作（はまだ こうさく，1881—1938）31，32，76，78，79，80，107，113

滨下武志（はました たけし，1943— ）142，305

波多野太郎（はたの たろ，1912—2003）169，188，202，237，238，278

C

仓石武四郎（くらいし たけしろう，1897—1975）45，143，240，243，278，319

长泽规矩也（ながさわ きくや，1902—1980）257，262

常盘大定（ときわ だいじょう，1870—1945）134，135，167

陈舜臣（ちん しゅんちん，1924— ）309

池内宏（いけうち ひろし，1878—1952）9，26，28，99，158，159，337

池田温（いけだ あたたか，1931— ）142，143，226，260，273，332

川合康三（かわい こうぞう，1948— ）216，294，337，339

D

大川周明（おおかわ しゅうめい，1886—1957）50，85，116，170

大谷胜真（おおたに かつまさ，1885—1941）122，124

大木康（おおき やすし，1959— ）339，340

大庭脩（おおば おさむ，1927—2002）210，211，277，332

岛田虔次（しまだ けんじ，1917—2000）50，150，151

道端良秀（みちばた りょうしゅう，1903—?）131，152，169，214，215，245，280，282

德田武（とくだ たけし，1944— ）278

渡边欣雄（わたなべ よしお，1947— ）323，324，325

E

儿岛献吉郎（こじま けんじろ，1866—1931）37，90，92

F

饭岛忠夫（いいじま ただお，1875—1954）162，165

蜂屋邦夫（はちや くにお，1938—　）246，280，287，304，305，334，335，341

服部宇之吉（はっとり うのきち，1867—1939）2，10，11，14，17，19，30，32，34，35，37，38，39，41，43，44，46，47，48，49，50，51，54，55，56，59，61，66，71，73，74，75，82，83，104，110，111，115，116，121，122，123，129，142，145，166，206，248，252

福井康顺（ふくい こうじゅん，1898—1991）109，152，153，154，167，196，206

福永光司（ふくなが みつじ，1918—2001）169，194，196，203，219，221，228，357

福泽谕吉（ふくざわ ゆきち，1835—1901）7，8，243

富冈谦蔵（とみおか けんぞう，1873—1918）361

富永一登（とみなが かずと，1949—　）164，318，319，356，357

G

冈崎文夫（おかざき ふみお，1888—1950）152，154

冈田英弘（おかだ ひでひろ，1931—　）256

高濑武次郎（たかせ たけじろう，1869—1950）11，14，24，44，66，82

高桥和巳（たかはし かずみ，1931—1971）225，228，229

高田淳（たかだ あつし，1925—2010）125，209，210，212，264，291

高田真治（たかだ しんじ，1893—1975）112，115，117，122，125，210，240，242，243，252

宫崎市定（みやざき いちさだ，1901—1995）206，326，330

沟口雄三（みぞぐち ゆうぞう，1932—2010）142，260，261

古城贞吉（こじょう さだきち，1866—1949）5，6

H

和田清（わだ せい，1890—1963）9，26，29，91，125，126，141，148，150，153，194，197，337

河上肇（かわかみ はじめ，1879—1946）20，48，84，136，138，139

鹤间和幸（つるま かずゆき，1950—　）352

户川芳郎（とがわ よしお，1931—　）281，282

J

吉川幸次郎（よしかわ こうじろう，1904—1980）23，117，125，131，132，137，148，153，156，160，164，166，169，171，173，174，177，178，190，199，200，201，202，203，206，216，219，221，225，228，245，257，259，260，282，288，293，319，332，334

吉川忠夫（よしかわ ただお，1937—　）249，280，282，339

吉田纯（よしだ じゅん，1960—　）182

加地伸行（かじ のぶゆき，1936—　）237，273，274，275，276，280，283，286，302，307，312，321，347

加藤常贤（かと じょけん，1894—1978）250，252

加藤繁（かとう しげる，1880—1946）9，77，81，150，337

榎一雄（えのき かずお，1913—1989）9，49，239，260，295，300，301，322

箭内亘（やない わたり，1875—1926）76

金文京（きん ぶんきょう，1952—　）301，349

津田左右吉（つだ そうきち，1873—1961）9，26，28，29，53，91，103，105，112，113，114，117，137，147，154，155，167，187，194，199，202，234，236，296

井上靖（いのうえ やすし，1907—1991）170，296，306，310，311，312，315，326

久米邦武（くめ くにたけ，1839—1931）49，92

L

立间祥介（たつま しょすけ, 1928— ）242

砺波护（となみ まもる, 1937— ）206

铃木虎雄（すずき とらお, 1878—1963）55, 57, 97, 163, 172, 187, 194, 319

M

木村英一（きむら えいいち, 1906—1981）109, 167, 171, 177, 221, 225, 263, 265, 267

木田知生（きだ ともお, 1949— ）325

目加田诚（めかだ まこと, 1904—1994）164, 199, 307

N

那珂通世（なか みちよ, 1851—1908）5, 9, 11, 12, 14, 17, 18, 25, 27, 29, 44, 148

楠本正继（くすもと まさつが, 1896—1963）194, 197, 275

内藤湖南（ないとう こなん, 1866—1934）2, 11, 24, 29, 30, 31, 32, 33, 40, 44, 56, 66, 68, 69, 72, 74, 75, 90, 99, 101, 113, 142, 150, 154, 330

鸟居龙藏（とりい りゅうぞう, 1870—1953）161

P

平冈武夫（ひらおか たけお, 1909—1995）326, 331, 332

平势隆郎（ひらせたかお 1954— ）338

平田昌司（ひらた しょうじ, 1955— ）317, 322, 350, 351

平田茂树（ひらた しげき, 1961— ）345

Q

前田直典（まえだ なおのり, 1915—1949）147, 149, 150

前野直彬（まえの なおあき, 1920—1998）178, 206, 212, 213, 236,

273，280，351，357

浅见洋二（あさみ ようじ，1960—　）301

青木正儿（あおき まさる，1887—1964）23，55，58，62，63，72，87，89，198，319

R

仁井田升（にいだ のぼる，1904—1966）143，204，207，330

日野开三郎（ひの かいさぶろう，1908—1989）333，337，338

S

桑原骘藏（くわばら じつぞう，1871—1931）5，6，26，29，31，33，90，213，288，330

涩泽荣一（しぶさわ えいいち，1840—1931）37，50，92，93，314

山路爱山（やまじ あいざん，1864—1917）19，20，48

神田喜一郎（かんだ きいちろう，1897—1984）23，59，108，109，179

神塚淑子（かみつか よしこ，1953—　）357

石川忠久（いしかわ ただひさ，1932—　）95，96，222，251，276，341，352

石田干之助（いしだ みきのすけ，1891—1974）49，141，236，238，239

矢野仁一（やの じんいち，1872—1970）130，134，221

守屋洋（もりや ひろし，1932—　）199，242，253，277，286，287，289，290，296，327

狩野直喜（かの なおき，1868—1947）2，21，22，23，29，31，32，35，37，47，56，63，66，73，77，81，83，85，107，114，130，140，142，163，243，248，259，277，330，331

斯波六郎（しば ろくろう，1894—1959）163，164，304，332

松本文三郎（まつもと ぶんさんろう，1869—1944）2，12，54，73，120，130

松浦友久（まつうら ともひさ，1935—2002）246，247，335

松丸道雄（まつまる みちお, 1934— ）261, 262
松枝茂夫（まつえだ しげお, 1905—1995）101, 178, 188, 194, 201, 273, 343

T

藤堂明保（とうどう あきやす, 1915—1985）44, 169, 205, 212, 264, 357

藤田丰八（ふじた とよはち, 1869—1929）5, 32, 84
藤枝晃（ふじえだ あきら, 1911—1998）237, 266
藤冢邻（ふじつか ちかし, 1879—1948）112, 145
田中谦二（たなか けんじ, 1912—2002）193, 332
田中庆太郎（たなか けいたろ, 1879—1951）157
土田健次郎（つちだ けんじろう, 1949— ）319, 320

W

尾崎秀树（おざきほつき, 1928—1999）190
武内义雄（たけうち よしお, 1886—1966）23, 55, 58, 103, 106, 115, 122, 128, 130, 180, 204, 248
武田泰淳（たけだ たいじゅん, 1912—1976）101, 103

X

西田几多郎（にしだ きたろう, 1870—1945）33, 34, 36, 44, 48, 55, 85, 97, 100, 117, 128, 134
西屿定生（にしじま さだお, 1919—1998）171, 172, 181, 188, 239, 255
小川环树（おがわ たまき, 1910—1993）174, 228, 260, 315, 319
小岛祐马（おじま すけま, 1881—1966）23, 55, 57, 331
小岛毅（こじま つよし, 1962— ）358
小林高四郎（こばやし たかしろう, 1905—1987）232, 286, 291

辛岛骁（からしま たけし，1903—1967）208，209

兴膳宏（こうぜん ひろし，1936— ）141，215，294

Y

岩村忍（いわむら しのぶ，1905—1988）221，223，224

岩间一雄（いわま かずお，1936— ）213，215

盐谷温（しおのや おん，1878—1962）37，85，106，112，190，191，192，209

友枝龙太郎（ともえだ りゅうたろう，1916—1986）220

宇野哲人（うの てつと，1875—1974）3，6，7，34，37，38，40，41，46，49，50，56，60，66，67，68，74，83，84，86，91，103，107，116，141，162，197，208，212，218，220，252，257

羽田亨（はねだ とおる，1882—1955）31，74，106，107，141，199，330

原田淑人（はらだ よしと，1885—1974）76，78，83，99，139

远藤隆吉（えんどう りゅうきち，1874—1946）2，3，6，36，73

Z

增田涉（ますだ わたる，1903—1977）101，103

中西进（なかにし すすむ，1929— ）332，333

竹村则行（たけむら のりゆき，1951— ）357

竹内好（たけうち よしみ，1910—1977）101，102，127，147，190

竹内照夫（たけうち てるお，1910—1982）173，201，222，228，235，263，268，271

竹添进一郎（光鸿）（たけぞえ しんいちろう，1842—1917）48

竹田晃（たけだ あきら，1930— ）312，314

专名索引（按汉语拼音排序）

昌平坂学问所（しょうへいざかがくもんじょ）52，133

创价大学（そうかだいがく）143

大东文化大学东洋研究所（だいとうぶんかとうようけんきゅうしょ）187

大东文化协会（だいとうぶんかきょうかい）63

大修馆书店（たいしゅうかんしょてん）82，212，279

德间书店（とくましょてん）212

帝国百科全书（ていこくひやくかぜんしょ）368

帝国学士院（ていこくがくしいん）9，10，28，57，75，79，130，139，159

东北中国学会（とうほくちゅうごくがっかい）159

东方考古学会（とうほうこうこがっかい）74，77，78

东方文化事业总委员会（とうほうぶんかじぎょうそういいんかい）49，74，83，130

东方文化学会（とうほうぶんかがっかい）368

东方文化学院（とうほうぶんかがくいん）6，10，49，75，83，85，89，97，99，114，146，166，172，207

东方学会（とうほうがっかい）58，95，139，141，142，146，154，155，158，160，162，163，165，168，170，172，177，180，187，190，194，198，200，203，208，213，215，217，220，221，224，225，238，243，259，266，267，281，282，288，319，342

东京大学中国哲学文学会（とうきょうだいがくちゅうごくてつがくぶんがくかい）179

东京帝国大学（とうきょうていこくだいがく）2，5，6，7，9，10，13，14，18，28，29，30，32，33，37，39，42，43，44，49，50，55，66，70，73，76，77，78，79，82，83，92，93，99，102，103，120，122，124，125，130，135，145，150，159，166，172，191，197，207，209，238，242，243，252，262，271，300，331，337，351

东亚考古学会（とうあこうこかい）76，77，78，80，83，99

东亚研究所（とうあけんきゅうしょ）112，116，130

东洋史学会（とうようしがっかい）369

东洋文化学会（とうようぶんかがっかい）59

东洋文化研究所（とうようぶんかけんきゅうしょ）61，83，97，99，117，122，124，130，139，146，172，182，207，262，305，340，358

东洋文库（とうようぶんこ）9，28，48，49，92，99，116，181，212，238，239，262，300，301

东洋文献中心（とうようぶんけんセンター）204

东洋协会学术调查部（とうようきょうかいがくじゅつちょうさぶ）9

东洋学会（とうようがっかい）24，130，152，154

东洋学会学术调查部（とうようがっかいがくじゅつちょうさぶ）24

对支文化事业调查会（たいしぶんかじぎょうちょうさかい）23，63，66

二松学舍（にしょうがくしゃ）35，40，63，92，95，141，163，190，236，252

宫内省图书寮（くないしょうとしょりょう）108

国际东方学者会议（こくさいとうほうがくしゃかい）141，168，170，172，177，180，187，190，194，198，200，203，208，213，217，221，225，

229, 232, 236, 240, 244, 247, 250, 253, 257, 263, 268, 272, 275, 279, 283, 286, 291, 295, 302, 306, 311, 315, 320, 326, 332, 333, 341, 346, 353

汉文学会（かんぶんがっかい）32, 50, 52, 155

教育敕语（きょういくちょくご）28, 38, 105

京都大学人文科学研究所（きょうとだいがくじんぶんかがくけんきゅうしょ）85, 146, 151, 179, 193, 196, 204, 206, 223, 266, 296, 301, 331, 339, 350

京都帝国大学（きょうとていこくだいがく）2, 5, 14, 20, 21, 22, 24, 26, 29, 30, 31, 32, 33, 36, 43, 48, 50, 55, 57, 74, 75, 76, 79, 80, 81, 83, 84, 89, 90, 97, 99, 101, 103, 106, 107, 108, 113, 115, 142, 151, 154, 163, 196, 224, 243, 259, 267, 288, 289, 310, 319, 330

京都国立博物馆（きょうとこくりつはくぶつかん）108, 215

京都学派（きょうとがくは）29, 36, 57, 107, 319, 330

静嘉堂文库（せいかどうぶんこ）24, 26, 59, 69, 70

满铁地理历史调查部（まんしゅうちりれきしちょうさぶ）26

明德出版社（めいとくしゅっぱんしゃ）211, 216, 219, 220, 224, 227, 232, 253

内阁文库（ないかくぶんこ）370

平凡社（へいぼんしゃ）44, 57, 80, 93, 151, 163, 169, 171, 173, 174, 178, 179, 180, 181, 187, 190, 193, 196, 201, 202, 207, 212, 213, 214, 218, 219, 222, 225, 230, 235, 238, 242, 259, 269, 271, 278, 280, 282, 295, 296, 303, 314, 321, 327, 346, 352, 355

平乐寺书店（へいらくじしょてん）217

庆应义塾大学（けいおうぎじゅくだいがく）9, 158, 165, 198, 242, 291, 301

全国大学汉文教育研究会（ぜんこくだいがくかんぶんきょういくけんきゅうかい）165

全国汉文教育学会（ぜんこくかんぶんきょういくがっかい）95, 358

全国汉字汉文教育研究会（ぜんこくかんじかんぶんきょういくけんきゅうかい）200，203

日本道教学会（にほんどうきょうがっかい）95，152，153，154，155，158，159，162，165，168，170，172，177，180，187，190，194，198，200，203，207，213，217，221，225，229，231，238，267

日本关西大学（にほんかんさいだいがく）210，211

日本国立国会图书馆（にほんこくりつこっかいとしょかん）49，69

日本儒学史研究班（にほんじゅがくしけんきゅうはん）187

日本现代中国学会（にほんげんだいちゅうごくがっかい）157

日本学士院（にほんがくしいん）28，29，42，47，58，78，79，108，141，147，150，198，211，215，238，256，266，279，282，319，330，333，337，340

日本中国学会（にほんちゅうごくがっかい）44，58，95，146，147，149，152，154，158，159，162，163，165，168，170，172，177，180，187，190，194，198，200，203，207，213，217，220，221，224，225，229，232，236，238，240，244，247，250，252，253，257，259，263，267，268，271，272，275，279，283，286，291，295，302，306，311，315，319，320，326，333，341，346，350，353，358

日中文化交流协会（にちゅうぶんかこうりゅうかい）44，168，259，260，310

儒莲汉学奖（Prix Stanislas Julien）108

史学会（しがっかい）13，31，32，106，109，167，255，262，306，324

斯文会（しぶんか）50，52，53，59，61，62，82，83，93，95，96，103，115，125，133，155，177，187，190，194，208，213，217，221，225，229，233，236，240，244，246，247，250，253，257，263，268，272，275，279，283，286，291，295，296，302，306，311，315，320，321，326，333，341，346，353

汤岛圣堂（ゆしませいどう）24，25，52，103，104，130，133

无穷会（むきゅうかい）115，117

岩波书店（いわなみしょてん）29，39，108，138，174，212，235，243，252，255，260，291，330

哲学馆（てつがくかん）55

中国佛教史学会（しなぶっきょうしがっかい）106，109，167

中国学会（しながっかい）6，24，43，44，56，58，95，146，147，149，152，154，155，157，158，159，162，163，165，168，170，172，177，179，180，187，190，194，197，198，200，203，207，213，217，220，221，224，225，229，232，236，238，240，244，247，250，252，253，257，259，263，267，268，271，272，275，279，283，286，291，295，302，306，311，315，319，320，326，333，341，346，350，353，358

中国学社（しながくしゃ）55，56

参考文献

[1] 李庆. 日本汉学史 [M]. 五卷本. 上海：上海人民出版社，2010.

[2] 严绍璗. 日本中国学史稿 [M]. 北京：学苑出版社，2009.

[3] 陈玮芬. 近代日本汉学的"关键词"研究：儒学及相关概念的嬗变 [M]. 上海：华东师范大学出版社，2008.

[4] 源了圆，严绍璗. 日中文化交流史丛书3——思想 [M]. 东京：大修馆书店，1995.

[5] 江上波夫. 東洋學の系譜：第一辑・第二辑 [M]. 东京：大修馆书店，1992.

[6] 严绍璗. 日本中国学史：第一卷 [M]. 南昌：江西人民出版社，1991.

[7] 斯文会. 日本汉学年表 [M]. 东京：大修馆书店，1977.

[8] 吉川幸次郎. 東洋學の創始者たち [M]. 东京：讲谈社，1976.

[9] 高田真治. 日本儒学史 [M]. 东京：地人书馆，1943.

附　录

儒学经典在当代日本
——以《论语》和《孟子》的译介为例[①]

中国文化典籍东传日本已有千余年的历史。据日本最早的文献《古事记》记载，应神天皇十五年，百济王遣阿直岐渡日，次年又召王仁至日，并携《论语》《千字文》献于日本朝廷。[②]《孟子》一书也大约在奈良时代的天平十年（730年）就已经传到日本。以《论语》和《孟子》为代表的儒学典籍，在江户时代之前主要在贵族阶层和与之关系密切的知识分子及僧侣间流传研习，主要以不改变汉籍原貌、添加训读符号的"训读"方式被直接阅读；江户时代，其接受主体逐步扩展到民间知识分子和市井大众层面；明治以来，大众的接受方式主要以知识分子的翻译和注解为主，有多个译本流行于市；二战之后，尤其是在当代的日本，其译本更加多样化，以教养和学习为目的阅读为主，而其中获得社会认可的优秀译本的翻译者无一例外都是研究中国文化的日本汉学家。

[①] 该文由王广生与赵茜共同执笔完成。
[②] 严绍璗：《日本中国学史稿》，学苑出版社2009年版，第4页。

一、《论语》在日本的译介

(一)《论语》在日本的传播与接受的历史

作为最早传入日本的中国典籍之一的《论语》(以郑玄、何晏注本为主)起初主要在皇宫贵族和知识分子之间流传,后来出现对于《论语》的"训点"和解释,以及诸多日本的抄本与刻本,但仍然以统治官僚阶层和知识分子阶层的接受为主。镰仓时代,中国元朝的一宁禅师东渡日本(1299年),带去朱熹的《论语集注》,由此,朱熹本始渐流行。至德川时代,朱子学成为御用之学,《论语集注》的影响力更波及一般庶民阶层。而若论及《论语》的现代日文翻译,则是日本明治维新以来之事。二战之前,在知识分子对于《论语》的现代学术研究和官方强化统治的双重需要之下,出现了《论语》翻译和注解的多个版本,有的至今依然再版出售;二战之后,学术界对于《论语》的翻译和研究与读者将其作为教养和学习、启蒙为目的的阅读,共同构成了当代日本《论语》出版和接受的基本样态。

(二)《论语》在当代的译介概况及代表译本

据日本国立国会图书馆的馆藏可知,自1900年以来,日本《论语》的翻译与研究著作总计有数千种。由于单纯的《论语》译本目前无法精确获得,本次仅以日本的《论语》研究和翻译的综合情况调研为例。在日本国立国会图书馆的检索目录的"题名"检索栏内输入检索词段"論語",设定时间范围为1900—2014年,设定语种为日语,获得该馆馆藏书目数据1351种(册)。若以2000—2013年为特定时间段,在该馆馆藏可获得书目数据情况,如表1所示。

表1 日本国立国会图书馆馆藏《论语》相关著作检索情况(2000—2013年)

年份	种(册)
2000	28
2001	22
2002	21
2003	17
2004	21
2005	22
2006	25
2007	38

（续表）

年份	种（册）
2008	46
2009	44
2010	53
2011	57
2012	66
2013	49

若再结合日本出版协会（http://www.jbpa.or.jp/）以及日本最大的网上图书商城（http://www.amazon.co.jp/）等机构的检索结果，结合学术界对于各版本的评价情况，可以列出20世纪日本流行的代表性《论语》译本，如表2。

表2　20世纪日本流行的代表性《论语》译本

书名	作者	出版社	版次	特色	作者备注
よくわかる論語—やさしい現代語訳	永井輝	明窗出版	2001年版	现代口语翻译，省略汉文和注解。适合初次阅读《论语》的爱好者阅读。翻译准确、简练	筑波大学东洋史学专业毕业，曾做过高校教师，儒学爱好者。另著有《孟子》现代口译译本和『儒学復興：現代中國が選んだ道』（明德出版社2011年）
論語	貝塚茂樹（1904—1987）	中央公論社	1973年初版。2002年、2003年同社再版	译注，文库本	京都大学教授，中国考古史专家。战后日本"京都学派"代表人物，另有《孟子》《韩非子》等著作
論語新釈	宇野哲人（1875—1974）	講談社	1980年1月版	翻译，文库本	东京大学名誉教授，东方学会会长

（续表）

书名	作者	出版社	版次	特色	作者备注
論語（上中下）	吉川幸次郎（1904—1980）	朝日新聞社	1978年初版，1996年再版	全文译本，文库本	日本20世纪最著名的中国文学研究专家之一，二战后日本"京都学派"的代表人物
論語	金谷治（1920—2006）	岩波書店	1963年初版，截至2001年再版五次	译注，文库本	日本中国思想史领域的代表性人物，另有译注《孟子》《老子》《孙子》《韩非子》《庄子》等，是日本极少数独自把先秦诸子作品加以译注的学者
論語現代語訳	下村湖人（1884—1955）	PHP研究所	2008年10月版，1938年就出版《論語物語》（大日本雄辯會講談社）一书，之后并由角川文库、讲谈社学术文库等再版	现代日语译文，且带有虚构性	作家、哲学家和教育学家
論語現代語訳	宮崎市定（1901—1995）	岩波書店〈岩波現代文庫〉	2000年5月版	训读和现代日语两种翻译手法，兼顾不同层次的读者	著名的东洋史学家，二战后日本"京都学派"的代表人物。该作者类似出版物有『論語の新しい読み方』等，被称为"宫崎论语"
論語	加地伸行（1936— ）	講談社〈講談社学術文庫1962〉	2009年9月增补版（原著2004年3月）	译注，针对学生群体和初学者的《论语》译本	大阪大学名誉教授，中国哲学史研究专家、评论家；保守派知识分子

二、《孟子》在日本的译介

（一）《孟子》在日本的传播与接受的历史

《孟子》一书，大约在 730 年就已经传到日本，并在起初作为贵族阶层的修养书籍流行于上层社会。但其之后在日本的传播与接受情况，与《论语》相比，则显得相对沉寂。

日本学者井上顺理在《日本中世前孟子受容史的研究》（风间书房，1972 年）一书中指出，《孟子》起初主要被作为政治原则甚或作为对君主和为政者的鉴诫之言而被少数贵族和知识分子所接受，直到江户时代，日本所接受和改造之后的朱子学说及其思想成为日本的官方意识形态。在其改造和接受过程中，肯定"易姓革命（汤武放伐）"、主张"民本思想（民贵君轻）"的《孟子》便时常成为江户时代各个学派之间思想争论的焦点之一。

明治维新尤其是二战之后，相比于《论语》的畅销不衰，《孟子》在日本的出版和翻译，则相对不足，且主要用于学术研究领域，受大众需求的牵制，《孟子》的翻译出版较为困难。

（二）《孟子》在当代的译介概况及代表译本

在日本国立国会图书馆的目录检索系统"题名"检索栏目内输入检索词段"孟子"，设定时间范围为 1900—2014 年，设定出版语种为日语，检索得出 168 种（册），比之于"论语"在相同条件下检索结果的 1351 种（册），则仅为其十分之一稍多；若是以 2000—2013 年为特定时段，获得 41 种（册）书目数据，则尚不及同一时期内《论语》相关图书出版的十分之一。以上数据的反差，也充分表明了日本对于两者译介和接受情况存在巨大差异的事实。

同样，参考日本国立国会图书馆、日本出版协会等机构检索获得的信息，结合学术界对于各版本的评价情况，20 世纪日本代表性的《孟子》译本简要情况，如表 3 所示。

表3　20世纪日本代表性的《孟子》译本简况

书名	作者	出版社	版次	特色	作者备注
よくわかる孟子——やさしい現代語訳	永井輝	明窓出版	2005年版	现代口语翻译，省略汉文和注解。适合初次阅读《孟子》的爱好者阅读。翻译准确、简练	筑波大学东洋史学专业毕业，曾做过高校教师、儒学爱好者。另著有《论语》现代口译译本和『儒學復興：現代中國が選んだ道』（明德出版社2011年）
《孟子》（2卷）	金谷治（1920—2006）	朝日新聞社	1955—1956年版，1966年和1978年再版	参照不同时代对于《孟子》的评注和孟子同时代的语境对孟子语录进行解读和翻译。指出孟子特定的指向和意义。文笔简洁流畅，适合爱好者阅读，后附《余论》和《文献批判》，亦可用于研究参考	见表1及上文，《论语》译本作者
[新訳]孟子	守屋洋（1932— ）	[Kindle版]，另有PHP研究所同年发行的该作者的《孟子新译》	译文明快，但不完全忠于原文	东京都立大学毕业。主要从事中国古典的翻译以及相关题材的畅销书出版
新釈孟子全講	宇野精一（1910—2008）	學灯社	1959年初版。1973年又以《全釈漢文大系2》之书名由集英社出版	研究《孟子》必备参考书目，训读、解说和翻译都比较准确；较为学术化	日本的儒学者、国语学者。东京大学名誉教授。国语问题协议会名誉会长、斯文会理事长
孟子	藤堂明保（1914—1985）	平凡社	1970—1972年版。增补本《中國古典文學全集》（60卷本，第三卷）	适合学术参考，由汉文、训读和注解及现代日语翻译组成	早稻田大学客座教授，汉语教育家，日中学院院长，日中文化交流协会常任理事，中国语学文学研究家

（续表）

书名	作者	出版社	版次	特色	作者备注
孟子	貝塚茂樹（1904—1987）	中央公論新社	2006年4月版。2004年由讲谈社出版《孟子》一书	翻译与解读，包括孟子的时代背景，孟子的个人介绍及《孟子》的部分翻译，而非全文；文笔流畅，易于理解	京都大学教授，中国考古史专家。战后日本"京都学派"代表人物，另有《论语》《韩非子》等著作

三、《论语》与《孟子》译本的相同及差异性分析

由上可见，《论语》与《孟子》的日文代表译本，既存在相同亦存在差异之处。其共同点主要体现在二者译本都遵循了翻译的一般规律，注重翻译策略的选择，其翻译主体均为深谙中日文化的日本汉学家；而其间的差异，则主要体现在二者在接受情况上的巨大反差。

（一）就其共同点而言，我们可以看到，二者的译介都自觉遵循着翻译的规律，有着同样的特点

（1）成功的译介版本，从形式到内容，都较为充分地挖掘了《论语》《孟子》等经典的市场出版价值和学术思想意义。

无论是侧重学术的宫崎市定和吉川幸次郎的《论语》译本，还是侧重市场接受的金谷治和加地伸行的《论语》译本，都兼顾大众阅读和学术认可的因素，且各有所长。另外，加之武内义雄（1886—1966）和津田左右吉（1873—1961）与宫崎市定和吉川幸次郎一起在日本学术界被公认为是《论语》研究的四大高峰。虽然武内义雄亦曾译注出版《论语》（岩波文库1933年初版，1948年再版，2006年再版复刻本），但其文笔更接近学术风格，与宫崎市定和吉川幸次郎的译本相比缺乏亲和力。

如金谷治的《论语》译本，自1963年初版之后再版5次，是日本战后影响最大的日文译本之一。金谷治的《论语》译本，由汉文原文、汉文训读文、现代日语翻译和词语注释四个部分组成，词语注释在书后汇总便于读者查阅。金谷治在该译本中遵循"忠实于原文"的翻译原则，尽量不加注释和解读，既尊重

了《论语》的原貌,又使得译文简洁易懂,清晰流畅。文库本轻薄便携,利于随身阅读,由此,该译本成为大多数《论语》爱好者的首选。

吉川幸次郎的《论语》译本,同样由岩波书店出版发行,该译本带有其独特的风格:不仅以历史研究的视角对《论语》进行分析和注释,还极为看重它的文辞价值。① 这在其翻译《论语》的过程中也有所体现,即特别注意翻译用语的流畅与简洁。译者熟谙中国历史文化,也考虑到日本读者的思维方式,运用较为适应日本人理解的方式表述,增加了接受的亲近感。

(2)共同翻译特征之下的具体翻译策略的选择。

具体翻译策略选择的主体,与其认为是翻译者,不如说是出版社,笔者注意到以上的成功译本的出版社多数是日本著名学术出版社,如平凡社、岩波书店等都是超过百年历史且年度发行量在前几位的大型出版集团,也有如明窗出版社这样刚刚成立不足30年的小型出版机构。而这两类出版机构在翻译的风格抑或翻译的具体策略上具有差异性,即小型出版社的译本更加大众化,翻译更加自由,比之于学术,畅销——即让出版社存活并盈利才是最重要的考量尺度。这是因为日本出版行业从20世纪90年代中期就已经成为夕阳产业,并陷入长期销售疲软的状态。出版业界整体的销售额基本上逐年下滑,从1996年高峰时的26563万亿日元,减少到2008年的20177亿日元。这对于小型的出版社更是一个充满风险的行业和领域。小型的出版社虽然也热衷于《论语》的翻译出版,但其翻译出版更多地面向一般的大众休闲,或是与"成功学""商业经营"相结合,如致知出版社发行的《快乐论语》(『楽しい論語塾』,安冈定子著)、明德出版社发行的《论语与企业经营》(『論語と企業経営』,长岛猛人著)、产业能率短期大学出版部出版发行的《商业论语》(『ビジネス論語』,扇谷正造编著)等。

而大型学术集团的作者多是有名的学者,他们的文笔和文风无疑会受到学术眼光的规劝和影响。例如,无论是平凡社出版的藤堂明保版《孟子》,还是岩波书店出版的多个版本的《论语》,都首先坚持学术的客观和翻译的准确,这样的译本或注释本成为学术界用书的首选。

---

① 津田左右吉:《津田左右吉全集》第五卷,筑摩书房1974年版,第314页。

（3）代表译本的翻译主体为日本汉学家。

无论是金谷治还是宫崎市定，都是日本当代著名的汉学家，具有丰厚的双边文化修养和多年的中国历史文化研究经验。

如宫崎市定（みやざき いちさだ，1901—1995），是著名的日本汉学家、东洋史学者，战后日本"京都学派"导师之一。他对中国的历史文化诸多方面均有独到的研究，在日本和国际汉学界，其著述被广为阅读和频繁引用。而他执笔的面对一般读者的史学概论书，在日本也广为畅销。

而金谷治（かなや おさむ，1920—2006）作为日本著名汉学家，在日本的中国思想史研究领域是极具代表性的人物，不仅翻译了大受欢迎的《论语》和《孟子》，还另有译注《老子》《孙子》《韩非子》《庄子》等，几乎涵盖中国先秦诸子全部的遗留文献，是日本也是世界上极少数独自把先秦诸子作品加以译注的学者。

《孟子》优秀译本的作者情况亦是如此。如藤堂明保（とうどう あきやす，1915—1985）是日本著名的汉语教育家，曾任日中学院院长，中日文化交流协会常任理事等职务，他在战后日本汉语教育史上有很高的地位。

宇野精一（うの せいいち，1910—2008），出身日本儒学研究世家，其父亲是日本东方学会的第一任会长、著名的日本儒学者宇野哲人，其长子也是研究中国文学的教授，他自己则曾任东京大学教授、国语问题协议会名誉会长、斯文会理事长等职务。

（二）译本接受情况的巨大差异及原因

据上述日本国立国会图书馆的检索数据，2000年至2013年间《孟子》的日文译本勉强为《论语》日文译本的十分之一，日本社会对于两者译介和接受情况存在巨大的差异是一个不争的事实。论及其因，则需从以下两点加以考量：

（1）《论语》与《孟子》两个文本自身特征的差异所致。

明末著名思想家王夫之著有《俟解》一文，其中曾论及两者差别："孟子言性，孔子言习。性者天道，习者人道。"也就是说，孟子所要阐明的是人性，富有思辨的哲学性；而《论语》则主要谈论学习处世的方法，讲述做人的道理。两者阐述的对象不同，一个深奥远离日常，一个浅显贴近生活。两者不仅内容上存在差异，风格也有着显著的不同:《论语》浅显易懂，三言两语似邻人聊谈，少有逻辑推演和长篇大论;《孟子》则注重辨析推演、着重理论体系的建立与其内在逻辑的流畅。可以说，日本社会对于二者译本接受差异的原因，首先在于原文本自身的特征，当然也与接受主体的特征与需求密切相关。

（2）接受主体的思维特点和目的所致。

近代之前，日本长期受到中国传统文化尤其是儒学的影响，其文化也具有了融合性特征并延续至今。比如日本人所具有的"为他人着想"（思いやり）、"以和为贵"等习惯特质，即与受到以《论语》为代表的儒学作品之影响有关，这一文化内在的相似性和接受的惯性，可以说是《论语》被普遍接受的文化心理基础，而指向辨析"人性"的《孟子》就缺失了受欢迎的文化心理基础。

据现有的语言学理论谱系，中西语言存在着巨大差异，语言差异背后则是思维方式的不同：前者直觉感悟，后者更适用逻辑演绎。在这一点上，日本人的思维与中国人相似，对于缺乏逻辑训练和注重感性的日本大众，以教养为主要出发点，《论语》无疑更有乐趣和吸引力。分别以"论语"和"孟子"为关键检索字段，设定2000—2013年为区间，在国家图书馆的检索页面进行中文图书的检索，依次显示"2188"和"1025"种书目，这从一个侧面既体现了中日社会对于《论语》和《孟子》阅读和接受倾向的一致性，也体现了其间的差异。原因难以详述，但出版自身的盈利导向和大众阅读的目的是中日对于二者接受倾向相同的基本因素，而儒学在当下中日文化各自的位置之差异，即文化主体的认知和建构无疑导致了《论语》和《孟子》在不同国度的不同命运。加之日本社会进入本世纪以后，并没有从长期停滞的状态成功突围，民众普遍存在着焦虑感，岛国心态有所加重，民众的阅读选择也指向了修身养性，又有出版盈利的资本导向，《论语》和《孟子》在日本的翻译出版出现巨大的差异也就不足为奇了。

四、结语——基于现实与理论的建议

翻译，是近代以来日本大众接受中国文化（与将中国和日本视为同属"东洋"或"亚洲"一部分的观念相关）的主要途径之一，贯彻中国文化走出去战略，选择中国典籍文化的外文（日文）翻译，需考虑以下问题：

其一，翻译本身包含了多种选择方式与可能，如编译、直译和意译。日本对中国古典文本的接受还存在一种完全不对照原文的"自由译"的翻译方式，如颇受市场欢迎的新井满和加岛祥造的《老子》译本。

其二，儒学，起初作为书籍传入日本，后融入日本文化体内，曾一度成为日本官方的意识形态。不过，当代的儒学基本上仅是作为学者进行学术研究的对象，或从本质上讲，文化接受者的目的和立场，决定了对于儒学理解的深度与方向，而非儒学本身决定了接受者的思维。

其三，与以上相关，在日本知识阶层，对于儒学的阐释和解读，已经形成了由不同流派和各种风格构成的独特又相对完整的学术体系，从而构建了日本的儒学而非中国的儒学研究史。与此相对，在社会大众层面，对于儒学的认知与体验，则已融入日本人的日常思维与血脉，成为他们集体无意识的一部分。

以上三点，其实均可在阐释学意义或接受美学意义上找到相应的规律和解说，即文化的传递与接受，其主体性在于接受者的需求和知识构成等。译者不是意义的被动接受者，而是意义的主动创造者。[1]换言之，上述《论语》或《孟子》的译者们，不仅具有深厚的汉学素养和多边文化经验，而且更为重要的是他们的翻译无疑都是从自身的文化身份和语境出发，对中国经典文化进行了精辟而又独到的、适合于日本学界和社会大众接受的阐释和解读。

根据跨文化研究的方法论，文学文本影响与接受的过程同时也是一个文化过滤的过程。所谓文化过滤，是指接受主体根据自身的文化传统和文化沉淀对外来文化进行有意识、有效的选择、分析和重组之过程。由此，我们可知接受与影响中，最重要的不是影响源本身，而在于被影响者所处的文化环境和时代的要求及接受者自身的期待视野和文化心理、知识结构等。[2]

图 1 是著名的语言学家雅克布逊（Roman Jacobson）所提出的交流模式，该模式给予我们的启示之一即是，在文化交流的过程中，影响与接受之间并非是一个直线的过程，而是一个接受与反馈共存的反复过程。近 40 年间，严绍璗先生在比较文学与比较文化研究领域一直提倡的"变异体"概念，其实也是看

---

[1] 黄田、郭建红：《文学翻译：多维视角阐释》，复旦大学出版社 2007 年版，第 165～166 页。
[2] 乐黛云、陈跃红：《比较文学原理新编》，北京大学出版社 2014 年版，第 73 页。

到了一种文化进入另外一种文化之后的文化因子的过滤、变异和重新组合过程之复杂的事实。

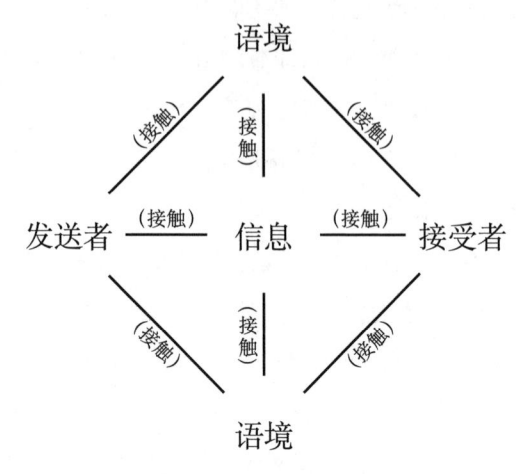

```
                      语境
                       │
              (接触)  (接触)  (接触)
                       │
        发送者 ──(接触)── 信息 ──(接触)── 接受者
                       │
              (接触)  (接触)  (接触)
                       │
                      语境
```

图 1　雅克布逊交流模式

另外，典籍文化外译的学术和逻辑前提，存在于我们自身对于典籍文化的理解与认识。就本题而言，众所周知，儒学不同于孔子之学，孔子之学也不等同于《论语》之说。自汉唐迄于北宋，《论语》也只是一部提供给幼稚学童启蒙的非主流读物。《孟子》的情况亦类同于此。这一点，应该成为我们认知的学术前提之一。

总之，将《论语》和《孟子》作为中国的典籍文化之一，以他国的社会大众为面向，传播中国传统优秀文化，无疑是一件艰辛却伟大的事业。但成功与否，不仅取决于我们是否采用了合理、适度的途径与方式，也不仅取决于是否以尊重学术和历史事实为前提，还取决于我们是否强化了自身对于儒学为代表的中国传统文化的理解与把握，甚至更关键还在于——我们是否将对传统文化的思考和反思付诸日常生活之中。因为，优秀的传统文化不应只是我们研究和阅读的对象（身外之物），更应该成为融于你我思考和行为之内的血脉，正所谓"知行合一"也。

后 记

  2011年严先生将承担的教育部重大项目"20世纪中国古代文化域外传播和影响"之子项目"日本编年卷"转由我具体负责（在此之前，严先生已经整理了大量信息和材料），这让"刚刚入庐"的我多少有些惶恐。众所周知，严先生在该领域辛勤耕耘数十年，著作颇丰，是该领域享誉海内外的大家，但这样视野开阔，又关涉基础书目文献的课题，对于我来说也颇具诱惑，于是我在严先生的鼓励下，也忝列其间了。

  在学生面前，严先生总是那么和蔼可亲，谈天论地，娓娓道来。但当我回到办公室，具体撰写该书的时候，严先生的形象，却如高山，仰之弥高，钻之弥坚。因为，撰写的内容很多都是根据严先生的《日本中国学史》（北京：学苑出版社，2009）、《日中文化交流史丛书》（东京：大修馆书店，1995）等著述来参考和编译的。

  实际上，严先生在二十余年前，就已产生了类似的学术意识并开始了相关的学术实践。如，他曾在《中国文化在日本》（北京：新华出版社，1993）一书的前言中明确提及，"中国文化在日本"这样的课题方向具有上古以来丰富而流动的内容，通过对此类课题的研讨可以更加深刻地把握中日文化本质层面的特征与联系等。可惜受制于文字，该书遗憾止步于中国文化在近代日本社会流变状态的研究，而对于 20 世纪的中日文化交流少有涉及。若论及 20 世纪"中国文化在日本"的话题，则需注意不同于近代之前的"西学（力）东渐"之背景，进而成为了"中国文化在 20 世纪世界视野范围内的流变"之课题，并在现实中，自 90 年代以来也逐渐成为了海外中国学（汉学）尤其是日本近代中国学研究的沃土和必经之地。

具体到严先生和我负责的日本编年卷的编写工作，我们（确切而言是严先生）的基本思路是在"日本中国学"的范畴内展开的。该卷集中关注中国经典文化尤其是以儒学为核心的中国古代文化在 20 世纪日本的传播和流变的轨迹与方式、日本学术界尤其是代表性学者对中国文化在日本现代语境中的接受与变异等方面的内容。故，此卷本在编年体和上述思路的框架下，也就必然带有了自身的特点乃至不足：如编年体之下的出版著述之选择，无论过程和方法抑或结果上，虽注意学科史的观照与多层检索的对比与筛选，但终究还是难逃"主观性的客观之嫌"，且难免有"挂一漏万"之嫌。尤为遗憾的是，所选"经典"，不仅"以儒学为主、兼及佛道与文学及绘画"，所选儒学经典部分也以孔孟与儒学概论为主，如此也就放弃诸多汉籍之外的中国典籍了。此外，中国经典文化之所限，使得诸多研究现代中国政治经济等领域的重量级学者未能纳入视野，在跨学科研究的当下，细观这些现代中国的研究者，其内在也必然多少存在对于中国经典文化的评介与体认，更何况当下"中国"本身就是一个古典与现实交融的巨大的复合体之存在。

此外，由于本人经验和能力不足，还导致以下四个方面的问题未能避免：

1. 备注中人物传记的分布不甚合理。如，在其出生年份的备注中将其业绩和思想予以介绍，虽有整体内容调节之用，仔细推敲，或许也并不妥当。

2. 大事记与备注的内容尚有交叠。本书编辑认真负责，大部分已作了区分和切换，但恐遗漏。

3. 该书援引诸多公开出版物和网络资源，已在凡例中说明，亦在参考书中一一列出，若有疏忽，还望指正。

4. 由于日本汉字的书写规范历经多次修订，在 1946 年才基本得以确立。而 1981 年制定的《常用汉字表》于 2010 年再次修订。因此，同一个汉字（日语中的日本汉字）在不同的时期有不同的书写规范，且日本图书馆编目人员并未完全按照日语汉字的规则，也时而会有按照个人意会的"中国汉字"填写这些中国主题的书目信息之情况。这一问题，在二校、三校过程中状况频现，加之刊印过程中字体的变化，若由此给诸位读者带来困惑则是我的责任。

要之，本书中出现的错讹与不足，足以使我在后期的校对修订中越发产生不满和自责，但事已至此，也唯有尽自己一点心力勉力为之。敬请大家理解和批评。

从我接手该项工作至今，恍然已过去六个年头，在这六年的两千多个日子里，自 2015 年 9 月份起我也曾以博士后的身份进入该中心工作，亲历中心的发展和变化，更加深切地体会到在这个时代坚守真正人文精神的稀少与宝贵，此间，我个人也辗转几处、备尝人世悲喜，其中滋味，冷暖自藏。

不过，在家庭之外，给我鼓励和支持的是对于学术保存的热情和渴望，也有严先生给予我的帮助和期许。但愿有朝一日，我能从事自己喜欢的职业，在学术的海洋里，寻得属于自己的一只帆船、一片海湾。

以上草草，是为后记。

初稿于 2013 年 10 月 10 日（庚寅年九月初三）北京瑞雪春堂
一校于 2017 年 11 月 20 日（丁酉年十月初三）北外静园
二校于 2018 年 2 月 15 日（丁酉年除夕）中华翰苑
三校于 2018 年 5 月 30 日（戊戌年四月十六）国图南区